SARAH MEIER

Ursula Sieg

Feste der Religionen

W0274803

Ursula Sieg

Feste der Religionen

Werkbuch für Schulen und Gemeinden

Mit Festkreisen und Freiarbeitsmaterial

Patmos

Die Deutsche Bibliothek verzeichnet diese Publikation in der Deutschen Nationalbibliografie; detaillierte bibliografische Daten sind im Internet über http://dnb.ddb.de abrufbar.

© 2003 Patmos Verlag GmbH & Co.KG, Düsseldorf
Alle Rechte vorbehalten.
Umschlaggestaltung: butenschoenendesign, Lüneburg
Umschlagabbildung: akg-images/Jürgen Sorges
Druck und Verarbeitung: Bercker, Kevelaer
ISBN 3-491-75726-6
www.patmos.de

Inhaltsverzeichnis

Einführung

Beim Eröffnungsabend einer Tagung von Juden, Christen und Muslimen (JCM-Tagung 2001 im Hedwig-Drangsfeld-Haus in Bendorf am Rhein) bekamen wir in einer kleinen Gruppe eine Dose mit Süßstoff und die Aufgabe zu sagen, was diese mit interreligiösem Dialog zu tun habe. Eine Aussage sollten wir machen und eine Frage stellen. Nachdem zunächst nur ein großes Fragezeichen die Runde machte, brachte unsere zusammengetragene Deutsch und Englisch sprechende Phantasie interessante Ergebnisse hervor: Es geht um die »*sweetness*« der Religionen. »Können wir die *sweetness* der jeweils anderen Religionen schmecken? Kann ich als Christin schmecken, wie süß Judentum und Islam sind?«, formulierte ich die Frage. »Wenn wir freundlich zueinander sind, erscheint uns die Religion des anderen süß. Das kann aber falsche *sweetness* sein, Ersatzstoff. Wir müssen zueinander ehrlich sein, damit wir die wahre *sweetness* schmecken können«, sagte ein Muslim aus England.

Ich beantworte die Frage – in zweierlei Hinsicht eingeschränkt – mit »Ja, wir können die *sweetness* einer anderen Religion schmecken.« Eingeschränkt, weil nur der eine Religion auskosten kann, der in und mit ihr existiert, der ihr angehört und sie praktiziert. Ich kann als Christin – wenn überhaupt – nur das Christentum auskosten. Aber gerade indem ich das tue, kann ich auch in andere Religionen hineinschmecken. Die Religionen sind sich ähnlich genug, um anhand der eigenen Glaubenspraxis und -erfahrung auch Erfahrungen anderer Menschen in anderen Religionen wahrnehmen, nachspüren oder zumindest erahnen zu können.
Das »Auskosten« deutet die zweite Einschränkung an: Religionen sind nicht einfach nur süß. Weil sie mit unserem Leben verbunden sind, das leidvoll sein kann; weil sie ethische Anforderungen stellen, die nicht leicht zu erfüllen sind; weil sie sich oft selbst missverstehen und schmerzvolle Irrwege weisen. Oft ist es eine schwer errungene *sweetness*. Und für Außenstehende ist es oft bitter, die Ablehnung der eigenen Glaubensinhalte zu erleben. All das kommt zutage, wenn eine Religion nicht nur freundlich, sondern auch ehrlich vertreten wird. Das kann die *sweetness* zeitweise überdecken, bis man auf den wahren Geschmack kommt. Mich erinnert es an gutes Marzipan. In der Nähe Lübecks lebend ist mein Gaumen mit solchem Marzipan verwöhnt. Es verbindet leicht bittere Mandeln, Rosenwasser und Zucker. Und es ist umso besser, je weniger Zucker darin ist, weil dann alle Bestandteile ihr Aroma entfalten können. Das zu genießen habe ich erst lernen müssen.

Sich mit den Festen einer Religion zu befassen, ist der beste Weg, die »*sweetness*« der Religionen zu probieren:

- Unsere je eigene Festpraxis eröffnet uns einen Zugang zu den Festen anderer Religionen – zu Ähnlichkeiten und Unterschieden.
- Wir sollten ehrlich sein mit eigenen und fremden Festen. Also nicht nur darstellen und wahrnehmen, was schön und faszinierend ist, sondern auch, was widerständig, unverständlich oder ärgerlich ist bzw. für andere sein könnte.
- Es geht um die Menschen, die die Feste feiern. Feste sind meist eine gute Gelegenheit für erste Kontakte und Begegnungen. Ihre Kenntnis ist für das Zusammenleben in Nachbarschaft und Schule wichtig, um Verletzungen zu vermeiden und Gemeinschaft zu pflegen.

Dieses Buch möchte zu Begegnung und Dialog zwischen den Religionen und Konfessionen einladen und dazu für Schulklassen und Gemeindegruppen bzw. ihre Lehrerinnen und Leiter eine praktische Hilfe sein. Es wendet sich an Angehörige aller Religionen, die anfangen wollen, eine andere Religion zu erkunden. Möge es vielen Menschen den Weg eröffnen, auf dem dieses Buch auch entstanden ist: Dialog, Lernen und Freundschaft zwischen Menschen verschiedenen Glaubens. Dem Buch liegt keine religionswissenschaftliche Theorie oder ausgearbeitete Theologie der Religionen zugrunde, sondern die Erfahrung aus unzähligen interreligiösen Dialog- und Lernsituationen, dass die hier skizzierten Wege zu guten, fruchtbaren Beziehungen führen können. Darum möchte ich allen danken, die mir diese Erfahrungen und Freundschaft gewährt haben. Namentlich danke ich allen, die direkt zum Entstehen dieses Buches beigetragen haben durch Gespräche, Einladungen zu Festen, Hinweise, Texte, Bilder, Korrekturen: Michael Ackermann, Wahida Azahri, Gesche Cordes, Stephan Dreyer, Oliver Petersen, Ismail Kaplan, Halima Krausen, Maryam Reismann, Ruth Röcher, verschiedene Gemeinden in Hamburg und Umgebung, und ganz besonders meiner Familie.

Der inhaltliche Schwerpunkt liegt bei Texten, Material und Unterrichtsanregungen, die über die Information hinaus Zugänge eröffnen, Zusammenhänge aufzeigen, Erfahrungen nachvollziehbar machen und Dialog ermöglichen sollen. Darum wird vor allem den Religionen Raum gegeben, die in den deutschsprachigen Ländern in Nachbarschaft zueinander leben oder aus anderen Gründen zu unserer unmittelbaren Lebenswelt gehören. Es wird nur ganz kurz in die Religionen selbst eingeführt, auch die **Informationen zu einzelnen Festen** werden relativ kurz gehalten. Es wird jeweils versucht, den Gesamtcharakter der Feste zu skizzieren. Die meisten Feste werden in den **Festreihen** und unter **Spannendes** wieder aufgegriffen. Dort finden sich weitere Informationen, Quellen- und Erzähltexte sowie Bilder. Entgegen der üblichen Zitierweise ist für alle Texte neue Rechtschreibung verwendet worden.

Die **Festreihen,** in den Querverweisen durch eine Brücke (⌒) symbolisiert, erschließen die Feste aller Religionen nach Themen für ein ganzes Jahr: so bietet z. B. die »**Festreihe:** Neujahrsfeste« für jeden Neujahrsanfang ein Bild und eine Erzählung zum Ereignis oder Mythos, der dem Datum zugrunde liegt. Es sind vor allem Erzähltexte aus nicht-christlichen Religionen aufgenommen, da sie schwerer auffindbar und verfügbar sind, z. B. aus einer jüdischen Kinderbibel. Für biblische Erzählungen zu christlichen Festen sind Kinderbibeln und Erzählbücher leicht erhältlich und zu empfehlen.

Spannendes, bei Querverweisen als Glühbirne (💡) dargestellt, spürt historischen, theologischen und phänomenologischen Verbindungen zwischen Festen verschiedener Religionen nach und stellt Material bereit, diese spannende Suche in Schule und Gemeinde fortzusetzen: z. B. findet sich in »**Spannendes:** Islamische Weihnacht« die islamische Weihnachtsgeschichte als Vorlesetext, des weiteren eine Vorlage für ein Transparent, eine Anregung für ein »Miriam-unter-der-Palme-Spiel« sowie eine Sachinformation über die Bedeutung Jesu im Islam.

Festkreise und **Freiarbeitsmaterial** machen die Festzyklen und Zeitrechnungen anschaulich. Mit ihnen können sowohl Kinder und Jugendliche wie auch Erwachsene die Feste des Judentums, Christentums und Islams selbst erarbeiten, systematisieren und wiederholen. Das fächerübergreifende **Projekt Zeit** verbindet Elemente aus verschiedenen Kapiteln.

Thematische – theologische und didaktische – Überlegungen findet sich am Schluss. **Literatur und Adressen** sind thematisch zugeordnet.

Hinweise zu Kalenderdaten und Festen

Die aktuellen Festdaten werden nicht angegeben, da sie einerseits bei Erscheinen schon veraltet wären, andererseits bei einigen Religionen nicht langfristig festgelegt werden. Häufig sind jährliche Übersichten bei den Ausländerbeauftragten, Schulbehörden, den staatlichen und kirchlichen Fortbildungsinstituten sowie bei den kirchlichen Beauftragten für Ökumene und Dialog erhältlich. Festdaten finden sich meist auch auf den Websites der Religionen oder können bei den Dachorganisationen angefragt werden. Hinweise dazu finden sich bei den Festen der jeweiligen Religion.

Jährlich veröffentlichte Kalender sowie Informations- und Bezugsadressen

Amt für multikulturelle Angelegenheiten der Stadt Frankfurt a. M., mit Claudia Emmendörfer-Brößler (Hg.), Feste der Völker – ein multikulturelles Lesebuch. Frankfurt a. M. 1999.
Bezug: VAS Verlag für Akademische Schriften, Wielandstr. 10, 60318 Frankfurt a. M.; Tel.: 069/779366, Fax: 069/7073967; E-Mail: info@vas-verlag.de; http://www.vas-verlag.de

Die Ausländerbeauftragte des Senats von Berlin (Hg.), »Interkultureller Kalender«.
Bezug: Die Ausländerbeauftragte des Senats von Berlin, Potsdamer Str. 65, 10785 Berlin; Tel.: 030/9017-2357 oder -2381, Fax: 030/2625407; E-Mail: Auslaenderbeauftragte@auslb.verwalt-berlin.de; http://www.berlin.de/auslaenderbeauftragte

Institut für Kirche und Gesellschaft (Hg.), Unser gemeinsamer Festkalender für Juden, Christen und Muslime 2003.
Bezug: Klartext-Verlag, Dickmannstr. 2–4, 45143 Essen; Tel.: 0201/86206-0, Fax: 0201/86206-22; E-Mail: info@klartext-verlag.de; Kalender ohne Bilder als download unter: http://www.klartext-verlag.de/festkalender/index.html. Auch als Blankoversion mit Mengenrabbat.

Interreligiöses Forum Hamburg: Zusammenstellung der Feste der beteiligten Religionen auf einem kopierbaren Din A4-Blatt.
Bezug: Stephan Dreyer, Erzbistum Hamburg, Danziger Str. 52a, 20099 Hamburg; Tel.: 040/24877-343, Fax: 040/24877-226; E-Mail: dreyer@egv-erzbistum-hh.de

http://www.feste-der-religionen.de

Literatur zum Thema »Feste der Religionen«

Cordes, Gesche; Gottberg, Ariane, Feste der Welt in Hamburg, Hamburg 2001.

Kuhn, Elke (Hg.), Gott in vielen Namen feiern. Interreligiöse Schulfeiern mit christlichen und islamischen Schülerinnen und Schülern, Gütersloh 1998.

Kirste, Reinhardt; Schulze, Herbert; Tworuschka, Udo, Die Feste der Religionen, Gütersloh 1995.

Pädagogisch-Theologisches Institut Hamburg (PTI) (Hg.), Feste der Weltreligionen, Seelze 1997.

REMID (Hg.), Religionen feiern. Feste und Feiern religiöser Gemeinschaften in Deutschland, Marburg 1997.

Amt für multikulturelle Angelegenheiten der Stadt Frankfurt a. M. (Hg.), Feste der Völker. Ein pädagogischer Leitfaden, Frankfurt a. M. 2000.

Wagemann, Gertrud (Hg.), Feste der Religionen – Begegnung der Kulturen, München 1996.

Für die Beschreibung der Feste wurde neben der angegebenen Literatur zu den jeweiligen Religionen und neben Informationen aus Gesprächen und Teilhabe vor allem Kirste u.a. (vergriffen), REMID (vergriffen), Wagemann und das weitgehend von mir verfasste Heft des PTI benutzt. Auf sie wird im Text nicht eigens verwiesen.

1 Vergangenheit ist Gegenwart – Jüdische Feste und Trauertage

Das **Judentum** geht zurück auf die Berufung Abrahams, den Auszug der Israeliten aus Ägypten und die Offenbarung der Tora an Mose am Berg Sinai, wie es in den Büchern Mose, der schriftlichen Tora bezeugt wird. Es sind die ersten fünf Bücher der hebräischen Bibel, dem TeNaCh. Nach der Zerstörung des Tempels im Jahre 70 n. Chr. konzentrierte sich das Judentum auf die mündliche Auslegung der Tora durch die Rabbiner, die im Talmud zusammengefasst wurde. Herausragendes Kennzeichen des Judentums ist das immer wieder neue Auslegen und Befolgen der Tora, wozu u.a. die Sabbatruhe mit dem Tora-Gottesdienst, Speisevorschriften, das tägliche Gebet, die Feste und ethische Pflichten gehören.
Im Laufe der Jahrhunderte hat sich das Judentum seit der Vertreibung aus Israel durch die Römer über die ganze Welt verbreitet. 1948 wurde der Staat Israel gegründet. Weiterhin lebt aber die größere Zahl der Juden außerhalb Israels, vor allem in den USA und in Europa. In der Neuzeit haben sich aus dem ursprünglich orthodoxen Judentum verschiedene Richtungen entwickelt: u.a. das konservative Judentum und das progressive oder Reformjudentum.

Adressen:
Zentralrat der Juden: www.zentralratdjuden.de
Die Union progressiver Juden in Deutschland, Österreich und der Schweiz: www.liberale-juden.de
Umfassende Informationen, auch zu Festen: www.hagalil.com und www.sgk.de

Jedes jüdische Fest macht für die Feiernden ein Ereignis der jüdischen Geschichte zur Gegenwart. Wir sind aus der Sklaverei ausgezogen! – Pessach. Wir leben in Hütten! – Sukkot. Durch den Nachvollzug der alten Ereignisse in Riten, Symbolen und Erzählungen entsteht eine tiefe, identitätsstiftende Verbundenheit mit den Vorfahren und der Geschichte sowie den religiösen und ethischen Zusagen und Herausforderungen. Pessach, Sukkot, Schawuot, Rosch ha-Schana, Jom Kippur und der wöchentliche Schabbat finden sich schon in der Tora, den ersten fünf Büchern der Bibel, und stehen mit ihr im Zentrum des Judentums. Weitere Feste und Gedenktage vergegenwärtigen jüngere Ereignisse, meist sind es Verfolgungssituationen. Konnte das jüdische Volk die Gefahr mit Gottes Hilfe abwenden, sind daraus Freudenfeste geworden (z. B. Purim, Chanukka), konnten sie es nicht, sind es Trauertage (z. B. Tischa b`Aw, Schoah-Gedenktag). Traditionell werden die Feste in vier Kategorien eingeteilt: Feiertage aus der Tora: Schabbat, Rosch ha-Schana, Jom Kippur, Sukkot, Pessach, Schawuot; Feste der Rabbinen: Chanukka, Purim, Simchat Tora, die Fastentage; Nationale Feiertage; Trauertage: Shoah-Gedenktag, 10. Tewet, 17. Tamus und 9. Aw. Der wichtigste Feiertag aber ist der wöchentliche Schabbat.
Jeder siebte Tag.
Er strukturiert den jüdischen Kalender. Im Judentum dauert der Tag von Sonnenuntergang zu Sonnenuntergang, da es in den biblischen Schöpfungsbericht Gen 1 heißt: »Da ward Abend und ward Morgen, ein Tag«. Der Schabbat beginnt dementsprechend am Freitagabend, die Feiertage beginnen jeweils abends am Tag vor dem angegebenen Datum.

Rosch ha-Schana, 1. und 2. Tischri
Rosch ha-Schana bedeutet »Haupt des Jahres«, das jüdische Neujahr. Im Zentrum steht die Herrschaft Gottes. Am Neujahrstag richtet Gott über jedes einzelne seiner Geschöpfe. Von Seiten des Menschen bedeutet dies, die eigene Lebensführung zu überprüfen und zum Besseren zu ändern, Buße zu tun. Das beginnt schon im vorangehenden Monat Elul mit besonderen, täglichen Gebeten. Im Neujahrs-Gottesdienst wird durch das Blasen des Schofar, einem Widderhorn, die Dringlichkeit der Buße ausgedrückt. In der Taschlich-Zeremonie wird an einem Fluss oder See der Staub aus den Taschen ins Wasser geschüttelt: So werden die Sünden symbolisch weggeworfen.

Das neue Jahr kann bereinigt begonnen werden und man wünscht sich gegenseitig ein »süßes Leben«, indem Apfelstücke in Honig getaucht werden.

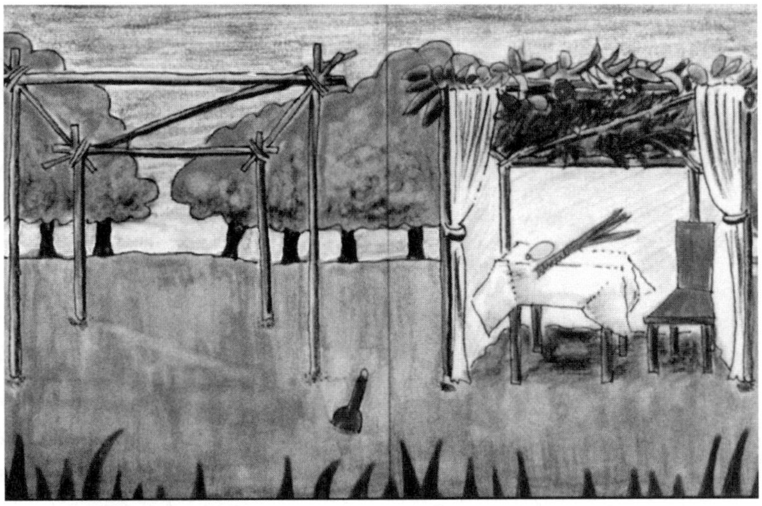
Kinderbild einer Sukka

Jom Kippur, 10. Tischri
Diese Zeit der Reue und Bitte um Gottes Vergebung und Gnade reicht zehn Tage bis zum Jom Kippur, dem »Großen Versöhnungstag«. Die Versöhnung mit Gott steht in engem Zusammenhang mit der Versöhnung untereinander: bis zum Jom Kippur sollten Konflikte und Unrecht ausgeräumt werden. Dieser höchste Feiertag des jüdischen Festjahres wird mit 24-stündigem Fasten, Beten und Gottesdienst verbracht bis schließlich noch einmal das Schofar erklingt.

Sukkot, 15.–22. Tischri
Das Laubhüttenfest beginnt nur vier Tage nach Jom Kippur. Es geht auf Lev 23, 42f. zurück: »Sieben Tage sollt ihr in Laubhütten wohnen. Wer einheimisch ist in Jisrael, soll in Laubhütten wohnen, damit eure Nachkommen es wissen, dass ich die Kinder Israels habe in Hütten wohnen lassen, als ich sie aus Mizrajim geführt habe. Ich der Ewige, euer Gott!« Es ist ein Erntefest und zugleich Erinnerung an Gottes Führung und Fürsorge. Im Garten oder auf dem Balkon wird eine Hütte (Sukka, Mehrzahl: Sukkot) aus Zweigen und Stangen gebaut und mit Früchten geschmückt. Durch das Dach muss der Himmel zu sehen sein. In der Hütte werden während der Woche des Festes Mahlzeiten eingenommen, studiert, gespielt oder auch übernachtet. Zweige und Früchte verzieren auch die Synagoge. Zum Gottesdienst wird ein Strauß aus Palme, Myrte, Weide und einer Zitrusfrucht mitgebracht und in die vier Himmelsrichtungen und nach oben und unten geschüttelt.
💡 Baum.

Simchat Tora, 22. Tischri
Als Abschluss des Laubhüttenfestes wird beim »Fest der Gesetzesfreude« die Freude über die Gabe der Tora zum Ausdruck gebracht. Im Laufe der Gottesdienste eines Jahres wird die ganze Tora in 52–54 Abschnitten durchgelesen. An Simchat Tora wird das Lesen der Tora abgeschlossen, um direkt wieder mit dem ersten Abschnitt zu beginnen. Die Torarollen werden in einem festlichen Umzug durch die Synagoge getragen und fröhlich singend und tanzend gefeiert.
💡 Baum.

Chanukka 25. Kislew – 1. Tewet
Das achttägige Fest erinnert an die Weihe des Tempels in Jerusalem im Jahre 165 v. Chr. Unter Antiochus IV. Epiphanes wurden die Juden verfolgt und der Tempel in Jerusalem entweiht. Unter Judas Makkabäus eroberten die Juden den Tempel zurück, reinigten und weihten ihn neu. Für die Weihe des Tempels war koscheres (d. h. reines) Öl notwendig, das aber nur in einer kleinen Menge vorhanden war. Diese kleine Menge reichte aber auf wunderbare Weise für acht Tage. Deshalb gibt es für Chanukka in jeder Familie einen Leuchter mit acht Kerzen. An jedem Tag des Festes wird von rechts nach links eine weitere Kerze angezündet. Dies geschieht mit Hilfe einer weiteren, neunten Kerze, des Schamasch (Diener). Dabei werden Segensworte gesprochen, Lieder gesungen, mit dem Trendel gespielt und besonders die Kinder beschenkt.
Kinder feiern ihre Feste; 💡 Weihnukka.

Tu bi Schewat, 15. Schewat

Tu bi Schewat bedeutet nichts anderes als der 15. Tag des Monats Schewat (Jan./Feb.). In Israel werden zu Beginn der Obstbaumblüte und der Pflanzzeit für Bäume von Kindern Bäume gepflanzt. Rabbi Jochanan ben Sakki lehrte: Wenn der Messias kommt, sollen die Menschen alles stehen und liegen lassen. Wer aber gerade dabei ist, einen Baum zu pflanzen, der soll noch zuerst den Baum pflanzen und erst danach den Messias empfangen.

Baum.

Purim, 14. Adar

Das »Losfest« geht zurück auf das biblische Buch Ester: Haman, ein mächtiger Mann in persischen Reich, verlangte, dass alle Untertanen vor ihm niederknien sollten. Der fromme Jude Mordechai weigerte sich. Daraufhin plante Haman die Vernichtung der Juden. Der Zeitpunkt sollte durch das Los (pur) bestimmt werden. Königin aber war zu der Zeit Ester, Jüdin und Nichte von Mordechai. Durch Fasten und Beten sammelte sie Kraft für die schwierige Aufgabe, König Ahasveros (Xerxes) von der Unschuld der Juden und dem Unrecht der geplanten Verfolgung zu überzeugen, was ihr gelang. Die Geschichte wird mit Masken und Kostümen gespielt und bei jeder Erwähnung des Haman wird mit Rasseln und Fußgetrampel möglichst viel Lärm gemacht. Aus dem Maskenspiel hat sich ein ausgelassener Karneval entwickelt. Erwachsene sollen abends so betrunken sein, dass sie Mordechai und Haman nicht mehr auseinanderhalten können.

Kinder feiern ihre Feste.

Pessach, 15.–22. Nissan

An Pessach wird die Befreiung aus der Knechtschaft in Ägypten gefeiert. Pessach heißt »Vorübergehen«: Der Anfang des 2. Buch Mose (Exodus) erzählt von der Geburt und Berufung des Mose und den zehn Plagen, die die Ägypter zwangen, die Israeliten ziehen zu lassen. Zuletzt ging ein Engel von Haus zu Haus und brachte den ältesten Söhnen den Tod. An den Häusern der Kindern Israels aber ging er vorüber und verschonte sie. Am Tag vor Pessach sollen deshalb alle Erstgeborenen fasten. Bereits der Schabbat Hagadol (Großer Schabbat) vor Pessach wird als Vorbereitung auf das kommende Fest begangen.

Pessach ist ein ausgesprochen häusliches Fest. Es beginnt mit dem Sederabend am 14. Nissan und dauert acht Tage bis zum 22. Nissan. Der Sederabend ist eine gemeinsame Mahlzeit, bei der die Moseerzählung in einer liturgischen Form, der Pessach-Haggada, gelesen wird. Der Leiter – bei liberalen Juden auch die Leiterin – eröffnet den Seder mit einem Segen über dem ersten Glas Wein.

Während des Seder werden vier Gläser Wein getrunken, die vier Verheißungen an Israel symbolisieren: »Ich werde euch aus der Zwangsarbeit für Ägypten herausführen. – Ich werde euch aus der Versklavung befreien. – Ich werde euch erlösen. – Ich nehme euch als mein Volk an.« (Ex 6, 6). Zu den Abschnitten der Haggada werden symbolische Speisen verzehrt: Bitterkräuter – für die Zeit des Leidens unter ägyptischer Herrschaft. Charosset – Fruchtmus, für den Mörtel, mit dem die Israeliten Häuser bauen mussten. Petersilie und Sellerie für die Hoffnung. Ein hartgekochtes Ei für das Festopfer im Tempel und die Trauer über seine Zerstörung. Ein gebratener Knochen für das Pessachopfer im Tempel. Dazu gibt es noch Salzwasser für die Tränen des Volkes. Drei Mazzot erinnern an den schnellen und unvorbereiteten Auszug, bei dem für die Sauerteigzubereitung keine Zeit blieb. Zu Beginn des Mahls wird ein Stück der mittleren Mazze versteckt, das die Kinder am Ende suchen.

Grundlegende Heilsereignisse.

Die Omerzeit

An Pessach schließt sich das Omerzählen an: 50 Tage oder sieben Wochen bis Schawuot. Omer heißt Erstlingsgabe. Zur Zeit des Tempels wurde am Tag nach dem ersten Pessachfeiertag die erste Gerste geerntet, zu Mehl verarbeitet und geopfert. Damit begann die Ernte und das Omerzählen. Es sieht vor, »dass wir sofort, wenn die ersten Sterne zu sehen sind, d. h. nach dem ›Höre, Israel‹ und dem Abendgebet … den Segensspruch sagen: ›Gelobt seist du, Ewiger, König der Welt, unser Gott, der du uns durch dein Gebot geheiligt und uns das Omerzählen geboten.‹ Und gleich darauf beginnen wir mit dem Zählen: ›Heute ist der erste Tag des Omer‹, ›Heute ist der zweite Tag des Omer‹ usw.« (Lau, 271). Es gibt zwei rabbinische Erklärungen für das Gebot des Zählens: Die Israeliten sollten bei der intensiven Erntearbeit nicht vergessen, nach sieben Wochen zu Schawuot wieder nach Jerusalem zu ziehen. Oder: Pessach bedeutet die äußere Freiheit, Schawuot mit dem Empfang der Tora aber die innere Freiheit. Die Zeit dazwischen ist nötig zur inneren Reinigung. Seitdem in der Zeit des Omerzählens der Bar-Kochba-Aufstand niedergeschlagen wurde (135 n. Chr.) und 24 000 Schüler Rabbi Akibas umkamen (293 n. Chr.) ist sie Trauerzeit.

Jom ha-Scho'ah, 27. Nissan

Der 27. Nissan wurde als Trauertag für die Oper der Schoah (Holocaust) von der Knesset, dem israelischen Parlament, festgesetzt. Es ist der Tag, an dem der Aufstand im Warschauer Ghetto niedergeschlagen wurde, der 16. Mai 1943. In einem Gottesdienst wird eine Gedächtniskerze entzündet, oder auch sechs Kerzen für die sechs Millionen ermordeter Juden. Die Namen der Familienangehörigen unter ihnen werden verlesen und aller Opfer in Gebeten gedacht:

> Wir gedenken der sechs Millionen Toten und aller, die starben, als Wahnsinn die Welt regierte und das Böse in der Welt wohnte. Wir gedenken derer, die wir gekannt haben und derer, von denen selbst der Name verloren ist.
> Wir trauern um alle, die mit ihnen starben, um ihre Güte und um ihre Weisheit, die die Welt hätten retten können. Wir trauern um den Geist und den Humor, der starb, um das Lernen und das Lachen, das für immer verloren ist. Die Welt ist ärmer geworden, und unsere Herzen werden kalt, wenn wir an die großen Dinge denken, die hätten sein können.
> Wir sind dankbar für ihr Beispiel an Anstand und Güte. Wie Kerzen leuchten sie aus der Dunkelheit jener Jahre heraus, und in ihrem Licht erkennen wir, was gut ist – und was böse.
> Wir gedenken jener nichtjüdischen Männer und Frauen, die den Mut hatten, außerhalb der

Die vier Fragen אַרְבַּע קֻשְׁיוֹת

Das zweite Glas Wein wird gefüllt.
Es ist üblich, dass die folgenden Fragen von der jüngsten Person gestellt werden, die dazu in der Lage ist.

Warum wird diese Nacht von allen anderen Nächten unterschieden –	מַה נִּשְׁתַּנָּה הַלַּיְלָה הַזֶּה מִכָּל־הַלֵּילוֹת !
denn in allen anderen Nächten essen wir Gesäuertes und Ungesäuertes, aber in dieser Nacht nur Ungesäuertes;	שֶׁבְּכָל־הַלֵּילוֹת אָנוּ אוֹכְלִין חָמֵץ וּמַצָּה ; הַלַּיְלָה הַזֶּה כֻּלּוֹ מַצָּה !
in allen anderen Nächten essen wir verschiedene Arten von Kräutern, aber in dieser Nacht nur bittere,	שֶׁבְּכָל־הַלֵּילוֹת אָנוּ אוֹכְלִין שְׁאָר יְרָקוֹת; הַלַּיְלָה הַזֶּה מָרוֹר!
in allen anderen Nächten tauchen wir nicht ein einziges Mal Kräuter ein, aber in dieser Nacht tauchen wir zweimal ein,	שֶׁבְּכָל־הַלֵּילוֹת אֵין אָנוּ מַטְבִּילִין אֲפִילוּ פַּעַם אֶחָת; הַלַּיְלָה הַזֶּה שְׁתֵּי פְעָמִים!
in allen anderen Nächten sitzen wir aufrecht oder angelehnt, aber in dieser Nacht nur angelehnt?	שֶׁבְּכָל־הַלֵּילוֹת אָנוּ אוֹכְלִין בֵּין יוֹשְׁבִין וּבֵין מְסֻבִּין; הַלַּיְלָה הַזֶּה כֻּלָּנוּ מְסֻבִּין!

Fragen zu stellen ist ein Zeichen der Freiheit: der Freiheit zu erforschen und zu entdecken. Wenn Fragen gestellt werden, kann jeder und jede für sich entdecken, welche Bedeutung die Sedermahlzeit für einen selbst hat.

Die Figur, die Wein eingießt, erinnert uns an die Anordnung der Mischna, vor den vier Fragen das zweite Glas Wein einzuschenken.

Die vier Fragen der Kinder beim Pessach

Jüdischer Festkreis

Masse zu stehen und mit uns zu leiden. Auch sie sind deine Zeuginnen und Zeugen, eine Quelle der Hoffnung, wenn wir zu verzweifeln drohen.
Um des Leids unseres Volkes willen möge eine solche Zeit nie wieder kommen. Möge ihr Opfer nicht umsonst gewesen sein. In unserem täglichen Kampf gegen Grausamkeit und Vorurteile, gegen Tyrannei und Verfolgung gibt uns die Erinnerung an sie Kraft und leitet uns.
In der Stille gedenken wir derer, die Gottes Namen auf der Erde geheiligt haben.

(Gebet zum Gedenken an die Sho'ah, aus: Magonet, 190.
© 2001 Knesebeck Verlag, München.)

Schawuot, 6. Siwan
Die sieben Wochen Abstand zum Pessachfest geben den Namen Schawuot, Wochenfest. Schawuot kann aber auch »Gelübde« oder »Schwur« bedeuten und in diesem Sinne hat das Fest seine Hauptbedeutung: Das Versprechen des Bundes zwischen dem Volk Israel und Gott am Berg Sinai durch die Gabe der Tora. So heißt es auch: Fest der Tora-Übergabe. Gläubige verbringen den Abend und die Nacht im Torastudium. Gegessen werden Milchspeisen, denn wie die Milch nährt die Tora den Menschen von Anfang an. Trotzdem wird der Ursprung als Erntefest nicht vergessen: Wohnung und Synagoge werden mit Zweigen und Blumen geschmückt. Es wird das Buch Rut gelesen: zwischen Missernte und Ernte findet die Fremde Aufnahme im Volk des Bundes.
💡 Pfingsten und Schawuot – Lydia.

Tischa b'Aw, 9. Aw
Am 9. Aw der Jahre 586 v. Chr. und 70 n. Chr. wurden der erste und der zweite Tempel in Jerusalem zerstört. Später werden weitere Vertreibungen und Pogrome mit diesem Datum verbunden. An diesem Trauertag wird 24 Stunden gefastet. Im Gottesdienst werden die Klagelieder Jeremias rezitiert sowie Klagelieder aus mittelalterlichen Judenverfolgungen.
💡 Jerusalem.

Festreihe: Kinder feiern ihre Feste

Einige Feste sind für Kinder besonders wichtig, weil sie mit Spielen daran beteiligt sind oder Geschenke bekommen. Diese Feste eignen sich gut für die Gestaltung mit jüngeren Kindern im Kindergarten, in Kindergruppen, den 1. und 2. Klassen sowie bei Gemeindefesten, an denen Kinder teilnehmen. Diese Festreihe ist nicht zufällig an die jüdischen Feste angefügt. Jüdische Feste sind sehr »pädagogisch«. Sie sind reich an Gegenständen und Riten, die den Inhalt eines Festes greifbar und erfahrbar machen. Kinder sind an Vorbereitungen und Durchführungen vielfach beteiligt, z. B. beim Bau der Sukka oder mit der liturgischen Frage beim Pessach: »Warum wird diese Nacht von allen anderen Nächten unterschieden ...«. Darum ist es nicht ver-

Eine Geschichte aus dem Talmud

Rabbi Jehoschua ben Levi erzählt von einem Streitgespräch zwischen Gott, Mosche und den Dienstengeln, das von der Übergabe der Tora an die Menschen handelt.
Als Mosche vom Sinai zum Himmel hinaufgestiegen war, regten sich die Dienstengel darüber auf. Sie fragten Gott, was jemand, der von einer Frau geboren ist, zwischen ihnen tue. Gott gab ihnen die Antwort, dass Mosche gekommen sei, um die Tora zu empfangen. Da fragten die Dienstengel Gott, ob Er wirklich vorhabe, die Tora, die wie ein Schatz geliebt und schon 974 Generationen lang seit der Erschaffung der Erde bewahrt wird, einem Wesen aus Fleisch und Blut zu überreichen. Weiter führten die Engel den 8. Psalm Davids auf:
»Was ist ein Sterblicher, an den Du Dich erinnerst? Warum gedenkst Du überhaupt eines Menschen? Ewiger, unser Fürst, Dein Name ist so groß über der Erde, dass Du Deinen Ruhm besser im Himmel verbreitest.«
Gott befahl Mosche, den Engeln zu antworten. Da er aber fürchtete, von dem Atem der Engel verbrannt zu werden, erlaubte ihm Gott, sich an Seinem Thron festzuhalten, um so den Engeln ohne Gefahr antworten zu können.
Als er daraufhin mit seiner Antwort begann, sprach er zunächst im Beisein der Engel zu Gott: »Herrscher der Welt, was steht in Deiner Tora, die Du mir gibst?« »Ich bin der Ewige, dein Gott, der dich aus Ägypten herausgeführt hat!« Daraufhin wandte Mosche sich an die Engel: »Seid ihr aus Ägypten ausgewandert? Seid ihr von dem Pharao versklavt worden? Wieso soll dann die Tora euch gehören?« »Was steht noch in der Tora geschrieben?« »Du sollst keine anderen Götter haben.« »Lebt ihr etwa unter Völkern, die den Götzen dienen?« »Und was steht noch in der Tora geschrieben?« »Erinnere dich an den Schabbattag, um ihn zu heiligen.« »Seid ihr überhaupt mit Arbeit beschäftigt, um euch am siebten Tag auszuruhen?« »Was steht weiter in der Tora?« »Du sollst den Namen Gottes nicht missbrauchen.« »Habt ihr etwa irgendwelche Geschäftsbeziehungen untereinander, die euch zwingen könnten, in Gottes Namen zu schwören?« »Und dann, was steht noch in der Tora?« »Ehre deinen Vater und deine Mutter.« »Habt ihr einen Vater oder eine Mutter?« »Was steht noch in der Tora geschrieben?« »Du sollst nicht morden. Du sollst nicht ehebrechen. Du sollst nicht stehlen.« »Gibt es zwischen euch Neid, der euch zum Morden drängt? Leidet ihr unter Versuchung?«
Sofort waren die Engel mit Gottes Entscheidung, die Tora der Erde zu überlassen, einverstanden, und jeder der Dienstengel freundete sich mit Mosche an und gab ihm ein Geschenk.
(Aus: Stern, 209. © 1999 Gütersloher Verlagshaus GmbH, Gütersloh.)

wunderlich, dass auch im Kinder-Festkreis zwei jüdische Feste enthalten sind: Chanukka und Purim. Aus dem christlichen Festkreis gehört in diese Reihe Weihnachten, aus dem islamischen Festkreis das Fest des Fastenbrechens, auf das als Nächstes kurz eingegangen wird.

Id al-Fitr – Fest des Fastenbrechens

Das dreitägige Fest nach dem Fasten im Monat Ramadan drückt die Freude aus über den Segen des Fastens und über Gottes Gaben, die nun wieder uneingeschränkt genossen werden können. Verwandte und Bekannte besuchen sich gegenseitig. Dabei gibt es Geld und Süßigkeiten für die Kinder. Oft gibt es auch neue Kleidung und Geschenke. Zumindest am ersten Tag des Id al-Fidr brauchen die Kinder nicht zur Schule zu gehen.

In Kindergruppen oder Schulklassen können die muslimischen Kinder – mit Hilfe von Eltern, LehrerIn oder GruppenleiterIn – ein kleines Fest vorbereiten und die anderen Kinder einladen. Die unten wiedergegebende Erzählung kann dabei für Gastgeber und Gäste als Vorlage dienen. Die süßen Festspeisen sind zu dieser Zeit in türkischen Läden erhältlich und werden auch gerne von den Eltern bereitgestellt. Das Fastenbrechen erhält seinen besonderen Reiz, wenn die Kinder vorher durch einen selbstgewählten Verzicht »probegefastet« haben.

⌒ Mehr leben – Fasten.

Id al-Fidr in einer Familie – Anregung für ein Rollenspiel

Im Zimmer schlafen die Kinder, da kommt Oma herein: »Los! Steht auf! Habt ihr vergessen, dass heute Zuckerfest ist? Bald kommen die Männer von der Moschee. Wir müssen aufräumen.« Die Kinder springen blitzschnell auf, laufen ins Bad. Die Mutter kommt aus der Küche und bereitet den Frühstückstisch vor: »Mama, würdest du bitte die Betten aufräumen. Der Opa würde sich ärgern, wenn er das Zimmer so durcheinander vorfände.« Oma räumt auf: »Das weiß ich sehr gut, mein Kind. Seit 30 Jahren erlebe ich mit ihm immer dasselbe. Er findet immer etwas zu meckern.« Mutter schaut nach den Kindern: »Was macht ihr so lange im Bad? Zieht euch schnell eure Festtagskleider an.« Es klingelt an der Tür. Mutter: »O Gott! Sie sind schon da. Kinder, beeilt euch! Mutter, machst du bitte die Tür auf? Ich muss noch den Tee holen!« Oma macht die Tür auf. Einige türkische Kinder aus der Nachbarschaft schreien gleichzeitig: »Ich küss die Hand, Oma! Ich küss die Hand, Oma! Gesegnetes Zuckerfest!« Die Oma gibt jedem Kind fröhlich die Hand. Jedes Kind küsst die Hand und berührt danach mit ihr seine Stirn. Oma: »Ich wünsche euch auch ein gesegnetes Fest. Wartet mal. Jeder bekommt ein Bonbon.« Sie holt die schon vorbereitete Schüssel mit den Bonbons und reicht diese den Kindern. Jedes nimmt ein Bonbon. Oma: »Nehmt ruhig etwas mehr für eure Geschwister. Nehmt schon!« Die Kinder ziehen ihre Schuhe aus, kommen in die Wohnung, küssen nacheinander der Mutter die Hand und schütteln die Hände der Kinder, die gerade frisch aus dem Bad ins Zimmer kommen. Dabei wünschen sie sich gegenseitig: »Gesegnetes Zuckerfest!« Danach verabschieden sie sich freundlich lächelnd. In der Tür erscheinen der Opa, der Vater und der ältere Sohn, die gerade aus der Moschee vom Festgebet zurückkommen. Während diese ihre Schuhe ausziehen, laufen die Kinder der Familie auf sie zu, ergreifen ihre Hände und wünschen: »Gesegnetes Zuckerfest, Opa! Gesegnetes Zuckerfest, Papa! Gesegnetes Zuckerfest, großer Bruder.« Opa: »Halt! Lasst uns erst einmal rein!« Die Kinder küssen nun jedem die Hand und bekommen ein Geldgeschenk. Die Kinder küssen danach auch die Hände der Oma und der Mutter. Gemeinsam sucht nun die Familie den Frühstückstisch auf. Kurze Zeit darauf klingelt es an der Tür. Mutter zum ältesten Sohn: »Mach die Türe auf, Sohn.« Er geht zur Tür, öffnet und ruft: »Tante Aynur und Onkel Irfan sind da, Mama!« An der Tür erscheint eine Familie mit zwei Kindern. Sie ziehen die Schuhe aus und treten ein. Mutter und Vater stehen vom Frühstückstisch auf und gehen auf die Gäste zu: »Willkommen, kommt doch herein!«

Tante und Onkel gehen zuerst auf Oma und Opa zu und küssen ihnen die Hände. Die Kinder gehen

Festgebet zu Id-al-Fidr: Die afghanische Moschee ist überfüllt.

zusammen ins Kinderzimmer zum Spielen. Tante und Onkel setzen sich zu den anderen an den Tisch, während die Familie weiterfrühstückt. Opa: »Und wie geht es dir, Irfan?« Onkel: »Danke, Opa, gut. Und dir?« Opa: »Danke, mir auch. Auch wenn mir mein Rheuma zu schaffen macht. Und wie geht es dir, Aynur?« Tante: »Mir geht es auch gut, Opa, danke. Und beschwere dich nicht über dein Rheuma, du siehst gut aus.«
Inzwischen steht die Mutter auf und gibt den Gästen Tee. Das Frühstück wird beendet. Die Männer gehen nacheinander ins Bad, um sich die Hände zu waschen. Mutter, Tante und Oma räumen den Tisch ab. Danach setzen sie sich wieder zusammen und trinken Tee. Das Gespräch läuft weiter und Mutter bringt Süßigkeiten in kleinen Schälchen. Nachdem die Süßigkeiten aufgegessen sind, bringt die Mutter den türkischen Kaffee in kleinen Tässchen. Danach bietet sie Wasser an. Die Unterhaltung dauert nicht mehr lange und die Gäste verabschieden sich. Opa schaltet den Fernseher ein und Vater nimmt die Zeitung zur Hand. Mutter räumt auf. Mutter: »Oma, wir besuchen kurz Tante Fatima, die wartet jetzt auf uns.« Oma: »Natürlich, mein Kind, geht ruhig. Wir sind zu Hause, wenn jemand kommt.« Mutter, Vater und die Kinder gehen los. Kurz danach klingelt es an der Tür. Die Oma steht auf, nimmt die Bonbonschüssel zur Hand und geht zur Tür.
(Demirel, gekürzt. © 1995 Friedrich Verlag GmbH & Co. KG., Seelze.)

Ich heiße Kamrin und bin 13 Jahre alt. Meine Eltern kommen aus zwei verschiedenen Ländern, Papa aus Pakistan, Mama aus Italien. Wir feiern Eid so: Zu Eid bekommen wir erst mal neue Kleidung, Schuhe usw. Morgens duschen wir und ziehen die neue Kleidung an, dann gehen wir mit Papa in die Moschee zum Eid-Gebet. Wenn wir nach Hause kommen, hat Mama schon unser Zimmer mit Geschenken und vielen Luftballons geschmückt. Dann packen wir unsere Geschenke aus (meistens, was wir uns gewünscht haben). Mama kocht meistens ein ganz tolles Gericht, und dann besuchen wir Bekannte und haben ganz viel Spaß.

Weihnachten:
Weihnachten mit der vorangehenden Adventszeit ist für christlich geprägte Kinder neben dem eigenen Geburtstag meistens das schönste Fest. Das liegt sicher an den oft vielen und großen Geschenken und an der Vorfreude darauf. Aber auch die vielen kleinen und großen Bräuche sind für Kinder schön: Adventskalender mit kleinen Süßigkeiten oder Geschenken, Adventskranz und Weihnachtsschmuck, die die Städte und Wohnung verzaubern können, Weihnachtsgebäck und Weihnachtsmarkt, Geschichten und Lieder, Krippenspiel und Weihnachtsbaum. Gestaltungsvorschläge, Lieder und Geschichten gibt es in unzähligen Büchern. Darum hier nur der Hinweis, dass in multikulturellen Gruppen die christlich geprägten Kinder ein kleines Fest vorbereiten können. Die anderen überlegen, was sie als Gäste wünschen, mitbringen und fragen könnten. Weihnachten bietet viele Anknüpfungspunkte zu Judentum und Islam, siehe dazu: 💡 S. 18ff. und S. 51ff., die gemeinsame Festgestaltung ermöglichen. Um die Vorweihnachtszeit zu entlasten, kann die Erinnerung hilfreich sein, dass die Weihnachtszeit bis Anfang Februar

Zum Andenken an das Chanukkah-Wunder hat sich - schon im Mittelalter - bei den in Deutschland lebenden Juden das Dreidel-Spiel entwickelt. Diese Juden sprachen Jiddisch, das auch oft Judendeutsch genannt wurde.

Sie leiteten aus den Buchstaben die Spielregeln ab und spielten um Chanukka-Geld:

bedeutet נֶעם *nimm: alles aus der Mitte nehmen*

bedeutet גיב *gib: eine vorher abgemachte Menge in die Mitte legen*

bedeutet האלב *halb: die Hälfte der Münzen in die Mitte legen*

bedeutet שְׁטעל אַריין *stell ein: aussetzen*

Vier hebräische Buchstaben stehen auf den vier Seiten des Dreidels:

נ steht für נס *nes: das Wunder*

ג steht für גדול *gadol: groß*

ה steht für היה *haja: war*

ש steht für שם *scham: dort*

Man kann auch übersetzen:
»Ein großes Wunder geschah dort.«
Gemeint ist das Chanukkahwunder

(Brum, 153. © 1996 Roman Kovar Verlag, Egling a. d. Paar.)

reicht und der 6. Januar noch einmal ein hoher Weihnachtsfeiertag ist.
Weihnukka, Islamische Weihnacht, Nikolaus von Demre.

Chanukka
An jedem Abend des achttägigen Festes wird mit der ganzen Familie eine weitere Kerze auf dem Chanukkaleuchter angezündet. Dazu werden Geschichten erzählt, Lieder gesungen, Besuche und Geschenke gemacht und mit dem Trendel (oder Dreidel) gespielt. Das Trendel – halb Kreisel, halb Würfel – zeigt mit seinen vier hebräischen Buchstaben an, ob man von seinem Vorrat an Nüssen, Süßigkeiten oder kleinen Münzen etwas abgeben muss oder hinzubekommt. Trendel gibt es in vielen Variationen – von schlichtem oder kunstvoll bemaltem Holz bis zu silbernen Ausführungen. Man kann sie aber aus Balsaholz oder Papier leicht selbst machen. Häufig werden auch die Chanukkaleuchter selbst gemacht. Eine Holzleiste wird verziert und mit neun Kerzen bestückt. Eine Kerze ist der »Diener« mit dem die anderen acht Kerzen angezündet werden.
Weihnukka – Symbol Licht.

Vorbereitungen zum Dreidelspiel

Übersetzung Liedtext
Fest von Purim, Fest von Purim, ein großes Fest für die Juden:
Masken, Rasseln, Gesang und Tanz.
Kommt, lasst uns Lärm machen, rasch, rasch, rasch,
mit den Rasseln.

Purim
Das Fest wird als ausgelassener und fröhlicher Fasching gefeiert. Die Kinder verkleiden sich als Personen der Estererzählung, spielen die Geschichte oder lärmen mit Rasseln und Fußgetrampel, sobald beim Erzählen der Name »Haman« genannt wird. In Israel wird Purim mit einem Umzug als Volksfest gefeiert. Es gibt Geschenke, Gaben an Bedürftige, ein fröhliches Festmahl mit besonderem Gebäck, die Haman-Taschen. Die Ester-Geschichte findet sich in den meisten Kinderbibeln. Kindergruppen können je nach zur Verfügung stehender Zeit die Estererzählung mit vorhandenen Verkleidungsutensilien und Instrumenten gestalten oder eigens Kronen, Masken und Rasseln anfertigen und Haman-Taschen backen.

(© 1995 Rheinischer Verband für Kindergottesdienst, Düsseldorf.)

Rezept für Haman-Taschen

Teig: 4 Esslöffel Öl, 100g Margarine, 100g Butter, 1/2 Glas Zucker, 1/2 Glas Orangensaft, 4 1/2 Gläser Mehl, 2 Eier, 1 Päckchen Backpulver, Vanille-Aroma. Alles miteinander verrühren und den Teig eine Stunde in den Kühlschrank stellen.
Füllung: 200g Mohn, 1/2 Glas Milch oder Wasser, 2 Esslöffel Zucker, 50g Rosinen, 2 Esslöffel Semmelbrösel. Zutaten vermischen und zwei Minuten kochen.

Den Teig ausrollen und mit einem Glas Kreise ausstechen. Auf jeden Kreis etwas Füllung geben, zusammenklappen und zu einem Dreieck zusammendrücken. Bei 180 Grad 25–30 Minuten backen.

(Brum, 156f. © 1996 Roman Kovar Verlag, Egling a. d. Paar.)

Spannendes:
Weihnukka – Symbol Licht

»Weihnukka? Nein, danke!
In den vorweihnachtlichen Tagen und Wochen hört man oft einen frommen Wunsch: Fröhliche Weihnukka! So grüßt man sich besonders unter Menschen, die für den christlich-jüdischen Dialog offen sind und die um die eminent jüdischen Wurzeln vieler christlicher Feste wissen. So hatte auch Jesus von Nazareth dem Johannesevangelium zufolge im Tempel das Chanukka-Fest gefeiert. Aber darf man dieses Fest so einfach mit dem christlichen Weihnachtsfest zusammenwerfen und sich gegenseitig fröhliche Weihnukka wünschen?
Menschen jüdischen Glaubens feiern Chanukka um den 10. Dezember herum. Es ist ein acht Tage dauerndes Lichterfest. Dabei wird ein neunarmiger Leuchter angezündet und man feiert in guter Stimmung den Abschluss eines guten Jahres. Dies geschieht im Gedenken an die Wunder der Makkabäerzeit. Die Makkabäer waren jüdische Freiheitskämpfer, die um 160 vor der Zeitrechnung die griechische Eroberung und die beabsichtigte Vernichtung des damaligen jüdischen Volkes verhinderten. Nach dem Sieg wurde der Tempel von allen griechischen Götzenbildern gereinigt und feierlich neu eingeweiht. Die beiden Makkabäerbücher, in denen über diesen Freiheitskampf berichtet wird, gehören nicht zur hebräischen Bibel der Juden. Dennoch haben die Rabbinen nach 160 (v. Chr.) Chanukka als das jüngste Fest des jüdischen Kalenders eingeführt. Man feierte das Überleben der Nation. Und das Verrückte dabei ist natürlich: Ohne den erfolgreichen Befreiungskampf der Makkabäer hätte es kein Judentum mehr gegeben, in das hinein dann auch nicht Jesus hätte geboren werden können. So hängen Chanukka und Weihnachten im Hintergrund elementar zusammen. Gleichwohl sollte man die beiden Feste heute nicht zusammenwerfen. Es besteht kein Grund zu einer Vermischung. Synkretismus ist unangebracht, schließlich hat das Weihnachtsfest durch die Trennung der Kirche vom Judentum seine eigene Bedeutung angenommen. Warten wir ab, bis der Messias dereinst erscheint und uns sagt, ob er tatsächlich schon mal als Messias da gewesen ist oder nicht.« (Lapide, 29. © Publik-Forum, 24/2001.)

Dass heute Juden wie Christen auf die Idee kommen können, sich gegenseitig »Happy Weihnukka« zu wünschen, geht auf eine Mischung von Anpassung und Konkurrenzkampf von Chanukka gegenüber Weihnachten zurück. Unter der übermächtigen Allpräsenz und Attraktivität der Weihnachtsbräuche im Dezember hat sich das zur gleichen Zeit stattfindende jüdische Lichterfest immer mehr angeglichen, so dass es z. B. Wachskerzen statt Öllämpchen und Geschenke statt Chanukkageld gibt. Doch bestehen in der Geschichte der Feste gewisse Sachverhalte, durch die »Chanukka und Weihnachten im Hintergrund elementar zusammenhängen«, wie auch Ruth Lapide zugesteht. So fällt auf, dass beide Feste am 25. des Monats stattfinden – da die jüdischen Monate gemäß den Mondphasen kürzer sind als die des Sonnenjahres, liegt der 25. Kislew meist früher im Dezember – eben um den 10. des Monats.
Auch mit dem 25. Dezember beginnt eine achttägige Festzeit, in der der erste und der letzte Tag, der 1. Januar, die wichtigsten sind. Einige Wissenschaftler glauben, dass diese Daten einen alten histo-

rischen Zusammenhang haben. Die Wiedereinweihung des Tempels war von den Makkabäern genau auf den 3. Jahrestag der Schändung durch die Griechen gelegt worden. Diese wiederum könnten den Tempel aus Anlass des Festes der syrischen Gottheit Baal Schamem entweiht haben, das auf diesem Termin lag. Die Wiedereinweihung an eben diesem Tag demonstrierte die Nichtigkeit der heidnischen Gottheit, die achttägige Dauer knüpft an die Weihung des Stiftzeltes (Lev 8, 36 – 9, 1) und an Salomos Weihe des ersten Tempels an (1. Kön 8, 66).

Der Weihnachtstermin wurde ebenfalls auf das Datum eines heidnischen Festes gelegt, das römische »Natalis Solis Invicti« (seit 354, Dogma seit 381 n. Chr.). Doch Johannes Chrysostomos beschreibt bereits 386 n. Chr. eine Feier zur Geburt Jesu in Antiochien, also in Syrien. Das lässt vermuten, dass eben genau das Fest des Baal Schamem als Weihnachtsdatum gewählt wurde, auf dem schon die Tempelweihe gefeiert wurde. Channuka und Weihnachten verbindet damit die Abwehr und Konkurrenz gegenüber ein und demselben heidnischen Kult und Fest.

Eng damit verbunden ist ein weiterer Gedanke: die Errichtung des Königtum Gottes auf der Erde – christlich »Reich Gottes« genannt. Für die Rabbinen war der Tempel nicht exklusiv jüdisch. Es war der Ort, an dem Gottes machtvolle Gegenwart in die Welt kam. Eben das verbinden Christen mit Jesu Geburt. Beides sind Feste der Hoffnung auf eine bessere Welt, beide feiern das »Licht der Welt«.

G"tt der Welt!

Die Chanukkah Kerzen flimmern
gegenüber dem Weihnachtslicht.

Die Mazzot liegen auf dem Pessachtisch
Im Nebenhaus hängen die Ostereier.

Die Purimkostüme werden vorbereitet
kurz nach der Faschingsfeier.

Die Omerzeit wird täglich gezählt
bis zum Schlußtag von Pfingsten.

Das Gebet für den Schabbatausgang wird gesagt
kurz vor der Sonntagsruhe.

Und wenn ich zur Synagoge gehe
klingeln die Kirchenglocken.

Haben sie einen anderen G"tt?

Karin Levi

Das Interessante dabei ist, dass die literarische Kenntnis der Tempelweihe 164 v. Chr. von der christlichen Kirche bewahrt wurde. Die frühen Rabbinen taten sich schwer mit den Nachkommen der Makkabäer, die als Könige nicht aus dem Geschlecht David stammten und Vasallen der Römer waren. Also konzentrierten sie sich bei Chanukka auf den Ritus und betonten den spirituellen Aspekt und nicht die blutrünstige makkabäische Geschichte. Die frühen Christen litten jedoch unter Verfolgung durch die Römer. Daher waren für sie die Märtyrer-Geschichten der Makkabäer-Bücher wichtig. Sie bewahrten sie unter den Apokryphen als Teil ihrer Bibel, während sie der jüdischen Gemeinde für Jahrhunderte verloren gingen. Auch wenn man die Feste tatsächlich nicht vermischen sollte, gibt es genug Gemeinsames, um die Freude an Chanukka und Weihnachten gegenseitig zu teilen.

Gestaltungsanregungen zu Weihnachten und Chanukka: Lichterfeste

Das jüdische Chanukka – auch Lichterfest genannt – wird immer parallel zur Adventszeit oder Weihnachten gefeiert. Wenn in einer Klasse oder Gruppe beide Feste thematisiert werden sollen, bietet sich das Symbol »Licht« als gemeinsames Thema an. Das Wechselspiel zwischen Licht und Dunkelheit lässt sich vielfältig erleben, erkunden und gestalten. Die Bedeutung von Licht als Metapher und Symbol ist in den verschiedenen Religionen, Kulturen und Sprachen ähnlich und lässt sich leicht erschließen: Licht steht für Gott, Heiligkeit, Vollkommenheit, Gottes Wort, Weisheit, Klugheit und Verstand, Rettung und Heil.
Von der gemeinsamen Beschäftigung mit Licht und Dunkelheit aus können die Konkretisierungen in Judentum – Chanukka-Fest mit Leuchter, Ritual des Kerzen-Anzündens, Licht-Geschichten – und Christentum – Advent und Weihnachten mit Adventskranz, Tannenbaum, Lichtgeschichten und Liedern – herangezogen und eingebracht werden. In Schulklassen mit muslimischen und alevitischen Kindern kann Lichtsymbolik dieser Religionen ebenfalls einbezogen werden, auch wenn sie sich nicht mit Festen im Dezember verbindet.
Kinder feiern ihre Feste.

Gestaltungsanregungen aus einer Erprobung

»Es ist kurz vor der ersten Stunde. November. Ich habe einen Stuhlkreis gestellt, die Vorhänge zugezogen, einen Eimer Wasser bereit gestellt und stehe nun im Klassenraum an der Tür. Den Kindern, die hereinkommen nehme ich den Ranzen ab und weise sie an, sich langsam zum Stuhlkreis zu tasten, sich hinzusetzen und abzuwarten. Der Kreis füllt sich, ich setze mich dazu und führe die Äußerungen der Drittklässler zusammen: Erlebnisse im Dunkeln ist unweigerlich das Thema und soll es sein. Bald zünde ich in der Mitte eine Kerze an und bitte die SchülerInnen, einen Moment still hinzuschauen, dann überlegen wir, was sich verändert hat. Ich teile weiße Haushaltskerzen mit Pappmanschetten aus. Dewa bekommt eine besondere, denn sie hat Geburtstag und darf sich als Erste das Licht aus der Mitte holen. Alle starren sie fasziniert an, ihr schönes Gesicht mit den schwarzen langen Haaren strahlt. »Dewa heißt Licht!«, rufen einige – wir hatten einmal an der Bedeutung unserer Namen gearbeitet. Ja, Dewa heißt Licht, das Licht, das Gott ist, dem das muslimische Mädchen aus Afghanistan immer näher kommen und ähnlicher werden soll. In diesem Moment ist sie es! Ich gebe uns einen Ruck und bitte die Kinder das Geburtstagslied zu singen, dann holt sich das nächste Kind sein Licht aus der Mitte. Erst als es wieder sitzt, steht wieder eins auf. Ganz langsam wandert das Licht durch den Kreis. Die SchülerInnen tuscheln: »Es wird immer heller!« »Wenn man die Augen fast ganz zusammenkneift, sieht man überall Sterne!« Schließlich sitzen wir im Hellen, auch darüber reden wir, aber nicht lange, denn es klingelt und die Klassenlehrerin hat noch viel vor mit den Kindern. – Ob die inzwischen Jugendlichen diese 3/4 Stunde noch so intensiv erinnern, wie ich? Jedenfalls war es inmitten von Hochhäusern, in einer riesigen Grundschule und einem mäßig schönen Klassenraum gelungen, Licht und Dunkel in einer Intensität und Bedeutsamkeit zu erleben, wie es in keiner Kirche oder Moschee besser hätte gelingen können.«
Im weiteren Verlauf haben wir die Kerzen mit Wachs verziert, auf Flaschen gesteckt und an den Platz gestellt. Vor allem haben wir uns aber mit Hilfe von Handbildern und Sprichworten »helle« und »dunkle« Lebenssituationen bewusst gemacht und überlegt, wie aus »Dunkel« »Licht« werden kann. Das Symbol »Licht« kann vielfältig erarbeitet werde. Material und Anregungen sind in der Literatur gut greifbar:

Chanukkaleuchter basteln

Es gibt natürlich sehr schöne, reich verzierte Chanukkaleuchter, aber das Fest feiert sich genauso schön mit einem einfachen selbstgemachten Leuchter. Es gibt zwei Grundformen: In der Form der Menora, nur mit acht (neun mit Diener) Armen. Und als längliche, schmale Platte, auf der die Lichter in einer Reihe angeordnet werden. Ursprünglich wurden neun Öllämpchen verwendet, heute meist Kerzen. Die flache Form kann leicht selbst gemacht werden: ein Stück Kantholz glätten, anmalen oder verzieren, Kerzen mit Wachsklebepunkten befestigen – fertig. Etwas solider wird es, wenn in das Kantholz Löcher für die Kerzen gefräst werden.

Anzünden des Chanukkalichtes

Beim achttägigen Chanukka-Fest wird an jedem Abend ein Licht mehr auf dem Leuchter entzündet. Dazu versammelt sich die Familie und bleibt möglichst zum Singen, Geschichten erzählen oder Spielen noch eine Weile zusammen. Beschreibungen dieses Rituals finden sich in zwei Klassikern:
Chagall, Bella: Brennende Kerzen, Reinbek 1998 und *Taylor, Sydney*: Neues von der Mädchenfamilie, München 1982.
Daraus ein kleiner Abschnitt:
Ella hatte den messingenen Menoraleuchter poliert, bis er glänzte, dass man sich darin spiegeln konnte. Er stand nun auf dem obersten Brett des Wandregals, seine acht kleinen Arme warteten auf die schlanken goldgelben Kerzen, die Papa extra für das Fest gekauft hatte. Etwas erhöht in der Mitte befand sich der ›Schammes‹, die Kerze vom Dienst, sozusagen. An ihrer Flamme entzündete man alle anderen.
Die Kinder stellten sich um Papa. Mama hob Charlie auf einen Stuhl. Papa steckte eine Kerze in den ersten Kerzenhalter der Menora. Dann, den brennenden ›Schammes‹ in der Hand, wandte er sich an Charlie. »Willst du die Kerze anzünden?«
Charlie hopste auf und ab. »Ja, ja! Charlie Kerze anzünden!« Seine kleine Hand griff nach dem ›Schammes‹. Papa führte Charlies Hand gegen den Docht der Kerze Nummer eins. Die flammte auf, hell und leuchtend, und warf ihren Schein auf Charlies Gesicht.
Papas Stimme erklang nun dunkel und ehrfurchtsvoll: »Gepriesen seiest du, o Herr unser Gott, Beherrscher des Universums, der uns geboten hat, die Chanukkalichter zu entzünden.« …

Praxishilfen

Berg, Gerlinde, Lichterfeste. In: Stadt Frankfurt am Main. Amt für multikulturelle Angelegenheiten (Hg.), Feste der Völker. Ein pädagogischer Leitfaden, Frankfurt 2000, S. 115-118.

Bihler, Elsbeth, Symbolkreis Licht. Arbeitsblätter für die Grundschule, Limburg 1999.

Freundenberg, Hans (Hg.), Feste feiern. Religionsunterricht praktisch 1–4. Gestaltungsvorschläge für Grundschule/Sonderschule, Göttingen 1996, S. 115-122.

Früchtel, Ursula, Mit der Bibel Symbole entdecken, Göttingen 1994, S. 42-72.

Halbfas, Hubertus, Religionsunterricht der Grundschule. Lehrerhandbuch 1, Düsseldorf 1987, S. 263-275.

Heyduck-Huth, Hilde, Licht. Ein Bilderbuch zum Stillwerden, Lahr 1995.

Mix, Margarete, Symbole im Kindergarten verstehen und gestalten, Gütersloh 1997.

Thelen, Norbert, Adventsstündchen, Osterstündchen. Besinnliches und Spielerisches für Kindergarten und Schule, Landshut 1998.

Tworuschka, Monika und Udo (Hg.), Symbole in den Religionen der Welt, Lahr 1996.

»Morgen halte ich den ›Schammes‹, und zünde die zweite Kerze an«, sagte Gertie.
»Sechs Kinder und Papa und Mama machen zusammen acht«, sagte Sarah. »Es geht genau auf!«
»Ja«, sagte Papa und nickte. »Jeder kommt einmal dran. Ella, sing etwas für uns!«
Und so sang Ella »Fels der Zuflucht«, und nach kurzer Zeit sang die ganze Familie mit:
»Fels der Zuflucht, deine Macht rettete uns vor der Feinde Sturm. Lass dich preisen! In Not und Nacht warst du uns immer der schützende Turm.«
Mama lächelte Papa zu. »Und was jetzt, Papa?« Die Kinder strahlten und warfen einander Blicke zu. Sie wussten, was jetzt kam. Papa zog seine Börse mit dem Kleingeld hervor. »Ich glaube, ich glaube, da ist nicht viel Chanukkageld drin!«, erklärte er bekümmert, aber seine Augen lachten. Papa neckte sie doch bloß! Und dann verteilte er Pennies. »So viel Geld!«, seufzte Charlotte.«
(Taylor, S. 47 ff.)

Das Chanukka-Licht

In dem polnischen Ort Mesiborzi wohnte vor langer Zeit ein Rabbi, ein jüdischer Lehrer, mit Namen Baruch. Er war ein Enkel des berühmten Baal Schem Tow: Der Meister mit dem guten Namen. Baruch war ein Zaddik, ein Gerechter, der Wunder tun konnte. Wenn Baruch Gespräche mit seinem Schöpfer führte, stiegen seine Worte zu Gottes Thron hinauf. Wenn er betete, bebte der Himmel. Wenn er jubelte, jubelten die Engel mit. Von nah und fern kamen die Menschen zu Rabbi Baruch, um ihn zu hören und um Rat zu fragen. Er hatte immer viele Schüler um sich, die seiner Auslegung des heiligen Buches, der Tora, atemlos lauschten.
Jisreel, der Sohn eines armen Schmieds, war Rabbi Baruchs eifrigster Schüler. Rabbi Baruch hielt sehr viel von ihm. Einmal fragte Jisreel den Rabbi, ob er seinen Vater besuchen dürfe. Das war allerdings weit entfernt von Mesiborzi und es war schon Herbst. Rabbi Baruch schaute bedenklich. Aber er wollte es nicht verweigern und sagte: »Gut, aber sorge dafür, dass du an Chanukka wieder zurück bist.« Jisreel versprach es und reiste ab zu seinem Vater. Drei Monate lang blieb er weg. Als der Winter sich ankündigte, und der erste Schnee gefallen war, spannte Jisreel die Pferde vor seinen Schlitten, um zu Rabbi Baruch zurückzukehren. Er hatte zwei Tage Zeit bis Chanukka. Aber das genügte. Jisreel sah sich schon neben dem Rabbi am festlich gedeckten Tisch sitzen! Der Schlitten flog über die verschneiten Felder. Kurz bevor die Dämmerung hereinbrach, zog er vor einer Herberge die Zügel an. Freundlich fiel das Licht durch die Fenster. »Dort drinnen ist es gewiss schön warm«, dachte Jisreel, »aber wenn ich heute nacht durchfahre, kann ich morgen schon zum Morgengebet zu Hause sein«. Hinter ihm verschwanden die Lichter der Herberge in der Dunkelheit.
Die Nacht legte sich über Jisreel, der nicht nach links und rechts sah und die Pferde antrieb. Ein Sturm kam auf, seine Laterne verlosch. Er wusste nun überhaupt nicht mehr, wohin die Pferde ihn brachten! Plötzlich wieherten sie laut und der Schlitten stand still. Jisreel wurde von rauen Händen gegriffen und vom Bock geschleudert. Es waren Räuber. Sie dachten, wer nachts im Winter allein durch einen Wald fährt, müsse einen wichtigen Auftrag erfüllen und viel Geld und kostbare Güter bei sich haben. Sie durchsuchten den Schlitten und die Taschen von Jisreel, aber sie fanden nichts. Gerade, als sie ihn töten wollten, sagte der älteste der Räuber: »Das sollten wir nicht tun, wir nehmen ihn mit zu unserem Hauptmann; möglicherweise hatte dieser Mann ja geplant, einen Schatz auszugraben. Vor unserem Hauptmann kann er den Ort, an dem der Schatz liegt, nicht verborgen halten.« Sie verbanden Jisreel die Augen und setzten ihn wieder auf den Schlitten. Einer der Räuber setzte sich neben ihn und gab den Pferden einen gemeinen Schlag mit der Peitsche.
Der Hauptmann wohnte in einer Hütte tief im Wald. Als Jisreel vor ihm stand, riss der Hauptmann ihm das Tuch von den Augen: »Ich bin der Hauptmann«, sagte er, »und ich will wissen, wohin du unterwegs bist und was du hier zu suchen hast.« Jisreel erklärte ihm, dass er ein Schüler des Zaddik von Mesiborzi, Rabbi Baruch, sei. »Ich bin heute Nacht durchgefahren, um morgen früh zurück zu sein, ehe das Chanukka-Fest beginnt.« Der Hauptmann glaubte nichts davon. »Nicht einmal im Sommer reisen die Menschen hier nachts durch, schon gar nicht im Winter bei den Schneestürmen. Wo ist also der Schatz vergraben, nach dem du suchst?« Jisreel sagte: »Ich kenne nur einen Schatz, und das ist der Reichtum, den Rabbi Baruch in seinem Herzen trägt. Wer diesen Zaddik kennt, sieht die Welt mit anderen Augen.« Der Hauptmann begriff nichts von dem, was der junge Mann sagte. Er wurde böse und fing an, ihn mit seiner Peitsche zu schlagen. Doch Jisreel erzählte unbeirrt weiter über den Rabbi und über seine Wunderkraft. Als der Hauptmann erkannte, dass er mit der Peitsche nichts erreichte, sagte er: »Du scheinst verrückt zu sein. Mach, dass du wegkommst. Aber du wirst nicht lebend aus dem Wald

kommen. Hier gibt es Horden von hungrigen Wölfen.« Jisreel kletterte auf den Schlitten, trieb seine Pferde an. Die Räuber zuckten mit den Schultern und gingen hinter ihrem Hauptmann in die Hütte hinein.
Jisreel war wieder allein. Um ihn herum erhoben sich riesige Bäume. Eine dicke Schneedecke knirschte unter dem Schlitten, der nur schwer vorankam. Tief im Wald hörte er Wölfe heulen. Es war immer noch stockfinster. Tränen schossen ihm in die Augen. »Wie soll ich je aus diesem schrecklichen Wald herausfinden?« Er musste an den Rabbi denken, der auf ihn wartete. In Mesiborzi hatte Rabbi Baruch seine Schüler um den Tisch für das Chanukkafest versammelt. Ein Platz aber blieb leer. Jisreel ist nicht rechtzeitig zurückgekommen, dachte der Rabbi enttäuscht, aber vor allem war er beunruhigt. Es ist nicht Jisreels Art, ein Versprechen zu vergessen. Es wird ihm doch unterwegs nichts passiert sein? Bedrückt zündete der Rabbi die erste Kerze an dem achtarmigen Leuchter an. Seit Jahren war das Jisreels Aufgabe gewesen. Die Kerze flackerte nur kurz auf, dann verlosch sie wieder. Die Schüler sprangen erschrocken auf. Sie wollten sie wieder anzünden, aber der Rabbi sagte: »Nein, tut das nicht. Kommt, lasst uns nicht traurig sein. Es ist ein Fest! Das Licht wird zurückkommen.«
Tief im Wald saß Jisreel zitternd auf dem Bock. Das Heulen der Wölfe kam immer näher. Die Pferde bebten, sie zogen an. Dann standen sie still. Jisreel hielt mit der rechten Hand die Peitsche umklammert. Aber eine verborgene Kraft hinderte ihn, seinen Arm zu heben. Die Peitsche glitt aus seinen Fingern. Jisreel schloss seine Augen und bedeckte sie mit seiner rechten Hand. Er betete. Als er die Augen wieder öffnete, sah er vor sich ein kleines Flämmchen ruhelos hin und her flackern. Es war, als wenn eine unsichtbare Hand eine Kerze dicht vor den Schlitten hielt. Die Pferde richteten sich auf und setzten ihren Weg fort. Sie folgten dem Licht. So klein wie es war, erleuchtete es doch den ganzen Weg. Es schien sogar die Wölfe zu verschrecken. In raschem Tempo bahnte sich der Schlitten seinen Weg durch den Schnee. Und plötzlich hielten die Pferde vor dem Haus von Rabbi Baruch. Jisreel sprang vom Schlitten. Als er ins Haus trat, begann die Kerze auf dem Chanukkaleuchter wieder zu brennen. Die Schüler waren darüber erstaunt, aber Rabbi Baruch tat, als ob das ganz normal sei. Er umarmte Jisreel, und Jisreel erzählte, was er alles erlebt hatte. Da wurde allen klar, dass es das Chanukkalicht gewesen war. Sie dankten Gott für die Rettung von Jisreel, und sie priesen die Weisheit von Rabbi Baruch, dem Zaddik.

(Nach: ›Het Chanukkalicht‹ aus ›Joodse sprookjes‹ von Leo Pavlat, Ankh-Herrnes, Deventer, 1988. Bearbeitung: Rene Sass. In: Ein Licht auf unserem Weg, 73ff. © 1995 Rheinischer Verband für Kindergottesdienst, Düsseldorf).

Der Adventskranz

Grüne Zweige, der Kranz und das Licht waren in den dunklen, kalten und kargen Wintern Nordeuropas schon immer Zeichen des Segens und der Hoffnung auf neue Lebensmöglichkeiten. Hoffnung und Gottes Segen beruhen für Christen auf Jesus Christus, dessen Geburtstag, das Weihnachtsfest, im dunklen und kargen Winter liegt. So verwundert es nicht, dass sich folgendes ereignen konnte:
In Hamburg begann 1833 ein junger Pastor namens Wichern Kinder und Jugendliche aufzunehmen, um die sich niemand mehr kümmerte. Zusammen mit anderen Christen betreute er sie in einem Gebäude, das vorher schon »Rauhes Haus« hieß. In der Adventszeit versammelten sich alle am Mittag zu einer Andacht und am Abend zum Singen der schönen Adventslieder. Um den Advent für alle zu einem Erlebnis werden zu lassen, ließ Wichern einen großen, runden Kerzenleuchter aus Holz aufhängen. Vier große weiße Kerzen standen darauf – für jeden Sonntag des Advent eine. Dazwischen standen rote Kerzen für jeden Wochentag. 23 Kerzen waren es auf dem ersten Adventskranz. An jedem Tag wurde bei der Andacht eine Kerze mehr angezündet. Dazu wurde ein Vers aus der Bibel vorgelesen, der das Leben so hell machen konnte wie ein Licht. Am Weihnachtsfest erstrahlte dann der ganze Kranz. Etliche Jahre später wurden auch Tannenzweige in den Betsaal geholt und schließlich der Kranz damit geschmückt.
»Rauhes Haus« war bald der Name für eine große Einrichtung mit vielen Häusern, in der auch Menschen dafür ausgebildet wurden, anderen zu helfen. Sie werden Diakone genannt. Sie arbeiteten in den Kirchengemeinden und besuchten arme Familien Zuhause. Dorthin trugen sie auch den Brauch des Adventskranzes.
(Ursula Sieg, erzählt nach Sattler)

Spannendes:
Schawuot und Pfingsten – Lydia

Als Lydia die Stufen zum Tempel hinaufgeht, weitet sich ihr Herz in einer Mischung aus Glück und Wehmut. »Wie oft ist es mir in den zwei Monaten so gegangen? Wie oft bin ich im Tempel gewesen? Ich hätte es zählen sollen! Zuhause in Philippi werden sie mich danach fragen«, denkt sie und ihre Gedanken wandern zu ihrem Mann, den fast erwachsenen Kindern, der Purpurfärberei, der Kundschaft, den Nachbarn. »Sie alle werden mich mit Fragen bestürmen«, lächelte sie. Ihr Blick durchwandert den Tempel. Sie spürt Abschiedsschmerz. »Heute werde ich für eine gute Reise beten, in der kommenden Woche das letzte Geld für die Purpurstoffe eintreiben, einkaufen, packen und zum Hafen aufbrechen!«

Ein letztes Mal im Tempel. Es ist ein besonderer Anlass: Die Juden feiern das Wochenfest, Schawuot. Im Griechischen heißt es Pfingsten, 50. Am Abend werden die großen Rabbiner Vorträge halten. Bis tief in die Nacht werden die frommen Juden über der Tora sitzen. Denn 50 Tage nach dem Auszug aus Ägypten wurde dem Volk Israel auf dem Sinai die Tora gegeben und der Bund mit Gott geschlossen. Am Vormittag werden dann die Erntegaben in den Tempel gebracht. Gleich nach dem Pessachfest hatte die Ernte angefangen. Nun, sieben Wochen später, kann Erntedank gefeiert werden. Dazu wird das Buch Rut gelesen. Es passt zu beiden Anlässen: Es spielt in der Erntezeit und Rut tritt in den Bund Gottes mit Israel ein. »Ich freue mich auf den Gottesdienst«, denkt Lydia, »doch wie soll ich nur in diesem Gedränge den Treffpunkt mit meiner Freundin erreichen?«

Lydia ist eine Gottesfürchtige, eine Freundin des jüdischen Glaubens. Zuhause hatte sie natürlich einen kleinen Altar mit Figuren der griechischen Göttinnen und Götter und nie hat sie ihre Pflichten ihnen gegenüber versäumt. Aber als es so richtig rund ging: Heirat, Kinder, das Geschäft wurde immer größer, die Konkurrenz härter, die Kaufleute kamen von immer weiter her, die römischen Statthalter wechselten und mit ihnen die Spielregeln des Alltags – da fühlte sie sich allein gelassen. Die Welt war zu kompliziert geworden für die alten Götter. Der jüdische Glaube an den einen Gott faszinierte Lydia mehr und mehr und irgendwann ging sie am Schabbat zu den Juden. Nicht in die Synagoge, sie haben keine in Philippi. Die Juden treffen sich am Fluss vor der Stadt. Im ersten Gottesdienst verstand Lydia nicht viel. Es war eine andere Welt. Aber danach fühlte sie sich gesammelter und klarer. Lydia ging wieder hin. Mit der Zeit erschloss sich ihr das Judentum. Dabei begriff sie auch, dass sie nicht Jüdin werden konnte. Die Gesetze regeln den gesamten Tagesablauf und ließen sich mit ihrem Alltagsleben überhaupt nicht vereinbaren. Das schmerzte! Und doch: Die Lehre von einem einzigen Gott half ihr, ihr Leben gegen die auseinanderzerrenden Kräfte zusammenzuhalten. Und die Geschichten aus der Bibel gaben ihr Kraft, manch festgefahrenes Problem zu lösen.

Schließlich fing sie an zu sparen: »Ich will nach Jerusalem!« Es hat eine Weile gedauert: sie musste erst ihren Mann überzeugen, im Geschäft vorarbeiten und Ersatz finden. Aber dann: Ein paar Tage vor dem Pessachfest kam sie in Jerusalem an.

Pessach war ernüchternd. Das meiste spielte sich in den Familien ab und da sie noch niemanden kannte, wurde sie auch nicht eingeladen. Sie betrachtete alles mehr von außen und spürte überdeutlich und schmerzlich: Ich bin keine Jüdin. Doch darüber war sie fast wieder froh, als sie in ein dramatisches, verwirrendes Ereignis geriet: die Hinrichtung von Jesus von Nazareth. Sie verstand das nicht, aber sie spürte den Ernst und die Leidenschaft, mit der Juden ihren Glauben leben und den Römern Widerstand leisten. »Zuhause ist es dagegen ruhig und idyllisch!«

Nach Pessach zog wieder geschäftige Ruhe ein. Lydia fand Bekannte und Freunde unter den Juden, Griechen und Römern. Sie erfuhr einiges über Jesus von Nazareth, aber die meisten hielten die Sache für erledigt und seine Anhänger hatten sich zurückgezogen. Sie war begierig, möglichst viel über das jüdische Leben zu erfahren. In einer jüdischen Familie erlebte sie das Omer-Zählen mit: Von Pessach an wird beim Abendgebet jeder Tag gezählt bis 50 Tage oder 7 Wochen voll sind. Dann ist das Wochenfest, Schawuot.

Das Wochenfest erlebt Lydia ganz anders als Pessach. Es sind noch mehr Judengenossen nach Jerusalem gekommen. So auch ihre neue Freundin, mit der Lydia sich zum nächtlichen Torastudium verabredet. Sie erklärt Lydia, warum das Wochenfest bei den Proselyten so beliebt ist: »Das Buch Rut wird gelesen und Rut ist eine Proselytin!« Und tatsächlich wimmelt es um sie herum nur so von verschiedenen Sprachen. Lydia fühlt sich wohl, so kennt sie es als Purpurhändlerin in Philippi. Alltag und Glaube rücken näher zusammen.

Beim nächtlichen Torastudium nickt Lydia kurz ein, wird aber gleich wieder von hereinströmenden Menschenmassen geweckt. Sie tragen Körbe mit Weizen- und Gerstenähren, mit Trauben, Feigen und Granatäpfeln, mit Oliven und Datteln. Ein wunderschönes, farbenprächtiges Bild. Die Erntegaben werden geopfert: Gebete werden gesprochen, die den in der ganzen Welt verstreuten Juden gewidmet sind. Und dann: das Buch Rut. Lydia kennt die Geschichte von der jungen Frau. »Wo du hingehst, da will ich auch hingehen; wo du bleibst, da bleibe ich auch. Dein Volk ist mein Volk, und dein Gott ist mein Gott« sagt sie zu ihrer jüdischen Schwiegermutter und begleitet sie in eine ungewisse Zukunft. Hier, im Tempel in Jerusalem, wird

die Geschichte zu ihrer Geschichte: So wie Rut bin auch ich Gott wichtig, auch als Nichtjüdin. Er liebt mich, sorgt für mich und leitet mich, vielleicht auch zu seinem Volk und zu seinem Glauben.
Die Wehmut, die Lydia noch auf den Tempelberg hinaufbegleitet hatte, weicht jetzt der Hoffnung: So mutig und tatkräftig wie Rut will ich meinen Alltag wieder aufnehmen und Gott zutrauen, dass er mir eine Möglichkeit eröffnen wird, an ihn zu glauben, auch wenn ich nicht wie Rut nach Israel ziehen und einen Juden heiraten kann.
Lydia ist mit sich und dem Gottesdienst so eins, dass sie sich von dem plötzlichen Sturm und der Aufregung in einer anderen Ecke des Tempelplatzes nicht ablenken lässt.
Am nächsten Tag beim Einkaufen erfährt sie, dass die Jesus-Anhänger wieder aufgetaucht sind: Auf dem Fest waren sie plötzlich da und behaupteten, Jesus sei vom Tod auferstanden, denn Gott hätte ihn gesandt und alle sollten an ihn glauben. Das merkwürdigste aber sei gewesen, dass alle Pilger sie in ihrer Muttersprache gehört hätten. Das konnte gar nicht sein, denn die meisten der Jünger Jesu können nicht mal vernünftig Griechisch. Nun sei wieder alles in Aufruhr. Tausende hätten sich taufen lassen und gehörten nun zu diesen Jesus-Predigern. Einen kurzen Moment überlegt Lydia, ob sie sich das noch genauer ansehen sollte, doch sie entscheidet sich dagegen: »Ich habe gefunden, was ich gesucht habe, und Gott wird mir geben, was mir noch fehlt, so wie bei Rut.« Einige Tage später segelt sie Richtung Mazedonien.
Lydia kommt heil Zuhause an. Wochenlang erzählt sie von Jerusalem. Seitdem gehen zwei ihrer Freundinnen mit zu den jüdischen Versammlungen. Gewisser und selbstbewusster geht Lydia nun ihren Weg, doch zieht auch die Wehmut mit den Monaten und Jahren wieder ein. Aber gleichzeitig hält sie die Hoffnung fest: »Gott findet einen Weg für mich!«

Schawuot

Als Lydia und ihre Freundinnen an einem Schabbat recht früh zum Fluss hinausgehen, stoßen sie dort auf zwei fremde Männer. Sie stellen sich als Paulus und Timotheus vor. Sie wollen davon berichten, was Gott durch Jesus von Nazareth für die ganze Welt getan hat. Lydia horcht auf, die Ereignisse in Jerusalem arbeiten sich in ihrem Gedächtnis nach oben. Sie ist skeptisch. Paulus und Timotheus predigen im Gottesdienst. Danach entbrennt eine heftige Diskussion bis einige verärgert gehen. Schließlich lädt Lydia Paulus, Timotheus und alle, die noch mehr hören wollen, zu sich nach Hause ein. Lydia treibt die Hoffnung, auf dem Jesus-Weg ganz zu Gott gehören zu können, aber sie muss einige Fragen klären: »Warum reist ihr so weit, um von diesem Jesus zu erzählen? Warum bleibt ihr nicht in Jerusalem? Ist das Judentum, was ihr predigt?« Paulus antwortet: »Gott hat den Zaun zwischen Juden und Griechen weggerissen. Alle können nun zu Gott kommen und ihn Vater nennen. Wie Gott die Israeliten aus Ägypten erlöst hat, hat Gott alle Menschen durch Jesus aus ihrer Gottesferne erlöst. Darum müssen wir das auch allen erzählen. Es ist Judentum, ja! Aber es ist auch etwas Neues und Anderes, weil es sich an die Nichtjuden wendet.« Nun erzählt Lydia ihren Werdegang: Von ihrem Glauben an den Gott der Juden, vom Besuch in Jerusalem und dem ermutigenden Pfingstfest. Sie reden noch lange. Lydia kommt zu der Überzeugung, dass der Jesus-Weg ihr Weg ist an Gott zu glauben. Noch in dieser Nacht lassen sich Lydia und ihre Freundinnen taufen. Sie sind voll Freude. Paulus sagt ihnen, dass sie mit der Taufe den Heiligen Geist empfangen

Die Ausgießung des Heiligen Geistes

haben, zu Jesus gehören und durch ihn zu Gott.
Zwei Worte verwirren Lydia erneut: Heiliger Geist? – Darüber hatten sie noch nicht gesprochen. »Was tut der Heilige Geist? Kann man von ihm auch Geschichten erzählen wie von Jesus?« Paulus lacht: »Ob man von Heiligen Geist Geschichten erzählen kann? Aber natürlich! Du hast sie doch selbst erzählt. Deine eigene Geschichte, Lydia!« Lydia ist noch verwirrter: »Wie bitte?« »Ja, vielleicht wirkte er schon in deiner Suche nach einem neuen Glauben. Gottes Geist sprach in den ersten Informationen über den jüdischen Glauben, in den Liedern und den Gebeten des Gottesdienstes hat er dein Herz berührt, mit den Erzählungen hast du ihn in deine Gedanken aufgenommen, mit den Geboten in dein Handeln. Der Glaube, der in dir gewachsen ist, der Mut, den du aus den Geschichten geschöpft hast, das ist der Heilige Geist.«
»Ja«, sagt Lydia, »das leuchtet mir ein. Es war, als wäre jemand bei mir, der mir Kraft gibt. Wenn das aber schon seit Jahren so ist, warum dann noch die Taufe?« »Die Geschichten der Bibel, die Gebete und Lieder haben den Heiligen Geist von außen an dich herangetragen. Nun, seit der Taufe, lebt der Heilige Geist in dir. Er ist ein Teil von dir. Nun bist du selbst eine Quelle der Kraft für dich und andere. Jesus hat es so versprochen.« Damit hat Lydia gleich das nächste Problem: »Was hat der Heilige Geist mit Jesus zu tun?« »Jesus hatte den Heiligen Geist in sich, aber nicht seine Jünger und Freundinnen und Freunde. Als Jesus weg war, war auch ihr Mut, ihre Freude und fast auch der Glaube weg. Mühsam hielten sie sich an seinem Versprechen fest, dass Gott ihnen seinen Geist senden wird. Pfingsten kam er wie Sturm und Feuerflammen. Da wussten sie auf einmal, was sie sagen sollten, sie hatten Mut und Glauben, sie konnten taufen und haben dabei den Heiligen Geist weitergegeben. Nun wird der Heilige Geist von Christ zu Christ bei der Taufe weitergegeben, aber einmal musste es ja beginnen und direkt von Gott kommen: das war Pfingsten.« »Ah ja, jetzt ergibt es Sinn«, antwortet Lydia begeistert. »Es ist wie beim Schawuotfest der Juden. Der Bund mit Gott wird erneuert und an Gottes Weisungen erinnert. Der Heilige Geist hält in uns wach, was Jesus gelehrt und vorgelebt hat.« »Ja, so ist es«, sagt Paulus und fragt, wo er die wenigen Stunden bis zum Morgen schlafen könnte.

»Was uns treibt«

Die Lydia-Erzählung eignet sich als Baustein für Einheiten zu den Themen »Paulus« bzw. »Missionsreisen des Paulus« und »Ausbreitung des Christentums«. Sie legt den Akzent darauf, wie eng und positiv sich das entstehende Christentum auf das Judentum bezogen hat. Eine Unterrichtseinheit, in der Lydia im Mittelpunkt steht, findet sich in: Interkantonale Lehrmittelzentrale (1997): Gott hat viele Namen. Bd. 1, Zürich, Lehrmittelverlag des Kantons Zürich, S. 363-384.

Diese Geschichte ist fiktiv, nicht aber die Personen und das Thema: Lydia wird in Apg 16, 11-15 und 40 als die erste Christin in Europa erwähnt. Sie lebte in Philippi, stammte aber aus Lydien. Paulus trifft sie, als er am Fluss die jüdische Gemeinde aufsucht. Wahrscheinlich war sie wie viele damals eine Gottesfürchtige, die dem Judentum sehr nahe standen, aber aus gesellschaftlichen Gründen nicht – wie die Proselyten – übertraten. Sie könnte durchaus zu den Pilgerfesten nach Jerusalem gereist sein, würde die Feste aber wohl nicht in dieser Weise erlebt haben.
Das Judentum veränderte sich nach der Zerstörung des Zweiten Tempels gleichzeitig mit dem Christentum, vor allem in gegenseitiger Abgrenzung und Beeinflussung. Das gilt besonders für Pfingsten. Rabbiner Michael Hilton nimmt an, dass Schawuot als Gegengewicht zum christlichen Pfingstfest neu inhaltlich akzentuiert wurde. Pfingsten – als beliebtem Tauftermin und Fest des Heiligen Geistes – wurde

Schawuot als Fest der Gabe der Tora und des Bundesschlusses in inhaltlicher Entsprechung entgegengesetzt.
Die rabbinische Tradition führt dazu aus: »Warum ist die Tora nicht innerhalb des Landes Israel gegeben worden? – Damit die Nationen der Welt keine Ausrede haben und sagen könnten: ›Die Tora ist im Land Israel gegeben worden, deshalb nehmen wir sie nicht an.‹ Darum also wurde sie in der Wüste, in einem Niemandsland, in aller Öffentlichkeit gegeben. Drei Dingen gleichet die Tora: der Wüste, dem Feuer und dem Regen. Denn wie diese Dinge für alle Lebewesen umsonst sind, so sind auch die Worte der Tora für alle Lebewesen umsonst« (Mechilta des Rabbi Jischmael Bachodesch 5). Auch die Lesung des Buches Rut hebt Anspruch und Offenheit hervor. So entsprechen sich an Pfingsten Tora und Sinai-Bund einerseits und Heiliger Geist und Taufe andererseits, sie sind einander sehr nahe und grenzen sich zugleich scharf voneinander ab. Michael Hilton verbindet damit eine Vision: »Vielleicht gibt es im ökumenischen Zeitalter einer jüdisch-christlichen Zusammenarbeit die Möglichkeit einer gemeinsamen Feier von Schawuot und Pfingsten, bei der die Bedeutung des Bundes mit Gott in unserer Welt diskutiert wird. Seit langem ist der Feiertag in der jüdischen Tradition der Partnerschaft zwischen Gott und den Menschen gewidmet. Er könnte zum Feiertag der Partnerschaft der beiden Schwester-Religionen werden.«
(Hilton, 64-80, Zitate: 78-80)

Die Nähe und die Konkurrenz der beiden Feste ist in die Geschichte von Lydia hineinprojiziert. Wenn die Vision von Michael Hilton wahr geworden ist, können neue Geschichten zu Schawuot und Pfingsten geschrieben werden.

2 Himmel und Erde zusammenbringen – Christliche Feste

Das Christentum gründet sich auf das Wirken des Juden Jesus von Nazareth, dessen Predigt, Wundertaten, Kreuzestod, Auferstehung und Himmelfahrt im Neuen Testament bezeugt sind. Schon in den neutestamentlichen Schriften zeichnen sich verschiedene Interpretationen und Entwicklungen ab, die auch bei der Entstehung der verschiedenen Konfessionen eine Rolle spielten. Die beiden großen Konfessionen römisch-katholische Kirche und orthodoxe Kirchen haben sich 1054 getrennt und stark gegeneinander abgegrenzt, was in der weiteren Entwicklung zu großen Unterschieden in Theologie und Ritus, so auch bei den Festen, führte. Weitere sehr alte eigenständige Kirchen, wie z. B. die koptische Kirche, blieben regional begrenzt. Die protestantischen Kirchen sind in der Reformation im 16. Jh. aus der katholischen Kirche hervorgegangen. Sie erstrecken sich hauptsächlich über Nordeuropa und Nordamerika. Durch Missionstätigkeit sind sie seit dem 19. Jh. auch weltweit vertreten. Die protestantischen Kirchen haben im Laufe der Zeit sehr viele voneinander unabhängige Denominationen hervorgebracht. Die Kirchen sind heute fast alle durch die weltweite ökumenische Bewegung miteinander verbunden. Gemeinsam sind ihnen der Glaube an den dreieinigen Gott (Schöpfergott, Jesus Christus, Heiliger Geist), Bibel, Taufe und Abendmahl. Die größten Unterschiede bestehen in den Kirchenverfassungen.

Arbeitsgemeinschaft christlicher Kirchen in Deutschland (AcK). Ökumenische Zentrale in Frankfurt am Main. www.kirchen.de/ack
Katholische Kirche. www.katholische-kirche.de
Evangelische Kirche in Deutschland (EKD): www.ekd.de
Vereinigung der evangelischen Freikirchen: ww.vef.info
Kommission der orthodoxen Kirche in Deutschland: www.kokid.de

In den christlichen Festen steht Jesus Christus mit dem, was er zwischen Gott und den Menschen bewirkt hat, im Mittelpunkt. Daneben haben in der katholischen und orthodoxen Kirche die Marienfeste eine große Bedeutung. Weitere Feste sind herausragenden christlichen Zeugen (Apostel, Heilige, Märtyrer) bzw. ihren Reliquien sowie Engeln gewidmet, oder sie gehen von Buße und Andacht der Gläubigen aus. Die Grundüberzeugung ist, dass Gott in Jesus Christus die ganze Welt und jeden einzelnen Menschen aus Sünde erlöst hat. Indem Gott in Jesus Christus Mensch wurde, ist das Reich Gottes angebrochen. Diese Verbindung von Himmel (Himmel ist eine Chiffre für Gott) und Erde wird in den Festen aktualisiert und in der grundlegenden Bedeutung für Glauben und Leben der Christen bekräftigt und entfaltet. Im Zentrum jedes Festes steht der Gottesdienst.
Die Darstellung der Feste folgt zunächst der protestantischen Tradition. Das entspricht nicht der historischen Stellung des Protestantismus. Da die Reformation aber auch eine Reduktion war und viele Feste abgeschafft wurden, ermöglicht das Vorziehen der protestantischen Feste eine Darstellung vom Einfachen zum Komplexen. Das wird denen, die von außen auf das Christentum schauen, die Orientierung erleichtern.

Der Himmel bringt die Welt zu sich selbst – Feste der protestantischen Kirchen

Die Reformatoren haben, um klar zu stellen, dass die Menschen ausschließlich durch den Glauben an Jesus Christus erlöst und mit Gott versöhnt werden, die Marien- und die Heiligenverehrung bekämpft. Zudem wollte Martin Luther den Wohlstand heben und hat, um Arbeitszeit zu gewinnen, Feste abgeschafft oder auf den Sonntag verlegt. Das Wissen, Verstehen und Tun bekam Vorrang vor dem Feiern, die Predigt wurde wichtiger als die Riten des Gottesdienstes. Das wurde später in der Aufklärung noch verstärkt. Heute wird das oft als nüchtern und langweilig empfunden. Deshalb werden häufig katholische Traditionen wieder aufgegriffen, unter feministischen Vorzeichen sogar Marienfeste, und Anleihen bei den orthodoxen Kirchen gemacht. Von Anfang an sind aber auch eigene Bräuche entstanden. Gerade die Reduktion hat Raum geschaffen für eine reiche Kirchenmusik, am bekanntesten sind die Werke von Johann Sebastian Bach.
Das Fasten bejahten die Reformatoren zwar, aber es konnte als »frommes Werk« missverstanden werden, statt allein auf Gottes Gnade zu vertrauen. Deshalb verschwand das Fasten in den protestantischen Kirchen fast völlig. Die Askese wurde in den Alltag verlegt: Die protestantische Ethik der Arbeit ließ kaum

noch die Möglichkeit zu Müßiggang und Genuss. Besonderes Fasten erübrigte sich. An seine Stelle traten Spenden an Bedürftige und soziales Engagement. Seit die Konsum- und Freizeitgesellschaft die protestantische Arbeitsethik zu besiegen droht, wird auch in protestantischen Kirchen das Fasten mit Aktionen wie »Sieben Wochen ohne«, »Der andere Advent« oder in selbstgewählten Zeiten wieder praktiziert.

Weihnachtsfestkreis: Advent bis Epiphanias

Adventszeit, ab vierter Sonntag vor Weihnachten

Advent heißt »Ankunft«. Es ist eine Vorbereitungszeit auf die Ankunft Christi als neugeborenes Kind und als Weltenrichter am Ende der Zeit. Der 1. Advent eröffnet das Kirchenjahr und wird häufig sehr kreativ und fröhlich als Familiengottesdienst gefeiert. Es beginnt die Zeit der Adventsfeiern und Weihnachtskonzerte, Proben für Krippenspiele und Plätzchen backen, gegenseitiger Besuche und Weihnachtspost, der Weihnachtsmärkte und Weihnachtseinkäufe – aber auch der Besinnung bei Kerzenschein, der Wohltätigkeitsbazare und -veranstaltungen und großer Spendenfreudigkeit.
Neujahrsfeste der Religionen.

Adventskranz
Heinrich Wichern (1808–1881) wollte die Kinder und Jugendlichen seines Waisenheims »Rauhes Haus« erfreuen. Darum hängte er einen großen Reifen auf, der vom 1. Advent an für jeden Wochentag eine kleine und für jeden Sonntag eine große Kerze trug. Täglich wurde bei der Andacht eine Kerze mehr angezündet. Heutige Adventskränze haben vier Kerzen.
Weihnukka – Symbol Licht.

Nikolaus, 6. Dezember

Der Bischof Nikolaus von Myra, das heutige Demre an der Südküste der Türkei, lebte im 4. Jh. Der 6. Dezember ist sein Todestag. Um ihn kreisen viele Legenden, die seine Fürsorge für Arme und Kinder, seine Hilfsbereitschaft und Rettung aus Seenot schildern. Am Abend vor dem 6. Dezember werden Stiefel vor die Tür gestellt, damit Nikolaus sie nachts füllen kann – früher mit Äpfeln, Nüssen und Mandeln, heute mit Süßigkeiten und kleinen Geschenken.
Nikolaus von Demre.

Weihnachten, 25. und 26. Dezember

Weihnachten ist das beliebteste christliche Fest. Es erinnert an die Geburt Jesu Christi gemäß der Weihnachtsgeschichten zu Anfang des Matthäus- und des Lukasevangeliums. Das Geburtsdatum ist nicht überliefert. Im römischem Reich wurde der Kult des Sol Invictus, des unbesiegbaren Sonnengottes, ab 275 n.Chr. Staatskult. Sein Geburtsfest war am 25. Dezember. Um diesem Fest Konkurrenz zu machen, wurde ab 217 an diesem Tag die Geburt Jesu gefeiert. (Weihnukka – Symbol Licht; Islamische Weihnacht; Geburtstage der Religionsstifter). Der Name »Weihnachten« stammt von den geweihten Nächten, einer germanischen Festzeit.
In Deutschland wird vor allem am Tag vor dem Weihnachtsfest, an Heilig Abend gefeiert. Die Vorbereitungen sind möglichst am Mittag abgeschlossen: Die Geschenke liegen »unter dem Tannenbaum« (Baum), in der festlich geschmückten »Weihnachtsstube«, die die Kinder manchmal schon Tage vor dem Fest nicht mehr betreten dürfen. Nüsse, Äpfel und Apfelsinen, Weihnachtsgebäck und Marzipan füllen den Tisch. (Islamische Weihnachten). Im Gottesdienst am Nachmittag führen Kinder Krippenspiele auf. Abends stehen die sehr beliebten Weihnachtslieder und die Weihnachtsgeschichte, um Mitternacht die Lichtsymbolik im Mittelpunkt. In den Gottesdiensten werden große Summen Geld für »Brot für die Welt« gesammelt. Vor allem für die Kinder ist der wichtigste Teil die Bescherung nach Gottesdienst, Kaffeetrinken oder Abendessen. Am eigentlichen Weihnachtsfest besuchen einige die Gottesdienste. Mittags gibt es ein Festessen. Die meisten Familien bemühen sich zu Weihnachten auch von weit her zusammenzukommen und manche laden alleinstehende Bekannte ein.

Epiphanias, 6. Januar

Epiphanias heißt »Erscheinen« und erinnert an das allen Menschen sichtbare Erscheinen Gottes in Jesus Christus als »Licht der Welt«. Einige Kirchen feiern Lichter-Gottesdienste. Die Epiphaniaszeit, und damit die Weihnachtszeit, reicht bis drei Wochen an die Passionszeit heran, also etwa bis Anfang Februar. In einigen Häusern bleibt der Weihnachtsbaum so lange stehen, mindestens aber bis zum 6. Januar, dem ursprüngliche Weihnachtsdatum, das in Ägypten auf den Geburtstag des Gottes Äon, dem Gott der Zeit und Ewigkeit, gelegt wurde. Es lagerten sich viele weitere Themen an dieses Datum, von denen nach der Verlegung des Weihnachtsfestes je nach Konfession etwas anderes Hauptthema wurde.

Osterfestkreis: Aschermittwoch bis Himmelfahrt

Aschermittwoch und Passionszeit, 46 Tage vor Ostern

Mit Aschermittwoch beginnt die 40-tägige Passionszeit. An den Sonntagen wird nicht gefastet, sie zählen also nicht mit. Bis Ostern wird in Passionsandachten der Leidensweg Jesu bedacht, wie er am Ende der vier Evangelien berichtet wird. Der letzte Sonntag der Passionszeit heißt »Palmarum« nach den Palmzweigen, mit denen Jesus bei seinem Einzug nach Jerusalem zugejubelt wurde (Mk 11, 1-11 par), und eröffnet die Karwoche mit Gründonnerstag, Karfreitag und Karsamstag, die besonders still und besinnlich begangen wird. Der ursprünglich Fastencharakter wird in der evangelischen Kirche durch die Aktion »Sieben Wochen ohne« wiederbelebt. Durch freiwilligen Verzicht auf Gewohntes wird die Lebensweise z. B. im Blick auf Konsumverhalten oder Energieverbrauch überdacht.

Gründonnerstag, Donnerstag vor Ostern

Am Gründonnerstag wird an das letzte gemeinsame Mahl Jesu mit seinen Jüngern erinnert. Jesus deutete Brot und Wein auf seinen bevorstehenden Tod hin. Dies gilt als Einsetzung des Abendmahles. Dem Namen gemäß soll das bescheidene Essen grün sein. »Grün« leitet sich aber von »greenen« (»weinen«) ab. Der Name erinnert an die Tränen Jesu im Garten Gethsemane, als er mit der Entscheidung rang, den Leidensweg tatsächlich zu gehen (Mk 14 par).

Grundlegende Heilsereignisse.

Karfreitag

Am Karfreitag wird der Kreuzigung und des Todes Jesu gedacht (Mk 15 par). Es ist der Tiefpunkt der Passionszeit, ein ernster und trauriger Tag. Die Passionslieder fassen Mitleiden mit Jesus und das Heilsgeschehen zusammen: »Was ist doch wohl die Ursach solcher Plagen? Ach, meine Sünden haben dich geschlagen; ich, mein Herr Jesus, habe dies verschuldet, was du erduldet. Wie wunderbarlich ist doch diese Strafe! Der gute Hirte leidet für die Schafe, die Schuld bezahlt der Herre, der Gerechte, für seine Knechte.« (Joh. Herrmann, Ev. Gesangbuch 81, 3 + 4) In den Gottesdiensten wird auf Blumenschmuck und z. T. auf die Orgel verzichtet. Zur Todesstunde Jesu um 15 Uhr wird – oft auf den Friedhöfen – eine Andacht gehalten. Das althochdeutsche Wort »kar« bedeutet Sorge, Kummer, Verzweiflung.

Jerusalem und Baum. Grundlegende Heilsereignisse.

Termin von Karfreitag und Ostern

Ursprünglich wurde Karfreitag genau auf dem Beginn von Pessach gefeiert. Jüdisches und christliches Fest hängen eng zusammen. Da die Auferstehung Jesu aber schon sehr früh an jedem Sonntag – Tag des Herrn, der Tag nach dem Schabbat – gefeiert wurde, gab es Bestrebungen, das Auferstehungsfest auf einen Sonntag zu legen. Darüber haben sich die frühen Christen heftig gestritten. Auf dem Konzil vom Nicäa 325 wurde dann für den Sonntag nach dem Frühlingsvollmond entschieden. Damit wurden Pessach und Ostern auseinandergerissen. Pessach beginnt an verschiedenen Wochentagen, wenn es auf einen Sonntag fällt, ist Ostern eine Woche später.

Jeder siebte Tag.

Ostern, zwischen 22. März und 24. April – Erster Sonntag nach dem Vollmond nach Frühlingsanfang

Ostern ist das älteste christliche Fest und Mitte und Höhepunkt des Kirchenjahres. Es feiert die Auferstehung Jesu und damit den Sieg des Lebens über den Tod, worin der christliche Glauben gründet. Ursprünglich wurde der Ostergottesdienst in der Nacht zum Sonntag gefeiert. Das ist in letzter Zeit wiederbelebt worden. Vor allem Jugendliche durchwachen die Nacht von Karsamstag auf Ostersonntag mit Gesprächen, Lesungen aus Bibel und Literatur, Ostereierfärben, Wanderungen und Osterfeuer. Vor Sonnenaufgang wird die

Osterkerze am Osterfeuer entzündet und mit dem Ruf: »Christus, Licht der Welt« in die dunkle Kirche getragen. An der Osterkerze entzünden alle anderen ihre Kerzen, in deren Schein Gottesdienst gefeiert wird. Beliebt ist auch das Osterfrühstück vor oder nach dem Gottesdienst mit der ganzen Gemeinde. Die übliche Zeit des Ostergottesdienstes ist der Sonntagvormittag. Die Liturgie, Lieder und Kirchenmusik sind fröhlich und jubelnd. Der beliebteste Osterbrauch ist das Suchen von Schokoladeneiern, die der »Osterhase« versteckt hat. Es wird Osterbrot gebacken. Zum Festessen gibt es oft Lamm. Regional gibt es noch weitere Osterbräuche, wie z. B. das Osterwasserholen. Die Herkunft des Namens ist ungewiss. Er kann sich von althochdeutsch »eostorum = Sonnenaufgang« ableiten. Die Osterzeit reicht bis Himmelfahrt. Zwischen Ostern und Pfingsten sollen die Konfirmationen stattfinden.
Frühlingsfeste mit Ei und Feuer. Grundlegende Heilsereignisse.

Christi Himmelfahrt, der Donnerstag 40 Tage nach Ostern
Nach den neutestamentlichen Berichten (Lk 24, 50-53 und Apg 1, 1-11) blieb der auferstandene Christus 40 Tage lang bei seinen Jüngern und Jüngerinnen, um ihnen die Bedeutung seines Todes und seiner Auferstehung zu erklären. Daraufhin wurde er in den Himmel aufgenommen. Damit ist der Weg in den Himmel für alle Menschen frei.

Pfingsten, 50 Tage nach Ostern
Pfingsten wird 50 Tage (Pfingsten = Pentekoste = 50 Tage) nach Ostern gefeiert, genauso wie Schawuot 50 Tage nach Pessach. An Pfingsten empfingen die Jüngerinnen und Jünger Jesu den Heiligen Geist und fingen an zu predigen. Die zum Schawuot-Fest in Jerusalem versammelten Juden wunderten sich über die Predigt, die sie in ihrer jeweiligen Heimatsprache verstehen konnten. Es entstand die erste große Gemeinde von Jesusgläubigen (Apg 2). Pfingsten gilt deshalb als der »Geburtstag« der christlichen Kirche und es ist ein beliebter Termin für Gemeindefeste.
Schawuot und Pfingsten – Lydia.

Trinitatis, Sonntag nach Pfingsten
Nachdem Gottes Offenbarung in Christus und dem Heiligen Geist gefeiert wurde, wird nun, sozusagen rückblickend, gefeiert, dass Gott in diesen drei Personen einer ist: Trinität oder Dreifaltigkeit.

Johanni, 24. Juni
Geburtstag Johannes des Täufers. Die biblische Begründung für das Datum des Festes ist Lk 1, 36, wo berichtet wird, dass Johannes sechs Monate vor Jesus geboren wurde. Das Fest sollte aber auch heidnische Sonnwendfeiern verdrängen. Johanni wird – wie einige weitere Heiligengedenktage – vor allem bei der Gartenarbeit beachtet: die Spargelsaison endet.

Michaelis, 29. September
Das Fest ehrt den Erzengel Michael. Das Festdatum wurde im frühen 9. Jh. nach dem Weihedatum einer römischen Michaeliskirche festgelegt. Früher war das Fest sehr beliebt, da der Erzengel Michael Schutzpatron der Kirche Roms und des Heiligen Römischen Reiches Deutscher Nation war. Daher spricht man immer noch vom »Deutschen Michel«. Aufgrund des steigenden Interesses an Engeln wird der Michaelistag wieder verstärkt gefeiert.

Erntedankfest, Sonntag nach Michaelis
Im Mittelpunkt steht der Dank für den Segen Gottes, der der menschlichen Arbeit zu lebenserhaltenden Früchten verholfen hat. Damit verbindet sich Freude an der Natur als Schöpfung Gottes, aber auch Nachdenklichkeit über den Umgang mit der Schöpfung und das eigene Verhältnis zu Wohlstand und Armut. Zum Erntedankfest werden die Kirchen mit allem geschmückt, was aus Garten, Obstbäumen und vom Feld zusammengetragen werden kann, z. T. auch mit Symbolen für nichtbäuerliche Arbeit. Durch die Farbenpracht ist das Fest bei Kindern und Familien beliebt, Schulen und Kindergärten feiern eigene

Erntedank-Gottesdienste. Mancherorts finden noch oder wieder Umzüge mit der Erntekrone statt, die Frauen zuvor in geselliger Runde aus Getreide binden.

Reformationstag, 31. Oktober
Der Reformationstag ist das einzige originäre »evangelische« Fest im Kirchenjahr. Es erinnert an Martin Luthers Thesenanschlag in Wittenberg im Jahre 1517, der als der Beginn der Abspaltung von der römisch-katholischen Kirche angesehen wird. Heute wird er oft ökumenisch begangen, häufig ist er Anlass für die jährliche Gemeindeversammlung, Gemeindefeste oder Basare.

Martinstag, 11. November ▷ Katholische Feste

Buß- und Bettag, letzter Mittwoch des Kirchenjahres
Von den Regierungen wurden in Notzeiten besondere Bußtage angesetzt. Daraus entwickelte sich ein fester Termin, der nach dem Zweiten Weltkrieg zum staatlichen Feiertag wurde. Als solcher wurde er 1995 in den meisten Bundesländern wieder abgeschafft, bleibt aber kirchlicher Feiertag. Er soll zum Undenken (= Buße) bewegen. Die gesamtgesellschaftliche Perspektive hat dazu geführt, dass gesellschaftskritische kirchliche Gruppen ihre Aktivitäten auf den Bußtag bezogen haben, so ist er u.a. der Schlusstag der Friedensdekade und Beginn der jährlichen Aktion von »Brot für die Welt«.

Ewigkeitssonntag oder Totensonntag, letzter Sonntag des Kirchenjahres
Im November wird der Vergänglichkeit des Lebens und des Gerichtes Gottes gedacht. Es ist eine Zeit der Besinnung und Buße, die durch das trübe und dunkle Novemberwetter intensiviert wird. Am letzten Sonntag wird der Verstorbenen und der Verheißung des Ewigen Lebens gedacht. Die Gräber sind geschmückt. In vielen Kirchengemeinden werden die Namen der Verstorbenen des Kirchenjahres verlesen und die Angehörigen dazu besonders eingeladen.

Den Himmel auf die Erde holen – Katholische Feste

Katholische Feste sind getragen von einer meist über tausendjährigen Tradition, die sich in Würde und Reichtum der Liturgie niederschlägt, wie auch in der Tiefe der Anteilname und Andacht der Gläubigen. Katholische Gottesdienste sind reich an Farben, Gesten und Symbolen. In all dem wird Gott in Jesus Christus inmitten der Welt vergegenwärtigt.
Es werden Feste des Herren und Feste der Heiligen unterschieden. Die Herrenfeste Weihnachten, Epiphanie, Ostern, Himmelfahrt, Pfingsten, Fronleichnam, Herz-Jesu-Fest und Christ-Königs-Fest bilden die Grundlinie des Kirchenjahres. Zu den Heiligenfesten gehören auch die Marienfeste, die eine reiche Tradition ausgebildet haben. Zur Heiligenverehrung: Heilige haben in bestimmten Gegenden, für Berufsgruppen oder Orden besondere Bedeutung. Der Todestag gilt als Geburtstag zum ewigen Leben. Jeder Tag ist einem oder mehreren Heiligen gewidmet. Hier sind nur die Allerbekanntesten aufgeführt. Viele der katholischen Feste gehören – über die oben aufgeführten hinaus – auch in das protestantische Festjahr, sind aber kaum noch im öffentlichen Bewusstsein und werden selten mit Gottesdiensten gefeiert.

Adventszeit, ab 4. Sonntag vor Weihnachten ▷ Protestantische Feste

Nikolaus, 6. Dezember ▷ Protestantische Feste

Hochfest Mariä Unbefleckte Empfängnis, 8. Dezember
Im Mittelpunkt dieses Festes steht die Lehre von der unbefleckten Empfängnis der Maria, also der Glaube, dass Maria von Anbeginn ihrer Existenz frei von der Erbsünde empfangen und geboren wurde und zeitlebens ohne persönliche Sünde blieb.

Weihnachten, 25. und 26. Dezember ▷ Protestantische Feste

In katholischen Kirchen und Familien ist die Weihnachtskrippe weit verbreitet. Die ersten Krippen werden schon im 8. Jh. erwähnt. Oft stellen sie nicht nur Maria, Josef und das Kind in der Krippe dar, sondern erzählen in mehreren Szenen die Geschichte von der Verkündigung bis zur Flucht nach Ägypten. Das kann man z.B. bewundern, wenn man zur Weihnachtszeit die katholischen Kirchen in Köln besucht. Jede beherbergt großflächig und kunstvoll die Weihnachtsgeschichte mit bis zu lebensgroßen Figuren.

Stephanus, 26. Dezember

Nach dem Bericht in der Apg 6, 8 – 8, 2 war Stephanus der erste christliche Märtyrer.

Heilige Drei Könige – Erscheinung des Herrn, 6. Januar ▷ Protestantische Feste

Von den mit Epiphanias in Verbindung gebrachten Inhalten: Geburt Jesu, Taufe Jesu, Anbetung der Magier oder Könige aus dem Morgenland, Weinwunder von Kana und Brotvermehrung, feiert die römisch-katholische Kirche »Heilige Drei Könige«: Vor den nach Mt 2, 12 aus fernen Ländern gekommen Sterndeutern, früher als Könige übersetzt, wird Jesu Göttlichkeit gegenüber den Völkern der Welt offenbart. Kinder verkleiden sich als die drei Könige Caspar, Melchior und Balthasar, ziehen durch die Gemeinde, segnen die Häuser der Gläubigen und sammeln für das Kindermissionswerk. Die Namen der Könige entsprechen den Buchstaben, die die Kinder an die Häuser schreiben: C + M + B. Tatsächlich stehen sie für: Christus mansionem benedicat = Christus segne dieses Haus.

Mariä Lichtmess, 2. Februar

Ein Gedenkfest der Darstellung des Herrn im Tempel oder der Einführung Jesu in den Tempel ist spätestens seit dem 4. Jh. in Jerusalem bekannt. Es wird mit Lichterprozessionen und Kerzenweihe gefeiert. Die Grundlage für das Fest bildet das Gebot, dass die Mutter eines neugeborenen Jungen nach der Niederkunft 40 Tage nicht voll am Gemeinschaftsleben teilnimmt und dann zu ihrer Reinigung im Tempel ein Opfer bringt, sowie ein Opfer für den erstgeborenen Sohn (Lk 2, 22ff.).

Im Jahr 2001 wurde gemeldet, dass der Film »Und täglich grüßt das Murmeltier« (Groundhog Day, von Harold Ramis) 600 mal im Fernsehen gezeigt worden ist. Der zynische Wettermoderator Phil (Bill Murray), die wunderbare Aufnahmeleiterin Rita (Andie MacDowell) und ein Kameramann fahren nach Punxsutawney, um über das jährliche Murmeltierfest zu berichten. Wenn das Murmeltier am Morgen des 2.2. seinen eigenen Schatten sieht, bleibt der Winter noch sechs Wochen. Wegen eines Schneesturmes können sie nicht zurückfahren. Von da an wacht Phil immer wieder am gleichen Tag auf. Er verliebt sich in Rita, aus der »zehn Jahre katholische Mädchenschule sprechen«, der Prototyp der reinen Maria. Seine Liebe wird so lange nicht erwidert, bis die vielfache Wiederholung des einen Tages, zugleich vielfache Chance zum Neuanfang, ihn geläutert hat. Als sie zusammenfinden, ist er erlöst. Mit diesem Film hat sich das katholische Mariä Lichtmess über den Umweg über die USA im säkularisierten Deutschland neu etabliert. Die Bauernregel ist auch in holsteinischen Dörfern bekannt – dort machte die Vorhersage ein Dachs. Sie dürfte mit den Auswanderern nach Amerika gekommen sein.

Aschermittwoch und Fastenzeit, 46 Tage vor Ostern ▷ Protestantische Feste

Mit Aschermittwoch beginnt die Fastenzeit vor Ostern. Vorher wird noch einmal ausgiebig gefeiert: Karneval und Narrenfreiheit. Die Faschingszeit erreicht am Rosenmontag und Faschingsdienstag ihren Höhepunkt und weicht am Aschermittwoch der Stille, Buße und dem Fasten. Zum Zeichen der Buße wird den Gläubigen mit Asche aus den verbrannten Palmzweigen des Vorjahres ein Kreuz auf die Stirn gezeichnet. So wird an die Vergänglichkeit des Lebens erinnert gemäß Ps 103, 14: »Der Mensch ist Staub und kehrt zum Staub zurück«.

Gründonnerstag, Donnerstag vor Ostern ▷ Protestantische Feste

Zum Gedenken des letzten Mahles Jesu wird am Abend das Hochamt gefeiert. Im ersten Teil wird der Bericht von der Einsetzung des Abendmahles (1. Kor 11, 23-36) und von der Fußwaschung - (Joh 13, 1-5) verlesen: Jesus leistet seinen Jüngern den Sklavendienst des Füßewaschens. Danach wäscht der Priester 12 Gemeindemitgliedern die Füße. Anschließend wird die Eucharistie (Abendmahl) gefeiert.

Karfreitag, Freitag vor Ostern ▷ Protestantische Feste
Der Gottesdienst am Karfreitag findet um 15 Uhr, der Todesstunde Jesu, statt. Die Passionsgeschichte wird verlesen, beim Bericht des Todes Jesu knien alle nieder. In einer Prozession wird ein verhülltes Kruzifix hereingetragen. Die Gläubigen kommen, nachdem die Verhüllung feierlich entfernt worden ist, nach vorne und verneigen sich vor ihm. Die schon am Donnerstag konsekrierte Kommunion (Abendmahl) wird ausgeteilt. Der Karsamstag ist ein stiller Tag ohne Gottesdienst.

Ostern, zwischen dem 22. März und dem 24. April ▷ Protestantische Feste
Die Gemeinde versammelt sich am frühen Morgen vor der Kirche. An einem gesegneten Feuer entzündet der Priester die Osterkerze und trägt das Licht in die dunkle Kirche. Dazu wird gesungen: »Christi Licht! – Dank sei Gott!« In den Lesungen wird die ganze Heilsgeschichte von der Schöpfung über den Exodus aus Ägypten bis Ostern verlesen.
Abraham.
Zur Erinnerung an die Taufe wird Wasser geweiht und die Gläubigen werden damit besprengt. Es folgt eine festliche Eucharistie. Der häufigste Ausruf im Ostergottesdienst ist »Halleluja« – hebräisch für »Lobt Gott!«

Christi Himmelfahrt, 40 Tage nach Ostern ▷ Protestantische Feste

Pfingsten, 50 Tage nach Ostern ▷ Protestantische Feste

Dreifaltigkeitsfest, Sonntag nach Pfingsten ▷ Protestantische Feste

Fronleichnam, Donnerstag nach dem Dreifaltigkeitsfest
Aufgrund von Visionen der Juliana von Lüttich im Jahre 1209 – z. B. von einem Vollmond mit dunkler Stelle, wobei der Mond als die Kirche und die dunkle Stelle als ein fehlendes Fest gedeutet wurde – wurde das Fest 1246 zu Ehren der Eucharistie eingeführt. Das Wort »Fron« bedeutet Herr und das Wort »lichnam« lebendiger Leib. In Prozessionen wird die Hostie (das Brot = Leib Christi) in reich geschmückten Behältern, den Monstranzen, zur Schau gestellt.

Herz-Jesu-Fest, Freitag nach dem 2. Sonntag nach Pfingsten
Grundlage ist der Bericht der Kreuzigung Jesu nach dem Johannesevangelium, wobei Jesus der Brustkorb auf der Herzseite aufgeschlitzt wurde. Es floss Wasser und Blut heraus, der Beweis dafür, dass der Tod bereits eingetreten war. Wasser und Blut wurden als Symbol für Taufe und Eucharistie (Abendmahl) gedeutet, die direkt dem Herzen Jesu entsprangen. Die Visionen der Nonne Marguerite-Marie Alacoque (1647 – 1690) führten 1856 zur Einsetzung des Herz-Jesu-Festes.

Geburt Johannes des Täufers, 24. Juni ▷ Protestantische Feste

Petrus und Paulus, 29. Juni
Seit dem 3. Jh. wird an den Märtyrertod der zwei großen Apostel der Kirche erinnert. Beide starben vermutlich in oder bei Rom. Am 29. Juni hat erstmals ein offizieller liturgischer Gottesdienst an der Via Appia, der vermuteten Grabstätte, stattgefunden.

Mariä Aufnahme in den Himmel, 15. August ▷ Orthodoxe Feste
Das Fest geht auf Marien-Legenden aus dem 5. oder 6. Jh. zurück, nach denen Maria bei ihrem Tod von Engeln in den Himmel getragen und dort gekrönt wurde.

Mariä Geburt, 8. September ▷ Orthodoxe Feste

Erzengel Michael, Gabriel und Rafael, 29. September ▷ Protestantische Feste
Da sich das Neue Testament vor allem kritisch mit Engelverehrung auseinander setzt, gab es bis zum Ende des 5. Jh. keine ausgearbeitete Engellehre. Dann erschien eine Schriftsammlung unter dem Pseudonym Dionysius Areopagita, in der eine umfassende Engellehre aufgestellt und Hierarchien unter den Engelgestalten beschrieben wurden; die drei in der Bibel erwähnten Engel Michael, Gabriel und Rafael gehören zu den Erzengeln. Das Festdatum wurde im frühen 9. Jh. nach dem Weihedatum einer römischen Michaeliskirche festgelegt.

Allerheiligen, 1. November
Viele Tage im Jahr sind einzelnen Aposteln und Heiligen gewidmet. Die Verehrung der Heiligen ist Ausdruck des Glaubens an die Auferstehung und der Solidarität der Glieder der Kirche über den Tod hinaus. Heilige sind Vorbilder im Glaubensleben und können bei Gott Fürsprache einlegen. An Allerheiligen wird der ganzen Gemeinschaft der Heiligen gedacht.

Allerseelen, 2. November
Gedenktag für alle Verstorbenen, besonders des letzten Jahres. Die Gräber werden mit Blumen geschmückt und zum Zeichen des ewigen Lebens wird ein Licht entzündet.

Martinstag, 11. November
Martin war der Sohn eines römischen Feldherrn, der selbst Soldat wurde und mit dem römischen Heer nach Gallien kam. Dort lernte er das Christentum kennen, ließ sich taufen, trat aus der Armee aus und begann zu predigen. 371 wurde er Bischof von Tours, wo er am 11.11.397 begraben wurde. Von den vielen von ihm berichteten guten Taten ist die bekannteste das Teilen seines Mantels. Als Soldat, hoch zu Ross, trifft er auf einen frierenden, kaum bekleideten Menschen. Weil er nichts anderes hat, teilt er mit seinem Schwert den Soldatenmantel in zwei Hälften und gibt dem Armen eine davon. Ausgehend von der Lesung des Martinstages: »Niemand zündet ein Licht an und stellt es unter einen Scheffel, sondern auf einen Leuchter« (Lk 11, 33), finden am Martinstag Laternenumzüge statt. Ein als römischer Soldat verkleideter Reiter führt den Zug an, der an einem Lagerfeuer endet. Der Martinstag wird auch in einigen evangelischen Gegenden gefeiert.

St. Georgsfest der Sinti und Roma, 6. Mai

Das Fest des Heiligen Georg ist für die Roma der größte religiöse Feiertag im Jahr.
Der heilige St. Georg, der Drachentöter, stammte aus Kleinasien und soll im 4. Jh. als Christ den Märtyrertod gestorben sein. Er ist der Schutzheilige der Sinti und Roma. Das Fest zu seinen Ehren wird auch von arabischen und türkischen Roma gefeiert, obwohl viele von ihnen Muslime sind. Im Mittelpunkt des Festes steht das Lamm. Die Roma erinnern damit an Abraham, der auf Gottes Geheiß seinen Sohn Isaak opfern sollte (💡 Abraham). Wo es den Menschen möglich ist, wird vor Sonnenaufgang ein Lamm geschlachtet. Das Familienoberhaupt dankt Gott dafür, dass er sie alle im Winter beschützt hat. Dann wird das Tier der aufgehenden Sonne entgegengehalten und man besprengt es mit reinem Wasser zur Vergebung der Sünde, dass man es geschlachtet hat. Danach streicht der Vater jedem Familienmitglied etwas Blut auf die Stirn. Das Lamm wird mit Weidenzweigen besteckt. Wo die Roma Zugang zu einer Kandjiri (Kirche) haben, findet ein Festgottesdienst statt, bei dem das Heilige Brot vom Raschai, dem Popen, gesegnet wird. Dieses Brot ist rund und flach,

Roma heißt in Romani Mensch oder Mann. In den deutschsprachigen Gebieten bezeichnen sich viele Menschen dieser Volksgruppe als Sinti, als Menschen vom Sindhu, dem Indus. Seit dem 9. Jh. sind die Roma aus dem Nordwesten Indiens nach Kleinasien und Europa eingewandert. Zunächst geduldet, wurden sie seit dem 16. Jh. durch immer neue Erlasse aus Städten und Dörfern vertrieben. Bis zum 18. Jh. waren sie in vielen europäischen Ländern für vogelfrei erklärt, d. h. jeder durfte sie töten. Da sich die Roma nirgends auf Dauer niederlassen konnten, haben sie die reisende Lebensform zu ihrer Überlebensstrategie gemacht. In Deutschland leben etwa 70 000 Sinti und Roma. Die meisten von ihnen sind Christen, und zwar – entsprechend ihrer Herkunft – Orthodoxe, Katholiken oder Protestanten.

es sind ein Kreuz und andere Zeichen darauf eingeritzt, und es ist mit kleinen Blumen geschmückt. Das Brot und eine geweihte Kerze nehmen die Menschen für das abendliche Festessen mit nach Hause. Gegen Abend trifft sich die Großfamilie, wobei Gäste und Fremde willkommen sind, da bei jedem Fest wenigstens ein Fremder mitfeiern muss. Das Familienoberhaupt nimmt das Heilige Brot, spricht ein Gebet und gießt aus einem Glas etwas Rotwein darauf. »Das Brot wird von dem Wein geküsst«, sagen die Roma. Dann fassen vier Männer das Brot und brechen es nach der Kreuzform in vier Teile, woraufhin alle von diesem Brot und Wein essen. Auf dem Tisch steht die geweihte Kerze mit dem Bild des Heiligen Georg. Solange die Kerze brennt, muss einer aus der Familie, meistens der Vater, aus Ehrerbietung stehen. Danach wird die ganze Nacht hindurch fröhlich gegessen, getrunken und getanzt.

Die Erde in den Himmel heben – Orthodoxe Feste

Im Zentrum orthodoxer Feste steht die Göttliche Liturgie, die auf zwei Kirchenväter des 4. Jh. zurückgeht. »Die Gemeinde versteht sich als Abbild der Cherubim, der himmlischen Mächte. Durch die spirituelle Kraft der Liturgie werden die Grenzen zwischen Erde und Himmel, Gegenwart und Zukunft bzw. Endzeit überschritten: Die irdische Liturgie wird zur himmlischen, die irdische Gemeinde vereinigt sich mit der himmlischen zum gemeinsamen Gotteslob.« (Krech, 56) Dies kommt im Cherubimhymnus zum Ausdruck: Der Chor singt: »Die wir die Cherubim geheimnisvoll darstellen und der lebendigmachenden Dreieinigkeit das dreimalheilige Loblied singen: lasset uns nun jede irdische Sorge ablegen ...« (Ebd.) Nach dem Abendmahl wird die Gemeinde, die in das Paradies entrückt war, in den Alltag entlassen mit dem Auftrag zu verkünden und zu leben, was sie gesehen und gehört hat. Eine orthodoxe Besonderheit sind die Ikonen, nach besonderen Vorschriften gemalte und für den liturgischen Gebrauch geweihte Bilder. Trinität, Jesus, Maria, Apostel, Heilige und Engel werden durch ihre Ikone vergegenwärtigt und zum jeweiligen Fest – buchstäblich – ins Zentrum des Gottesdienstes gestellt.
Die orthodoxen Kirchen folgen traditionell dem Julianischen Kalender (▷ S. 96, Zeitrechnungen der Religionen). »Beibehalten haben die julianische Berechnung bis heute weite Teile der Orthodoxen Kirche, die Patriarchate Jerusalem und Moskau, wie die Kirchen von Serbien und Georgien und der Heilige Berg Athos, während andere autokephale Kirchen jenem Kalendermodell folgen, das für die feststehende Ordnung der Heiligenfeste den gregorianischen Kalender anwendet ..., für die Datierung des Osterdatums aber weiterhin den auf dem julianischen Kalender basierenden alexandrinischen Tafeln folgt.« (Gesellschaft Orthodoxe Medien e. V.) Diesem »neuen Stil« folgen das Ökumenische Patriarchat, die Patriarchat von Alexandrien und Antiochien und die Kirchen von Rumänien, Bulgarien, Griechenland und Zypern. Im Folgenden sind die Daten des Julianischen Kalenders (d. h. das Datum im Gregorianischen Kalender, auf das das Datum des Julianischen Kalenders fällt) in Klammern angegeben. Da die Verschiebungen zwischen den beiden Kalendern minimal sind, sind die in Klammern angegebenen Daten noch für lange Zeit eine sichere Orientierungshilfe. Es sollte aber möglichst bei den orthodoxen Christen vor Ort die genaue Festzeit erfragt werden. Es sind hier auch nur die wichtigsten Feste aufgeführt.

»Erbauer der ganzen Schöpfung, du hast die Jahresabschnitte und Zeiten in deiner eigenen Machtvollkommenheit festgesetzt, segne den Kranz des Jahres mit deiner Güte, Herr, bewahre in Frieden die Regierenden und deine Stadt, durch die Fürbitte der Gottesgebärerin, und rette uns!«
Liturgisches Gebet zu Neujahr

Indiktion-Neujahr, Beginn des Kirchenjahres – Tag der Gebete um die Bewahrung der Schöpfung, 1. September (14. 9.)
Indiktion bezeichnete ursprünglich eine 15-jährige Finanz- und Steuerperiode im römischen Reich. Die Kirche verband mit diesem Datum das erste Auftreten Jesu und den Sieg des (später christlichen Kaisers) Konstantin über Maxentius.

Hochfest Geburt der Gottesgebärerin, 8. September (21. 9.)
Grundlage hierfür sind die Geburts- und Kindheitserzählungen Marias im apokryphen Protevangelium des Jakobus, die im Festhymnus besungen werden. Das Fest entstand in der Jerusalemer Kirche St. Anna, in deren Krypta die Geburtsstätte Marias verehrt wird. 💡 Die lesende Maria.

Hochfest Kreuzerhöhung, 14. September (27. 9.)
Helena, die Mutter Kaiser Konstantins, soll das Kreuz Jesu gefunden haben, das zur Weihe der Grabeskapelle am 14. September 335 aufgerichtet wurde. In den Kirchen wird das Kreuz feierlich aufgerichtet und von den Gläubigen verehrt.
💡 Jerusalem.

Obhut der Gottesgebärerin – Pokrow, 1. Oktober (14. 10.)
Fest zu Ehren des Schutzmantels Mariens. Es wird vor allem in der russisch-orthodoxen Kirche gefeiert.

Beginn des Weihnachtsfastens, 15. November (28. 11.)
Hochfest Mariä Einführung in den Tempel, 21. November (4. 12.)
Maria soll als kleines Kind in den Tempel gebracht worden sein, um dort ganz Gott hingegeben zu leben und die heiligen Schriften zu studieren. Der Festhymnus lautet: »Heute wird die Gnade Gottes im Vorbild gezeigt und die Erlösung der Menschheit vorausverkündet. Die Jungfrau betritt den Tempel und kündigt dadurch Christus an. Ihr rufen wir mit lauter Stimme zu: Sei gegrüßt, du Erfüllerin der göttlichen Vorsehung!« (Krech, 63)
💡 Die lesende Maria.

Fest des Apostel Andreas, 30. November (13. 12.)

Nikolaus von Myra in Lykien der Wundertäter, 6. Dezember(19. 12.) ▷ Protestantische Feste

Hochfest Geburt unseres Herrn Jesus Christus – Weihnachten, 25. Dezember (7. 1.) ▷ Protestantische Feste
Beim Fest der Geburt Christi liegt der theologische Schwerpunkt auf der Inkarnation, dem Geheimnis, dass Gott Fleisch (lateinisch »carnis«) wurde. Am 26. 12. wird der Flucht Marias und Josephs nach Ägypten gedacht, am 27. 12. des ersten christlichen Märtyrers Stephanus. Der 31. 12. beschließt das Weihnachtsfest.

Beschneidung Jesu, 1. Januar (14. 1)

Hochfest der Hl. Theophanie – Taufe Jesu, 6. Januar (19. 1.) ▷ Protestantische Feste
Bei der Taufe Jesu erklang eine Stimme mit den Worten: »Dies ist mein lieber Sohn, an dem ich Wohlgefallen habe« (Mt 3, 17). Es ist mit Ostern das größte Tauffest. Die Zeremonie der »Großen Wasserweihe« geht schon auf das Fest des Gottes Aeon zurück und vollzieht den Gang Jesu zum Jordan nach. Möglichst in einem Fluss oder See in der Nähe der Kirche wird unter Hymnen, Lesungen und Gebeten ein Kreuz ins Wasser getaucht. Danach schöpfen die Gläubigen das Wasser und nehmen es mit nach Hause. Damit wird verkündet, dass ebenso wie Gott den Menschen Jesus mit dem Geist segnete und heiligte, Gott auch die physische Welt und ihre Elemente segnet und heiligt.

Fest der drei Hierarchen: Basileos der Große, Gregorios der Theologe und Johannes Chrysostomos, 30. Januar (12. 2.)

Hochfest Darstellung des Herrn im Tempel, ab 2. Februar ▷ Katholische Feste
Es ist ein einwöchiges Hochfest. In einer Prozession wird die Tagesikone zu den mit Kerzen wartenden Gläubigen getragen.

Hochfest Mariä Verkündigung, 25. März
Hochfest gemäß Lk 1, 24-38: Der Erzengel Gabriel kündigt Maria die Geburt Jesu an.

Fest des Großmärtyrers Georgios der Siegträger, 23. April

Osterfestkreis
Die Zeit, in deren Mittelpunkt das Osterfest steht, beginnt mit der 40-tägigen Großen Fastenzeit (ohne Sonntage), bei dem der Verzicht allmählich gesteigert wird und schließlich Fleisch, Milchspeisen, Eier und Alkohol umfasst. Die Osterzeit endet 50 Tage nach Ostern.

Lazarussonnabend, Samstag vor Palmarum
Erinnert an die Auferweckung des Lazarus vom Tod nach Joh 11, 1-45, die bereits den Ostersieg vorwegnimmt. Die Große Woche vor Ostern beginnt, in der die Passionsberichte der Evangelien gelesen werden und der Leidensweg Christi liturgisch nachvollzogen wird.

Herrentag der Palmen, Sonntag vor Ostern ▷ Protestantische Feste

Hoher und heiliger Donnerstag ▷ Protestantische und katholische Feste
In den Bischofkirchen wird die Fußwaschung vollzogen.

Hoher und Heiliger Freitag ▷ Protestantische Feste
Es wird vollständig gefastet. Im Morgengottesdienst werden die ehemals in Jerusalem gehaltenen Stationsgottesdienste nachvollzogen.
💡 Jerusalem.

Hoher und Heiliger Sonnabend
Im Morgengottesdienst werden am in der Kirche nachgebildeten Grab Klagehymnen gesungen und schließlich alle Kerzen gelöscht. Aber nach der Lesung von Ps 50: »Aus Zion bricht an der schöne Glanz Gottes. Unser Gott kommt und schweigt nicht« wird die Kirche festlich erleuchtet und das Evangeliar vom Grab wieder zum Altar getragen. Am Abend werden Taufen gefeiert.

Pascha – Ostern ▷ Protestantische Feste
Um Mitternacht werden Evangeliar und Ikone in einer Prozession durch die dunkle, das Grab darstellende Kirche getragen. Am Kirchenportal angelangt beginnt das eigentliche Osterfest. Die Gläubigen betreten erneut die nun hell erleuchtete Kirche mit den Worten: »Christus ist auferstanden! – Er ist wahrhaftig auferstanden!« Am Ende des Gottesdienstes werden Osterkuchen, Eier und Milchspeisen gesegnet, auf die die Gläubigen während der Fastenzeit verzichten mussten. Anschließend feiert die Gemeinde ein Osterfrühstück.

Himmelfahrt, 40 Tage nach Ostern ▷ Protestantische Feste

Pfingsten, 50 Tage nach Ostern ▷ Protestantische Feste
An Pfingsten steht bereits die Trinität im Mittelpunkt.

Allerheiligen, Sonntag nach Pfingsten
Gedenktag der Verstorbenen und aller, die »von Anbeginn Gott wohlgefallen haben«. (Krech, 61) Allerheiligen beendet den Osterkreis der beweglichen Feste.

Geburt des heiligen Johannes des Täufers, 24. Juni (7. 7.)

Fest der heiligen Apostel Petrus und Paulus, 29. Juni (12. 7.)

Versammlung der 12 Apostel, 30. Juni (13. 7.)

Hochfest Christi Verklärung, 6. August (19. 8.)
Der Bericht in Mk 9, 2-9 par wird als Verwandlung Christi in den Leib der künftigen Herrlichkeit gedeutet. Kurz vor Beginn des Leidensweges.

Hochfest Entschlafen der Gottesgebärerin, 15. August (2. 9.)
▷ Katholische Feste
Im Unterschied zur katholischen Kirche wird das Fest nur als Todestag der Maria begangen, nicht als leibliche Aufnahme in den Himmel. Vor dem Fest wird 14 Tage gefastet. Der Festhymnus lautet: »Gebärend hast du die Jungfräulichkeit bewahrt, bei deinem Heimgang hast du die Welt nicht verlassen. Du bist zum ewigen Leben gelangt, Mutter dessen, der das Leben ist. Bewahre durch deine Fürsprache auch uns vor dem Tod der Seele.« (Krech, 65)

Enthauptung des heiligen Johannes des Täufers, 29. August (13. 9.)

In den orthodoxen Kirchen ist die **Fastenpraxis** besonders ausgeprägt. Bis auf die fastenfreien Wochen wird am Mittwoch und Freitag gefastet. Am Samstag und Sonntag wird in der Regel auch in Fastenzeiten nicht gefastet. Besondere Fastenzeiten sind:

Große vorösterliche Fastenzeit	
Apostelfasten	23.–28. 6. (6.–11. 7.)
Mariä-Entschlafen-Fasten	1.–14. 8. (14.–27. 8.)
Christgeburtsfasten	15. 11.–14. 12. (28. 11.–6. 1.)
Vorfeier von Theophanie	5. 1. (18. 1.)
Enthauptung des hl. Johannes des Täufers	29. 8. (11. 9.)
Kreuzerhöhung	14. 9. (27. 9.)

Fastenfreie Wochen

Woche nach Christi Geburt	25. 12.–6. 1. (7.–18. 1.)
Woche des Pharisäers und Zöllners (Osterkreis)	
Woche des Milchverzichts (Osterkreis)	
Osterwoche	
Pfingstwoche	

Nach: Gesellschaft Orthodoxe Medien e.V.

Festreihe: Geburtstage der Religionsstifter

»Es weihnachtet!, sagen wir, und richtig: Analog zu einem Unwetter, halb menschengemacht, halb witterungsbedingt, ohne dass wir uns dem entziehen könnten, werden wir alle umhüllt von einer Wolke aus Zimt und Zucker, Schneeträumen, glitzernden Lichtern, Kerzenschein, Glühwein und vielen, vielen Plätzchen. Es regnet, es schneit, es weihnachtet! …
In den letzten Jahrzehnten hat – unbemerkt von der Theologie – ein Wandel stattgefunden: Das Osterfest und der Karfreitag, einst mit konfessionell unterschiedlichen Prioritäten die höchsten Feiertage der Christenheit, haben in unseren Breiten ihre Vorherrschaft abgetreten. Statt des Kreuzes steht die Krippe im Mittelpunkt gelebten Glaubens.« – So beschreibt es Matthias Morgenroth und findet es gut. Auch bei unseren »spannenden« Betrachtungen ist nicht zu übersehen, dass das Weihnachtsfest und seine Symbole und Geschichten weit über das Christentum hinauswirken und faszinieren. Viele Religionen feiern die Geburtstage ihrer Religionsstifter, aber keine so wie das Christentum. Darum sei hier die Festreihe: »Geburtstage der Religionsstifter« eingefügt.

Die Geburtstage der Religionsstifter bieten Gelegenheit ihre Biografien, vor allem die Kindheits- und Jugenderzählungen zu erzählen und zu erarbeiten. Sie ermöglichen einen anregenden, grundlegenden Einstieg in die jeweilige Religion. »Zwar lebten diese großen Propheten in unterschiedlichen Zeiten und Kulturräumen, doch ist ihnen vieles gemeinsam. Mehr als andere erkannten sie die Missstände ihrer Zeit, klagten das Unrecht an und verkündeten die göttliche Liebe zu den Menschen. Noch heute erreicht uns ihre Botschaft und finden wir ihre Anhänger in den großen Religionen. Die Geburtslegenden sind sozusagen die ›Ouvertüren‹ zu einem außergewöhnlichen Leben. In ihnen spiegeln sich Erfahrungen, die zu einem späteren Zeitpunkt mit diesem Menschen gemacht wurden. Die besonderen Geschehnisse wollen zum Ausdruck bringen, dass sich in der Geburt dieser Kinder eine Hoffnung erfüllt hatte … Wer die Geburtslegenden der Propheten aus verschiedenen Religionen und Kulturkreisen liest, dem fällt sofort die Ähnlichkeit der Bildsprache auf. Teilweise sind die Bilder sogar identisch. Häufiger aber sind es Bilder, die aus dem jeweiligen Kulturraum zu verstehen sind und von dort her ihre Bedeutung haben. Gemeinsam ist die Aussage: Das Besondere eines Menschen drückt sich schon bei der Geburt aus. Die wunderbaren Begebenheiten und Vorzeichen, welche die Geburt begleiten, wollen auf die Bedeutung dieser Menschen hinweisen, vielleicht auch auf das Unfassbare, Geheimnisvolle, das sie während ihrem ganzen Leben umgeben hat. Das Wissen um die Besonderheit des Kindes, um die ganz spezielle Geburt, wird unterschiedlich wahrgenommen. Die Mutter ist die Ahnende und Staunende. Das Geheimnis ihres Sohnes wird ihr im Traum, durch ein Orakel oder durch einen Engel geoffenbart. Die Natur setzt Zeichen, durch die weise Menschen das ›Göttliche‹ im Kind erkennen.« (*Moll, Peter*, aus: Gott hat viele Gesichter, Bd. 2, Lehrerkommentar, S. 132. © Lehrmittelverlag des Kantons Zürich 1996.)

Aus der Perspektive einer um Gleichberechtigung von Frauen und Männern ringende Gesellschaft kann es als abstoßend empfunden werden, dass hier nur von Männern zu berichten ist. Tatsächlich ist dieser Umstand häufig missbraucht worden, um Frauen zurückzusetzen. Die Religionsstifter repräsentieren aber kein Geschlecht, sondern Heilsereignisse, Lehren und Vorbilder, die allen Menschen gleichermaßen gelten. Auf ihrer Grundlage können Frauen und Männer gleichberechtigt zusammenfinden. Vergleicht man sie mit gesellschaftlich vorherrschenden Rollenmustern von Männern und Frauen, steht oft die »Männlichkeit« durch die Vorbilder der Religionsstifter in der Kritik, während »Weiblichkeit« von Einengung und Herabsetzung befreit wird. Gerade ein Rückgriff auf die Lebensgeschichte der Religionsstifter kann sie von den Klischees der Jahrtausende befreien, die sie nur für Männer erreichbar erscheinen ließen. Kinder und Jugendliche sollen durch die Geschichten ermutigt werden. In jedem Anfang kann eine große Zukunft liegen. Und jedes Kind ist zu einer Religionsstifterin, einem Religionsstifter berufen, wenn man Religion beim Wort nimmt: von »relegere« – sorgsam beachten – oder von »religare« – binden, rückbinden: Achtsam sein und Gemeinschaft stiften.

Praxishilfen

Bihler, Elsbeth, Symbolkreis »Weg«, Arbeitsblätter für die Grundschule, Limburg 2000.

Longardt, Wolfgang; Vopel, Klaus W., Den eigenen Weg entdecken. Weg-Symbolik in Geschichten und Spielen, Düsseldorf 1997.

Schmidt, Joachim, Lebensweggeschichten, Göttingen 1998.

Bücher zur Bedeutung der Vornamen:
Bichler, Albert, Das Kinderbuch der Heiligen und Namenspatrone, Ill. von Paul König, Würzburg 1999.

Bibliographisches Institut, Duden – Familiennamen, Mannheim 2000.

Frisch, Hermann-Josef; Pfeffer, Rüdiger, Unsere Namenspatrone. 486 Namen und Namensableitungen, Düsseldorf 2000.

Grömminger, Arnold; Schwander, Michael, Fächerverbindende Themen 1. und 2. Schuljahr, Leipzig, Stuttgart, Düsseldorf 1998.

Die Erzählung und Erarbeitung der Kindheitsgeschichten sollte daher verbunden sein mit der Würdigung der eigenen Geburt und Kindheit. Zu Beginn der Festreihe und zu den jeweiligen Anlässen können die Kinder die Ereignisse und Umstände bei ihrer eigenen Geburt sowie für sie wichtige Ereignisse des eigenen Lebensweges zusammentragen und eine eigene »Biografie« schreiben bzw. am Symbol »Weg« entlang gestalten. Auch in einem noch kurzen Leben wurde oft schon Entscheidendes (Umzug, Schulwechsel), Tragisches (Tod von Angehörigen, Unfall) oder Wunderbares (erfüllte Wünsche, Bewahrung) erlebt. Die Biografien der Religionsstifter regen an, diese Ereignisse zu würdigen. Die Kinder können ihre eigene Bedeutung und Würde auch über ihre Namen erfassen. Hinter fast jedem Namen versteckt sich eine Königin, ein König, Bezüge zu Gott oder Göttern, zu religiösen Symbolen, zu Heiligen, zu schönen Naturphänomenen und begabten Tieren. Ganz selten ist es mühsam einen Namen positiv zu deuten. Das sollte aber immer geschehen, wenn die Kinder der Bedeutung und Geschichte ihrer Namen nachforschen. Es dürfen auch Geschichten ausgedacht werden! Träumen erlaubt! Besonders schön ist es, den eigenen Namen ganz groß und bunt zu gestalten. So erweitern sich die »Geburtstage der Religionsstifter« zu einem Jahresthema mit Schreibanlässen, bildnerischer und spielerischer Darstellung, Präsentationen etc. Besonders geeignet für neu gebildete Gruppen.

Abraham

Der älteste Religionsstifter birgt gleich ein Problem: Der Geburtstag Abrahams wird nicht gefeiert. Üblicherweise wird Mose als Stifter des Judentums genannt. Er führte, so die Bibel, die Israeliten aus

Ägypten und empfing am Sinai Gottes Weisungen; aber auch sein Geburtstag wird im Judentum nicht gefeiert. Juden selbst sehen jedoch Abraham als Beginn ihrer Geschichte, der nach rabbinischer Tradition auch bereits alle Mitzwot (Weisungen) empfangen hat. Seine Kindheitsgeschichte wird in der Bibel nicht erzählt, wohl aber in jüdischen Legenden und in der Auslegung der Rabbinen. Da es kein Festdatum gibt, kann die Zeit frei gewählt werden – auch manche Kinder kennen ihr Geburtsdatum nicht oder feiern einen anderen wichtigen Tag – oder es bietet sich unter den jüdischen Festen Sukkot an: Der Tradition nach ist Abraham einer von sieben wandernden Gästen in der heimischen Laubhütte. Die Laubhütte erinnert an die nomadische Familiengeschichte des Volkes Israel, die mit Abraham beginnt. Oder aber Rosch ha-Schana, das Neujahrsfest. Es ist eng verbunden mit der Geschichte von Isaaks Bindung durch Abraham.
💡 Abraham.

Die Erzählung ist einer verbreiteten jüdischen Kinderbibel entnommen:

Nach dem Turmbau von Babel verbreiteten sich die Menschen über die ganze Erde. Sie hatten aber Gott vergessen und wussten nicht mehr, wer die Welt erschaffen hatte. Einmal beteten sie die Sonne, einmal den Mond, einen großen Berg oder ein Tier an. Töpfer und Bildhauer kamen und machten große und kleine Figuren aus Ton, Stein und Holz. Das waren ihre Götter. Gott wusste alles, aber er tat den Menschen nichts. Er wartete und hoffte, dass vielleicht eines Tages ein Mann kommen werde, an welchem er sich freuen könnte und der die Menschen belehren und sie zu Gott zurückführen würde.
In der Stadt Ur, am Euphratflusse im babylonischen Lande, lebte ein Mann namens Terach und stammte vom ältesten Sohne Noahs, von Sem ab. Terach war reich und hatte eine Frau und zwei Söhne, Haran und Nachor. Er besaß einen großen Laden und verkaufte Götzen. Da fast alle Leute damals Götzen kauften, verdiente er viel Geld. Auch er und seine ganze Familie beteten Götzen an. Als Terach siebzig Jahre alt war, wurde ihm noch ein Sohn geboren. Er nannte ihn Abraham. Aus Freude über dieses Ereignis gab er seinen Dienern und allen Zauberern der Stadt Ur ein festliches Gastmahl. Als die Zauberer spät nachts heimkehrten, sahen sie am Himmel einen großen Stern. Plötzlich flog der Stern den ganzen Himmel entlang und verschlang vier andere Sterne. Da sprachen die Zauberer: »Das war ein Warnungszeichen. So wie dieser Stern wird auch Abraham einmal handeln. Er wird andere Völker vernichten; seine Nachkommen allein werden das Land besitzen.« Am nächsten Morgen gingen die Zauberer zu König Nimrod, dem König von Babylon, und erzählten ihm, was sie erlebt hatten. Der König erschrak sehr. Er fragte die Zauberer. »Was soll ich tun?« Sie antworteten: »Kaufe dem Terach das Kind ab. Wir werden es töten.« Der König sagte: »Gut, holt den Terach!« Als Terach kam, sprach König Nimrod zu ihm: »Man hat mir gesagt, dass dein Sohn eines Tages viele Völker vernichten und die ganze Erde erobern wird. Da hast du Gold und Silber, so viel du willst, aber gib mir deinen Sohn Abraham. Ich will ihn töten lassen.« Terach erschrak und antwortete schnell: »Mein Sohn ist mir lieber als all dein Gold und Silber!« Da wurde der König sehr zornig und schrie laut: »Abkaufen will ich dir deinen Sohn! Ich befehle es. Und wenn der König etwas will, so muss es geschehen!« Terach sah, wie zornig der König wurde, und er bat: »O König, behalte dein Gold und Silber! Ich schenke dir meinen Sohn. Lass mir nur drei Tage Zeit, damit ich mich mit ihm freuen kann. Hernach kannst du meinen Sohn holen lassen.« Als Terach nach Hause kam und seiner Frau vom Befehl des Königs erzählte, weinte sie bitterlich und rief: »Ach, mein geliebtes Kind! Viel lieber möchte ich an deiner Stelle sterben!« Am dritten Tage, als der König zwei Boten schickte, um Abraham zu holen, versteckte ihn Terach in einer Höhle. Terach und seine Frau fürchteten sich, den Kleinen öfters zu besuchen, und so musste er in der Höhle Hunger leiden. Da schickte Gott den Engel Gabriel zu dem Kinde, und der gab ihm zu essen. Viele Jahre musste Abraham in der Höhle bleiben, so lange, bis König Nimrod alt geworden war und ihn nicht mehr verfolgte. Erst als Abraham erwachsen war, kehrte er zu seinem Vater Terach zurück.
Eines Nachts verließ er das Haus und wanderte einsam umher. Denn oft wollte er allein sein, um über manches nachzudenken. Er blickte zu den Sternen auf und sprach zu sich selber: »Wie schön sind diese hellen Sterne! Das muss Gott sein, ich will mich vor ihm bücken.« Aber als es Tag wurde und die Sterne unsichtbar wurden, sagte er: »Ich will diesen Sternen nicht dienen, denn sie sind doch nicht Gott.« Da ging die Sonne auf und strahlte auf die Erde herab. »Das ist Gott!«, rief Abraham aus. Als aber die Sonne unterging und der Mond erschien, fragte er sich selbst wieder: »Ist der Mond vielleicht Gott?« Während er noch darüber nachdachte, trat ein Engel zu ihm und fragte: »Abraham, was suchst du?« Abraham antwortete: »Ich suche Gott!« Da sprach der Engel:

»Du willst wissen, wer Gott ist? Er hat Himmel und Erde geschaffen und gibt Mensch und Tier das Leben. Er ist ein großer und starker Gott. Er ist ewig. Er ist überall. Er weiß alles, aber schauen kann man ihn nicht.« Da fiel Abraham auf die Knie und bückte sich vor dem Ewigen und betete ihn an.
Eines Tages sagte Terach zu Abraham: »Ich werde einige Tage nicht hier sein können. Bleibe du im Laden und verkaufe die Götzen.« – Kaum war der Vater fort, kam ein Mann in den Laden und sprach zu Abraham: »Ich möchte das neue Götzenbild, welches dort in der Ecke steht, kaufen«. Abraham lächelte und fragte: »Wie alt bist du?« Der Mann antwortete: »Siebzig Jahre«. »Du dummer Graukopf! Siebzig Jahre bist du alt, und da willst du dich vor einem Götzen bücken, der erst gestern angefertigt wurde und nur einen Tag alt ist?« Da schämte sich der Mann und verließ den Laden. Nach ihm betrat eine alte Frau den Laden und seufzte: »Viel Geld habe ich nicht, aber ich möchte doch einen Götzen kaufen, der mich behüten kann. Gestern, als ich fort war, kamen Diebe und stahlen mir meine schönen Götzen.« Abraham lachte: »So, so, feine Götter müssen das gewesen sein, die man stehlen konnte. Die Götzen können also sich selbst nicht schützen, und da sollen sie dich behüten?« Die Alte meinte: »Du hast eigentlich recht. Wem aber soll ich dienen?« Da sprach Abraham: »Dem Gott des Himmels und der Erde …« Und Abraham erzählte ihr von Gottes Größe und Güte. Die alte Frau hörte zu, dachte nach und sprach: »Ich danke dir, von jetzt an werde ich nur Gott anbeten.« Immer wieder kamen Männer und Frauen in den Laden, um Götzen zu kaufen, aber Abraham belehrte sie. Da begannen sie an Gott zu glauben und zu ihm zu beten. In den wenigen Tagen, in denen Abraham im Laden stand, verkaufte er keinen einzigen Götzen. Das freute ihn sehr. Eines Tages kam eine Frau zu Abraham und sprach: »Hier bringe ich den Götzen eine herrliche Speise. Bitte, gib sie ihnen.« Abraham lächelte und bedankte sich: »Gut, die Götzen werden heute ein festliches Mahl bekommen, wie noch nie.« Kaum war die Frau fort, nahm Abraham einen großen, dicken Stock und zerschlug alle Götzen in Stücke. Nur den größten von ihnen ließ er ganz stehen. Es war ein riesengroßer Götze, der vom Boden bis zur Decke reichte. Abraham steckte ihm den großen, dicken Stock in die Hand und ging auf die Strasse. Als Terach nach Hause zurückkehrte, ging er sofort in den Laden. Er öffnete die Türe, und als er die vielen Scherben sah, begann er zornig zu schreien und zu schimpfen. Abraham kam herbei. Terach blickte ihn an und rief: »Außer dir, Abraham, war niemand im Laden. Hast du also die Götzen zerschlagen?« Abraham antwortete ruhig und langsam: »Nein Vater, ich bin nicht schuld. Ich habe den Götzen ein festliches Mahl bereitet, denn eine Frau war da, die ihnen herrliche Speisen brachte. Als nun die kleinen Götzen über die Speisen herfielen, wurde der große Götze zornig und zerschlug sie alle. Da schau, hier steht er und hat den dicken Stock noch in der Hand.« Da schrie Terach: »Das ist unmöglich! Die Götzen können weder essen noch trinken, noch haben sie Verstand! Sie können sich nicht bewegen, nicht reden, nicht sehen und nicht gehen.« Abraham antwortete: »Sehr richtig. Aber warum, mein Vater, bückst du dich denn vor solchen Göttern?« In der ganzen Stadt Ur erzählte man von Abrahams Streich und von den zerschlagenen Götzen. Zu Hause sprach niemand mit ihm, weder sein Vater noch seine beiden Brüder. Nur die Mutter schaute ihn mit Tränen in den Augen an, denn sie fühlte, dass ihrem Lieblingssohn Schweres bevorstand. Sie hatte großes Mitleid mit ihm. Abraham ging in seine Schlafkammer, schloss die Tür zu, betete zu Gott und klagte ihm seine Not. Gott aber wusste alles, und er sprach zu seinen Engeln: »Der Mann, auf den ich wartete und hoffte – dieser Mann ist jetzt da.«
Als König Nimrod von Abraham und den zerschlagenen Götzen hörte, wurde er zornig und befahl seine Ratgeber und Zauberer zu sich. Als alle versammelt waren, wurde Abraham vor den König gebracht. Der König sprach: »Abraham hat die Götzen seines Vaters zerschlagen und hält auch die anderen Menschen davon ab, den Götzen zu dienen. Welche Strafe soll er nun erhalten?« Die Ratgeber und Zauberer dachten gar nicht lange nach und antworteten einstimmig: »Abraham muss verbrannt werden. Drei Tage und drei Nächte lang soll man den Feuerofen heizen, und dann soll man Abraham hineinwerfen.« Vor dem Palast des

Königs Nimrod hatte sich eine gewaltige Menge versammelt, Tausende von Menschen, die mit großer Spannung und Erregung warteten, was über Abraham verhängt würde. Plötzlich erschien auf dem Balkon des Palastes der König selbst und schrie dem Volke zu: »Tod im Feuerofen!« Ein mächtiger Tumult erhob sich. »Tod dem Abraham!« schrie die Menge. »Verbrennt ihn! Rache für unsere zerbrochenen Götzen!« Alles jubelte und freute sich. Nur in einem Winkel, weit entfernt vom königlichen Palast, stand eine Frau allein und schluchzte. Das war Abrahams Mutter. Neben ihr stand ein sehr junges, wunderschönes Mädchen, die man in ganz Ur kannte; auch sie weinte. Sie war Lehrerin, glaubte nicht an Götzen und wohnte unweit von Abrahams Haus. Sara hieß sie und kannte Abraham sehr gut. Oft hatten beide lange Gespräche über Gott und die Welt miteinander geführt. Drei Tage vergingen. Dann führte man Abraham auf einen weiten, großen Platz, wo ein aus Ton gebauter Feuerofen aufgerichtet war. Im Ofen loderte das Feuer. Eine riesengroße Zuschauermenge versammelte sich auf dem Platz. Fast das ganze Volk von Ur war gekommen, um zu sehen, wie Abraham verbrannt würde. In diesem Augenblick flog der Engel Gabriel zu Gott und sprach: »Ach, Herr, erlaube mir doch, in den Ofen zu gehen und das Feuer auszulöschen. Ich möchte Abraham retten.« Aber Gott antwortete: »Im Himmel ist keiner wie ich, und auf der Erde ist keiner wie Abraham. Ich selbst werde ihn erretten.« Eine Stille herrschte plötzlich auf dem weiten Platz, als Abraham mit sicheren Schritten auf den Ofen zuging. Er flüsterte ein geheimnisvolles Gebet zu einem geheimnisvollen Gott. Ein Diener des Königs warf ihn rücklings in den Ofen, und die Zuschauermenge brach in gewaltigen Jubel aus. Doch dieser Jubel hielt nicht lange an. Die Leute wurden plötzlich still, atemlos still, denn mit einem Male brach ein Sturmwind los. Und jetzt geschah etwas, das die Bewohner der Stadt Ur noch nie erlebt hatten: Das Feuer im Ofen erlosch. Entsetzen befiel die Menge. Männer und Frauen warfen sich zu Boden, Kinder heulten laut. König Nimrod selbst stand wie angewurzelt, sein Gesicht war kreidebleich. Als die Diener des Königs den Versuch machten, das Feuer aufs neue zu entzünden, ließ es der König nicht zu. Unter tiefem Schweigen der angstvollen Menge schritt der König auf den Ofen zu. Er sprach: »Abraham, Sohn des Terach, ich kenne deinen Gott nicht, aber jetzt hat er bewiesen, dass er wirklich ein Gott ist. Auch ich will ihm Opfer darbringen. Du bist frei.« Abraham, der nach dem Erlöschen des Feuers unversehrt aus dem Ofen gestiegen war, antwortete mit keinem Wort. Die Augen zum Himmel gewandt, stand er da. Auch die Menge blickte zum Himmel empor, aber sie sah nichts. Alle hatten Furcht, sich Abraham zu nähern. Nur Sara trat auf ihn zu, fiel auf die Knie und berührte den Boden mit der Stirn. Der König entließ Abraham mit reichen Geschenken von Gold und Silber. Aus der Menge schlossen sich dreihundert Mann Abraham an und sprachen: »Wir wollen deine Knechte sein.« Noch in der gleichen Woche verheirateten sich Abraham und Sara.

(Stutschinsky, 41-48. © Scriba Verlag Köln.)

Hier setzt der biblische Bericht mit Gen 12ff. ein, wonach die Familie des Terach zunächst von Ur nach Haran zieht, wo Gott dann Abraham auffordert in das Land Kanaan zu ziehen.

Jesus

Die Kindheitsgeschichte Jesu habe ich an die eigentliche Weihnachtsgeschichte aus Lk 2 angeschlossen. So kann sie direkt nach Weihnachten erzählt werden. Sie orientiert sich am Matthäusevangelium und an historischen Erkenntnissen über die damalige Zeit. Sie versucht das Wirken Jesu und seine Gottessohnschaft aus einer inneren Entwicklung heraus verständlich zu machen:

Jesus wird in Bethlehem als das Kind eines Zimmermanns namens Josef und seiner Frau Maria geboren. In Bethlehem wohnen viele Nachkommen Davids. David war lange Zeit zuvor ein mächtiger König über Land und Volk Israel gewesen. Nun gibt es schon lange keinen solchen König mehr. Aber bei jedem Nachkommen Davids hoffen die Menschen, dass es wieder so ein mächtiger König werden würde. Auch Maria, Josef und Jesus gehören zu den Nachkommen Davids.
Genau das aber macht Maria und Josef Angst, große Angst. Denn im Land herrscht Herodes, ein König, der nicht von David abstammt. Herodes weiß, dass er nicht der König ist, den die Menschen haben wollen. Darum hasst er jeden und jede, von denen er nur träumt, sie könnten König oder Königin an seiner Stelle werden. Maria und Josef wissen, wie grausam Herodes ist. Er schickt seine Soldaten los und lässt einfach Menschen umbringen, auch Kinder.
Hinter ihnen liegt die übliche Festzeit: Mit acht Tagen haben sie Jesus beschneiden lassen. Dann wa-

Meister Franke: Anbetung der Könige.

ren sie im Tempel im nahen Jerusalem, um ein Opfer für ihn zu bringen. Maria hat sich von der Geburt erholt und der Alltag könnte einziehen, doch Josef ist sehr unruhig. Es war so viel Merkwürdiges geschehen bei der Geburt und im Tempel. Es verstärkt seine Angst und Sorge. Er träumt sogar von Engeln, die ihn auffordern zu fliehen. Und nun auch noch das: Ein Stern erscheint am Himmel. Er ist viel heller als alle anderen Sterne. Die Menschen sind ganz erregt. Sie glauben, dass etwas ganz Wichtiges passieren wird. Selbst aus anderen Ländern kommen Gelehrte, um sich nach der Bedeutung des Sterns zu erkundigen. Dem König sagen die Sterndeuter und Schriftgelehrten: »Das ist der Stern eines neuen Königs der Juden. Und solch ein König kann nur in Bethlehem geboren werden.«

Maria und Josef hören davon. Eilig packt Maria alles, was sie beide und der Esel tragen können. Josef verkauft das Haus, die Ziegen und Schafe. Sie sind kurz vor dem Aufbruch, da kommen die Gelehrten. Sie sind fest überzeugt, dass Jesus der neugeborene König ist, den der Stern ankündigt. Maria und Josef versuchen sie davon abzubringen, wollen auch die Geschenke nicht annehmen. Vergeblich. Die Gelehrten knien vor Jesus nieder, wie vor einem König. Als sie endlich gehen, lassen sie die Geschenke da. Das Gold und die Gewürze können Maria und Josef gut brauchen, denn eine Reise ist teuer. Noch in der Nacht brechen sie auf. Sie wandern nach Ägypten. Dorthin sind schon viele vor ihnen geflohen. Als Maria und Josef mit Jesus dort ankommen, werden sie von ihren Landsleuten bereitwillig aufgenommen, denn die Nachricht vom hellen Stern und seinen Folgen ist schon eingetroffen: Herodes hat alle kleinen Jungen in Bethlehem und Umgebung umbringen lassen. Maria und Josef können Gott gar nicht genug danken, dass ihr Kind verschont geblieben ist.

In Ägypten können Maria und Josef gut leben. Jesus ist inzwischen ein großer Junge und hat Geschwister. Da endlich kommt die Nachricht aus Israel: Herodes ist tot! Maria und Josef wollen nach Hause. Sie machen sich mit den Kindern wieder auf den Weg. Die Reise von Ägypten nach Israel ist sehr lang. Unterwegs kommen ihnen mit den Menschen immer neue Nachrichten entgegen. So erfahren sie, dass der neue König genauso grausam ist wie der alte. Aber weit weg von Jerusalem, in Galiläa, ist ein anderer König geworden, der vernünftiger sein soll. Darum entschließen sie sich, nicht nach Bethlehem zurückzukehren, sondern in Galiläa ein Zuhause zu suchen. In einem kleinen Ort finden sie ein Haus, in dem Josef seine Werkstatt einrichten kann. Dort gibt es auch eine Synagoge, ein Gebetshaus mit einer Schule dabei. Aber alles ist viel kleiner und einfacher als in Ägypten. Dort sind die Juden reich, hier sind sie arm, oft sehr arm. Aber Jesus stört das nicht. Er findet sich schnell zurecht, denn vieles ist ganz ähnlich. Juden haben überall die gleichen Gottesdienste, Gebete und Lieder.

Josef und Maria sind Juden, denen ihr Glaube sehr wichtig ist. Sie erzählen ihren Kindern die Geschichten von der Entstehung und Rettung des Volkes und von den Königen. Gemeinsam beten sie morgens, mittags und abends. Jesus muss bald mitarbeiten, dabei lernt er rechnen, denn es gibt viel abzuzählen, zu messen und zu wiegen. Er kommt auch in die Tora-Schule, die zur Synagoge gehört. Dort lernt er lesen und schreiben, um die Tora, die Heilige Schrift verstehen zu können Vieles daraus lernt er auswendig. Der Synagogenvorsteher erklärt auch die Bedeutung der Verse und Geschichten, doch das ist Jesus nie genug. Am Sabbat geht die ganze Familie zum Gottesdienst in die Synagoge. Da darf jeder Mann aus den Heiligen Schriften vorlesen und dazu sagen, wie er es versteht und was er daran für wichtig hält. Jesus hört immer ganz gespannt zu. Allmählich begreift er, dass es bei den Worten der Männer auch um den Alltag geht, um die Sorgen, die Armut, Krankheit und Trauer. Jesus hat so viele Fragen. Bald, wenn er in der Tora-Schule fertig sein wird, wird er dort selbst stehen dürfen und aus den Heiligen Schriften vorlesen. Beim ersten Mal gibt es ein großes Fest. Jesus freut sich darauf, aber er ist auch traurig, denn dann wird er den ganzen Tag arbeiten müssen und keine Zeit mehr zum Lernen haben.

Vorher passiert noch etwas ganz Schönes. Jesus darf zum ersten Mal mit zu einem ganz großen Fest in Jerusalem. Seine Mutter erzählt ihm, dass er als kleines Baby schon einmal im Tempel war.

Natürlich kann Jesus sich nicht daran erinnern. Dann sieht Jesus Jerusalem: Was für eine gewaltige und schöne Stadt! Für den Fall, dass sie sich im Festgetümmel verlieren sollten, verabreden sie noch, sich am Tag nach dem Fest bei den Verwandten in Bethlehem zu treffen. Dann hat Jesus nur noch Augen und Ohren für die große Stadt und die vielen Menschen. Der Beginn des Festes bringt ihn wieder zur Ruhe. Nun ist alles durch die Gebete und Lieder geordnet. Jesus ist glücklich. Er gehört ganz dazu. Er denkt: »Hier bin ich richtig.« Am Ende des Festes haben sie sich wirklich verloren. Jesus ist allein, doch er weiß ja, wo er am nächsten Tag hingehen soll. Und heute Abend? Jesus schaut sich im Tempel um und trifft auf eine Gruppe von Männern, die sich laut über die Tora unterhalten. Jesus setzt sich dazu. Bald kann er nicht mehr nur zuhören. Er gibt sich einen Ruck und stellt all' die Fragen, die er zu Hause niemandem stellen kann. Es geht bis tief in den Abend. Jesus ist müde und sucht sich einen Schlafplatz. Er schläft mit dem Gedanken ein: »Hier gehöre ich hin.« Er ist glücklich. Am Morgen will Jesus noch einmal in den Tempel, bevor er aufbrechen muss. Die Schriftgelehrten kommen auch gerade. Einer spricht ihn an: »Bist du nicht der Junge, der gestern bei uns gesessen hat? Wir haben sehr gestaunt, worüber sich so ein Junge wie du Gedanken macht. Du hast auch sehr viel aus der Tora gelernt.« Jesus freut sich: »Ja, ich war sehr gern in der Tora-Schule. Leider habe ich bald keine Zeit mehr zu lernen.« Nur noch einen Augenblick will Jesus sich zu den Schriftgelehrten setzen, doch dann kann er sich nicht mehr losreißen. Er geht nicht nach Bethlehem. Auch am nächsten Tag nicht. Plötzlich stehen seine Eltern hinter ihm. Sie schwanken zwischen Zorn und Erleichterung: »Was machst du denn hier, wir haben dich überall gesucht!« Jesus dreht sich verwundert um. »Warum habt ihr mich gesucht? Wo hätte ich sonst sein sollen?« Ein Schriftgelehrter spricht Maria und Josef an: »Seid ihr die Eltern von diesem Jungen?« Sie nicken. »Schimpft nicht mit ihm. Er ist sehr klug, er gehört wirklich hierher. Wollt ihr ihn nicht hier studieren lassen?« Josef schüttelt nur den Kopf, packt Jesus am Arm und zieht ihn mit. Auf dem Heimweg fragt Jesus: »Was ist ›studieren‹?« Josef antwortet, immer noch ärgerlich: »Studieren können Kinder reicher Leute. Die Kinder brauchen nicht zu arbeiten, sondern bekommen sogar noch Geld, um in Jerusalem leben und jeden Tag bei den Schriftgelehrten sitzen zu können. Du gehörst nicht zu diesen Kindern. Ohne deine Arbeitskraft können wir deine kleinen Geschwister nicht ernähren. Du wirst Zimmermann. In ein paar Jahren heiratest du. Was du in der Tora-Schule gelernt hast, reicht, um als Jude zu leben und deine Kinder zu lehren. Am Sabbat wirst du in die Synagoge gehen; mehr Zeit bleibt nicht zum Dazulernen.« Jesus hat im Tempel so viel gehört, was er nicht in der Tora-Schule gelernt hat. Aber er traut sich nicht davon zu erzählen. Am Abend weint er sich ganz still in den Schlaf. So gerne würde er in Jerusalem studiert. Am nächsten Tag nimmt Josef seinen Sohn beiseite. »Jesus, du hast ja Recht, du musst noch viel lernen. Wir werden uns von jetzt ab jede Woche Zeit nehmen und über alles reden, was du wissen willst. Ich weiß nicht, was die Schriftgelehrten wissen, aber wie das Leben ist, weiß ich, das werde ich dir erzählen.« Jesus lächelt seinen Vater dankbar und zufrieden an.

Der 13. Geburtstag ist für Jesus ein ganz besonderer Tag. Nun ist Jesus erwachsen. Er muss seinen Eltern weiter gehorchen. Aber beim Gottesdienst in der Synagoge darf er jetzt selbst nach vorne gehen und die Segensgebete sprechen. Dann nimmt er die Schriftrolle auf seine Schulter und trägt sie durch die Synagoge. Jeder soll ihr einmal nahe sein. Dann bringt Jesus sie nach vorne und liest ein Stück daraus. Er darf auch erzählen, wie er es versteht. Seine Eltern sind sehr stolz auf ihn. Jesus freut sich. Er geht nun nicht mehr in die Tora-Schule, sondern arbeitet den ganzen Tag in der Werkstatt seines Vaters. Es gibt viel zu tun, aber Josef hält sein Versprechen. Er nimmt sich immer wieder Zeit, die Fragen seines wissensdurstigen Sohnes zu beantworten. Nach einem Gespräch mit Josef und Maria weint Jesus sich wieder in den Schlaf. Er hat von dem Stern erfahren, der kurz nach seiner Geburt aufleuchtete und von den Kindern, die sterben mussten. Er weint um die Jungen, mit denen er gespielt hätte und nun befreundet wäre. Ganz zart mischt sich zwischen die Tränen Dankbarkeit und Glück, dass er leben darf. In ihm reift der Entschluss: Ich will in Zukunft nicht so tun, als ob mich das Morden und Weinen, das Leid meines Volkes nichts anginge.

Josef kann sein Versprechen nicht lange einhalten. Er wird krank und stirbt. Nun ist Jesus für alles verantwortlich. Gerne hätte er die Geschwister seiner Eltern in der Nähe. Doch Bethlehem ist weit. Jesus berät das meiste mit Maria, oft holt er sich auch Rat bei den Freunden seines Vaters. Allmählich findet er sich in seine neuen Aufgaben ein. Seine Brüder haben noch viel beim Vater gelernt, so dass sie gemeinsam mit der Werkstatt die Familie ernähren können. Nun lernt Jesus die neue Freiheit als Familienoberhaupt zu schätzen. Er kann jetzt selbständig auf die Suche nach Antworten auf seine Fragen gehen. Seine vielen Fragen haben eine große Überschrift: »Wie sieht ein Leben nach Gottes Willen aus?« Viele der Antworten, die die Menschen in seinem Volk gefunden haben, kennt er von seinem Vater, aus der Tora-Schule und der Synagoge. Doch er ist noch nicht zufrieden. Jesus sucht weiter das Gespräch mit seinen Kunden, mit Nachbarn und Freunden,

Frauen, Männern, Kindern. Abends denkt Jesus über solche Gespräche nach. Welchen Weg soll er gehen? Viele sagen: Gott kümmert sich nicht um uns, also kümmern wir uns nicht um Gott. Die Lasten des Alltags scheinen bei ihnen allen Glauben zu erdrücken. Aber das Leben wird dadurch auch nicht einfacher. Und von der Kraft, dem Mut und dem Trost, den Gott gibt, spüren sie nichts. Gott kümmert sich doch! Die meisten erfüllen mit einem Mindestmaß an Frömmigkeit ihre Pflichten in Familie und Beruf. Das ist gut, aber es ändert nichts. Und ändern muss sich etwas! Jesus ruft sich Tora-Verse ins Gedächtnis, sucht darin Antworten. Allmählich wird ihm klar, was Gott von den Menschen will: Gott will, dass die Menschen seine Güte wieder sehen und sich am Leben freuen, wie Gott sich an ihnen freut. Und in den Geboten geht es darum sich gegenseitig zu helfen, dass man sich am Leben freuen kann.
Eines abends bringt Jesus eine Neuigkeit mit: Johannes tauft am Jordan und ruft zur Umkehr. Er ist ein gewaltiger Prediger. »Ich will dorthin und hören, was er sagt. Morgen weise ich meinen Bruder in alles ein. Er kennt sich ja fast so gut aus wie ich, dann ziehe ich los.« Jesus lässt sich von Johannes taufen. Als er aus dem Wasser steigt, hört er ganz deutlich eine Stimme aus dem Himmel: »Das ist mein lieber Sohn, der gefällt mir.« Jesus ist bestürzt, er flieht in die Wüste. In ihm toben die Gedanken: »Ist das die Bestätigung? Sind meine Einsichten richtig? Aber was soll das mit dem Sohn? Gott nennt mich Sohn? So etwas wurde bei der Thronbesteigung der Könige Israels gesagt. In einem alten Gebet, einem Psalm steht es.« Jesus fällt der Stern ein: »Sollte das mein Stern gewesen sein – Jesus, aus Davids Geschlecht?« Tausend Ängste und Phantasien toben in Jesus. Dann besinnt er sich auf das, was Gottes Wohlgefallen gefunden hat: Auf seine Antworten und Einsichten. Auf seinen Weg. Jetzt weiß Jesus, was er will.

(Ursula Sieg)

Muhammad

Muhammad wird verehrt als exemplarischer Gläubiger. Dem gilt auch das Fest »Geburtstag des Propheten«. Seine Taten und seine Aussprüche wurden als Sunna gesammelt, an der sich die Muslime in ihrem Glauben und ihrer Alltagspraxis orientieren. Dies vorbildliche Verhalten prägte auch schon seine Jugend. Die Erzählung ist einem für muslimische Kinder geschriebenen Buch entnommen:

Muhammad wurde in der Stadt Mekka geboren. Seine Vorfahren gehörten dem berühmten Stamm der Kureisch an, der für die Sicherheit der Stadt und der Kaaba verantwortlich war, die Pilger betreute, und Handelsgeschäfte mit den umliegenden Ländern betrieb. Besonders der Großvater Abdulmutalib war ein angesehener und wohlhabender Mann und hatte viele Söhne. Einer von diesen hieß Abdullah, und als er herangewachsen war, heiratete er eine Frau namens Amina. Aber er starb nicht lange nach der Hochzeit. Einige Zeit später brachte Amina einen Sohn zur Welt. Großvater Abdulmutalib gab ihm den Namen Muhammad und lud den ganzen Stamm der Kureisch zu einem großen Festessen ein. Sowohl er als auch Amina hatten merkwürdige Träume gehabt und wussten, dass aus dem Jungen ein ganz besonderer Mann werden sollte. Wie es damals Sitte war, verbrachte der kleine Muhammad die ersten Lebensjahre bei einer Pflegemutter in der Wüste. Kleine Kinder sollten nicht in der engen, staubigen Stadt leben, sondern in der freien und gesunden Luft der Wüste groß und stark werden und echtes Arabisch lernen, wie es damals besonders die Beduinen sprachen. Muhammads Pflegemutter hieß Halima und war eine arme Frau, aber nachdem sie den kleinen Jungen bei sich aufgenommen hatte, vermehrten sich ihre Schafe und Ziegen auf wundersame Weise, so dass sie keine Sorgen mehr zu haben brauchte. Als Muhammad vier Jahre alt war, brachte sie ihn zu seiner Mutter nach Mekka zurück. Abdullah lag in der Stadt Yathrib begraben, und als Muhammad sechs Jahre alt war, machte sich Amina auf den Weg, um dem Jungen das Grab seines Vaters zu zeigen. Aber auf dem Rückweg wurde sie selbst krank und starb nach wenigen Tagen, und Muhammad kehrte als Waise in seine Heimatstadt zurück.
Liebevoll nahm der alte Abdulmutalib sein Enkelkind bei sich auf. Er sorgte dafür, dass es dem Jungen an nichts fehlte und nahm ihn überallhin mit. Sogar bei Ratsversammlungen durfte Muhammad an seiner Seite sitzen. Aber schon zwei Jahre später starb Abdulmutalib plötzlich. Fortan lebte Muhammad bei seinem Onkel Abu Talib, der ihn mehr liebte als seine eigenen Söhne. Aber Abu Talib war ein armer Mann und hatte eine große Familie zu versorgen. Da mussten alle mithelfen, den Lebensunterhalt zu verdienen. Muhammad griff fleißig mit zu, um seinem Onkel nicht zur Last zufallen. Er hütete wie die anderen Kinder Schafe und Ziegen, und als er größer wurde, half er seinem Onkel bei seinen Handelsgeschäften und durfte ihn sogar einmal auf einer Reise nach Damaskus begleiten. In der ganzen Stadt Mekka war Muhammad als ein ehrlicher, fleißiger junger Mann bekannt, auf den

Die Geburt Mohammeds, Miniatur im Topkapi-Serail.

sich jeder verlassen konnte. Die Leute wussten auch, dass er sehr klug war, und fragten ihn trotz seiner jungen Jahre oft um Rat. Sie gaben ihm den Beinamen »Al-Amin«, das heißt, »der, dem man vertrauen kann«. Eines Tages fiel ein heftiger Regen, der alle Straßen und Plätze in der Stadt Mekka überschwemmte. Das Wasser unterspülte auch die Grundmauern der Kaaba, und das Gebäude stürzte zusammen. Selbstverständlich machten sich die Leute sofort daran, es wieder aufzubauen. Aber als sie fast fertig waren, gab es unter den vielen Stämmen und Sippen der Stadt einen Streit, wer den Schwarzen Stein wieder an seinen Platz setzen durfte. Jeder wollte selbst diese Ehre haben, und es hätte beinahe eine blutige Fehde darum gegeben. Jemand, der den Frieden noch retten wollte, schlug vor: »Wir wollen bis morgen früh warten, und wer dann als erster zur Kaaba kommt, soll die Sache entscheiden.« Damit waren alle einverstanden. Am nächsten Morgen beeilte sich jeder, als erster bei der Kaaba zu sein. Aber ein junger Mann war bereits dort. Es war Muhammad.

So kam es, dass ihm der Streit zur Entscheidung vorgelegt wurde. Muhammad nahm ein großes Tuch und legte den Schwarzen Stein mitten darauf. Dann ließ er die Führer aller Stämme vortreten. Sie sollten alle zugleich das Tuch aufheben und zur Kaaba tragen, wo Muhammad selbst den Stein an seinen Platz setzte. Alle waren mit dieser Entscheidung zufrieden und lobten Muhammads außerordentliche Klugheit.

Aber die Leute von Mekka stellten auch ihre Götzenbilder wieder in der Kaaba auf und fuhren fort, sie anzubeten und ihnen zu opfern. An diesem Götzendienst beteiligte sich Muhammad niemals. Er wusste, dass diese hölzernen und steinernen Figuren nicht einmal sich selbst helfen konnten, und dass die Kaaba dereinst von Ibrahim und Ismail gebaut worden war, damit die Menschen dort zu Allah beten konnten, neben dem es keinen Gott gibt. Darüber dachte Muhammad oft nach und außerdem beobachtete er, wie sich die Menschen in der Stadt verhielten. Die meisten von ihnen dachten nur an sich selbst und an ihre Familie und an ihren Stamm, und jeder wollte so reich werden wie nur möglich. Kaum einer wäre jemals auf den Gedanken gekommen, den Armen zu helfen oder Kranke zu pflegen oder für einsame Leute oder Waisenkinder zu sorgen, oder auch nur ehrliche Geschäfte zu machen. Sie glaubten ja auch nicht daran, dass sie nach ihrem Tode von Allah zur Rechenschaft gezogen werden könnten. Muhammad verkaufte einmal ein Kamel, und als der Käufer das Tier wegführte, sah Muhammad, dass es lahmte. Sofort rief er den Mann, gab ihm sein Geld zurück und nahm das Kamel wieder mit nach Hause. Solche Ehrlichkeit war damals in Mekka undenkbar und erregte großes Aufsehen.

Der Ruf von Muhammads Aufrichtigkeit und Zuverlässigkeit kam auch Khadija zu Ohren, einer sehr reichen und angesehenen Dame. Nachdem ihr Mann gestorben war, hatte sie alle Freier abgewiesen und ihre Geschäfte selbst weitergeführt. Gerade jetzt suchte sie einen Handelsvertreter, und sie bot Muhammad die Stelle an. Als der junge Mann einwilligte, schickte sie ihn mit einer Ladung Waren nach Syrien, damit er sie dort verkaufte, und gab ihm einen Sklaven als Gehilfen mit. Die Reise wurde ein großer Erfolg, und als Muhammad zurückkehrte, legte er nicht nur einen ausführlichen Bericht, sondern auch eine gründliche Abrechnung vor und händigte Khadija eine ansehnliche Geldsumme aus. Auch der Sklave hatte nur Gutes zu berichten. Khadija war sehr beeindruckt. Lange musste sie an ihren jungen Angestellten denken. Wie viele Männer gab es doch zu dieser Zeit, die an nichts anderes dachten, als sich selbst zu bereichern. Sie hatten ihr sogar Heiratsanträge gemacht, nur um ihren Reichtum an sich reißen zu können. Und hier gab es wirklich noch einen jungen Mann, dem Ehrlichkeit und Aufrichtigkeit wertvoller waren als Geld.

Khadija beschloss, Muhammad zu heiraten, obwohl sie schon vierzig Jahre alt war und er erst fünfundzwanzig. Nachdem er mit seinem Onkel beratschlagt hatte, nahm er das Angebot an, und mit der Hochzeit begann ein glückliches Familienleben. Drei Söhne und vier Töchter wurden geboren, aber die meisten von ihnen starben sehr jung. Jeder aber kennt Muhammads Tochter Fatima, von der viele Geschichten erzählt werden. Fortan kümmerte sich Muhammad um Khadijas vielseitige Handelsgeschäfte. Aber sein Herz war

nicht bei dem vielen Geld, über das er nun verfügte. Er half stattdessen den Armen und bezahlte ihre Schulden und kaufte viele Sklavinnen und Sklaven frei. Muhammad ließ die Sklavinnen im eigenen Haushalt frei und half selbst seiner Frau. Alle Sorgen und Freuden teilte er mit Khadija.
Muhammad dachte ständig über die vielen verschiedenen Dinge nach, die er hörte und erlebte, und grübelte über die Geheimnisse des Lebens. Im Laufe der Zeit fand er in der Wüste eine Höhle, in die er sich oft tagelang ganz allein zurückzog und nichts mitnahm als Wasser und ein paar Datteln. Er suchte einen Ausweg aus dem Abgrund, in den die Menschen geraten waren, seitdem sie Ibrahims Lehre und den Glauben an Allah verlassen hatten. Wie viele Völker lebten in Finsternis, Unwissenheit und Ungerechtigkeit! In einer Nacht des Monats Ramadan erschien in der Höhle ein Engel. Er zeigte Muhammad ein Buch von Allah und sprach: »Lies!« »Ich kann doch gar nicht lesen«, erwiderte Muhammad entsetzt. Aber der Engel befahl wiederum: »Lies!« Er drückte Muhammad fest an sich, bis er zögernd fragte: »Was soll ich lesen?« Da trug der Engel selbst die ersten Worte der Offenbarung vor: »Lies, im Namen deines Herrn, der erschuf. Er erschuf den Menschen aus einem winzigen Blutklumpen. Lies, und dein Herr ist der Freigebigste, der durch die Feder lehrte. Er lehrte den Menschen, was der Mensch nicht wusste.« Die Worte standen von da an in Muhammads Herzen eingraviert. Er war Allahs letzter Gesandter geworden.

(Krausen, 165-169)

Buddha

Der Geburt Buddhas wird an Vesakh gedacht, zusammen mit der Erleuchtung. (Grundlegende Heilsereignisse. Baum). Die historische Person Siddharta Gautama lebte zwischen 560 und 480 v. Chr. (neuere Datierung zwischen 450 und 350 v. Chr.) in Nordindien und wird oft Buddha-Shakyamuni (»Weiser aus dem Shakya-Geschlecht«) genannt. Er entstammte einer Fürstenfamilie. Der König sorgte für Siddhartha für ein Leben in Freude und Schönheit, damit er nicht den Weg des Gelehrten einschlagen möge. Siddhartha heiratete und lebte mit seiner Frau im Palast ohne irgendwelche Sorgen. Doch irgendwann wollte er schließlich die Welt erkunden. Obwohl der König dafür sorgte, dass alles Unerfreuliche seinen Blicken entzogen wurde, erschienen ihm auf seinen Ausflügen ein alter, ein kranker und ein toter Mensch. Als Siddhartha klar wurde, dass jeder Mensch solchen Leiden entgegenging, war ihm alle Freude geraubt. Er verließ den Palast und lebte als armer, wandernder Asket auf der Suche nach einem Weg aus dem Leid. Schon bei Siddharthas Geburt zeichnet sich der besondere Weg vor, denn seine Geburt, Kindheit und Jugend sind von verheißungsvollen Träumen und Weissagungen durchzogen und bereits das Kind ist weise und gütig:

Vor langer langer Zeit geschah in einem kleinen Königreich im nördlichen Indien etwas, das die ganze Welt verändern sollte. Königin Maya, die Gemahlin des gütigen Königs Shuddhodana, fiel in einen tiefen Schlaf und hatte einen wundersamen Traum. Es träumte ihr, dass vom Himmel ein weißes Licht auf sie herableuchtete, in dessen Strahlen ein herrlicher Elefant erschien. Dieser war von reinstem Weiß und hatte sechs gewaltige Stoßzähne. Näher und näher kam der Elefant, bis er schließlich mit dem Körper der Königin verschmolz. Da erwachte diese und ward von einer Seligkeit erfüllt, die sie nie zuvor gefühlt hatte. Sie eilte zum König, und gemeinsam befragten sie die Weisen am Hofe, wie dieser so seltsame, wunderbare Traum wohl zu deuten sei. »O Majestät«, gaben die Weisen zur Antwort, »dieses ist wahrhaftig ein einzigartiger Traum. Er besagt, dass die Königin einem Sohn das Leben schenken wird, welcher dereinst zu großem Ansehen gelangen wird. Nicht nur Ihr allein seid glücklich zu preisen, der ganzen Welt wird es zum Segen sein, dass die Königin dieses Kind gebären wird.«
König und Königin waren hochbeglückt über diese Botschaft. Vor allem der König freute sich, hatte er sich doch schon lange einen Sohn gewünscht, der einstmals an seiner statt das Reich regieren sollte. Und nunmehr schien es so, als solle sein Wunsch in Erfüllung gehen. Zu jener Zeit wollte es der Brauch, dass eine Frau in ihr Elternhaus zurückkehrte, wenn ihre Niederkunft bevorstand. Und daher verließ Königin Maya, als der Zeitpunkt der Geburt herangerückt war, mit einem Gefolge von Dienerinnen und Freundinnen den königlichen Palast. Man war noch nicht sehr weit gelangt, als die Königin bat, man möge anhalten und eine Rast einlegen; denn sie fühlte, dass die Geburt bevorstand. Man hatte die prächtigen Gärten von Lumbini erreicht, und die Königin hielt Ausschau nach einem Ort, an dem sie gebären könnte. Und es wird erzählt, dass sogar Tiere und Pflanzen ihre Hilfe darbrachten. So beugte ein

großer Baum einen seiner Äste hernieder, den die Königin mit der rechten Hand ergriff. Indem sie sich daran festhielt, gebar sie in aufrechter Haltung einen Sohn. Die Dienerinnen wiegten das Neugeborene in den Armen und verwunderten sich sehr über dessen Schönheit und den Frieden, der von ihm ausging. Friede und Glück durchströmten in jenem Augenblick das ganze Land. Die Menschen dachten nicht mehr an ihre Kümmernisse, beendeten allen Zwist und waren voller Liebe und Freundschaft füreinander. Manche sahen, wie sich mit einem Male Regenbögen über den Himmel spannten.

Die Königin nahm das Neugeborene auf den Arm und kehrte zum Palast des Königs zurück. Überströmend vor Freude hieß König Shuddhodana Gemahlin und Sohn willkommen. Glänzende Feste wurden abgehalten, und überall wehten farbenprächtige Fahnen. Glückseligkeit und Friede herrschten ringsumher. Angesichts solch hoher Freude beschlossen die Eltern, dem Prinzen den Namen Siddhartha zu geben, der bedeutet »Quelle alles Guten«. Neue Weissagungen über das Kind wurden verkündet. »O König«, sprachen die Weisen, »die Zeichen stehen außerordentlich günstig. Euer Sohn wird Euch an Größe noch übertreffen!« Diese Prophezeiung erfüllte den König mit Stolz. »Wenn die Weisen sich nicht irren«, so dachte er bei sich, »dann wird mein Sohn, Prinz Siddhartha, eines Tages vielleicht Herrscher sein nicht nur über mein kleines Reich, sondern über die ganze Welt! Welch' ein Ruhm für mich und meine Familie!« Viele Menschen kamen in den Tagen nach der Geburt in den Palast, um das Neugeborene zu sehen. Einer unter diesen Besuchern war ein alter Mann mit Namen Asita. Er lebte als Einsiedler fernab in den Wäldern und galt als heilig. Sehr erstaunt waren daher König und Königin, dass dieser Asita seine Heimat im Walde verlassen hatte und bei Hof erschienen war. »Eine große Ehre ist es für uns, dass Ihr uns einen Besuch macht, O heiliger Lehrer«, sprachen sie voller Hochachtung. »Seid so freundlich, und nennt uns den Zweck Eurer Reise, und wir werden Euch zu Diensten sein, so gut wir es vermögen.« Asita gab zur Antwort: »Dank sei Euch, dass Ihr mich so gütig aufnehmt. Ich habe die weite Reise zu Euch unternommen, da ich unlängst wunderbare Zeichen sah. Aus ihnen habe ich erfahren, dass Euer Sohn höchstes geistiges Wissen erlangen wird, zum Wohle aller Menschen. Ich selbst habe mein ganzes Leben nach solchem Wissen gestrebt, und daher bin ich so schnell, als es mir möglich war, hierher gekommen, um das Kind selbst sehen zu können.« In großer Erregung eilte der König zu dem Orte, wo der Prinz schlummerte. Behutsam hob er seinen Sohn empor und trug ihn zu Asita. Lange ließ der Heilige seinen Blick auf dem Kinde ruhen, ohne ein Wort zu sagen. Zuletzt trat er einen Schritt zurück, schaute mit einem Blick voller Trauer zum Himmel, seufzte tief auf und begann zu weinen. Der König und die Königin erschraken sehr, als sie Asita weinen sahen. Sie fürchteten, der Heilige habe an ihrem Kinde ein schlimmes Zeichen wahrgenommen. Weinend fiel der König auf die Knie und rief aus: »O heiliger Lehrer, was habt Ihr gesehen, das Euch in Tränen ausbrechen lässt? Habt nicht Ihr und haben nicht alle Weisen gesagt, dass mein Sohn zu Großem berufen ist und dass er höchstes Wissen erlangen wird? Jetzt aber, da Ihr das Kind anschaut, weint Ihr. Wollt Ihr damit sagen, dass der Prinz bald sterben wird? O sagt mir auf der Stelle, was Ihr gesehen habt.« Da sah Asita die Eltern mit einem Blick voller Güte an und sprach: »Sorget Euch nicht. Ich weine nicht, weil ich für den Prinzen Schreckliches voraussehe. Es ist vielmehr so, dass ich jetzt, da ich Euren Sohn mit eigenen Augen gesehen habe, mit Sicherheit weiß, dass er nicht allein ein großer Mann sein wird. Es sind an diesem Kinde eigentümliche Zeichen sichtbar, so auch das Licht, das von seinen Fingern ausgeht. Untrüglich beweist es, dass er einer glanzvollen Zukunft entgegengeht. Wenn Euer Sohn sich entschließt, bei Euch zu bleiben und König zu werden, so wird er der größte König aller Zeiten werden. Er wird Herr sein über ein riesiges Reich und seinen Untertanen Glück und Frieden bringen. Sollte er sich aber entschließen,

nicht König zu werden, dann wird seine Zukunft noch glänzender sein! Er wird dann ein großer Lehrer werden, der allen Menschen zeigt, wie man mit Liebe und Frieden im Herzen leben kann. Wenn er das Leiden in der Welt erkannt hat, wird er Euren Palast verlassen und einen Weg ausfindig machen, der allem Leiden ein Ende setzt, und allen, die von ihm zu lernen bereit sind, wird er diesen Weg zeigen. Nein, teurer König, teure Königin, nicht des Kindes wegen habe ich geweint, um meiner selbst willen tat ich es. Denn seht, mein ganzes Leben habe ich mit der Suche nach der Wahrheit verbracht, mit der Suche nach einem Weg, der alles Leiden beendet. Und heute treffe ich auf das Kind, das dereinst all das lehren wird, was ich lernen wollte. Aber wenn es alt genug sein wird, um zu lehren, werde ich schon tot sein. So ist es mir nicht vergönnt, in meinem jetzigen Leben von ihm zu lernen. Das ist es, was mich so traurig macht. Ihr aber, glückliche Eltern, solltet nicht traurig sein. Seid von Herzen froh, ein so wunderbares Kind zu haben.« Noch einmal warf Asita einen langen Blick auf das Kind und ging dann langsam zum Palast hinaus. Der König sah ihm nach, dann wandte er sich wieder seinem Sohne zu. Er war sehr beglückt, dass das Leben seines Sohnes nicht in Gefahr sei, und er dachte bei sich: »Asita hat gesagt, dass Siddhartha ein großer König oder ein großer Lehrer werden wird. Schöner wäre es freilich, wenn er zuerst König werden würde. Wie stolz könnte ich sein, einen so berühmten und mächtigen Sohn zu haben! Später, wenn er so alt ist wie Asita, kann er dann ein Heiliger werden, wenn er es so wünscht«. In solche Gedanken versunken stand König Shuddhodana mit seinem Sohn auf dem Arm eine Weile da und träumte von dem Ruhm, zu dem dieser Sohn einst gelangen würde.

Königin Maya starb, als Siddhartha noch sehr klein war. Kurz vor ihrem Tode bat sie ihre Schwester zu sich und sprach zu ihr: »Bald schon werde ich nicht mehr für mein Kind Sorge tragen können, und daher bitte ich Euch, liebe Schwester, nehmt Euch seiner an meiner statt an«. Die Schwester versprach ihr dieses, denn sie liebte den Prinzen von Herzen und erzog ihn, als wäre es ihr eigenes Kind. Der Prinz wuchs heran und wurde ein aufgeweckter, schöner und gutherziger Knabe. Sein Vater, der König, ließ ihn von den besten Lehrern unterrichten, und sehr bald zeigte sich sein außergewöhnlicher Verstand. Nach wenigen Tagen der Unterweisung statteten die Lehrer dem König Bericht ab: »Eure Majestät, wir können dem Prinzen nicht länger von Nutzen sein. Er hat in dieser kurzen Zeitspanne bereits alles gelernt, was wir ihn lehren können. Ja, es verhält sich so, dass wir von ihm Dinge gelernt haben, die wir zuvor nicht wussten!« Dieses zu hören machte den König noch stolzer, und er dachte: »Mit einem solchen Verstand wird aus meinem Sohn gewiss ein mächtiger und weiser König werden.« Und er war sehr glücklich bei diesem Gedanken.

Der Knabe hatte aber andere Eigenschaften, die noch weitaus erstaunlicher waren als seine Verstandesgaben. Er war von sanfter, freundlicher und liebenswürdiger Wesensart. Anders als seine Kameraden, die sich an wilden Spielen und Kämpfen ergötzten, verbrachte Siddhartha viel Zeit allein in ruhiger Zurückgezogenheit. Er liebte die kleinen Tiere im Garten des Palastes und war mit ihnen allen gut Freund. Die Tiere spürten, dass der Prinz ihnen niemals etwas Böses antun würde, und hatten keine Furcht vor ihm. Und selbst die Tiere der Wildnis, die bei jeder Annäherung die Flucht ergreifen, kamen herbei, wenn der Prinz den Garten betrat. Ohne Scheu näherten sie sich ihm und fraßen ihm die Nahrung, die er stets zu bringen pflegte, aus der Hand. Eines Tages, als der Prinz im Garten saß, zog eine Kette von Schwänen über ihm dahin. Da plötzlich schnellte ein Pfeil in die Höhe, einer der Schwäne wurde getroffen, stürzte herab und landete unmittelbar zu Füßen des Prinzen; der Pfeil stak noch in seinem Flügel. »O du armer Schwan«, sagte Siddhartha zärtlich, und mit aller Vorsicht hob er den verletzten Vogel hoch. »Hab' keine Furcht, ich werde mich um dich kümmern. So, lass mich zunächst einmal diesen Pfeil entfernen!« Und während er den Schwan mit der einen Hand behutsam streichelte, zog er mit der anderen langsam den schmerzenden Pfeil aus der Wunde. Mit einem Heilwasser, das er bei sich trug, rieb er sodann den Flügel ein, wobei er ständig leise und freundlich auf den Schwan einsprach, so dass dieser sich ganz ruhig verhielt. Zuletzt zog er sein seidenes Hemd aus und legte es um den Vogel, um diesen gegen Kälte zu schützen.

Nach einer kurzen Weile kam ein Knabe in den Garten gerannt. Devadatta war es, der Vetter des Prinzen. Er trug einen Bogen und einige Pfeile und befand sich in höchster Aufregung. »Siddhartha, Siddhartha«, rief er laut, »hast du's schon erfahren? Ich habe einen Schwan erlegt. Das hättest du sehen müssen! Mit dem allerersten Schuss habe ich ihn getroffen. Irgendwo hier in der Nähe ging er zu Boden. Sei mir behilflich bei der Suche!« Doch da sah Devadatta zu Siddharthas Füßen einen blutverschmierten Pfeil liegen, und als er genauer hinschaute, entdeckte er auch, dass der Prinz etwas in den Armen hielt, und dass dieses der gesuchte Schwan war. »He, du hast meinen Schwan gestohlen«, schrie er gellend. »Gib ihn mir zurück! Ich habe ihn geschossen, und mir gehört er!« Devadatta griff nach dem Vogel, aber Siddhartha gab ihn nicht frei und verhinderte, dass der wütende Vetter den Schwan auch nur berührte. »Ich habe diesen Vogel hier verletzt am Boden gefunden«, sagte der Prinz in festem Ton, »und solange er verwundet ist, werde ich ihn niemandem aushändigen.« »Er gehört aber mir«, schrie Devadatta noch einmal. »Ich habe ihn geschossen, und du hast ihn mir gestohlen. Gib ihn heraus, oder ich hole ihn mir!« Devadatta wurde zusehends wütender, doch Siddhartha blieb standhaft und gab ihm den Schwan nicht. Schließlich sagte der Prinz: »Wenn zwei Erwachsene einen Streit wie diesen haben, legen sie ihn vor Gericht bei. Vor einer Versammlung kluger Männer erklärt jeder, was geschehen ist, und die klugen Männer entscheiden dann, wer im Recht ist. Nach meiner Überzeugung sollten wir das Gleiche tun.« Devadatta war über diesen Vorschlag nicht sonderlich erfreut, da es aber die einzige Möglichkeit schien, wie er doch noch in den Besitz des Schwanes kommen konnte, stimmte er zu. So machten sich denn beide auf den Weg zum Palast und traten vor den König und seine Minister. Die Männer am Gerichtshof lächelten einander zu, als die beiden Kinder ihr Anliegen vortrugen, und sie sagten: »Einer solchen Kleinigkeit wegen wollen sie uns unsere kostbare Zeit stehlen!« Der König hingegen sprach: »Siddhartha und Devadatta sind beide königliche Prinzen, und es freut mich, dass sie mit ihrer Streitfrage zu uns gekommen sind. Ich halte es für äußerst wichtig, dass sie, als künftige Herrscher, die Arbeitsweise der Gerichte kennen lernen. Damit sei die Verhandlung eröffnet!« Jeder der beiden Knaben gab sodann eine Darstellung dessen, was geschehen war, worauf die Minister sich um eine Entscheidung mühten, wem der Schwan rechtens zuzusprechen sei. Einige unter ihnen waren der Auffassung: »Devadatta hat den Vogel geschossen, folglich gehört er ihm.« Andere aber waren der Meinung: »Siddhartha hat den Schwan gefunden, folglich gehört er ihm.« Und so sprachen und stritten die Minister eine geraume Weile über diesen Fall. Da trat in den Saal ein uralter Mann, den niemand je zuvor gesehen hatte. Aber da er so klug aussah, trug man ihm die Geschichte von den Knaben und dem Schwan vor. Nachdem er sich alles angehört hatte, erklärte er: »Für jedermann stellt das eigene Leben den höchsten Wert dar. Ich halte es daher für richtig, dass der Schwan demjenigen gehören soll, der ihm das Leben gerettet hat, nicht aber dem, der ihn töten wollte. Gebt den Schwan Siddhartha!« Da waren alle sich einig, dass der Alte Recht gesprochen hatte, und es wurde entschieden, dass Siddhartha den Schwan behalten durfte. Als der König späterhin versuchte, den Alten wieder aufzufinden, um ihm für sein weises Urteil zu belohnen, war dieser spurlos verschwunden. »Wie seltsam«, dachte der König, »ich möchte gern wissen, woher er kam, und wohin er ging.« Aber niemand wusste das zu sagen. Das aber war nur eine der vielen merkwürdigen Begebenheiten, die sich in der Kindheit des Prinzen zutrugen, so dass viele Menschen in dem Glauben bestärkt wurden, es müsse wahrhaftig ein Kind von besonderer Art sein.

(Landaw, 4-26. © 1999 Diamant Verlag, München.)

Spannendes: Die lesende Maria

Die dem 8. September »Geburt Marias« und dem 21. November »Einführung Marias in den Tempel« zugrundeliegenden Traditionen verbinden diese Feste mit dem Islam: Auch im Islam wird Maria (Maryam) hoch geschätzt. Sie ist ein Vorbild der Gläubigen. Der Koran erwähnt sie ausführlich. Die Geschichten, die in Christentum und Islam über Marias Kindheit erzählt werden, ähneln sich sehr. Herausragend ist ihre Reinheit, ihre Ergebenheit in Gott und ihr Wissensdurst. Sie kann nicht genug in den heiligen Schriften lesen. Das wiederum ist eine Brücke auch zum Judentum: Marias Heilige Schriften waren die Tora, die ganze hebräische Bibel, weitere, die sich in der christlichen Bibel unter den alttestamentlichen Apokryphen finden, und uns heute unbekannte Schriften. Schriftgelehrsamkeit ist das Idealbild jüdischen Lebens. Die Mariengeschichten beanspruchen zugleich, dass dies nicht nur für Männer gilt. In allen drei Religionen ist Schriftauslegung Sache von Frauen.

Der 8. September und noch mehr der 21. November können ein Anlass sein, dass sich Frauen aus Christentum und Islam, vielleicht auch aus dem Judentum treffen und zu Schriftauslegung einladen. Kin-

Lorenzo Costa (1460–1535): Maria der Verkündigung

der und Jugendliche können ein (Bibel- und Koran-) Lesefest, eine Lesenacht, ein Lesewochenende ausrichten und damit das Lesen aufwerten und würdigen: In Schule, Kirche, Moschee und Stadtteilbibliothek machen sie es sich mit Decken und Polstern bequem und lassen sich versorgen – wie Maria in ihrem Zimmer nahe des Tempels –, lesen sich gegenseitig aus Bibel und Koran vor, aus christlicher und islamischer Tradition, Jugendbücher und Romane zu biblischen und islamischen Frauen und Männern oder antiken Persönlichkeiten. Auch Projekte wie »Apokryphen erforschen«, »Wie lebte und glaubte die Jüdin Maria?«, »Jüdische Literatur«, »Frauen in den Religionen« und natürlich »Maria« mit ökumenischen, interreligiösen und globalen Bezügen (Material bei Jürgensen 1994) passen zu diesen Anlässen. Besonders Schulen und Gemeinden mit christlich-orthodoxen SchülerInnen und MitbürgerInnen, oder mit überwiegend katholischer und muslimsicher Zusammensetzung könnten diese Anlässe nutzen, eine gemeinsame Leidenschaft zu entdecken.
Islamische Weihnacht.

Geschichte Marias nach dem Protevangelium des Jakobus

Es gibt einige Bücher aus der ganz frühen Zeit des Christentums, die nicht in die Bibel aufgenommen wurden, aber doch sehr einflussreich auf Volksfrömmigkeit und Theologie waren. Dazu gehört das Protevangelium des Jakobus. Etwa 160 n. Chr. entstanden, berichtet es von den »prota«, den »ersten Dingen«, also dem allerfrühesten Beginn der Geschichte Jesu. Demnach waren Anna und Joachim sehr unglücklich, dass sie auch im hohen Alter noch ohne Kinder waren. Beide trauerten sie und beteten zu Gott. Ohne seiner Frau Bescheid zu sagen, zog sich Joachim 40 Tage zum Gebet zurück. Anna glaubte, er sei tot. Das Protevangelium des Jakobus berichtet weiter:

Da stand auf einmal ein Engel vor ihr und sagte: »Anna, Anna, der Herr hat dein Gebet erhört! Du wirst schwanger werden und ein Kind gebären, und von diesem Kind wird die ganze Welt sprechen.« Anna erwiderte: »So wahr der Herr, mein Gott, lebt: Wenn ich ein Kind bekomme, sei es ein Junge oder ein Mädchen, dann werde ich es Gott, meinem Herrn, als Geschenk darbringen, und das Kind soll alle Tage seines Lebens Gott dienen.« Da kamen zwei Engel und sagten zu Anna: »Gleich kommt Joachim, dein Mann, mit seinen Hirten und Tieren.« Denn kurz vorher war ein Engel des Herrn zu Joachim herabgekommen und hatte zu ihm gesagt: »Joachim, Joachim, der Herr hat dein Gebet erhört, steig vom Berg hinunter. Denn deine Frau Anna soll ein Kind empfangen.« Joachim stieg hinunter, rief seine Hirten zu sich und sagte zu ihnen: »Bringt mir zehn schneeweiße, reine Lämmer herbei. Sie sollen dem Herrn, meinem Gott, gehören. Und bringt mir zwölf zarte Kälber für die Priester und Ältesten und hundert Ziegenböcke, die sollen für das Volk sein.« Dann ging er mit seinen Hirten und den Tieren nach Hause. Anna stand an der Tür, und als sie ihn kommen sah, lief sie ihm entgegen, fiel ihm um den Hals und sagte: »Jetzt weiß ich, dass Gott der Herr mich reich gesegnet hat. Denn ich bin keine Witwe mehr und werde in meinem Leib empfangen.« Den ganzen ersten Tag verbrachte Joachim zu Hause, um auszuruhen …
Allmählich erfüllten sich für Anna die Monate, und im neunten Monat gebar sie ein Kind. Sie fragte die Hebamme: »Was ist es denn?« Die Hebamme antwortete: »Es ist ein Mädchen.« Da nahm Anna das Kind auf den Arm und rief: »Heute ist der glücklichste Tag meines Lebens!« Und sie legte die Kleine an die Brust, stillte sie und gab ihr den Namen Maria. Nach der achtzig Tage dauernden Schonfrist beendete Anna mit den üblichen Zeremonien die Zeit des Wochenbetts.
Maria wurde von Tag zu Tag kräftiger … Als Maria ein Jahr alt war, gab Joachim ein großes Festessen, zu dem er die Hohenpriester und Priester, die Schriftgelehrten und Ältesten und das ganze Volk Israel einlud. Er brachte das Kind zu den Priestern, und diese segneten es mit den Worten: »Du Gott unserer Väter, segne dieses Kind, und mach, dass alle Generationen für immer seinen Namen nennen!« … Die Monate vergingen, und das Kind wurde größer. Als Maria zwei Jahre alt war, sagte Joachim zu Anna: »Wir wollen sie in den Tempel des Herrn hinaufbringen und das Versprechen erfüllen, das wir dem Herrn gegeben haben, damit er sich nicht von uns abwendet und dann unsere Gabe nicht mehr willkommen ist.« Anna entgegnete: »Lass uns warten, bis sie drei ist, dann wird sie nicht mehr so sehr nach Vater und Mutter verlangen.« Joachim stimmte zu. Als Maria drei Jahre alt wurde, sagte Joachim: »Ruft die jüdischen Mädchen herein, die noch rein sind. Jede von ihnen soll eine brennende Fackel tragen, damit Maria unterwegs nicht wieder umkehren will und ihr Herz nicht vom Tempel weggelockt wird.« Und so machten sie sich auf den Weg hinauf zum Tempel des Herrn. Der Priester nahm Maria entgegen, schloss sie in die Arme und segnete sie mit den

Worten: »Der Herr hat deinen Namen groß gemacht für alle Generationen. An dir wird Gott am Ende der Zeiten seine Erlösung der Kinder Israels sichtbar werden lassen.« Dann setzte der Priester Maria auf die dritte Stufe des Altars, und der Herr legte seine Gnade auf das anmutige Kind, sie tanzte mit ihren Füßchen, und das ganze Volk Israel gewann sie lieb. Als Marias Eltern vom Tempel wieder hinunter nach Hause zogen, wunderten sie sich und lobten Gott dafür, dass das Kind so willig zurückblieb. Maria wurde im Tempel des Herrn wie ein Täubchen gehalten und bekam ihre Speise von der Hand eines Engels …

(Berger/Nord, 1281 ff. © 1999 Insel Verlag, Frankfurt a. M.)

Die islamische Geschichte von Maryam

Unter Zakariyas Verwandten gab es noch eine andere Familie, die Allah nicht vergessen hatte. Es war die Familie von 'Imrân. Aber auch in dieser Familie gab es keinen Sohn, der ein Gelehrter im Tempel hätte werden können, nur eine erwachsene Tochter, die eine gottesfürchtige Frau war, und für die man endlich mit großer Mühe einen guten Mann als Bräutigam fand. Nachdem sie lange Zeit verheiratet gewesen war, ohne Kinder zu bekommen, stellte sie eines Tages fest, dass sie schwanger war. Froh und dankbar beschloss sie, das Kind, von dem sie glaubte, es sei ein Junge, die heiligen Schriften studieren zu lassen, damit er im Tempel in Jerusalem dem Volk Allahs Wort und Gesetz predigen konnte. Sie betete zu Allah und sprach: »Dieses Kind, das Du in meinem Leib erschaffen hast, soll Dein ganz besonderer Diener werden. Nimm dieses Versprechen von mir an. Du hörst und weißt alle Dinge.« Und Allah erschafft im Mutterleib, was Er will. Als die Zeit um war, da wurde ein Mädchen geboren. Daran hatte sie nicht gedacht. Sie sprach: »O mein Herr, siehe, ich habe eine Tochter bekommen. Und ein Mädchen ist doch nicht wie ein Junge.« Denn ein Mädchen konnte zwar zu Hause die heiligen Schriften studieren, aber nicht im Tempel von Jerusalem predigen. Weiter sprach die Mutter: »Ich habe sie Maryam genannt, und ich stelle sie und ihre Nachkommen unter Deinen Schutz vor dem verworfenen Teufel.«
Es dauerte nicht lange, da starben Maryams Eltern, und das Mädchen blieb als Waisenkind zurück. Zakariya nahm sie bei sich auf, um sie zu erziehen und vor den götzendienerischen Leuten zu schützen, die keine Achtung vor Frauen und Mädchen hatten. Er liebte sie wie eine eigene Tochter. Maryam war kein gewöhnliches Mädchen. Sie mochte weder mit anderen Kindern noch allein spielen, sondern lieber in den ehrwürdigen alten Büchern lesen und ihrem Pflegevater Zakariya zuhören, wenn er von Allah und Seinen Gesandten erzählte, oder ihm Fragen stellen, die er geduldig und mit stiller Freude beantwortete. So wuchs sie zu einer schönen, klugen, bescheidenen jungen Frau heran. Zakariya gab Maryam ein eigenes Zimmer in der Nähe des Tempels. Darüber freute sie sich sehr, denn sie mochte gern ganz allein dort sitzen und die ganze Welt vergessen und nur an Allah denken. Jedes Mal, wenn Zakariya Maryam besuchen kam, fand er in ihrem Zimmer Früchte und allerlei Speisen. »Woher hast du diese Speisen und Früchte?« fragte er sie schließlich. Maryam erwiderte: »Von Allah. Denn Allah ernährt, wen Er will, ohne Maß.« Da wusste Zakariya, dass Allah Maryam auserwählt hatte und für sie sorgte, und war froh und erleichtert darüber, denn er hatte sich schon Sorgen machen wollen, was nach seinem Tod mit seiner Pflegetochter geschehen würde. Dankbar sprach er: »Allahs Barmherzigkeit kennt kein Maß.« Aber nicht nur Zakariya besuchte Maryam in ihrem Zimmer, sondern auch die Engel erschienen in sichtbarer Gestalt. Sie sprachen: »O Maryam, Allah hat dich auserwählt und gereinigt. Von den Frauen aller Nationen hat Er dich auserwählt. Darum bete zu deinem Herrn, wirf dich nieder und beug dich mit denen, die sich beugen.«

(Krausen, 143 f.)

Hingabe an den Willen Gottes – Maria, die Mutter Jesu

Halima Krausen

Gott legt denen, die glauben, das Beispiel von Pharaos Frau vor … und von Maria, der Tochter 'Imrâns, die ihre Keuschheit wahrte – darum hauchten wir Ihm von unserem Geist ein – und sie bestätigte die Worte ihres Herrn und Seine Schriften und gehörte zu den Gehorsamen (Sura 66: 12-13).
Maria wird hier als Beispiel angeführt: einmal als Vorbild, das gläubigen Männern und Frauen Orientierung bietet, und dann als ein Beispiel, das den abstrakten Begriff des »gläubigen Menschen« veranschaulicht. Nach einer Definition des Propheten Muhammad ist Glaube *»Erkenntnis im Herzen, Bekenntnis mit der Zunge, und Verwirklichung mit allen Fähigkeiten.«* Er beschreibt einen gläubigen Menschen als jemanden, der *»seinem Bruder/seiner Schwester dasselbe wünscht wie sich selbst.«*

In bezug auf Maria werden im Qur 'an folgende Werte betont:

Wahrhaftigkeit: »*Und sie bestätigte die Worte ihres Herrn und Seine Schriften*«, d. h. sie erkannte und bestätigte die Wahrheit der göttlichen Worte und verwirklichte sie in ihrem Leben, ohne sich davon ablenken zu lassen. Daher wird sie als »Siddîqa« (Wahrhaftige) bezeichnet.

Gehorsam: Der hier verwendete Gehorsamsbegriff bezieht sich auf Gehorsam und Demut ausschließlich Gott gegenüber. Er bezeichnet die bewusste Übernahme einer Verantwortung gegenüber Gott. Maria wird daher immer in ihrer Eigenständigkeit bezeichnet, mit ihrem Namen, ihrer Herkunft oder der Umschreibung »Die ihre Keuschheit wahrte«, nie aber als »Mutter Jesu«.

Keuschheit: Keuschheit ist zu verstehen als die Unverfügbarkeit für andere als legitime, verantwortliche Beziehungen, auch im sexuellen Bereich (Enthaltsamkeit oder eheliche Treue): sie befreit einen Mann oder eine Frau aus der Sklaverei des Eigennutzes und der Schuld und befähigt zu einer ganzheitlichen Hinwendung zum Du. Marias Liebe zu Gott umfasste auch die Zuwendung zu ihrem Kind. Die Aussage des Propheten Muhammad: »*Das Paradies liegt zu Füßen der Mütter,*« weist u. a. auf die Bedeutung der Integrität der Mutter für die geistig-seelische Entwicklung des Kindes hin. Insofern trägt Jesus den Beinamen »Sohn der Maria«.

Eine Berufung zur Erfüllung eines bestimmten Auftrages gibt der Hinwendung zu Gott eine neue Dimension, die das Leben umwandelt, oft entgegen den eigenen und den gesellschaftlichen Erwartungen. Maria erwartete wohl eher ein kontemplatives Gebetsleben, keineswegs jedoch Mutterschaft. Damit bekommen auch die drei genannten Werte eine neue Dimension.

Wahrhaftigkeit ist erforderlich, um den Auftrag ohne Selbsttäuschung zu hören und zu erfüllen. Über aufrichtige, reine Gottesdiener hat das Böse keine Macht. Hier erfüllt sich das Gebet der Mutter Marias: »... *und ich unterstelle sie und ihre Nachkommenschaft Deinem Schutz vor Satan, dem Verworfenen*« (Sura 3: 37).

Gehorsam gegenüber Gottes Auftrag impliziert ein hohes Maß an Zivilcourage, und so finden wir im Zusammenhang mit einer Berufung oft zunächst eine Reaktion des Nichtfassenkönnens bzw. ein Gefühl der eigenen Unzulänglichkeit, das so manchen Propheten veranlasst hat, erst einmal mit einem entsetzten »Nein!« zu reagieren. Für Maria ist es schwierig genug, auf sich selbst gestellt ein Kind zur Welt zu bringen, geschweige denn damit einer Gesellschaft gegenüberzutreten, die dafür kein Verständnis hat. Das biblische Magnificat ist kein Widerspruch zu ihrem Stoßseufzer angesichts einer übermenschlich scheinenden Aufgabe: »*Ach, wäre ich doch tot und ganz und gar vergessen!*« (Sura 19: 24) Allerdings erfährt sie auch gleich darauf, dass sie trotz allem nicht sich selbst überlassen ist, sondern getröstet und gestärkt wird – auch ganz buchstäblich mit Datteln und Wasser – und erhält Anleitung für die bevorstehende Konfrontation.

Keuschheit ist hier in einem umfassenderen Sinne die Treue gegenüber Gott im Gegensatz zur Treulosigkeit, nämlich Abgötterei, wie sie von den biblischen Propheten als »Hurerei« gebrandmarkt wird. Prophetische Persönlichkeiten sind keusch, unverfügbar für Eigennutz und somit frei, in mütterlicher Hingabe ihren Auftrag zu erfüllen.
In der Schöpfung, also in Naturphänomenen, in der Geschichte und im Inneren des Menschen, werden – ähnlich wie in den heiligen Schriften – »Zeichen Gottes« erkennbar, die eine Bedeutung für unsere Selbst- und Gotteserkenntnis haben. Dies gilt in besonderem Maße für Menschen, die Gott aufrichtig und hingebungsvoll dienen, und durch die nicht nur für Menschen gültige ethische Werte verdeutlicht werden, sondern auch sozusagen Gottes Vision vom Menschen und seiner Beziehung zu Ihm. Die islamische Theologie vermeidet den Ausdruck »Gottesebenbildlichkeit«, um der Gefahr des Anthropomorphismus vorzubeugen. Ein einzelner Mensch, wie vollkommen er auch sein mag, kann nie

Wesensoffenbarung Gottes sein. Allerdings gilt der Mensch als der Spiegel, in dem der Schöpfer sich selbst betrachtet und in dem – raumzeitlich begrenzt – Seine Attribute erkennbar werden können.
In Maria zeigt sich Gott als *Schöpfer*. Vielfach wird Maria passiv als Empfängerin des Schöpfungswunders gesehen. »*Vor Gott ist Jesus Adam gleich, den Er aus Erde schuf und dann zu ihm sprach: ›Sei!‹ und er wurde.*« (Sura 3: 60) Nun bedeutet das Wort »Adam« in den semitischen Sprachen »Mensch«, und während wir über das Wunder unseres eigenen Entstehens und Vergehens meditieren und Gott an uns selbst als Schöpfer erfahren, ist ein Abbild davon unsere eigene schöpferische Fähigkeit, mit der wir Neues erfinden und unsere Umgebung gestalten – auch z. B. bei der Erziehung von Kindern.
Maria ist ein Beispiel für den *gläubigen* Menschen (s. o.). Nun bezeichnet das arabische Wort »mu'min« aber eigentlich jemanden, »der sich vergewissert hat und vertraut« und bei dem man umgekehrt sicher sein kann, d. h. also dem man vertrauen kann. Maria brachte Gott dieses Vertrauen entgegen und wurde davon getragen, deswegen fand das Kind bei ihr Sicherheit und Geborgenheit. Dass ein Mensch solche Sicherheit und Geborgenheit bei Gott finden kann, besagt der Gottesname »mu'min«, der aber gleichzeitig auch besagt, dass Gott dem Menschen einen Vertrauensvorschuss gibt und an den Menschen »glaubt«. Er hat dem Menschen die Verantwortung für seine Schöpfung übertragen und er kennt sehr wohl nicht nur die Risiken, sondern auch die Möglichkeiten menschlicher Größe, wie sie in ihm nahestehenden Männern und Frauen zum Ausdruck kommt.
In Maria zeigt sich Gott als der grundlegend *Barmherzige*. Das arabische Wort »rahîm« (barmherzig) bringt vielleicht mehr Licht in die Bedeutung dieser Aussage, denn es ist eng verwandt mit dem Wort rahim (Mutterleib) und bezeichnet eine mütterliche Zuwendung, wie auch aus der Aussage des Propheten Muhammad hervorgeht: »*Gott ist zu Seinen Geschöpfen barmherziger als eine Mutter zu ihrem Kind.*« Schöpfung und Offenbarung erfolgen aus dieser Barmherzigkeit, wie eine Mutter ihr Kind zur Welt bringt und erzieht.
Diese drei Namen sind lediglich Beispiele für Gottesnamen, für die Maria als Verkörperung gesehen werden kann. Sie ist in dieser Hinsicht einzigartig wie jeder einzelne Mensch, aber keineswegs ausschließlich. Wir finden dasselbe gläubige Vertrauen, vielleicht anders ausgedrückt, in anderen großen Gestalten der Offenbarungsgeschichte, z. B. bei Abraham, der im Vertrauen auf Gott seine Heimat verließ. Und Barmherzigkeit oder mütterliche Zuwendung ist eine grundlegende Eigenschaft des Propheten Muhammad, zu dem gesagt wird: »*Wir haben dich nur als eine Barmherzigkeit für die Welten gesandt.*« (Sura 21: 108)
Die Wege der Offenbarung sind so vielfältig wie die Schöpfung selbst, und Heilige Schriften, namentlich der Qur 'an, sind Schlüssel für diesen ungeheuren Reichtum, in Anbetracht dessen gesagt wird:
»*Auch wenn alle Bäume auf Erden Schreibfedern wären und die Ozeane Tinte, und selbst wenn noch sieben Ozeane hinzugefügt würden, Gottes Worte könnten nicht erschöpft werden. Gott ist allmächtig, weise.*« (Sura 31: 28)

Islamische Weihnacht

Der Islam versteht sich als Erneuerung des Judentums wie des Christentums. Abraham, Noah, Mose, Jesus und Mohammed sind die fünf großen Propheten des Islam. Jesus, vor allem seiner Geburt, wird im Koran verhältnismäßig viel Raum gegeben. Darüber hinaus gibt es mündliche Traditionen, die im christlichen Kontext nicht einmal in den apokryphen Schriften zu finden sind. Das zeugt von großer Bedeutung und Verehrung Jesu, und zugleich von deutlichen Unterschieden in der Deutung seines Lebens und Wirkens. Bei gegenseitiger Akzeptanz und ein wenig Rücksichtnahme ist es gut möglich, Weihnachten gemeinsam zu begehen. So feiern viele muslimische Familien Weihnachten mit christlichen Familienangehörigen oder ihrem christlichen Umfeld und interpretieren das Fest in ihrem Sinne.
In den meisten Schulen können sich die muslimischen Kinder dem Weihnachtsfest nicht entziehen. Sie finden einen eigenen Zugang und können auf ihre Weise mitfeiern, wenn die islamische Perspektive auf Weihnachten einbezogen wird: z. B. durch die islamische Weihnachtsgeschichte – nicht weniger schön

als die christliche – und eine Vorlage für ein Transparent »Maryam unter der Palme«. Die islamische Weihnachtsgeschichte kann auch gespielt werden. Wichtig ist dabei, Koranverse nicht zu verändern und zu beachten, dass Propheten – also auch Jesus und Maria – mit sehr viel Respekt begegnet wird und sie nicht bildnerisch dargestellt werden, weil man ihr Gesicht nicht kennt und sich nicht durch ein »Bildnis« festlegen will. Darum findet sich auf den wenigen Darstellungen statt des Gesichtes eine Flamme oder ein Schleier. Sehr wichtig ist die Abstimmung mit den muslimischen Eltern und gegebenenfalls mit der Moscheegemeinde im Einzugsbereich. Da die Form des Weihnachtsspiels im Islam kaum vertraut ist, erfordert eine Durchführung ebensoviel Geduld und Behutsamkeit wie Mut, da alle Beteiligten Neuland beschreiten. Ein ganz anderen islamischen Zugang zu Weihnachten eröffnet die Projektanregung »Arabisch zur Weihnachtszeit«.

Isas wunderbare Geburt und Kindheit

»Eines Tages zog sich Maryam an einen einsamen Ort östlich von der Stadt zurück, wo niemand sie sehen und stören konnte. Sie badete und wusch ihre Kleider und betete. Da erschien ein Engel in der Gestalt eines jungen Mannes, und als sie ihn sah, erschrak sie und sagte: »Allah beschütze mich vor dir! Geh weg, wenn du gottesfürchtig bist!« Der Engel erwiderte: »Ich bin nur ein Bote von deinem Herrn, und ich soll dir sagen, dass du einen Sohn bekommen wirst. Sein Name soll Masih Isa sein, Sohn von Maryam. In dieser Welt und im nächsten Leben wird er in Ehren gehalten werden, und er gehört zu denen, die Allah am nächsten sind. Denn er ist ein Wort von Ihm und ein Gesandter zu den Menschen. Als kleines Kind und als erwachsener Mann wird er zu ihnen sprechen.« »Wie soll ich denn ein Kind bekommen?« fragte Maryam. »Ich bin doch gar nicht verheiratet.« Der Engel sprach: »Dennoch, Allah erschafft, was Er will, denn das ist leicht für ihn. Wenn Er zu einem Ding sagt ›Sei!‹, dann ist es. Allah hat ihn als ein Zeichen der Barmherzigkeit bestimmt. Er wird ihn die Schrift und Weisheit lehren und zu den Bani Israel senden. Er wird ihn Wunder zeigen lassen als Beweis für die Wahrheit. Wenn sie doch nur glauben würden! Und er wird das Gesetz bestätigen, das Allah den Bani Israel dereinst am Berg Sinai gegeben hat.«
So war es denn beschlossen, und Maryam wanderte weit fort von ihrer Heimatstadt, damit die Leute nicht anfingen, schlecht über sie zu reden, bis die bestimmte Zeit um war. Ganz allein, draußen im Freien unter einer Dattelpalme, gebar sie schließlich ihren Sohn. Erschöpft und mutlos rief sie aus: »Ach, wäre ich doch schon längst gestorben und ganz und gar vergessen!« Aber jemand tröstete sie und rief ihr zu: »Sei nicht traurig! Denn Allah hat unter dir einen Bach fließen lassen. Und schüttle nur den Stamm der Palme, dann fallen reife Datteln für dich herunter. Iss und trink und sei guten Mutes. Und wenn jemand dich neugierig anspricht, dann sag nur: ›Ich bin heute beim Fasten, darum will ich auch mit den Leuten nichts Überflüssiges reden.‹«
Als Maryam gegessen und getrunken und sich ausgeruht hatte, beschloss sie, mit dem Neugeborenen zu ihren Angehörigen zurückzukehren. Sie nahm ihn auf den Arm und wanderte den ganzen langen Weg bis in ihre Heimatstadt zurück. Die Verwandten und Bekannten waren verwundert, als sie da mit einem Kind in den Armen daherkam. »O Maryam«, sagten sie, »was hast du getan? Das ist doch wirklich allerhand! Dein Vater war doch kein schlechter Mensch und deine Mutter keine Herumtreiberin!« Und sie machten ihr Vorwürfe, sie hätte der angesehenen Familie 'Imrâns Schande gemacht. Aber Maryam schwieg und deutete nur auf das Kind, um zu zeigen, dass es ein besonderes Kind sei. Erklären konnte sie ja nichts, und ihre Verwandten hätten ihr sicher kein Wort geglaubt. Auch so riefen sie empört: »Wir können doch nicht mit einem Wickelkind reden!«
Aber zu ihrem größten Erstaunen fing das Kind von sich aus an zu sprechen: »Ich bin wahrhaftig ein Diener Allahs. Er hat mir die Offenbarung gegeben und mich zu Seinem Gesandten gemacht und mich gesegnet, wo immer ich bin. Er hat mir Gebet und Freigiebigkeit zur Pflicht gemacht und mir befohlen, liebevoll zu meiner Mutter zu sein und nicht hochmütig und ungerecht zu werden. Frieden liegt auf mir am Tag meiner Geburt, an dem Tag, an dem ich sterbe, und an dem Tag, an dem Allah mich wieder zum Leben auferweckt.« (Krausen, 145f.)

Islamisches Weihnachtspiel: Mirjam unter der Palme (Auszug)

Bild: *Stadt. Weiße verwinkelte Hauswände. Mirjam kommt mit Gepäck von der einen, der Dattelhändler mit einem Bauchladen von der anderen Seite.*

Faruk: Datteln! Frische Datteln! Kauft Datteln! Erste Ware! Frisch wie der Tau in der Morgenröte. Datteln am Abend, erfrischend und labend. Kauft Datteln, frische Dattel ...
Mirjam: Gebt mir eine Handvoll Datteln bitte.
Faruk: Bitte gern, bitte gleich. Doch erst das Geld.
Mirjam: Ich habe kein Geld.
Faruk: Kein Geld – keine Datteln. Wo kämen wir denn da hin?
Mirjam: Gebt sie mir, nur eine Handvoll, für mein Kind und mich, als Almosen.
Faruk: Hast du keinen Mann, der dich ernährt? Bist du vielleicht noch ledig?
Mirjam: Und sehr hungrig.
Faruk: Der für dein Kind gesorgt hat, soll auch dich versorgen. Geh zur Seite, Weibstück! Datteln, frische Datteln ... (*ab.*)
Mirjam: Bitte ...

Ali: Wasser! Frisches Wasser aus dem kühlen Brunnen! Kühles Wasser, klares Wasser! Wer hat Durst? Trinkt gutes Wasser für den Durst!
Mirjam: Ich habe Durst.
Ali: Und ich hab Wasser, extra nasses.
Mirjam: Gib mir bitte einen Schluck.
Ali: Sehr gern, doch erst das Geld.
Mirjam: Geld hab ich nicht.
Ali: Ach so, kein Geld. Kein Geld, kein Wasser.
Mirjam: Nur einen Schluck. Der Tag war heiß.
Ali: Kann ich dafür? Bezahle, dann kannst du Wasser haben, soviel du willst.
Mirjam: Seid barmherzig. Schaut mich an.
Ali: Soll dein Mann doch nach dir schauen.
Mirjam: Ich habe keinen Mann.
Ali: Dann bist du von dir selbst schwanger? So sorg auch für dich selber. Oder kam dein Kind vom Himmel runter? Dann soll dir auch dein Wasser jetzt vom Himmel runter kommen. Mein Brunnenwasser brauchst du nicht. Frisches Wasser! – Wer hat Durst? Kauft frisches Wasser! ...

(Mirjam geht zu Osman, der vor seiner Herberge sitzt.)
Mirjam: Selam aleiküm.
Osman: aleiküm selam.
Mirjam: Herr Wirt, habt ihr noch ein kleines Quartier für mich für diese Nacht?
Osman: Hab ich. Es kostet acht Denare.
Mirjam: Denar hab ich keinen mehr, Effendim.
Osman: Kein Geld, kein Quartier.
Mirjam: Nur ein kleines Plätzchen, wo ich meinen Haupt hinlegen kann. Unter einem Vordach, im Stall, im Stroh. Herr Wirt, Ihr seht doch, wie es steht mit mir.
Osman: Sehe ich, wo ist denn der Herr Gemahl?
Mirjam: Ich habe keinen Mann.
Osman: Was denn, wie denn, schwanger sein und keinen Mann haben? Und dann Quartier verlangen ohne Geld? Mein Haus ist doch kein Dirnenhaus. Mein Haus ist immer anständig gewesen. Nur fromme Leute, die Gott fürchten, treten über diese Schwelle. Geh, wohin du willst, du schwangere Jungfrau. Wirst schon nicht erfrieren heute Nacht. *(Er geht ins Haus.)*

Mirjam: Wohin soll ich jetzt gehen hungrig, durstig, ganz allein? Es wird schon dunkel. Nur weg von dieser Stadt, von diesen Menschen. Sterben kann ich auch im Freien.

Bild: *Freies Feld*

(Bach kommt mit langer blauer Schleppe.)

Bach: Ich bin der Bach. Ich fließe immer fort und bleibe doch an Ort und Stelle. Zwar bin ich noch recht schmal, doch wenn ich größer bin, da weiter unten, werde ich ein Fluss, ein Strom. Ich bin zwar quicklebendig, doch bleibe ich normalerweise den ganzen Tag im Bett. *(Bach legt sich hin.)*

(Palme kommt.)

Palme: Wie gut, dass ich Palme bin, und nicht so flach wie dieser Bach. Ganz klein war ich zuerst: Ein Dattelkern. Doch wachs ich täglich höher, weg vom Boden, *(die Palme steigt auf einen Podest)* immer höher, nur die Sonne über mir. Von hier aus kann ich gut auf diesen kleinen Bach hinunterschauen.

Bach: Klein sagst du? Ein kleiner Bach? Dann schau doch, schau doch von dort oben, schau doch bis zum Horizont, ob du mein Ende finden kannst?

Palme: So weit ich schaue, immer geht's bergab mit dir. Recht lang bist du und langweilig. Du folgst ja nur der Schwerkraft. Dein Wasser fließt nur immer abwärts in die Niederungen. So seid ihr Bäche eben. Doch wir Palmen streben aufwärts, hoch zum Himmel, zu den Sternen.

Bach: Typisch Palme. Die Nase immer oben. Gib nur nicht so an, du Höherstreberin, sonst werd ich dir die Wurzeln unterspülen, bis du umfällst.

Palme: Das schaffst du nicht, du kleines Rinnsal. Pass du nur auf, dass du nicht bald vertrocknest in den Strahlen meiner lieben Freundin Sonne.

Bach: Ach, deine liebe Freundin Sonne ...

Melek: Kaum kommt man vom Himmel runter auf die Erde, hört man Streitereien. Gibt's denn so etwas? Ein Bach, der sich mit einer Palme streitet?

Bach: Die fängt immer an ...

Palme: Und der hört nie auf.

Melek: Dann höre du auf mich, du große Palme. Könntest du nur eine Haaresbreite wachsen ohne Wasser? Solltest du nicht dankbar sein, dass dir der kleine Bach das Wasser bringt, das deine Wurzeln trinken? Ohne Wasser lägst du immer noch ganz klein und stumm hier in der trockenen Erde, so winzig klein – *(er bückt sich zu Boden)* – wie dieser Dattelkern. Und keinen Windhauch hätten deine Blätter je verspürt.

Bach: So ist es.

Melek: Und du, kleiner Nil? Wo wärest du ohne Sonne, die dein Wasser aus den Meeren steigen und regnen ließ auf die Gebirge? Sei froh, dass dir die Palme Schatten gibt, und freu dich, dass sie wächst mit deinem Wasser.

Palme: Ja. Mit deinem Wasser, kleiner Bach.

Melek: Ihr zwei, ihr könnt wohl etwas Bessres tun, als zu streiten.

Palme: Was?

Bach: Ja, was denn?

Melek: Seht ihr die Frau dort drüben?

Palme: Sie kommt hierher.

Bach: Ich seh' sie.

Melek: Das ist Mirjam. Sie bekommt ein Kind, doch von den Menschen hat sie nichts bekommen. – Helft ihr, dass sie nicht verhungert und verdurstet, gebt der Mirjam Datteln, gebt ihr Wasser. *(ab.)*

(Mirjam kommt.):

Mirjam: Sind das ... sind das nicht die Wehen? Soll hier ... soll hier mein Sohn das Licht der Welt erblicken, unter freiem Himmel? *(Sie setzt sich.)* Oh, dass ich doch zuvor gestorben und vergessen und verschollen wäre.

Bach: Mirjam! Bekümmere dich nicht! Der Herr hat unter dir ein Bächlein fließen lassen ... *(Bach streckt die Hand aus, gibt ihr zu Trinken.)*

Palme: Und schüttle nur den Stamm des Palmenbaumes zu dir, so werden frische, reife Datteln auf dich fallen. *(Mirjam schüttelt, die Palme wirft Datteln herab. Mirjam sammelt sie auf.)*

Palme: So iss ...

Bach: Und trink ...

Beide: Und sei kühlen Auges.

Mirjam: Klares Wasser, reife Datteln ... und ein Dach mit abertausend Lichtern. Wer sorgt so gut für mich? *(Es wird dunkel, die drei verlassen die Bühne.)*

(Riggenmann. © Impuls-Theater-Verlag, Planegg.)

Die Bedeutung Jesu im Islam Halima Krausen

Und (denke daran), wie die Engel sprachen: »Maria, Gott hat dich auserwählt und dich gereinigt, und dich erwählt aus den Frauen der Völker. Maria, sei gehorsam deinem Herrn und wirf dich nieder und beuge dich mit den sich Beugenden.« Dies ist eine Verkündigung des Verborgenen, die wir dir offenbaren. Du warst nicht bei ihnen, als sie ihre Lose warfen, wer von ihnen Maria betreuen sollte, und du warst nicht bei ihnen, als sie miteinander stritten. Wie die Engel sprachen: »Maria, Gott schickt dir frohe Botschaft durch ein Wort von Ihm: sein Name ist der Messias, Jesus, Sohn der Maria, geehrt in dieser und in der zukünftigen Welt, einer der Gottnahen. Er spricht zu den Menschen in der Wiege und als Erwachsener und gehört zu den Rechtschaffenen.« Sie erwiderte: »Mein Herr, wie soll mir ein Kind werden, wo mich kein Mann berührt?« Er antwortete: »So ist Gott. Er schafft, was Ihm gefällt. Wenn Er eine Sache beschließt, spricht Er zu ihr ›Sei!‹, und sie wird. Und Er lehrt ihn die Schrift und die Weisheit und die Tora und das Evangelium, als einen Gesandten zu den Kindern Israel, (der spricht): ›Ich komme zu euch mit einem Zeichen von eurem Herrn, dass ich für euch etwas schaffe wie die Gestalt eines Vogels, dann hauche ich ihm ein, und er wird mit Gottes Erlaubnis ein Vogel, und ich heile die Blinden und Aussätzigen und belebe die Toten mit Gottes Erlaubnis, und ich verkünde euch, was ihr essen und was ihr in euren Häusern aufspeichern sollt. Hierin ist ein Zeichen für euch, wenn ihr gläubig seid. Und (ich komme) zur Erfüllung dessen, was von der Tora vor mir liegt, und euch einiges von dem zu erlauben, was euch verboten war, und ich komme mit einem Zeichen von eurem Herrn. Habt also Ehrfurcht vor Gott und folgt mir. Gott ist mein Herr und euer Herr, darum dienet Ihm. Das ist der gerade Weg.‹ Als Jesus dann ihre ablehnende Haltung wahrnahm, sprach er: ›Wer ist mein Helfer für Gottes Sache?‹ Die Jünger antworteten: ›Wir sind Gottes Helfer. Wir glauben an Gott. Und lege du Zeugnis dafür ab, dass wir gottergeben sind. Unser Herr, wir glauben an das, was Du offenbart hast, und folgen diesem Gesandten. Schreibe uns also ein zu denen, die Zeugnis ablegen.‹ Und die (Menschen) planten, und Gott plante, und Gott ist der beste Planer.« (Sura 3: 43-55)

Dieser Abschnitt ist eine von mehreren Stellen im Qur 'an, die auf Jesus Bezug nehmen. Ein bedeutender Aspekt ist »Dhikr«, d. h. Erinnerung, nämlich an Gottes Gegenwart und den eigenen Wesenskern als Geschöpf Gottes, aber auch an Erfahrungen der Menschheitsgeschichte, wo Gott sich offenbart. In diesem Sinne nimmt der Qur 'an Bezug auf bekannte Begebenheiten aus früheren Heiligen Schriften und Überlieferungen, wobei einzelne Aspekte zur Veranschaulichung von Lehren und Prinzipien dienen. In Sura 3 – genannt »Âl 'Imrân«, die *Sippe 'Imrâns*, nach einem Zweig von Aarons Nachfahren mit priesterlichen Aufgaben, der offensichtlich eine wichtige Aufgabe am Schnittpunkt der drei abrahamitischen Religionen spielt – geht es auch thematisch um Begegnung und Gespräch, um die Suche nach Gemeinsamkeiten und Einheit der gläubigen Menschen.

Jesus als Wort Gottes: Hier und an anderen Stellen im Qur 'an gibt es verschiedene Bezeichnungen für Jesus. *»Gott schickt dir frohe Botschaft durch ein Wort von Ihm,«* wird gelegentlich auch übersetzt: *»... von einem Wort von Ihm.«* Parallel dazu heißt es in Sura 4: 172: *»... Der Messias, Jesus, Sohn der Maria, ist lediglich ein Gesandter Gottes und Sein Wort, das Er zu Maria schickte ...«* Dieses arabische Wort »Kalima« hat oberflächliche Leser des Qur 'an oft dazu verleitet, »Wort Gottes« im Sinne des griechischen Logos zu verstehen, das im Arabischen mit »Kalâm Allah« wiedergegeben wurde. Doch das Wort »Kalima«, das hier gebraucht wird, stammt zwar von derselben Wurzel und wird mit »Wort« übersetzt, ist aber ein ganz anderer Begriff. »Kalima« ist *»ein Wort (unter vielen)«* oder *»eine Aussage«*, die etwas mitteilt und ggf. bewirkt. Ein Beispiel dafür ist Gottes Schöpferwort »Sei!«, und es wird, wie im anfangs zitierten Textabschnitt. Gott spricht jedoch auf verschiedene Weise, wie aus Sura 42: 52 deutlich wird: *»Es steht dem Menschen nicht zu, dass Gott zu ihm spricht (yukallimu), es sei denn durch Eingebung oder von hinter einem Schleier, oder indem Er Seinen Gesandten schickt, um mit Seiner Erlaubnis zu offenbaren, was Ihm gefällt. Er ist erhaben, weise.«* Göttliche Eingebung braucht vielleicht nicht näher erläutert zu werden. Der »Schleier« ist hier ein Phänomen, durch das Gott spricht, wie z. B. der brennende Dornbusch bei Moses Berufungserlebnis. Bei dem »Gesandten« handelt es sich entweder um den Engel, der prophetischen Menschen erscheint, oder um den menschlichen Gesandten, der seinen Mitmenschen Gottes Botschaft übermittelt. Im letzteren Fall bildet der menschliche Aspekt des Gesandten für uns den Schleier, durch den Gott spricht. Auch in diesem Sinne ist Jesus »ein Wort von Gott«, allerdings eines der reichhaltigen Worte, mit denen Gott die Menschheit anspricht.

Jesus als Zeichen: In diesem Zusammenhang steht auch das Wort »Zeichen«. In unserem Text sagt Jesus an zwei Stellen: *»Ich komme zu euch mit einem Zeichen,«* und in Sura 21: 92 wird gesagt:

»Wir machten sie (Maria) und ihren Sohn (Jesus) zu einem Zeichen.« Dass das arabische Wort »Âya« oft mit »Wunder« übersetzt wird, ist nicht sehr hilfreich. »Âya« ist vielmehr ein *Zeichen, das etwas mitteilen soll.*

So spricht der Qur 'an von »Zeichen Gottes« in der Schöpfung, etwa im Wechsel der Tages- und Jahreszeiten, in der Vielfalt der Arten und Formen, in der Polarität der Geschlechter usw. »Zeichen Gottes« sind weiterhin in der Geschichte zu finden, wo wir aus historischen Erfahrungen lernen sollen, sowie in unserem eigenen Inneren, das wir erforschen sollen. Nicht zuletzt sind »Zeichen Gottes« in den heiligen Schriften, die, wenn wir sie recht verstehen, Schlüssel und Verständnishilfen für alle anderen Zeichen sind. Es findet also auf diese Weise ein ständiger Dialog zwischen Schöpfer und Geschöpfen statt, auch wenn die großen prophetischen Offenbarungen abgeschlossen sind.

Jesus als Messias: In der Verkündigung an Maria wird Jesus als »Messias« bezeichnet. Das arabische Wort »Masîh« kommt von »masaha«, »streichen«, wie wenn man z. B. bei der rituellen Waschung mit der feuchten Hand über den Kopf streicht. In früheren Zeiten wurden die Propheten der Kinder Israel oft von ihrem Vorgänger bzw. Könige vom jeweiligen Propheten *»gesalbt«* und galten dann als von Gott eingesetzt. Später wurde der Begriff »Messias« (Gesalbter) immer mehr für einen in der Zukunft zu erwartenden Heilsbringer verstanden, wie er von vielen Juden bis heute erwartet wird, während Christen ihn mit Jesus identifizieren. In der Tat gilt Jesus im Qur 'an als Gesandter mit dem Auftrag, den Bund zwischen Gott und den Menschen wiederzubeleben, und in diesem Sinne wird das Wort »Messias« hier benutzt.

Jesus als Prophet und Gesandter: Ein *Prophet* (»nabî«) ist aus islamischer Sicht jemand, der aufgrund göttlicher Offenbarung als Lehrer und Vorbild wirkt. Der Qur 'an bestätigt, dass Gott jedem Volk auf diese Weise Offenbarung zugänglich machte, jedem in seiner Sprache und seinem soziokulturellen Kontext. Die Weisen der nachquranischen Zeit erfüllen eine ähnliche Aufgabe wie die früheren Propheten. Ein *Gesandter* (»rasûl«) wird darüberhinaus mit einer umfassenden Botschaft geschickt, z. B. der Einsetzung eines *ethisch-rechtlichen Systems* (»sharî'a«) wie Mose oder dessen Wiederbelebung und Sinnerfüllung wie Jesus s. u. Beide gehören zu den fünf wichtigsten Gesandten.

Jesus als Sohn Marias: Es folgt nun im Text für Jesus die Bezeichnung »Sohn Marias«, die an zahlreichen anderen Stellen im Qur 'an benutzt wird – gelegentlich auch ohne Erwähnung seines Namens. Im allgemeinen wird diese Bezeichnung als genealogischer Hinweis verstanden, als Anspielung auf seine wunderbare Geburt. Kein anderer Prophet wird auf diese Weise nach einem Elternteil benannt, obwohl es im Umfeld der quranischen Offenbarung üblich gewesen wäre. Übrigens spielt bei der Darstellung prophetischer Persönlichkeiten im Qur 'an der Vater nur selten eine Rolle; gelegentlich wird er im Zusammenhang mit einem Generationskonflikt erwähnt, der dazu dient, die individuelle Verantwortlichkeit des Menschen zu veranschaulichen, wie z. B. die Auseinandersetzung Abrahams mit seinem götzendienerischen Vater. Der Beiname Jesu »Sohn Marias« und die quranischen Aussagen von Maria legen Zeugnis ab für das Gewicht, das Maria als beispielhafter Persönlichkeit beigemessen wird. »Sohn der Maria« klingt vor diesem Hintergrund eher wie ein Ehrentitel eines wunderbaren Mannes, des Sohnes einer wunderbaren Frau.

Erhöhung Jesu: Von Jesus wird weiterhin gesagt, er sei *»geehrt in dieser und in der zukünftigen Welt«*. Das klingt selbstverständlich, ist es aber nicht. In der antichristlichen Polemik hat es respektlose Anschuldigungen gegen Maria und Jesus gegeben, die vom Qur 'an entschieden zurückgewiesen werden (Das gilt zeitlos auch für moderne Geschmacklosigkeiten!). Allerdings grenzt sich der Qur 'an auch umgekehrt gegen ein übermenschliches Bild von Jesus und Maria ab (s. u.). Eine Zurückweisung antichristlicher Polemik ist die Grundlage von Sura 4:157-159, einem oft missverstandenen Abschnitt: »... *und ihres Unglaubens willen und wegen ihrer Rede, einer schwerwiegenden Verleumdung gegen Maria; und wegen ihrer Rede: ›Wir haben den Messias, Jesus, den Sohn Marias, den Gesandten Gottes, getötet,‹ – sie haben ihn jedoch weder getötet noch gekreuzigt, sondern es erschien ihnen so, und diejenigen, die in dieser Angelegenheit uneinig sind, sind im Zweifel darüber; sie haben keine wirkliche Kenntnis davon,*

sondern folgen einer Vermutung und haben diesbezüglich keine Gewissheit. Gott hat ihn vielmehr zu sich erhöht, und Gott ist mächtig, weise.«
Zahlreiche widersprüchliche Überlieferungen schildern, wie Jesus dem Tod am Kreuz entgangen ist. Aber darum geht es in dem Text nicht. Er richtet sich vielmehr gegen polemische Aussagen von jüdischer Seite, Jesus sei »zu Recht« oder auf jüdische Initiative hin hingerichtet worden – und somit indirekt auch gegen den mittelalterlichen christlichen Antijudaismus, der mit der Begründung, »die Juden haben Jesus getötet«, zu schrecklichen Verfolgungen geführt hat. Jesus genießt unter Muslimen höchsten menschlichen Respekt und hat eine große Vorbildrolle vor allem in der Mystik, wo auch zahlreiche Lehrgeschichten von ihm überliefert sind. Wenn sein Name erwähnt wird, spricht ein Muslim in der Regel den Segenswunsch »'Alayhis-salâm« (*»mit ihm sei Friede«*).
Zu den Bezeichnungen Jesu gehört in unserem Text noch *»einer der Gottnahen«*. Im Qur 'an und in der islamischen Theologie wird sorgfältig differenziert, um bei allen verschiedenen Offenbarungen und Manifestationen Gottes Seine Transzendenz und Unverfügbarkeit zu wahren. Insofern gibt es auch sehr verschiedene Begriffe für das, was auf Deutsch als »heilig« bezeichnet wird. »Muqarribûn« (*»die Gottnahen«*) ist einer davon. Der »unendliche qualitative Unterschied« bleibt jedoch bestehen: der Mensch wird nicht Gott, und Gott wird nicht Mensch. Auch wenn ein Mensch in Gottes unmittelbare Nähe gelangt (oder gerade dann), *»ist er nicht zu stolz, Gottes Diener sein zu wollen«* (Sura 4: 173), und zumindest aus quranischer Sicht entspricht dies am ehesten Jesu Selbstverständnis. Grundsätzlich liegt überall die Betonung darauf, dass Jesus »wahrer Mensch« ist, und darauf beruht die Möglichkeit einer Nachfolge auf diesem Weg. Gegen alle anderen Christologien (und Mariologien) grenzt sich der Qur 'an entschieden ab.

Lehre und Wirken Jesu: Hinsichtlich der Lehre und des Wirkens Jesu sagt der Qur 'an zunächst, dass Gott ihn *»die Schrift und die Weisheit, die Tora und das Evangelium«* lehrte. Dies umfasst Form und Inhalt der Offenbarung, Buchstaben und Geist, Äußeres und Inneres, und entspricht somit dem quranischen Ideal der Harmonie und des Gleichmaßes, veranschaulicht im Bild der Waage, die auch für den Gerechtigkeitsbegriff steht.
Zur Zeit Jesu gab es keine solche Harmonie. Die Form der jüdischen Religion war durch den Einfluss der römischen Besatzungsmacht in Frage gestellt, der Inhalt war durch lange Gewohnheit geschwächt. Angesichts dieser Bedrohung wurden Fragen nach Identität und Sinn akut. Gott lehrt den Gesandten, den Er in dieses Umfeld schickt:

- Das Gleichgewicht zwischen Schrift und Weisheit.
- Die »Weisung« (Tora), und zwar durch einen unmittelbaren Zugang. In diesem Zusammenhang stehen die Aussagen, dass Jesus als Kind gesprochen und im Tempel gelehrt habe.
- Das »Evangelium« (Injîl), in dem Jesus die ethisch-geistigen Tiefen der Tora und die Frage nach dem Sinn aufgreift, durch die Verheißung der göttlichen Barmherzigkeit Mut zum Leben vermittelt und einen Neuanfang ermöglicht.

Er ist ein Gesandter Gottes mit dem Auftrag, zu lehren und vorzuleben. In diesem Zusammenhang stehen auch Handlungen, die von seinen Zeitgenossen als Wunder erfahren wurden und sich ausführlich in den kanonischen und apokryphen Evangelien und in der christlichen und muslimischen Überlieferungsliteratur niedergeschlagen haben. Im Qur 'an gibt es lediglich hier und in Sura 5: 11 einen kurz gefassten Hinweis darauf. Ausgehend von der Menschlichkeit Jesu geht es dabei um Dimensionen menschlicher Gaben und Fähigkeiten. Da der Mensch als *»Statthalter Gottes auf Erden«* geplant ist, liegt ein entsprechendes Potential in ihm verborgen und wartet auf Entfaltung. Jesus hat diese Anlagen verwirklicht und handelt *»mit Gottes Erlaubnis«*. Allerdings geht es dem Qur 'an weniger um historische Fakten als um zeitlose Wahrheiten und ethisch-geistige Lehre, und insofern sind diese Wundererzählungen durchaus auch im übertragenen Sinne zu verstehen.
So handelt es sich bei den *»Vögeln«* um Schüler oder Jünger, die von ihrem spirituellen Lehrer geduldig und liebevoll geformt werden und schließlich den geistigen Anstoß erhalten, ihre eigenen Höhen selbständig zu erreichen, ihren eigenen individuellen Weg zu Gott zu gehen und womöglich andere zu führen.

»Blinde heilen« bedeutet auch, geistig Blinden und Kurzsichtigen Einsicht und Weisheit zu eröffnen. Geistige Blindheit beruht auf Achtlosigkeit und Ichbezogenheit, und in diesem Sinne wird der Begriff »Blindheit« im Qur 'an oft verwendet. Heilung bringt der Anstoß, diese zu überwinden, und so wird von den Gesandten Gottes auch gesagt, dass sie Menschen »von den Finsternissen zum Licht führen«.
»Aussätzige« heilt man, indem man sie integriert. Dabei geht es um alle diejenigen, die von der Gesellschaft marginalisiert werden, weil sie die Bedingungen der Konformität nicht erfüllen. Jesus hat sich ja gerade zu den Außenseitern gesellt. Bei einer solchen Integration kann es offensichtlich nicht um Assimilation gehen, sondern nur um eine grundlegende Akzeptanz des Anderen. Dies entspricht auch der quranischen Grundvorstellung vom organischen Zusammenleben verschiedenartiger Menschen in der Gesellschaft, wobei »Verschiedenheiten der Sprachen und Farben« als »Zeichen Gottes« gesehen werden.
»Tote erwecken« bedeutet auch, Menschen, die ihre Empfindsamkeit und ihre Entfaltungsmöglichkeiten verloren haben und – womöglich durch eigene Verhaltensweisen und Gewohnheiten – abgestumpft sind und ihr eigenes Wesen und Potential nicht mehr kennen, einen neuen Zugang zur inneren Verbindung mit Gott zu eröffnen, die neues Leben gibt.

Jesus und der Geist Gottes: Alles dies geschieht durch das Wirken des Geistes. »Rûh«, *Geist*, ist im Arabischen (ähnlich wie das hebräische »Ruach«) Gottes Hauch, der lebendig macht und heilt. Allerdings ist die christliche Vorstellung vom Geist als einer »Seinsweise Gottes« dem Islam fremd, auch wenn der Hauch unmittelbar von Gott selbst ausgeht. Bisweilen trägt der Hauch Worte, und in diesem Zusammenhang spricht man von »Rûh al-Qudus«, dem *Heiligen Geist* (s. o.), als Offenbarungsträger. Als Kraft, die von Gott ausgeht, zählt er zu den Engeln und trägt, personifiziert vorgestellt, den Namen »Jibrîl« (Gabriel). So ist es also zu verstehen, wenn im islamischen Sprachgebrauch *»der Engel Gabriel dem Propheten Muhammad den Qur 'an übermittelt hat«*.
Im Qur 'an ist davon die Rede, dass Gott bei der Schöpfung dem Menschen *»von Seinem Geist eingehaucht hat«* (z. B. in Sura 15: 30 und 38: 73). Dadurch entsteht eigentlich menschliches, d. h. mehr als bloß biologisches Leben. Auch von Maria und Jesus wird gesagt, dass Gott ihnen von Seinem Geist einhauchte (Sura 21: 92 bzw. 66: 13), und dass Gott Jesus mit dem Heiligen Geist stärkte (Sura 5: 11). So wie in jeder prophetischen Gestalt eine bestimmte menschliche Anlage besonders verkörpert wird, so steht Jesus für den Geist (Rûh), der speziell die geistige Wiederbelebung bewirkt, und trägt somit in der islamischen Tradition den Beinamen »Rûh Allah«, der allerdings sorgfältig zu unterscheiden ist von Anlehnungen an nichtislamische christologische Vorstellungen.

Jesus bestätigt und interpretiert die Tora: Nicht nur in unserem Text, sondern auch an anderen Stellen im Qur 'an wird gesagt, dass Jesus u. a. gekommen ist, *»zu erfüllen, was vor ihm in der Tora war«*. Das arabische Wort »musaddiq« bezeichnet jemanden, der die Wahrheit einer Sache – in diesem Fall der Tora – bestätigt in seinem Leben verwirklicht und ggf. wieder mit Sinn erfüllt. Jesus war auf diese Weise im Glauben und Handeln in der Tora und seinem jüdischen Umfeld verwurzelt und konnte somit seine Zeitgenossen verstehen und ansprechen, aber auch erkennen, wo Wesentliches vergessen und in den Hintergrund geraten war, und gerade diesem einen neuen Akzent geben. Auch Muhammad verstand sich selbst nicht als Stifter einer neuen Religion, sondern sah seine Aufgabe als eine Bestätigung und Fortführung dessen, was seit jeher den Völkern von Gott geoffenbart wurde.
In diesem Zusammenhang steht auch der Aspekt, dass Jesus *»einiges erlaubte von dem, was bisher verboten war«*. Dies bezieht sich auf religiöse Selbsteinschränkung, Strenge und Askese, der dann eine allgemeine Verbindlichkeit gegeben wurde, so dass den Menschen dadurch Schwierigkeiten im Alltagsleben entstanden. Zu Gleichgewicht und Gerechtigkeit gehört auch die Differenzierung zwischen allgemeingültigen Normen und freiwilliger Selbstverpflichtung. Der Qur 'an grenzt sich gegen beide Extreme ab. In der späteren Tradition, vor allem in der Mystik, ging es immer wieder um das Spannungsverhältnis zwischen Ehrfurcht vor Gott und Liebe zu Gott. Wo die Ehrfurcht überbewertet und die Liebe aus den Augen verloren wird, entsteht leicht Angst und angstbesetzte Gesetzestreue bis zu dem Extrem, dass das Gesetz seinen Sinn, die Beziehungen und Entfaltungsmöglichkeiten der Geschöpfe optimal zu ordnen,

verliert. Gerade den Aspekt der Liebe zu Gott und den Mitmenschen betont Jesus, ohne dabei in das entgegengesetzte Extrem zu verfallen, wo die Ehrfurcht in den Hintergrund gerät und Liebe zu einem alles überwältigenden und in seinen Bann ziehenden Gefühl wird.
In diese Richtung weisen zwei quranische Ausdrücke, deren ganze Tragweite oft nicht erkannt wird und auch in der Übersetzung nicht angemessen wiedergegeben werden kann.
Der eine ist »'abida«, übersetzt entweder mit »*anbeten, verehren*« oder mit »*dienen*«. Prophetische und gottnahe Gestalten werden »'Abd Allah«, »*Diener Gottes*« genannt. Sie haben das Ziel der Erschaffung des Menschen, »*Statthalter Gottes auf Erden*« zu sein, verwirklicht, und das Wesen ihres Dienstes besteht u. a. darin, göttliche Attribute sichtbar zu machen. Gottesdienst bedeutet nicht Zwang und Unfreiheit, sondern geschieht aus Verehrung und Liebe. Der andere, »Rabb«, wird oft mit »*Herr*« übersetzt. Dies kann missverständlich sein. Von seiner Wurzel her bezeichnet dieses Wort nämlich jemanden, der erzieht, begleitet und Schritt für Schritt zur Entfaltung bringt. In diesem Sinne lädt uns Jesus im Qur 'an ein: Gott ist mein Herr und euer Herr, darum dienet Ihm.

Arabisch zur Weihnachtszeit

Viele deutsche Worte stammen aus dem Arabischen (vgl. Osman), doch zu keiner Jahreszeit nehmen wir so viele arabische Worte und damit oft auch arabische Produkte in den Mund wie zu Weihnachten. Das liegt an unseren Weihnachtsbräuchen: Gewürz- und Lebkuchen, Nuss und Mandelkern, Apfel, Orange und Marzipan gehören zu Weihnachten dazu. Viele der dafür benötigten Gewürze und einige Früchte stammen aus dem Orient. Sie wurden von Arabern nach Europa importiert und z. T. auch selbst angebaut. Viele der Kulturpflanzen, die für uns selbstverständlich zu den Ländern um das Mittelmeer gehören, haben die Araber heimisch gemacht, als sie dort herrschten. Dabei bekamen die Kulturgüter ihre arabischen Namen (Gabrieli, 178 f.). Im Mittelalter waren die importierten Gewürze und Früchte durch den langen Transport sehr teuer und darum den großen Festen vorbehalten. Viele Gewürze sind sehr gesund, sie wurden aber nicht zu Pillen, sondern zu kleinen Kuchen verarbeitet: Pfeffernüsse und Lebkuchen wurden zu Weihnachten als Wohltat verteilt, ein Zeichen für die Wohltaten Gottes durch Jesus Christus. So kommt es, dass gerade Weihnachten durch arabische Namen geprägt ist.
Arabisch ist aber nicht einfach nur eine semitische Umgangsprache, sondern die heilige Sprache des Islam, in der der Koran offenbart ist. Muslime lernen auf Arabisch Koranworte und Gebete auswendig. So verbindet sich das Arabische aufs engste mit dem Islam.

Unterrichtsanregungen:

- In Lesebüchern, Weihnachtsbüchern und Gedichtbänden nach Gedichten und Liedern suchen, in denen die Gewürze und Früchte vorkommen.
- Abbildungen und Erklärungen zu den Pflanzen und ihre Wirkung als Heilkräuter und Gewürze heraussuchen, eigene Bilder und Texte erstellen.
- Kleine Mengen der Gewürze und Früchte kaufen und probieren. Rezepte für Weihnachtsgebäck heraussuchen und ausprobieren, Weihnachtsgebäck mitbringen.
- Eine Ausstellung mit Erlebnischarakter gestalten: Schnuppern, Schmecken, Sprechen, Malen.
- Informationen über die Araber und ihre Sprache sammeln. Arabischbücher aus dem Koran-Unterricht mitbringen, daraus vorlesen und Schreibübungen machen. Über den Einfluss des Islam und der arabischen Kultur auf Europa und Deutschland informieren. Weitere deutsche Worte arabischer Herkunft heraussuchen.
- Die Entstehungsgeschichten der Namen recherchieren und aufschreiben. Phantasiegeschichten zu den Namen schreiben, z. B. »Der Sultan und seine Ninen«.

Marzipan: Das Wort kommt vom arabischen »mautaban«, was soviel heißt wie: »einer, der seinen Platz nicht verlässt«. Es war ein Spottname für einen untätig auf seinem Thron sitzenden König. Auf dem Thron sitzend wurden Könige auch auf Münzen abgebildet. So wurde es der Name von Münzen, dann von kleinen Schachteln, und schließlich hieß der Inhalt »mautaban«. Marzipan war früher sehr wertvoll und war in diesen kleinen Schachteln verpackt.

Myrrhe: Das Wort stammt vom arabischen »murr«, einer Abkürzung für »murr as-sagara«, und ist der Name einer einem Kürbis ähnlichen Pflanze. Myrrhe war Räuchermittel und Arznei.

Sultaninen: Darin steckt das Wort »Sultan«, arabisch für Herrscher. Sultaninen sind besonders große, also einem Herrscher würdige Rosinen (getrocknete Weintrauben).

Datteln: Das arabische Wort »daqal« wurde mit dem griechischen Wort »dactylos« Finger verbunden, da die Dattelpalme ein gefingertes Blatt hat und die Frucht wie ein Finger aussieht. Die Muslime beenden das Fasten abends mit einem Glas Wasser und Datteln.

Dattelpalme

Orange: Das Wort kommt vom arabischen »narang«, das wiederum vom persischen »narāng«. Der Orangen-Baum wurde im 11. Jh. von den Arabern nach Europa gebracht. Seine Früchte schmeckten etwas bitter. Im 16. Jh. brachten Portugiesen eine süßere Frucht aus China mit. Sie verdrängte die bittere, erbte aber ihren Namen.

Orange

Safran: Von arabisch »Za'faran«, eine Krokusart. Die Araber übernahmen die Verwendung von Safran von den Griechen und Römern. Er ist Arznei, Gewürz und gelber Farbstoff.

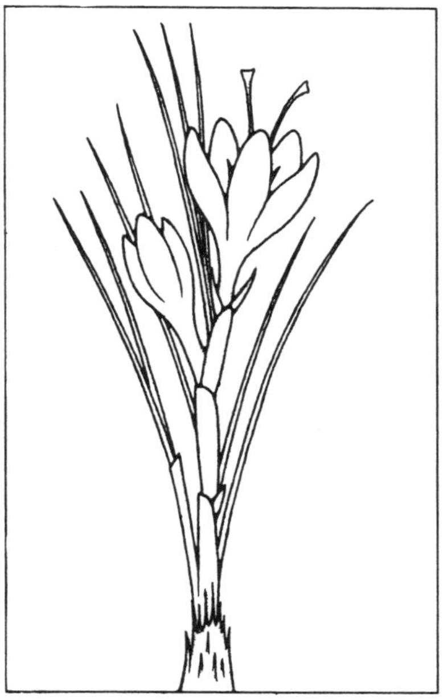

Safran

Praxishilfen

Interessante Literaturlisten sh.: *Berger* u.a.; *Jürgensen* 1993; *Mensing.*

Bittner, Wolfgang, Felix, Kemal und der Nikolaus. Ill. von Ursula Kirchberg, Hamburg 1996.

Quadflieg, Josef, Nikolaus von Myra. Ill. von Renate Fuhrmann, Düsseldorf 2001.

Wegesin, Regina, Heilige Helfer: Martin, Elisabeth, Nikolaus. Sechs Bildfolien mit Bilderschließung, methodischen Hinweisen und Anregungen zum Gespräch, München 2002.

Grundschule Religion: Schenken und Danken, 1/2002.
Wie Bischof Nikolaus die Kinder von Myra rettete. Material zu »Grundschule Religion« H. 1/2002. Dieses deutsch-türkische Kinderlesebuch kann bestellt werden bei: Kallmeyersche Verlagsbuchhandlung, 30926 Seelze-Velber, Bestellnummer: 2047 (Einzelexemplar), 2048 (20 Stück).

Nikolaus von Demre

Von Nikolaus weiß man mit Sicherheit nur, dass er im 4. Jh. lebte und in Myra Bischof war. Geboren um 270 in Patara, gestorben vor 340 am 6. Dezember, dem Nikolaustag. Sein griechischer Name Nicolaos bedeutet »Sieg des Volkes« (Gottes). Von Nikolaus sind durch die Jahrhunderte viele Legenden erzählt worden, wonach er mit dem Schatz seiner Kirche von Piraten geraubte Kinder freigekauft habe. Nach der bekanntesten Legende hat er durch Geldgaben drei jungen Frauen zur Hochzeit verholfen. Das Geld hat er heimlich nachts ins Haus geworfen. Daraus hat sich der Nikolausbrauch entwickelt, am Abend vor dem 6. Dezember Stiefel vor die Tür zu stellen, die man dann morgens mit Süßigkeiten und kleinen Geschenken gefüllt vorfindet. »Merkwürdig ist die Wirkungsgeschichte dieses antiken Bischofs. Nikolaus von Myra hat beide große Kirchenspaltungen überstanden: Das Schisma von 1054 hat die Kaufleute von Bari nicht gehindert, Nikolaus weiterhin so hoch zu schätzen, dass sie 1087 glaubten, seine Gebeine aus dem von muslimischen Überfällen bedrohten Myra bergen zu müssen und ihm in ihrer Stadt eine Basilika zu bauen. Die Orthodoxen Kirchen haben ihren entführten Heiligen nicht vergessen. Die Reformatoren sahen sich im 16. Jh. zwar veranlasst, die Heiligenverehrung einzuschränken und die Anrufungen um Fürsprache ganz zu untersagen, der Nikolausverehrung konnte dies aber wenig anhaben. Das Geschenkebringen musste in Deutschland das Christkind übernehmen. Aber Nikolaus behielt seinen Sack und füllte weiterhin nächtens die Strümpfe der Kinder, ohne nach Konfession und Glauben zu fragen. Zahlreiche evangelische Nikolai-Kirchen von Hamburg bis Leipzig und darüber hinaus bezeugen noch immer, dass Nikolaus auch die abendländische Glaubensspaltung überstand. Vielleicht kann man sagen: Nikolaus war ein Mann, der andere mit seiner Hoffnung ansteckte – bis heute.« (Mensing, 8)

Aber Nikolaus ist nicht nur ein christlich-ökumenischer Heiliger. Myra liegt heute in der Türkei und heißt Demre, zusammengezogen aus »ta Myra«. Dort findet sich ein Nikolaus-Denkmal. In der Türkei ist Nikolaus unter dem Titel »Noel Baba« jedem bekannt. Die Sankt Nikolaus Stiftung veranstaltet alljährlich vom 3.–7. Dezember die »Sankt Nikolaus und der Ruf zum Frieden Aktivitäten«, an denen neben hochrangigen muslimischen auch jüdische und christliche Geistliche teilnehmen. Auch der Bischof aus Bari reist an. Sie will zu einer Welt, »auf der man ohne Unterscheidung zwischen den Religionen, den Sprachen und Rassen lebt, beitragen.« (Nikolaus Stiftung, 23) So ist Nikolaus auch ein Heiliger der »größeren Ökumene«, die verschiedene Religionen umfasst. Das Verhalten von Nikolaus ist für Christen wie Muslime vorbildhaft. Seine Legenden verbinden Türken, Deutsche und alle, die Nikolaus feiern. Das sollte auch im Miteinander von Christen und Muslimen in Nachbarschaft und Unterricht zum Tragen kommen können. In einigen Unterrichtsentwürfen (Berger/Jürgensen, Material zu »Grundschule Religion«, s.o.) findet sich dazu eine deutsch-türkische Fassung einer der Nikolauslegenden.

3 Konzentration auf Gott – Islamische Feste

Wenn auf islamischen Festen Bilder gemacht werden, finden sich darauf entweder in der Moschee versammelte Menschen, die beten, Koran studieren oder miteinander reden, oder Menschen die zusammen essen – zu Hause, in der Moschee oder im Freien. Hervorstechend ist die besondere Bedeutung des Fastens. Ansonsten wird bei Festen nichts anderes gemacht als sonst auch: dabei aber vom Beten, Reden und Essen etwas mehr, besser, intensiver und geruhsamer, vom Arbeiten etwas weniger. Es gib kein Arbeitsverbot und nur wenige festgelegte Rituale. Festriten sind oft im Umfeld der Feste entstandene Volkstraditionen, die je nach Herkunftsland sehr unterschiedlich sein können. Das entspricht durchaus dem theologischen Gehalt der Feste. Es geht nicht um etwas außerhalb des Alltags stehendes, oder der Gegenwart vorausliegendes, sondern es geht um die Erneuerung und Stärkung dessen, was jede Minute des Lebens eines Muslims bestimmen sollte: den Glauben und die Hingabe an Gott, die er selbst – geleitet durch Gottes Zeichen und das Vorbild der Propheten – leisten kann.

Neujahr – Hidschra des Propheten Mohammed, 1. Muharram
Die islamischen Zeitrechung setzt bei der Hidschra im Jahre 622 n. Chr. ein, denn mit ihr wurde die noch kleine Gruppe der Muslime als eigenständige Größe erkennbar und wirksam. In Mekka war die Lage für Mohammed bedrohlich geworden, so dass er mit den »Gott Ergebenen« (= Muslime) einer Einladung nach Yathrib folgte. Dort konnte er Streitigkeiten schlichten und eine Gemeindeordnung vereinbaren, seine Autorität und die seiner Worte wuchsen. Die Stadt wurde in »Medina« umbenannt, »Stadt des Propheten«. An diese Ereignisse wird zu Neujahr erinnert; es werden Geschenke gemacht und Almosen gegeben. Der Jahresanfang ist aber insgesamt eine ernste zehntägige Zeit der Besinnung, Buße und des freiwilligen Fastens, für Schiiten sogar eine Trauerzeit bis zum Aschuratag.
⌒ Neujahrsfeste.

Der **Islam** ist in seinen Grundüberzeugungen sehr einheitlich, in seinen regionalen Ausprägungen aber sehr vielfältig. Neben den beiden großen Richtungen der Sunniten und der Schiiten, und einigen kleineren wie z.B. der Aleviten, gibt es in der Ausgestaltung der Feste eine regionale Vielfalt. Muslime in Deutschland stammen aus Albanien, Afghanistan, Ägypten, Deutschland, Iran, Marokko, Pakistan, Türkei und vielen anderen Ländern. In der hier aufgewachsenen Generation der Migrantenkinder und -enkel tritt jedoch die regionale Prägung allmählich in den Hintergrund. Sie verstehen sich zunehmend als deutsche Muslime.
Die Sunniten und Schiiten sind aus Kontroversen um die Nachfolge Mohammeds entstanden. Nach Mohammeds Tod folgten Abu Bakr, Umar, Uthman und zuletzt Ali als die sogenannten »Rechtgeleiteten Kalifen« (Khalifa = Statthalter, Nachfolger). In der darauf folgenden Generation entstanden verschiedene Parteien, u. a. die Partei (Schi'a) Alis, aus der sich die schiitische Richtung entwickelte, und – durch eine Zusammenfassung verschiedener Schulen – die Sunniten: die »Leute der Sunna und der Gemeinschaft«. Sunna ist die Lebenspraxis des Propheten Mohammeds und seiner engsten Gefolgsleute, die für Muslime maßgeblich ist.
Gemeinsamkeiten zwischen Sunniten und Schiiten sind die auch »fünf Säulen« genannten Grundpflichten der Gläubigen: Bekenntnis des Glaubens, rituelles Gebet, Armensteuer, Fasten im Ramadan, Pilgerfahrt nach Mekka, und die theologischen Grundprinzipien (Einheit Gottes, Prophetentum, Gottes Gericht), Glaube an den Koran und Befolgung der Sunna.

Zentralrat der Muslime in Deutschland (ZMD)

Aschuratag, 10. Muharram ▷ Alevitische Feste
Für sunnitische Muslime ist der Aschuratag der freudige Abschluss des ernsten Jahresanfangs. Er ist verbunden mit der Erinnerung an Adam und Eva, die Gott um Vergebung bitten und die erste Verheißung empfangen, mit der Landung der Arche Noah nach der Sintflut und dem Exodus der Israeliten aus Ägypten. Es wird eine Süßspeise aus 40 Zutaten – Symbol für die letzten Essensreste aus der Arche – zubereitet und an Freunde verschenkt. Für Schiiten und Aleviten ist der Aschuratag allerdings der Tiefpunkt der Trauer um Imam Husayn, der 680 n. Chr. am 10. Muharram im Kampf gegen die Omaijaden bei

Kalenderblatt des Monats Murharram. Sure 49,13: Wahrlich der Angesehenste von euch ist vor Allah der, der unter euch der Gewissenhafteste ist.

Kerbela getötet wurde. Der Trauer wird in Passionsspielen, Prozessionen und Selbstgeißelungen intensiver Ausdruck gegeben.

Geburtstag des Propheten,
12. Rabi' al-awwal (Sunniten),
17. Rabi' al-awwal (Schiiten).
Mohammed erblickte ca. im Jahre 570 n. Chr. in Mekka das Licht der Welt. Zahlreiche Wundererzählungen umranken dieses Ereignis: Himmelsstimmen, Engel, überirdisches Licht leuchtete und Herrscherthrone bebten. Des Propheten wird in Lobpreisungen und Erzählungen aus seinem Leben gedacht. In Nordafrika werden die Häuser mit Kerzen und Lichtern geschmückt, in der Türkei die Moscheen. Daher der türkische Name »Mevlid Kandili«, »Lichterfest zum Geburtstag«.
Geburtstage der Religionsstifter.

Geburtstag Alis, 13. Radschab
▷ Alevitische Feste
Ali wurde als wesentlich jüngerer Cousin im Hause Mohammeds groß. Er heiratete dessen Tochter Fatima und war ein enger Vertrauter Mohammeds. Bei Mohammeds Tod war Ali noch zu jung, um die Nachfolge des Propheten anzutreten; erst später wurde er der vierte der rechtgeleiteten Kalifen und gilt bei den Schiiten als erster Imam.

Lailat al-Miradj – Mohammeds Himmelsreise, 26.–27. Radschab
Ein Jahr vor seiner Auswanderung von Mekka nach Medina hatte der Prophet Mohammed das Erlebnis einer Himmelsreise. Demnach trug in einer Nacht das himmlische Reittier Buraq, halb Mensch, halb Pferd, Mohammed nach Jerusalem, wo er auf einer Leiter in den Himmel hinaufstieg. Auf seiner Reise traf er andere Propheten Gottes, darunter Adam, Abraham, Moses und Jesus. Entsprechend der Nachtreise wird das Fest nachts gefeiert. Jerusalem.

Lailat al-Bara'a – Nacht der Vergebung, 14.–15. Sha'bān
Die Nacht der Vergebung ist ein Bußtag im Vorfeld des Ramadan. Nach islamischer Überlieferung schreibt Gott alle Sünden eines Jahres auf und nimmt besonders in dieser Nacht die Gebete um Vergebung entgegen. Die Bitte um Vergebung geschieht im festen Glauben, dass der Gläubige seine Sünden anerkennen und bekennen soll und dass Gott gütig ist und Sünden tatsächlich vergibt. Diese Buße wird im Monat Ramadan durch das Fasten vertieft.

Ramadan, 1.–30. Ramadan
»Der Monat Ramadan, in welchem der Koran herabgesandt wurde als eine Leitung für die Menschen und als Zeugnis der Leitung und Unterscheidung – wer von euch den Mond sieht, der beginne das Fasten in ihm. Wer jedoch krank ist oder auf einer Reise, der (faste) eine (gleiche) Anzahl anderer Tage. Allah wünscht es euch leicht und nicht schwer zu machen, und dass ihr die Zahl (der Tage) erfüllt und Allah dafür, dass Er euch leitet, preist; und vielleicht seid ihr dankbar.« (Sure 2: 185. Übertragung von Henning) Diese und weitere Worte des Koran begründen die Fastenzeit und skizzieren Inhalt und Ablauf: Es ist den Muslimen eine Pflicht im Ramadan zu fasten, ausgenommen Reisende und Kranke, sowie auch

Schwangere und Kinder. Von Anbruch der Morgendämmerung, d.h. ca. zwei Stunden vor Sonnenaufgang bis Sonnenuntergang, sind Essen, Trinken, Rauchen und Geschlechtsverkehr untersagt. Der Koran wird möglichst einmal ganz durch- oder vorgelesen. Fasten und Gebet sollen als Buße und Konzentration die Lebensführung neu oder verstärkt der Rechtleitung durch Gott unterstellen. Am Abend wird oft gemeinsam gebetet, das Fasten gebrochen (Iftar) und gefeiert. Bei türkischen Muslimen gehören dazu die Geschichten von Nasreddin Hodscha oder Schattenspiele mit den Figuren Karagöz und Hacivat. Es ist zugleich eine ernste wie gesellige und fröhliche, in jedem Fall aber intensive Festzeit. Vom Propheten Muhammad werden die Worte überliefert: »Wenn der Monat Ramadan beginnt, werden die Tore der Barmherzigkeit geöffnet.«

Mehr-Leben – Fasten.

Karagöz und Hacivat. (V. Özkaraduman. In: IfL: islamische Feste und Feiertage, 21) Die Figuren werden bemahlt. Linke Figur: Hose rot, Jacke und Mütze Grundfarbe grün, Streifen gelb, blau, pink und dunkelrot. Rechte Figur: Hose türkis, Jacke und Mütze rot, Streifen violett und gelb. Teile auf Pappe kleben, an den markierten Stellen miteinander verbinden und mit Leisten versehen, mit denen die Figuren von der Seite aus bewegt werden.

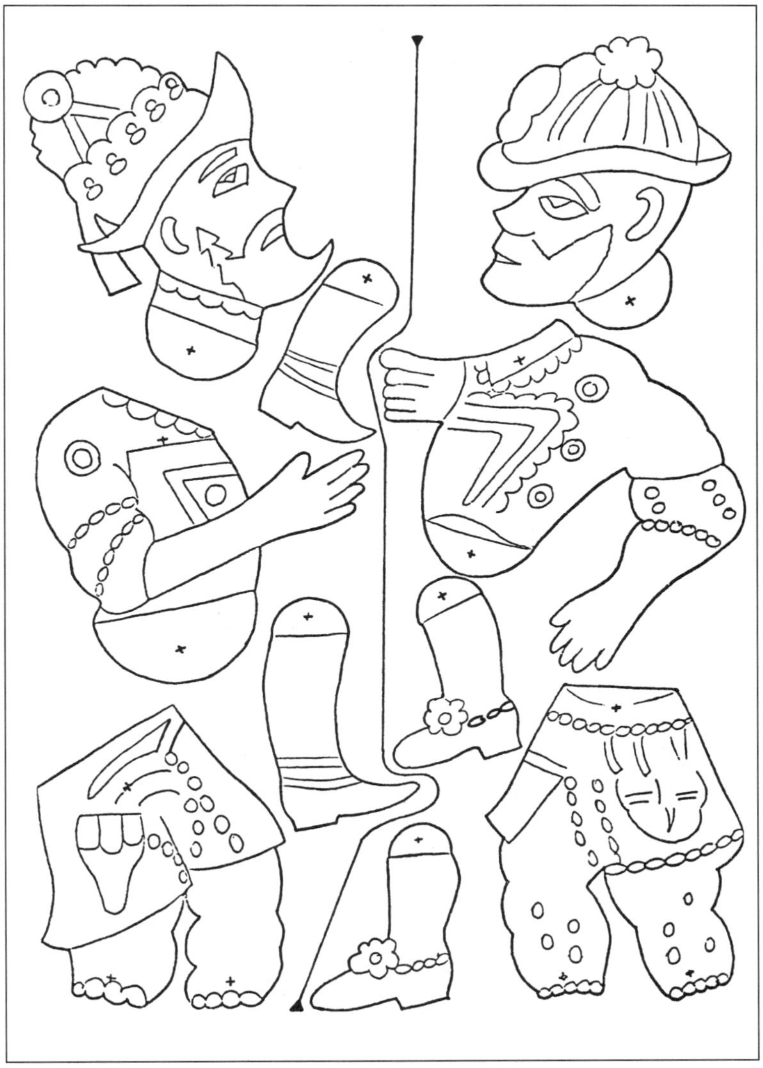

Karagöz und Hacivat

Mehrere Feste finden in Verbindung mit dem Ramadan statt:

Nacht der Sichtung, 1. Ramadan
In der Nacht vor dem 1. Ramadan wird als feierliche Einleitung des Fastenmonat nach der Sichel des Neumondes Ausschau gehalten.

Lailat al-Qadr – Nacht der Bestimmung, 26. zum 27. Ramadan
Das Datum ist nicht genau festgelegt. Es ist eine der letzten fünf ungeraden Nächte des Ramadan. Von dieser Nacht (türk. Kadir Gecesi) heißt es im Koran: »Siehe, wir haben ihn in der Nacht al-Qdar geoffenbart. Und was lehrt dich wissen, was die Nacht al-Qdar ist? Die Nacht al-Qdar ist besser als tausend Monde. Hinabsteigen die Engel und der Geist in ihr mit ihres Herrn Erlaubnis zu jeglichem Geheiß. Frieden ist sie bis zum Aufgang der Morgenröte.« (Sure 97) Sie wird nach Möglichkeit gemeinsam in der Moschee durchwacht.

Id al-Fitr – Fest des Fastenbrechens, 1.–3. Schawwal
Am Ende des Monats Ramadan wird wieder Ausschau nach der Mondsichel gehalten. Mit ihrem Erscheinen endet das Fasten und beginnt des Fest des Fastenbrechens. Die drei Tage werden durch Dank und Freude bestimmt: Dank an Gott, der die Einhaltung des Fastens wieder ermöglicht und den Glauben gestärkt hat; neue Lebensfreude ausgedrückt durch die Glückwünsche, Geschenke und Geselligkeit. Oft werden während der drei Tage des Festes Süßigkeiten verschenkt, daher der türkische Namen »Zucker-Fest«, Seker Bayram. Kinder feiern ihre Feste.

Geschichten von Nasreddin Hoca

Verschiedene Richtungen
Der Hoca wurde gefragt: »Hoca, wenn es Tag wird, gehen manche Menschen in eine Richtung und andere Menschen in eine andere Richtung ... Warum wohl?« Der Hoca sagte: »Wenn sie alle in die gleiche Richtung gingen, würde die Erde aus dem Gleichgewicht geraten.«

Der Dieb im Garten
Eines Nachts wachte der Hoca auf. Er sah kurz aus dem Fenster und sah einen Mann. Ein Mann war im Garten! Sofort weckte er seine Frau: »Frau, Frau, wach auf. Bring mir Pfeil und Bogen. Da ist ein Mann im Garten. Ein Dieb! Ein Mörder!« Die Frau stand auf und brachte ihm Pfeil und Bogen. Der Hoca zielte und schoß. »Okay, ich habe den Mann getroffen! Lass uns nachsehen!« Doch was sahen sie? Der Pfeil steckte im Talar des Hocas. Seine Frau hatte ihn gewaschen und in den Garten gehängt. Der Hoca warf sich auf die Knie nieder und begann Gott zu danken: »O großer Gott! Tausend Dank sei dir. Wie groß bist du doch!« Seine Frau war völlig verwirrt und fragte: »Wofür dankst du Gott?« Der Hoca antwortete: »Denk doch einmal nach Frau. Was wäre gewesen, wenn ich in meinem Talar drin gewesen wäre?«

Iss, mein Pelz, iss!
Der Hoca wurde zu einer Hochzeit eingeladen. Er kam in seiner Alltagkleidung und niemand kümmerte sich um ihn. Niemand begrüßte ihn, niemand bot ihm einen Platz an. Der Hoca ärgerte sich und ging wieder nach Hause. Aus der Truhe holte er seinen besten Pelzmantel und zog ihn an. Schnell lief er wieder ins Hochzeitshaus. Diesmal wurde er an der Tür empfangen. Mit Verbeugungen hieß man ihn willkommen und brachte ihn zum besten Platz am Tisch. Man gab ihm das weichste Sitzkissen. Als die anderen Gäste am Tisch voller Verehrung darauf warteten, dass der Hoca zu essen anfing, nahm der einen Zipfel seines Pelzmantels und sagte: »Iss, mein Pelz, iss!« Verwundert wurde er gefragt: »Was machst du da, Hoca?« Der Hoca erzählte, wie schlecht er beim ersten Mal behandelt wurde und wie gut, als er im Pelzmantel erschienen war. »Diese Gastfreundlichkeit war nicht für mich, sondern für den Pelz. So sollte er zuerst anfangen zu essen: Iss, mein Pelz, iss!«

Ich wollte sowieso absteigen
Wie es auch passiert sein mochte: Der Hoca fiel von seinem Esel. Die Kinder auf der Straße versammelten sich um ihn und machten sich lustig und lachten. Darauf sprach der Hoca: »Aber Kinder, was gibt es so viel zu lachen? Ich wollte sowieso gerade absteigen.«

Erzählt nach: Damla Yayinevi (Hg.) (1998–1999): Nasreddin Hodja. Unterrichtsentwurf mit Anleitung zum Schattenspiel und deutschtürkischem Text. In: Stadt Frankfurt a.M. (Hg.) (2000): Feste der Völker, S. 146-160 (Auszüge).

Id al-adha – Opferfest, 10.–13. Dhul-hidscha
Neben dem Ramadan ist das Opferfest (türk. Kurban Bayram) eines der beiden Hauptfeste des Islam. Es erinnert an Ibrahim (Abraham) und an seine Bereitschaft, seinen Sohn Ismail (!) zu opfern. Mit dieser Geschichte stehen die Hingabe des Menschen an Gott und das Vertrauen in Gottes Barmherzigkeit im Mittelpunkt des Festes. In den Familien wird ein Schaf nach den religiösen Regeln geschlachtet, gemeinsam gegessen, sowie an Arme, Nachbarn und Angehörige verteilt. Dieser wohltätige Aspekt des Festes äußert sich auch in großzügigen Spenden an Bedürftige und Hilfsorganisationen. Zur Zeit des Opferfestes findet auch die große Pilgerfahrt, arabisch »Hadsch«, statt. Bei der Hadsch werden Stationen des Lebens Ibrahims, Hagars und Ismaels nachvollzogen. So wird auch in Mekka das Opferfest gefeiert. Es verbindet die Pilger und die Daheimgebliebenen. Abraham. Grundlegende Heilsereignisse.

Festreihe: Mehr-Leben – Fasten

Was Nichtmuslimen als erstes zum Stichwort Islam einfällt, ist nach Mohammed und Moschee sofort Fasten im Ramadan. Die große Anstrengung von Muslimen, einen ganzen Monat tagsüber weder zu essen noch zu trinken, ist das bekannteste und hervorstechendste Merkmal. Inzwischen auch in den Medien wahrgenommen, ist der Ramadan in Europa und Deutschland zu einer besonderen Zeit geworden, in die Nichtmuslime mit hineingenommen und unweigerlich auf eigene Fastentraditionen verwiesen werden.

Darum ist die Festreihe »Fasten« an die muslimischen Feste angeschlossen.
Jede Religion kennt Fastenzeiten. Sie sind wichtig für die religiöse Disziplin und die Einstellungen zum Leben. Fasten ist heute aus ganz unterschiedlichen Motiven wieder gefragt: Alte Traditionen, Wiederentdeckungen und ganz neue Versuche finden sich nebeneinander. Auch in säkularen Zusammenhängen hat sich das Fasten etabliert als ein Weg zu Selbstbesinnung und zu körperlichem wie seelischem Wohlbefinden.

Praxishilfen

Brantschen, Niklaus, Fasten neu erleben – Warum, Wie, Wozu?, Freiburg 1992.

Granda, Anne; Jaumann, Inge; Körner, Leonore, Exerzitien im Alltag. Geistliche Übungen für Advent, Fastenzeit und andere Anlässe im Jahr, München 1998.

Kulla, Manfred; Niederberger, Beate, Fastenzeit und Ostern mit Jugendlichen feiern. 16 Modelle, Luzern 1996.

Müller, Peter, Leben spüren. Mein spiritueller Fastenbegleiter, München 1999.

Rahlwes, Björn Uwe, Weniger – aber mehr. Das Fastenlesebuch, Frankfurt 1998.

Reschke, Edda, Auf dem Weg zum Ostermorgen. Mit Kindern Fasten und Ostern erleben, Limburg 2000.

Spürt man dem Sinn des Fastens ein wenig nach, kommt schnell eine sehr praktische Ebene zutage. Zeitweiser Verzicht ist eine Art (Über-)Lebenstraining – persönlich, wie gesellschaftlich. In unserer Konsumgesellschaft ist das Verzichten zu einer Tugend geworden, die es wieder zu lernen gilt. Unsere gemeinsame Zukunft erfordert ein Haushalten mit den natürlichen Ressourcen. Der vielen Menschen aufgezwungene Verzicht auf das Lebensnotwendige schreit nach solidarischem Handeln. Das ist in religiös motivierten Fasten durchaus intendiert und bietet Anknüpfungspunkte für Verzichtsübungen in Schule und Gemeinde: Reduziert auf einen Teilverzicht kann eine Fastenzeit Anlass sein für ein Projekt, an dem aber alle teilnehmen können, weil das gemeinsame Tun nicht einseitig von einer Religion her geprägt ist, das aber die Möglichkeit auch religiöser Erfahrung bietet: Gefahren und Missbrauch des Konsums können thematisiert werden – vom gemeinsamen Erleben des Verzichts und seiner Reflexion aus kann die konkrete religiöse Praxis, die selbst nicht in den Unterricht mit einbezogen werden kann, verständlich gemacht werden. Mögliche Themen reichen von der individuellen Lebensgestaltung – z. B. ein Tag ohne Fernsehen – über die Einbindung in ökologische Zusammenhänge – eine Woche nicht mit dem Auto fahren (lassen) oder konsequent Müll vermeiden – bis hin zu globalen Zusammenhängen wie das sich Hineinversetzen in Menschen, die mit wenig auskommen müssen. Wenn sich eine Gruppe, Klasse, Schule oder ein Stadtteil daraus ein Jahresthema wählt, können die verschiedenen Fastenzeiten der Religionen durch das Jahr hindurch den Rahmen geben für eine intensivere Verzichtszeit, Bilanzierung oder einen neuen Teilaspekt.
In einer Zeit des Teilverzichtes ist die Selbsttätigkeit der Beteiligten stark herausgefordert. Das ist zugleich ein Beitrag zur Suchtprävention. Etwas, das sonst von außen schnelle Befriedigung bietet, muss ersetzt werden. Es gilt, unangenehme Gefühle auszuhalten, den eigenen Bedürfnissen nachzuspüren, ungewohnte Möglichkeiten der Betätigung aufzusuchen, auf Bequemlichkeiten zu verzichten und neue, auch innere Quellen der Befriedigung zu erschließen. Dabei sollte die Freude an der Selbsttätigkeit und an den eigenen Möglichkeiten zur Lebensbewältigung im Vordergrund stehen. Dazu sind Anregungen, Ermutigung und Gespräche nötig.

Fasten im Judentum

»Es ist ein Gebot durch die Worte der Propheten, an den Tagen, an denen unseren Vätern Leiden widerfahren sind, zu fasten.« An den Trauertagen der Gemeinde ist jeder Erwachsene verpflichtet zu fasten, um der Trauer Ausdruck zu geben. Es ist Trauer über ein Unheil und über die Schuld, die dieses Unheil heraufbeschworen hat in Geschichte und Gegenwart. »Darum ist jedermann verpflichtet, an diesen Tagen in sich zu gehen, seine Handlungen zu prüfen und von den bösen abzulassen.« (Schulchan Aruch)
Die »Tage, an denen unseren Vätern Leiden widerfahren sind«, sind konkrete geschichtliche Ereignisse aus Altertum und Neuzeit: die Zerstörungen des Tempels, Vertreibung aus Israel, drohende und erlittene Pogrome, Holocaust. Hinzu kommt das Fasten an Jom Kippur, dem Großen Versöhnungstag, der der Umkehr und der Aussöhnung mit Gott und den Mitmenschen gewidmet ist. Er schließt die Bußzeit am Anfang eines neuen Jahres ab. Die Fastenvorschriften sind je nach Trauertag unterschiedlich. Am Versöhnungstag sind Essen, Trinken, Waschen, Einsalben des Körpers, Tragen von Lederschuhen (wegen des

Tötens von Tieren) und Geschlechtsverkehr verboten. Auch persönliche Fastentage sind üblich, z. B. bei drohendem Unheil in der Familie. Manche Juden fasten auch regelmäßig an ein bis zwei Tagen in der Woche. Das Fasten dient immer der Ausrichtung des Lebenswandels an den Geboten Gottes, wie es in der Gottesdienstlesung am Morgen des Versöhnungstages (Jes 57-58) heißt: »... an die Hungrigen dein Brot auszuteilen, die obdachlosen Armen ins Haus aufzunehmen, wenn du einen Nackten siehst, ihn zu bekleiden und dich deinen Verwandten nicht zu entziehen ... Wenn du dann rufst, wird der Herr dir Antwort geben, und wenn du um Hilfe schreist, wird er sagen: Hier bin ich.« (Lau, 193)

Fasten im Christentum

Wenn alle Völker den Rat des Fastens annähmen, um ihre Fragen zu regeln, würde nichts mehr verhindern, dass tiefer Friede in der Welt herrsche ... Das Fasten würde alle lehren, die Liebe zum Geld zu überflüssigen Dingen und, im allgemeinen, die Neigung zu Feindseligkeiten aufzugeben. (Basilius der Große)
Fasten ist eine Übung des Nichthabenmüssens, eine Form des freiwilligen Verzichtes, um innerlich frei und offen zu werden, das eigene Bewusstsein zu stärken und zu sensibilisieren für die eigenen Grenzen und das menschliche Miteinander. Traditionell von orthodoxen und katholischen Christen praktiziert, ist Fasten eine Form der Nachfolge Jesu auf seinem Kreuzesweg, öffnet für den Geist Gottes und stärkt die Hoffnung auf das Kommen des Reiches Gottes. Im Fasten gehören Verzicht, Gebet und Freigebigkeit traditionell zusammen. Das Fasten kann sich nach folgenden vier Regeln vollziehen:

1. Nichts (oder nur wenig) essen – nur (oder vor allem) trinken: Tee, Fruchtsäfte, Gemüsesäfte und Wasser, soviel der Durst verlangt.
2. Weglassen, was nicht notwendig ist – vor allem Nikotin und Alkohol, Süßigkeiten, Kaffee und Medikamente, soweit entbehrlich.
3. Sich vom Rummel lösen und sich konzentrieren auf das, was zum Fasten veranlasst hat. Verzicht auf Illustrierte, Radio, Fernsehen. Statt Reizüberflutung von außen Begegnung mit sich selbst.
4. Locker bleiben, nicht verkrampfen. Dieses Zeichen der Solidarität schlicht durchführen, ohne sich und andere unter Druck zu setzen. (Schaube)

Fasten im Islam

Ihr, die ihr glaubt, Fasten ist euch vorgeschrieben, damit ihr Achtsamkeit entwickelt eine bestimmt Anzahl von Tagen. Wer von euch aber krank oder auf Reisen ist, (der faste) an ebenso vielen anderen Tagen. Und für jene, die es (aufgrund eines chronischen Leidens usw.) nur schwer bewältigen können, gibt es eine Ersatzleistung: die Speisung eines Armen. Wenn aber jemand freiwillig Gutes tut, dann ist es besser für ihn. Der Monat Ramadan ist der, in dem der Qur 'an offenbart wurde, eine Weisung für die Menschen, deutliche Führung und Unterscheidungskriterium. Wer also von euch in diesem Monat da ist, der soll ihn durchfasten, ebenso viele andere Tage aber, wer krank oder auf Reisen ist. Gott wünscht euch erleichtert und wünscht euch nicht beschwert, und dass ihr die Zahl (der Tage) erfüllt und Gott lobt dafür, dass er euch rechtgeleitet hat, und dass ihr dankbar seid. (Sura 2: 183-185)
Zu den verschiedenen Aspekten des Fastens gehört, dass man Selbstbeherrschung übt, Mitgefühl mit Armen und Bedürftigen entwickelt und mit ihnen teilt, Dankbarkeit empfindet für Gottes Gaben, die man sonst allzu oft als selbstverständlich hinnimmt, so dass man achtlos damit umgeht, Gemeinschaft beim Fasten und beim gemeinsamen Fastenbrechen erlebt und Zeit und Offenheit gewinnt für spirituelle Erfahrungen beim Gebet und bei der Vertiefung in den Qur 'an, zu dem man oft gerade im Ramadan einen neuen Zugang findet. Während des Fastenmonats verzichtet man tagsüber auf Essen, Trinken, sexuelle Aktivitäten und selbstverständlich auch auf Rauchen usw. Man sollte auch starke emotionale Ausbrüche vermeiden, dafür den Mitmenschen freundlich und freigiebig begegnen. Das Fastenbrechen am Abend ist Anlass zum Beisammensein und gemeinsamen Essen und Gebet. Reiche Traditionen mit besonderen Speisen, Gedichten, Liedern usw. haben sich im islamischen Kulturbereich entwickelt. Abgesehen vom Ramadan kann man auch zu den heiligen Nächten, an Gedenktagen wie z. B. dem 10. Muharram, zur Buße oder auch aus ganz persönlichen Gründen fasten. (Halima Krausen)

Fasten im Buddismus

Der Buddha hat, indem er den »Mittleren Weg« lehrte, deutlich gemacht, dass eine bloße Kasteiung des Körpers nicht zur Erleuchtung führt. Die Erkenntnis, die die Unwissenheit besiegt, sollte auf der Grundlage einer Lebensweise zwischen den Extremen der Kasteiung und des Wohllebens erreicht werden. Trotzdem ist zeitweiliges Fasten mit einer korrekten Geisteshaltung Teil des Übungsweges: Es geht dabei nicht darum, nichts zu essen, sondern allgemein »mit wenig auszukommen«. Man konzentriert sich in der

Fastenzeit auf das Wesentliche in bezug auf Sprache, Verhalten, Kleidung, Ort und Nahrung und nimmt sich viel Zeit für das Gebet und die Meditation. Man bereut vergangene schlechte Taten und tut etwas gegen die daraus entstandenen schlechten karmischen Anlagen: anstatt Selbstsucht, Besitz, Vergnügen und Ruhm strebt man Bescheidenheit, Selbstlosigkeit, Geduld und Mitgefühl an, enthält sich negativer Gedanken und nimmt freiwillig Leiden auf sich, um andere davon befreien zu können. Daraus entstehen ein positives Potential und Kraft, die sich langfristig auch zum Wohle der Allgemeinheit auswirkt. Der Buddhist selbst nähert sich durch eine so gestärkte Ethik als Grundlage der Meditation dem Ziel der Erlösung und dem Zustand der Buddhaschaft, indem er allein für andere tätig ist. Fastenzeiten sind nicht kalendarisch festgelegt. Fasten wird in Form von Kurzgelübden zu Meditationsklausuren oder an Feiertagen, an denen es besonders heilsam ist, durchgeführt.

(Oliver Petersen, tibetischer Buddhist)

Erprobungsbericht: Ein Tag ohne Fernsehen

So lautete mein Vorschlag in einer dritten Klasse in Hamburg, nachdem die muslimischen Kinder vom Ramadan und ich von »Sieben Wochen ohne« berichtet hatten. Die Kinder waren begeistert und zugleich empört darüber, dass es nur ein Tag sein sollte. Sie wollten die ganzen sieben Wochen der christlichen Fastenzeit durchhalten. Mit der Klassenlehrerin einigten sie sich schließlich auf realistische fünf fernsehfreie Tage in einem Zeitraum von sieben Tagen, darin ein Wochenende. Die folgende Übersicht skizziert die Schritte des Projektes, die auch auf andere Themen angewendet werden können.

Erfahrungsberichte von verschiedenen Formen des Fastens; Sachinformationen.	Klassengespräch oder Stuhlkreis; Einladen von Eltern oder Geistlichen; Lehrervortrag.
Wollen wir das mal ausprobieren? Worauf für einige Zeit verzichten?	Lehrerimpuls; Diskussion der Kinder: Entscheidung für ein Thema. Hier: Fernsehfasten.
Austausch über Spiel- und Freizeitmöglichkeiten im Stadtteil.	Stuhlkreis; Spiele- und Ideenbörse; Buchempfehlungen; Info-Plakate; Stadtteilerkundungen.
Planung der fernsehfreien Zeit: Alternativen überlegen; mögliche Schwierigkeiten bedenken; Verabredungen treffen.	Einzel- oder Partnerarbeit; bildnerisch oder schriftlich festhalten und vorstellen; evtl. Einzelgespräche; evtl. Elternbrief.
Erfahrungen austauschen und festhalten.	Morgenkreis oder Stuhlkreis; Wandzeitung oder Fastentagebuch.
Erfahrungen auf die Fastenpraxis in den Religionen beziehen.	Schriftliche oder mündliche Erfahrungsberichte; eigenes Tagebuch ergänzen.
Mehr-Leben-Fest.	Film gemeinsam sehen; mit Fest des Fastenbrechens, Osterfrühstück etc. verbinden.

Die aufgeführten Schritte können unterschiedlich gewichtet werden. In der Erprobung konnten sie nicht alle durchgeführt werden. Als wichtig und sehr intensiv erwiesen sich die Zeiten des Erfahrungsaustausches. Als die Kinder über den Verlauf ihrer Nachmittage erzählten, waren teilweise unsere Anteilnahme und Trost sehr herausgefordert. Änderungsmöglichkeiten wurden beratschlagt und Einladungen zum Spielen ausgesprochen, weil gemeinsame Interessen entdeckt worden waren. Empfehlungen von Spielmöglichkeiten im Stadtteil wurden gegeben, das Problem von Belästigungen in einigen Grünanlagen erörtert und wir mussten feststellen, dass die Angebote für Mädchen weitaus schlechter waren als für Jungen. Solche Gesprächsergebnisse können Anlass geben, das Projekt um einen wesentlichen Schritt zu erweitern: Eltern und Verantwortliche im Stadtteil anzusprechen und gemeinsam nach Lösungen zu suchen.

Die Planung der fernsehfreien Zeit kam zu kurz, einige Kinder hatten mit Langeweile zu kämpfen. Die Kinder hatten sich eine Liste gemacht, in der sie ihre Erfolge eintrugen, um sich gegenseitig Anerkennung zu zollen oder Verständnis, wenn es nicht geklappt hatte: Ehrlichkeit war Trumpf! Im Gespräch konnten einigen Kindern die Gründe für Schwierigkeiten verständlich gemacht werden: die stete Zuständigkeit für den kleinen Bruder, der unbedingt fernsehen will, und der Ärger über die Absage eines Spielkameraden. Lösungsmöglichkeiten wurden erörtert: Kann das Mädchen zu Hause etwas Freiraum heraushandeln? Hätte der Junge seinen Ärger jemanden erzählen können? Hier ergab sich die Möglichkeit über Bedingungen und Verhaltensweisen zu sprechen, die im Erwachsenenalter zu Abhängigkeiten führen können. Das abschließende kleine Fest litt schließlich unter dem Fehlen etlicher Kinder. Aber das Projekt hatte den Kindern Freude gemacht und ihnen Erfahrungsmöglichkeiten eröffnet. Deutlich ist, dass es sich nicht auf den Religionsunterricht beschränken kann, von oder mit der Klassenlehrerin durchgeführt werden muss und in der Klasse das Einüben einer Gesprächskultur erfordert, die den Schutz von Gefühlen gewährleistet. Doch es war keine Musterklasse, und wir haben über die Behutsamkeit der Kinder gestaunt! Obwohl die Gesprächsphasen lang waren, sind die Kinder aufmerksam dabei geblieben, denn es ging um sie selbst. Sie hatten erlebt, was auch in den Religionen u. a. Ziele des Fastens sind: Selbstbesinnung und Eröffnen neuer Möglichkeiten.

Gebet beim Fastenbrechen

Gott, für Dich habe ich gefastet und an Dich glaube ich	اَللّٰهُمَّ لَكَ صُمْتُ وَ بِكَ آمَنْتُ	Allâhumma laka sumtu wa bika âmantu
und mit Deiner Versorgung, breche ich mein Fasten	وَ عَلٰى رِزْقِكَ أَفْطَرْتُ	wa 'alâ rizqika aftartu
darum nimm es von mir an.	فَتَقَبَّلْ مِنِّي	fataqabbal minni

Nach dem Essen

Lob sei Gott, der uns Speise	اَلْحَمْدُ لِلّٰهِ الَّذِي أَطْعَمَنَا	Al-hamdu lillâ illadhî an'amana
und Trank gibt und zu den Gottergebenen gehören lässt.	وَ سَقَانَا وَ جَعَلَنَا مِنَ الْمُسْلِمِينَ	wa saqâna wa ja'alana min al-muslimîn

Aus: Studienmaterial Halima Krausen, unveröffentlicht

Spannendes: Abraham

Im Verhältnis zwischen Judentum, Christentum und Islam wird häufig von abrahamitischer Ökumene oder abrahamitischem Dialog gesprochen. So wie Umweltschutzinitiativen den Regenbogen oder wie Schutzräume für Mensch und Tier die Arche im Namen oder Logo tragen, so führen Initiativen zum friedlichen Zusammenleben und Dialog zwischen den drei – und oft weiteren – Religionen Abraham an. Abraham ist ein Symbol. Es ist die Geschichte einer Familie – Abraham, Sara und Hagar, Ismael und Isaak –, die *ein* besonderes Kennzeichen hat: sie dienen im Unterschied zur Umgebung nur *einem* unsichtbaren Gott. Aber ihr Gottesglaube ist noch nicht zu einer kompletten Religion ausgebaut. Die frühesten Überlieferungen sind alt, schlicht, aber tiefgehend und für vielfältige Interpretationen offen. An diese Schlichtheit und zugleich Kraft kann immer wieder neu angeknüpft werden. Darin liegt die verbindende Symbolkraft Abrahams.
Die Unterschiede beginnen mit der Interpretation der Überlieferung, bei Hagar und Ismael auch schon mit der Überlieferung selbst. Sie bündeln sich in der »Bindung Isaaks« nach Gen 22, 1-19, die in der islamischen Tradition als Bindung Ismaels überliefert wird. Der erste christliche Theologe Paulus setzt an Isaaks Stelle Christus: »Nun ist die Verheißung Abraham zugesagt und seinem Nachkommen. Es heißt nicht: und den Nachkommen, als gälte es vielen, sondern einem: »und deinem Nachkommen« (Gen 22, 18), welcher ist Christus« (Gal 3, 16). Damit werden Existenz und Erbrecht Isaaks zwar nicht bestritten, aber es wird beansprucht, dass Christen, indem sie Christus »durch die Taufe anziehen«, in das Erbe der Verheißungen an Abraham eintreten. Das Geschehen um Abraham und Isaak und um Jesus Christus werden parallel gesetzt.

Grundlegende Heilsereignisse.

An der Frage, wer der Nachkomme Abrahams ist, der Wohlwollen und Verheißung Gottes erbt, haben sich in Geschichte und Gegenwart schwerwiegende Gegensätze und Intoleranz bis hin zu Verfolgung entzündet. Bei allen gemeinsamen Glaubenstraditionen von Juden, Christen und Muslimen – von Schöpfung bis Weltgericht – zeigt sich, dass sich in den Gemeinsamkeiten auch die Unterschiede am stärksten auswirken. Die Unterschiede, bisweilen Gegensätze, sind wichtig, sie definieren die Identität der jeweiligen Religion und ihrer Gläubigen. Sie müssen aber nicht zu Unfrieden führen, wenn durch sie hindurch festgehalten wird, dass der Rückgriff auf Abraham auf die je eigene Art einem – gemeinsamen – Ziel dient: dem einen Gott zu dienen und Abraham darin nachzueifern. Darin ist der diplomatische Umgang mit Gegensätzen mitbegründet: in seiner polytheistischen Umgebung hat Abraham immer auf Diplomatie und Kompromiss gesetzt und selbst für Sodom und Gomorra sein ganzes Verhandlungsgeschick aufgeboten (Gen 18, 16-33).

In Unterricht und Gemeinde hat die biblische Abrahamserzählung ihren festen Platz. Dabei wird bei Kindern die Opferung Isaaks meist ausgespart. Sie wird aber in Schulklassen mit muslimischen Kindern unausweichlich als Opferung Ismaels zur Sprache gebracht, da sie Inhalt des Opferfestes ist. Daher sollte sie in den Erzählzyklus aufgenommen, aber nicht dramatisiert oder aktualisiert werden, sowie die Deutung als Begründung für die Abschaffung von Menschenopfern einbeziehen. Aufbauend auf die bekannte Abrahamserzählung kann zu den Festen die jeweilige Ausprägung und Interpretation eingeführt und bearbeitet werden. Festbegründend ist Abraham besonders im Islam. Zugleich ist die zugrundeliegende Tradition wenig bekannt. Darum wird ihr hier viel Raum gegeben. Die umfassende Bedeutung Abrahams in der jeweilige Religion kann hier nicht ausgeführt werden (vgl. Kuschel 2003), sondern nur, was als Hintergrund der Feste wichtig ist. Dabei tritt die Opferung Isaaks besonders hervor.

Praxishilfen

Die Abrahamsgeschichte wird in allen Reihen zu RU und Gemeindepädagogik entfaltet. Darüber hinaus ist zu nennen:

Bayer, Sylvia; Ehrenfeuchter, Gerlinde; Rinklin, Jutta, Sara und Abraham gehen ihren Weg im Vertrauen auf Gott. Angebote für einen offenen Unterricht im Fach Religion, Stuttgart 2000.

Ben Chorin, Schalom, Abraham, Augsburg (Bildband und Video) 1995.

Brosseder, Hubert (Hg.), Gestalten des Alten Testamentes in Erwachsenenbildung, Predigt und Unterricht, München 1996.

Halter, Marek, Alles beginnt mit Abraham, München 2000.

Hagemann, Waltraud; Hirsch, Elke, Unter dem Segen des einen Gottes. Abraham und seine Familie, Düsseldorf 2002.

Quéré, France, Gott sprach und Sara lachte. Geschichten von Himmel und Erde, Ill. von Dorothée Duntze, Lahr 1994.

Abraham in jüdischen Festen

Im Zentrum jüdischer Feste steht selten eine einzelne Person. So ist auch Abraham kein Fest gewidmet (vgl. Geburtstage der Religionsstifter). Aber sein Leben und Wirken bildet die Grundlage für weitere Ereignisse, bei deren Feier er dann jeweils mitbedacht wird. So ist es der Gott Abrahams, Isaaks und Jakobs zu dem die Israeliten in ägyptischer Sklaverei rufen. Auf die Verheißungen an Abraham bauen sie Anspruch und Vertrauen an Gott.

So beginnt an Pessach die Erzählung des Exodus mit der Erwählung Abrahams: »Am Anfang haben unsere Vorfahren fremden Göttern gedient. Nun aber hat uns die alles umfassende Gegenwart Gottes an den Dienst für den allein wahren Gott herangeführt, denn so steht es geschrieben. ›Und Josua sagte dem ganzen Volk: So spricht der Ewige der Gott Israels: Vor langer Zeit, zur Zeit Terachs, Abrahams und Nahohrs Vater lebten eure Vorfahren jenseits des Euphrats und dienten anderen Göttern. Dann aber habe ich Abraham, euren Vater, aus dem Land jenseits des Euphrats herausgeführt und ließ ihn im Land Kanaan umherziehen. Ich gab ihm Nachkommen durch seinen Sohn Isaak, und Isaak gab ich Jakob und Esau. Esau gab ich das Gebirge Seir zum Besitz. Doch Jakob und seine Kinder zogen hinunter nach Ägypten.‹ (Shire, 19)

Zu Rosch ha-Schana (Neujahrsfeste) geht das Blasen des Schofars auf die Bindung Isaaks zurück. Das Schofar macht die Schwere der Sünden deutlich, zugleich erinnert es Gott an das Verdienst Abrahams und Isaaks.

Eine Haggada erzählt dazu einen Dialog zwischen Gott und Abraham (Tora-Zitate in Anführungsstrichen):
»Avraham, Avraham!« – zweimal, wie einer, der in Not ist: Was tust du da? – Wer bist du? – Ich bin ein [göttlicher] Bote. – Als er mich meinen Sohn zu opfern hieß, sprach er selbst zu mir, so [sei's] auch jetzt: Wenn er etwas [von mir] will, spreche er selbst zu mir. – Sogleich öffnete sich der Wolkenhimmel und er sprach: »Bei mir schwöre ich.« – Du schwörst, aber auch ich schwöre: dass ich von der Schlachtstatt nicht hinabsteige, bevor ich nicht alles gesagt habe, was ich sagen will. Sprich! – Hast du mir nicht gesagt »zähle die Sterne, so wird dein Same sein«? – Ja. – Durch wen? – Durch Jizchak. – Hast du mir nicht gesagt: »Ich werde deinen Samen machen wie den Staub der Erde«? – Ja – Durch wen? – Durch Jizchak. – So wie ich dir hätte antworten können, dass du mir gestern sagtest »Denn durch Jizchak wird dein Samen berufen sein« und [dagegen] jetzt befiehlst »Höhe ihn dort«, ich mich aber bezwang und nicht antwortete [dass du dir widersprichst], so tue auch du: Wenn Jizchaks Nachkommen sich verfehlen und [deshalb] in Nöte geraten werden, gedenke du zu ihren Gunsten Jizchaks Bindung und gelte sie, als ob seine Asche [schon] auf der Schlachstatt läge! Ja, erbarme dich dann ihrer und vergib ihnen und errette sie! – Du hast das deine gesagt, jetzt sage ich das meine. Jizchaks Nachkommen werden sich vor meinem Antlitz verfehlen und ich werde an Rosch ha-Schana über sie zu Gericht sitzen. Wenn sie aber bitten, ich möge ihnen [vergangene] Verdienste anrechnen und der Bindung gedenken, dann sollen sie in den Schofar desjenigen dort stoßen. – Was für ein Schofar? – Dreh dich um. – Sogleich »hob er seine Augen und sah: da, ein Widder«.

(Erzählung der Haggada nach Bialik und Ravnizki: Ssefer ha-Aggada. In: Radday 1997, Bd.6, 51 [Auszüge]. © Institut Kirche und Judentum, Berlin.)

Nach diesen Begebnissen geschahs, Gott prüfte Abraham und sprach zu ihm: Abraham!
Er sprach: Da bin ich.
Er aber sprach: Nimm doch deinen Sohn, deinen Einzigen, den du liebst, Jizchak, und geh vor dich hin in das Land von Morija, und höhe ihn dort zur Darhöhung auf einem der Berge, den ich dir zusprechen werde.
Abraham stand frühmorgens auf, er sattelte seinen Esel, er nahm seine beiden Knaben mit sich und Jizchak seinen Sohn, er spaltete Hölzer für die Darhöhung und machte sich auf und ging nach dem Ort, von dem Gott ihm gesprochen hatte.
Am dritten Tag erhob Abraham seine Augen und sah den Ort von fern.
Abraham sprach zu seinen Knaben: Bleibt ihr hier mit dem Esel, ich aber und der Knabe wollen bis drüben hin gehen, niederwerfen wollen wir uns und dann zu euch kehren. Abraham nahm die Hölzer zur Darhöhung, er legte sie Jizchak seinem Sohn auf, in seine Hand nahm er das Feuer und das Messer. So gingen die beiden mitsammen.
Jizchak sprach zu Abraham seinem Vater, er sprach: Vater!
Er sprach: Da bin ich, mein Sohn.
Er sprach: Da ist nun das Feuer und die Hölzer, aber wo ist das Lamm zur Darhöhung?
Abraham sprach: Gott ersieht sich das Lamm zur Darhöhung, mein Sohn.
So gingen die beiden mitsammen.
Sie kamen an den Ort, den Gott ihm zugesprochen hatte. Dort baute Abraham die Schlachtstatt und schichtete die Hölzer und fesselte Jizchak seinen Sohn und legte ihn auf die Schlachtstatt zuoberst der Hölzer. Abraham schickte seine Hand aus, er nahm das Messer, seinen Sohn hinzumetzen.
Aber SEIN Bote rief ihm vom Himmel her zu und sprach: Abraham, Abraham!
Er sprach: Da bin ich.
Er sprach: Schicke nimmer deine Hand nach dem Knaben aus, tu ihm nimmer irgendwas! Denn jetzt habe ich erkannt, dass du gottesfürchtig bist, – nicht vorenthalten hast du mir deinen Sohn, deinen Einzigen.

Abraham hob seine Augen und sah: da, ein Widder hatte sich dahinter im Gestrüpp mit den Hörnern verfangen. Abraham ging hin, er nahm den Widder und höhte ihn zur Darhöhung anstatt seines Sohns. Abraham rief den Namen jenes Orts: ER ersieht. Wie man noch heute spricht: Auf SEINEM Berg wird ersehn. SEIN Bote aber rief Abraham ein zweites Mal vom Himmel her zu und sprach: Bei mir schwöre ich – SEIN Erlauten – ja, dieweil du dieses getan hast, hast deinen Sohn, deinen Einzigen, nicht vorenthalten, segne, ja segne ich dich, mehren will ich, mehren deinen Samen wie die Sterne des Himmels und wie den Sand, der am Ufer des Meers ist, ererben soll dein Same das Hochtor seiner Feinde, segnen sollen einander mit deinem Samen alle Stämme der Erde, dem zu Folge dass du auf meine Stimme gehört hast. Abraham kehrte zu seinen Knaben zurück, sie machten sich auf und gingen mitsammen nach Ber-Scheba. Und Abraham blieb in Ber-Scheba.

(*Buber, Martin; Rosenzweig, Franz,* Die fünf Bücher der Weisung, Gütersloh 1997. Gen 22, 1-19.)

Abraham in christlichen Festen

Andrea Mantegna: Die Opferung Isaaks

Bibeltexte aus der Genesis oder neutestamentliche Texte, die sich auf Abraham beziehen, werden über das Jahr verteilt immer wieder im Gottesdienst verlesen oder der Predigt zugrunde gelegt, da er für Christen das Urbild des Glaubens ist, indem er auf Gottes Zusagen vertraute. Durch Jesus Christus glauben sich Christen als geistliche Kinder Abrahams. Wie im Gebet um Vergebung Juden auf die Bindung Isaaks verweisen, verweisen Christen auf Tod und Auferstehung Jesu.

Als einziges Fest nimmt Ostern auf Abraham Bezug. Hier ist es wieder die Bindung Isaaks, die als Vor-Bild von Tod und Auferstehung Jesu Christi verstanden wird. Diese Verbindung wird schon im Neuen Testament hergestellt (Hebr 11, 17-19): Durch den Glauben opferte Abraham Isaak, als er versucht wurde, und gab den einzigen Sohn dahin, als er schon die Verheißung empfangen hatte und ihm gesagt worden war: »Was von Isaak stammt, soll dein Geschlecht genannt werden.« Er dachte: Gott kann auch von den Toten auferwecken und gleichnishaft dafür wurde Isaak vor dem Tode gerettet.

In den orthodoxen und der katholischen Kirche ist die Opferung Isaaks eine Lesung in der Osternacht vor der Auferstehungsfeier. Alle Vor-Bilder des Alten Testamentes werden als Vorboten und Hoffnungsträger verlesen. Neben der Opferung Isaaks sind das z. B. die Schöpfung (Erschaffung des Lichtes), die Exoduserzählung (Pessachlamm) und Verheißungen des Propheten Jesaja. In der lutherischen Kirche gehört die Opferung Isaaks zum Sonntag Judika, bevor mit dem Palmsonntag die Karwoche beginnt, und ist damit in große Nähe zu Karfreitag und Ostern gerückt. Auch beim St. Georgsfest der Sinti und Roma ist die Opferung Isaaks wichtig.

Abraham in islamischen Festen

Alljährlich reisen auch aus dem deutschsprachigen Raum Tausende Muslime nach Mekka. Im Zentrum der Pilgerfahrt feiern sie zusammen mit allen Muslimen auf der Welt das Opferfest. Beide, Hadsch und Opferfest, sind eng mit Abraham, Hagar und Ismael verbunden. Abraham kommt im Islam große Bedeutung zu. Er ist einer der fünf großen Propheten (mit Noah, Mose, Jesus und Muhammad) und wird Freund Gottes genannt. Er gilt als leiblicher Ur-Ahn der Araber. Auf die Jugenderzählungen muss hier leider verzichtet werden: Sie entsprechen weitgehend der jüdischen Tradition, (⌒ Geburtstage der Religionsstifter) und finden sich in den Suren 6: 76-80 und 21: 52-73 – und zu ihrer Verbindung mit Hadsch und Opferfest schreibt Halima Krausen: Den Qur 'an-Stellen zu Abraham liegen nicht nur biblische Erzählungen zugrunde, sondern auch die Überlieferungen anderer Völker, die ihre Abstammung auf Abraham zurückführen, und zwar über Hagar und Ismail sowie über seine dritte Frau Qeturah und ihre Söhne. Dabei handelt es sich um Völker und Stämme der arabischen Halbinsel, deren Kultur bis zum Auftreten des Propheten Muhammad weitgehend schriftlos war, die aber trotzdem ihre Version der Geschichte ihrer Vorfahren bewahrten. Es gibt auch Stämme, die ihre Abstammung auf eine vierte Frau Abrahams namens Sabah zurückführen, woraus man den Namen jenes südarabischen Landes herleitet, dessen Königin dann mit Salomo in Verbindung stand. Wenn also der Qur 'an die Geschichte als bekannt voraussetzt, dann vor allem auch aus der arabischen Überlieferung:

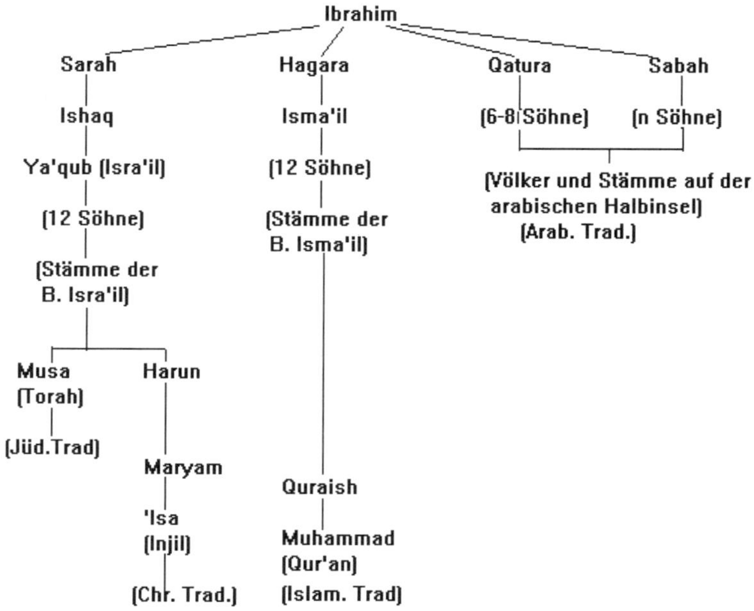

Halima Krausen, Islamische Studien

Abraham verlässt zusammen mit seiner Frau Sarah und seinem Neffen Lot seine Heimat und seinen Vater, für den er dennoch um Vergebung bittet und dem er Frieden wünscht. Es gibt mehrere arabische Berichte von seinen Reisen, wobei er interessanterweise auch auf der westarabischen Karawanenstraße gereist sei soll, zumindest bis in den Südhijaz oder sogar Yemen. Berichtet wird auch von einem Ägyptenaufenthalt einschließlich der Episode, wo der König Sarah, die er für Abrahams Schwester hält, für sich haben will, aber auf wunderbare Weise zurückgehalten wird und den wahren Sachverhalt erkennt. Als Ausgleich für die Beleidigung schenkt er Sarah eine Sklavin. Bei diesem Mädchen soll es sich um eine Prinzessin gehandelt haben, die von Abrahams und Sarahs Glauben an den Einen Gott tief berührt war und sich freiwillig zur Verfügung stellte, um auf diese Weise mit ihnen das Land verlassen zu können. Auf eine solche Auswanderung weist auch der Name Hagar (»Emigrantin«) hin, unter dem sie schließlich bekannt wird.

Im Laufe der Zeit wird Hagar Abrahams zweite Frau und Mutter seines ersten Sohnes Ismail. Abraham lässt Hagar und Ismail, der noch ein Kleinkind ist, unterwegs in einem öden Tal an der Hijaz-Straße zurück. Verschiedene Gründe für diese Reise werden in den Überlieferungen erwähnt, aber als Hauptgrund wird ein Gebot Gottes angegeben, das Abraham vertrauensvoll befolgt. Als das Kind durstig wird, beginnt Hagar, besorgt und unter Gebeten um Hilfe zwischen zwei Hügeln hin- und herzulaufen, um Ausschau nach Anzeichen für Wasser oder die Anwesenheit von Menschen zu halten. Schließlich findet sie da, wo das Kind mit den Füßen gestrampelt hat, eine Quelle, und ein Engel spricht ihr Trost und Verheißung zu. Nach Abrahams Rückkehr wird der Ort, an dem Gottes Hilfe so greifbar erfahren wurde, mit einem schwarzen Stein markiert, und zur Erinnerung wird immer wieder die Geschichte erzählt, wenn

man an dieser Stelle Rast macht. In diesem Zusammenhang kann sich eine Ansiedlung gebildet haben, die gleichzeitig als heilige Stätte empfunden wurde: Mekka.
Der Lauf zwischen den Hügeln Safa' und Marwa, ein Grundbestandteil des Pilgerfahrtsrituals, vergegenwärtigt die Erfahrung der Mutter Hagar, die voller Sorge und doch im Vertrauen auf Gott hin- und herläuft, um in der Ferne nach Hilfe zu suchen, die sie dann so nahe bei sich selber findet. Alle Männer und Frauen, die bis heute die Pilgerfahrt nach Mekka durchführen, schlüpfen vorübergehend in die Rolle ihrer geistigen Ahnherrin und erfahren, wie sie im Leben hin- und herlaufen auf der Suche nach dem, was sie hält und trägt, während Gott doch immer bei ihnen ist; danach erfrischen sie sich mit Wasser aus der Quelle Zamzam, die heute Wasser für Millionen von Pilgern liefert.
Ein weiter Teile der Abrahamsgeschichte, die in der arabischen Überlieferung mit Mekka verbunden ist, ist für Muslime von ganz besonderer Bedeutung: Sie besonders kennzeichnet Abraham als einen Mensch, der mit reinem Herzen ganz in Gottes Gegenwart lebt und dies durch sein uneingeschränktes Vertrauen bei allen Prüfungen des Lebens beweist:
Und Wir gaben ihm die Freudenbotschaft von einem langmütigen Sohn. Als dieser alt genug war, um mit ihm zu arbeiten, sprach (Abraham): »Mein lieber Sohn, ich habe im Traum gesehen, dass ich dich opfern soll. Nun überlege, was du dazu meinst.« Er antwortete: »Mein Vater, tue, was dir befohlen wurde. Du wirst mich, wenn Gott will, geduldig finden.« Als die beiden eingewilligt hatten und (Abraham seinen Sohn) auf die Stirn niedergelegt hatte, riefen Wir ihm zu: »Abraham! Du hast deinen Traum bereits erfüllt.« So vergelten Wir denen, die Gutes tun. Dies war doch eine deutliche Prüfung. Und Wir lösten (den Sohn) durch ein großes Opfer ab, und Wir bewahrten (Abrahams) Ruf bei späteren Generationen: Friede sei mit Abraham! So vergelten Wir denen, die Gutes tun. Er gehörte zu Unseren gläubigen Dienern. Und Wir gaben ihm die Freudenbotschaft von Isaak, einem Propheten, einem der Gerechten, und Wir segneten ihn und Isaak. Unter ihren Nachkommen gibt es solche, die Gutes tun, und solche, die offensichtlich sich selbst gegenüber ungerecht sind.« (Sura 37: 102-114).

Nun war es bekannt, dass Ibrahim Allahs Freund war und Ihn mehr liebte als alles in der Welt. Er liebte sicher auch seine Familie, ja sogar seinen ungläubigen Vater, und seinen kleinen Sohn Ismail liebte er noch mehr. Aber Allah wollte vor der ganzen Welt zeigen, dass Ibrahim Allah noch weit mehr liebte als seinen einzigen Sohn. Als daher Ismail alt genug war, um mit seinem Vater reisen zu können, befahl Allah Ibrahim im Traum, Ismail zu opfern. Am nächsten Morgen sprach Ibrahim zu Ismail: »Mein lieber Sohn, Allah hat mir befohlen, dich zu opfern. Was meinst zu dazu?« Und der Junge sprach: »Vater, tu, was Allah dir befohlen hat, und ich will mir Mühe geben, standhaft zu sein.« Da sprach Ibrahim zu Hagar: »Zieh Ismail die besten Kleider an, denn wir wollen einen lieben Freund besuchen gehen.« Dann nahmen sie Abschied von der Mutter und wanderten, bis sie an einen bestimmten Berg kamen. Unterwegs aber lauerte der Teufel. Der hatte sich schon lange geärgert, dass er Ibrahim nicht von seinem Glauben abbringen und nicht einmal falsche Gedanken einflüstern konnte. Nun meinte er, Ibrahim hätte nach diesem schweren Beschluss, seinen einzigen Sohn zu opfern, vielleicht Zweifel in seinem Herzen. Er sprach zu Ismail: »Wo gehst du hin? Du bist doch noch viel zu jung zum Sterben«, und zu Ibrahim sprach er: »Das kann doch wohl nicht richtig sein. Wie kann Allah einen so unmenschlichen Befehl geben, und noch dazu seinem Freund?« Aber Ibrahim und Ismail wussten mit Gewissheit, dass Allah das Beste für die Menschen vorhat, und dass Er sie ebenso liebte wie sie Ihn. Mit Steinen vertrieben sie den Verführer, und er verschwand. Endlich gelangten sie auf den Berggipfel, und Ibrahim legte Ismail auf einen Stein und zog sein Messer heraus, um ihn zu töten. Aber das Messer konnte mit einem Mal nicht schneiden, und Allah sprach zu Ibrahim: »Ibrahim! Du hast deine Mission schon erfüllt. Dies war in Wirklichkeit eine Prüfung.« Und als Ibrahim seinen Sohn freigelassen hatte, fanden sie im nahen Gebüsch ein Schaf. Das opferten sie an Ismails Stelle. (Krausen, 40f.)

Auf diese Erfahrung bezieht sich das Opferfest als größtes islamisches Fest und Bestandteil der Großen Pilgerfahrt. Das Opferfest ist ein Fest der Freude und Dankbarkeit. Wer es sich leisten kann, schlachtet nach einem gemeinsamen Festgottesdienst am Morgen ein Schaf (oder zu mehreren ein größeres Tier,

z. B. ein Rind) und verteilt das Fleisch: ein Drittel an die Armen, die auf diese Weise am Fest teilhaben und wenigstens einmal im Jahr Fleisch essen können, ein Drittel an Freunde und Nachbarn und ein Drittel an die Familienangehörigen. Die theologische Interpretation findet sich unter: Grundlegende Heilsereignisse.

In Verbindung mit dieser Geschichte gibt es noch eine Überlieferung, die in einem Pilgerfahrtsritus nachempfunden wird. Als demnach Abraham und sein Sohn unterwegs zur Opferstätte waren, kam der Teufel und wollte ihnen ihr Vorhaben ausreden, und sie vertrieben ihn mit Steinwürfen. Die drei Stellen, von denen dies berichtet wird, sind heute durch Säulen markiert, die von den Pilgern symbolisch gesteinigt werden, als Ausdruck für den fortwährenden Kampf gegen den »inneren Lump«, den jeder Mensch auszufechten hat.

In der arabischen Überlieferung ist Ismail der Sohn, von dem hier die Rede ist. Allerdings wird der Name des Sohnes in dieser Geschichte im Qur 'an gar nicht erwähnt. Man kann daraus schließen, dass es zwar für die Nachfahren der beiden Brüder natürlich ist, ihren jeweils eigenen Vorfahren in dieser Rolle sehen zu wollen, aber dies ist weder zum Verständnis der Geschichte als existenzieller menschlicher Erfahrung wesentlich, noch sollte es gar ein Streitgrund sein. Im ursprünglichen islamischen Denken gibt es keinen Ausschließlichkeitsanspruch. Sowohl Ismail als auch Isaak werden als prophetische Gestalten erwähnt. Der Qur 'an konzentriert sich auf die Einheit Gottes hinter der Vielfalt der Menschheit.

Schließlich bezieht sich der Qur 'an auf den Bau der Ka'ba als erstes Gebetshaus der Menschheit, das dem Einen Gott geweiht ist. Als schlichtes Gebäude, das innen leer ist, wird sie als Symbol für das menschliche Herz gesehen: zum einen deswegen, weil sie das Herzstück der islamischen Welt bildet, um das sich die Gemeinschaft der Muslime beim Gebet sozusagen im Kreis anordnet; zum anderen, weil sie innen leer ist, d. h. frei von Götzen, so wie auch das Herz des Menschen leer sein sollte, um »Haus Gottes« werden zu können. Zu den grundlegenden Riten der Pilgerfahrt gehört überdies, dass man die Ka'ba umschreitet und sich bewusst wird, dass nicht das eigene Ich im Mittelpunkt steht, sondern Gott, mit dem wir in unseren Herzen verbunden sind, und dass wir Teil einer vielfältigen Menschheit sind, die Wege in Seiner Gegenwart sucht.

Und (erinnere dich,) wie Wir das Haus (Gottes) zu einem Versammlungsort und einer Stätte der Sicherheit und des Friedens für die Menschen machten: »Nehmt den Standplatz Abrahams als Gebetsstätte.« Und Wir forderten Abraham und Ismail auf: »Reinigt Mein Haus für die, die es umschreiten, die sich dorthin zur Andacht zurückziehen und die sich (im Gebet) beugen und niederwerfen.« Und (erinnere dich,) wie Abraham sprach: »Mein Herr, mache dies zu einem Ort der Sicherheit und des Friedens und versorge diejenigen von seinen Bewohnern, die an Gott und den Jüngsten Tag glauben, mit Früchten.« Er erwiderte: »Auch denjenigen, die die Wahrheit leugnen, werde Ich etwas zum Nießbrauch überlassen; doch dann werde Ich ihn in die Pein des Feuers gelangen lassen – ein schlimmes Ziel.« Und (erinnere dich,) wie Abraham und Ismail das Fundament des Hauses bauten (und sprachen): »Unser Herr, nimm dies von uns an. Du bist doch der Hörende, der Wissende. Unser Herr, mache uns beide Dir ergeben, und mache aus unseren Nachkommen eine Gemeinschaft, die Dir ergeben ist, und zeige uns unsere gottesdienstlichen Handlungen und wende Dich uns zu. Du bist doch der, der sich in Gnade zuwendet, der Barmherzige. Unser Herr, erwecke unter ihnen einen Gesandten aus ihrer Mitte, der ihnen Deine Zeichen darlegt und sie die Schrift und die Weisheit lehrt und sie läutert. Du bist der mächtige Freund, der Weise.« Und wer wird sich von Abrahams Haltung abwenden, es sei denn jemand, der sich selbst betrügt? Wir haben ihn schon in dieser Welt erwählt, und im zukünftigen Leben wird er zu den Gerechten zählen. (Sura 2: 126-127)

Der Schwarze Stein, der den Ort gekennzeichnet hatte, an dem Hagars Gebet erhört und ihr und Ismail eine Lebensgrundlage gegeben wurde, wurde in eine Ecke der Ka'ba eingebaut, und wenn ihn die Pilger heute berühren und küssen, dann ist dies über die Zeiten hinweg eine Berührung mit allen Menschen,

die ihn berührt haben, bis hin zu Abraham, Hagar und Ismail. Die Umschreitung der Ka'ba wird abgeschlossen mit einem Gebet an der Stelle, wo Abraham stand und betete. Der *Standplatz Abrahams* ist aber darüber hinaus eine innere Haltung des Herzens, aus der heraus wir unsere Gebete vor Gott bringen sollen. *Gott ergeben* heißt auf Arabisch »muslim'«, und dies ist genau das Wort, das im Originaltext benutzt wird, wenn es heißt: »*Mache uns beide Dir ergeben, und mache aus unseren Nachkommen (wörtlich: »unserer beider Nachkommen« im Dual) eine Gemeinschaft, die Dir ergeben ist.«* Islam ist in seiner Grundbedeutung eine innere Haltung, unabhängig von der formalen Religionszugehörigkeit, eine Anlage, die den Menschen und übrigens auch andere Geschöpfe treibt, in Harmonie mit Gott und Seiner Schöpfung zu leben, die der Mensch aber oft aus egoistischen Beweggründen verdrängt. Die Lehren der Religionen zeigen nun – aus islamischer Sicht betrachtet – Wege auf, diesen Egoismus zu überwinden und sich mit Gott zu versöhnen. Darum weisen die Erfahrungen Abrahams und seiner Angehörigen im Qur 'an über bestehende Differenzen hinaus auf die Haltung, auf die es ankommt:
Es geht weder nach euren Wünschen noch nach den Wünschen der Leute der Schrift (Angehörige der früheren Schriftreligionen). Wer Böses tut, dem wird vergolten werden, und er wird außer Gott keinen Freund oder Helfer finden. Wer aber Gutes tut, sei es Mann oder Frau, und gläubig ist – sie werden in den Garten gelangen und nicht das geringste bisschen Unrecht erleiden. Und wer hat eine schönere Religion als jemand, der sich Gott völlig hingibt, Gutes tut und der Haltung Abrahams folgt, des Aufrichtigen? Und Gott nahm sich Abraham zum Freund. (Sura 4:124-126)

Eine deutsche Pilgerin berichtet:
Obwohl mir die Moschee mit der Kaaba inmitten so vertraut ist, bin ich aufgeregt. »Hier bin ich, Gott, hier bin ich. Du hast keinen Partner. Ich beabsichtige, die Hadsch allein für Allah, den Erhabenen zu machen. Oh Allah, öffne mir die Tore Deiner Barmherzigkeit. Gott, lasse dies eine Pilgerfahrt werden, ohne Augendienerei und nicht des Rufes wegen«. Diesen Text bete ich wieder und wieder. Sieben Mal werde ich die Kaaba umschreiten. Ich bin froh, dass Fatima an meiner Seite ist. Ich habe eine kleine gefaltete Liste bei mir mit den Namen derjenigen, die ich auf keinen Fall vergessen möchte. Ich möchte für sie alle um den Segen Gottes bitten und für die Erfüllung ihrer Anliegen. Die Kaaba ist zu meiner Linken, während ich sie im Strom der Pilger umschreite. An der Ecke, wo sich der Schwarze Stein befindet, hebe ich die Hand zum Gruß und bete: »Oh Allah, beschere uns Gutes in dieser Welt, und Gutes in der Zukünftigen und bewahre uns vor der Pein des Feuers«. Immer wieder bete ich für meine Tochter, für meinen Mann, meine Eltern und Schwester ... und auch für mich. Die Gegenwart der Kaaba löst in mir eine Bewusstheit aus, der ich mich nicht entziehen kann. Wie durch einen inneren, unsichtbaren Spiegel fühle ich mich mit meinen extremsten Schwächen und Vergehen konfrontiert. Ich erlebe meinen Zustand als nicht gerade angenehm. Mir wird klar, dass das der Sinn meiner Pilgerfahrt ist: auf meine Schwächen sehen zu müssen, auf das, was ich zu bewältigen habe in diesem Leben, auf meine negativen Seiten. »Bitte bewahre mich vor dem Vergessen, bitte mach, dass ich mich immer daran erinnere, was mir jetzt so deutlich bewusst wird und was ich an meinem Verhalten ändern muss.« Nach dem Umschreiten der Kaaba verrichte ich mein Gebet am »Maquam Ibrahim«, der Stätte Abrahams. Da erst erinnerte ich mich an die Warnungen unseres Reiseleiters. Wegen des extremen Pilgerandrangs hatte er uns geraten, nicht vor der Kaaba, sondern in der Moschee zu beten. Während ich dort stehe, blockiert meine Anwesenheit den fließenden Strom der Pilger. Gott sei Dank hat der Andrang der anreisenden Pilger noch nicht seinen Zenit erreicht und es geht einigermaßen gut.
Nun geht's zur nächsten Station: Zur Sam Sam Quelle. Ihr Eingang befindet sich neben der Kaaba. Da sie unterirdisch angelegt ist, steigt man die kleingefliesten Marmorstufen zu ihr hinab. Die Quelle ist kein kleines Rinnsal, sondern eine riesige Anlage mit getrennten Eingängen für Männer und Frauen. Das Sam Sam Wasser kommt aus mehreren langen Reihen von Wasserhähnen. Die rituelle Reinigung bei der Sam Sam Quelle erlebe ich als so erneuernd, wie noch nie. Der ganze Stress und die Mühsal scheinen von mir abzufallen und ich spüre eine tiefgreifende Reinigung und Erfrischung. Ich sehe Frauen nicht nur das Wasser trinken, sondern sich vollständig damit waschen bzw. duschen. Bevor es zur nächsten Station, dem Sai' geht, verbleibt noch etwas Zeit. Hier sitze ich nun und warte auf Fatima und Karima,

meine beiden deutschen Schwestern. Ich sitze auf den Stufen des Wandelgangs, der um die Kaaba angeordnet ist und genieße den Blick auf die Kaaba. Im gleißend-hellen Sonnenlicht steht sie vor mir, mit einem schwarzen, edel gewebten Stoff bedeckt, auf dem Koranverse aus Gold gestickt sind. Vor dem Weiß des Marmorfußbodens hebt sich das Schwarz/Gold des Tuches sehr ästhetisch ab. Der langsame Strom der überwiegend schwarz und weiß gekleideten Pilger bewegt sich in der heißen Sonne auf, durch eine unterirdische Klimaanlage gekühltem, weißen Marmor. Die riesige Moschee, die um die Kaaba rundum gebaut wurde, nimmt auf vier Etagen das Volumen von zwei bis drei Millionen Menschen auf. Sie ist nicht in einem einheitlichen Stil gebaut, sondern unterschiedlich und abwechslungsreich und insgesamt in den sehr kostbaren Materialien und Farben sehr stimmig. Ich kenne Pilger, denen sie zu protzig ist, zu aufwendig und teuer. Aber ich muss gestehen, dass ich ihren Anblick immer wieder genieße.
Den Lauf zwischen Safa und Marwa hatte ich mir aus dem fernen Deutschland ganz anders vorgestellt und war dann bei meinem ersten Aufenthalt in Mekka sehr erstaunt über den Anblick: Die beiden niedrigen Hügel sind in großer Höhe vollständig überdacht und der Lauf erfolgt wegen des riesigen Andrangs der Pilger aus aller Welt auf mehreren Etagen. Die Hügel sind z. T. mit kleinen quadratischen Fliesen bedeckt. Und das, was von den Hügeln noch herausragt, ist von den Millionen Pilgerfüßen glatt und glänzend getreten. Die Strecke zwischen den Hügeln ist mit großen Marmorplatten bedeckt. Einige Pilger laufen die Strecke im raschen Tempo, während andere langsam gehen. Ich ziehe es vor langsam zu gehen, weil ich so viel auf dem Herzen habe und genügend Zeit brauche, um für all meine Anliegen zu bitten. Allerdings ist die Strecke zwischen den Hügeln nicht gerade kurz, und man läuft, bzw. geht sie siebenmal. Ein kurzer durch grünes Licht gekennzeichneter Abschnitt der Strecke wird von allen Pilgern rasch durchlaufen. Das erinnert an das Laufen von Hagar in ihrer großen Not. Wie sie sind wir der Gnade Gottes bedürftig, nur durch Ihn kommt die Öffnung und entstehen Wege und Möglichkeiten, wenn wir keine Hoffnung mehr haben. »Mein Herr, in der Hoffnung, dass Du mir meine Quelle eröffnest, dass Du mir meinen Weg bahnst, bete ich hier zu Dir. Nur durch Deine Kraft kann das entstehen, was ich mir von Dir wünsche, nur durch Dich und durch Deine Gnade. Bitte gib mir das, wonach ich mich sehne, damit mein Leben sich erfüllt und erfüllend wird, nur Du kannst es mir geben. Nur durch Dich kann für mich ein Weg entstehen, lass mich dafür das Richtige tun.« In dieser Weise bete ich, für mich und für die Anliegen aller Menschen, die mir nah sind und mir am Herzen liegen: für meine Familie, für meine Freunde und für die Gemeinschaft aller Gläubigen.

Waltraud Wahida Azhari

Aus dem »Wehe« des Jeremia über die erste Zerstörung Jerusalems und des Tempels. Es wird am 9. Aw gelesen:
Knechte walten über uns,
da ist keiner, der ihrer Hand uns entrisse.
Wir setzen unsre Seele dran,
dass unser Brot wir bekommen,
vor dem Schwert in der Wüste,
unsre Haut, wie ein Ofen erglüht sie
vor den Fieberqualen des Hungers.
Frauen haben sie in Zion gebeugt,
Maiden in den Städten Jehudas,
von ihrer Hand wurden Obere gehenkt,
Älteste wurden verunehrt,
Jünglinge müssen zur Mühle tragen,
Knaben straucheln unter der Holzlast.
Die Alten feiern von der Torberatung,
die Jünglinge von ihrem Saitenspiel.
Feiern muss unsres Herzens Ergötzen,
zu Trauer wandelte sich unser Reigen.
Gefallen ist die Krone unsres Haupts, –

Jerusalem

Jerusalem wird erstmals im 14. Jh. v. Chr. in den ägyptischen el Armana-Briefen urkundlich als Urusalimu erwähnt (Vogt, 397). Die Bibel weiß von einer Begegnung Abrahams mit Melchisedek, dem König von (Jeru) Salem, zugleich Priester des höchsten Gottes, der Himmel und Erde geschaffen hat (Gen 14, 17-20). Auch die Bindung Isaaks wird später mit diesem Ort identifiziert (Abraham). Demnach war Jerusalem schon vor den Anfängen Israels ein heiliger Ort. Als König David die Stadt eingenommen hatte, errichtete er dort ein Heiligtum für die Bundeslade und sein Sohn Salomo baute einen Tempel. Der Salomonische Tempel war Zentrum des Gottesdienstes und Ziel der drei Pilgerfeste Pessach, Schawuot und Sukkot. Mit der ersten Zerstörung des Tempels 586 v. Chr. und dem babylonischen Exil musste eine Theologie entwickelt werden, die auch ohne den Tempel auskam. Auf diese konnte aufgebaut werden, als der 515 neugeweihte und ab 20 v. Chr. von Herodes prächtig erweiterte Tempel 70 n. Chr. von den Römern wieder zerstört wurde. Ab 135 durften Juden Jerusalem bis zum 4. Jh. nicht mehr betreten. Kaiser Hadrian ließ auf den Trümmern Jerusalems eine neue Stadt, Aelia Capitolina errichten. Nun entwickelte sich das rabbinische Judentum. In die Pilgerfeste wurden symbolisch die vorher im Tempel vollzogenen Kulthandlungen aufgenommen, so z. B. der Lammknochen auf dem Seder-Teller für das Pessach-Lamm, dessen Opferung nicht mehr möglich ist. Der Seder-Abend endet mit dem Satz »Nächstes Jahr in Jerusalem!« Zur Erinnerung an beide Tempelzerstörungen wird als Trauertag der 9. Aw begangen. In einem Midrasch heißt es: »Das Land Israel liegt in der Mitte der Welt; Jerusalem liegt in der Mitte des Landes Israel; der heilige Bezirk liegt in der Mitte Jerusalems; das Tempelhaus liegt in der Mitte des heiligen Bezirkes; die Bundeslade liegt in der Mitte des Tempelhauses; der Heilige Felsen aber liegt vor der Bundeslade, denn von ihm aus wurde die Welt gegründet.« (Midrasch Tanchumal, nach Kroll, 390)

An die bleibende Bedeutung Jerusalems konnte die ursprünglich rein politische, im 19. Jh. nach Pogromen in Russland entstandene und nach der Schoah weitgehend akzeptierte Bewegung des Zionismus anknüpfen. Der 1948 gegründete Staat Israel erobertete im Sechs-Tage-Krieg 1967 am 7. Juni die Altstadt mit Tempelberg und Westmauer, der sogenannten Klagemauer, was seitdem als Jom Jeruschalajim gefeiert wird (28. Ijjar).

Die ersten Jesus-Gläubigen praktizierten weiterhin ihr Judentum und wurden von der Zerstörung des Tempels schwer getroffen, die entsprechend auch die christliche Theologie stark beeinflusst hat. Der jüdische Kult wurde auf Jesus Christus bezogen, d. h. er ist Tempel, Priester und Opfer zugleich. Die Stationen seines Lebens gewannen an Bedeutung.

Ab 135 war Jerusalem auch für Judenchristen verboten und auf dem Felsen Golgatha stand nun ein Tempel der Aphrodite. (Kroll, 378 f.) Aber der Bezug der in Palästina und darüber hinaus wachsenden Christenheit zu Jerusalem und den anderen Orten des Wirkens Jesu wuchs. 333 berichtet ein Pilger von mehreren kleinen Kirchen und der gerade neu erbauten Basilika Kaiser Konstantins über Golgatha und dem Grab Jesu. Auch für die Christen wurde Jerusalem zum Zentrum der Welt, aber nicht vom Felsen des Tempelberges, sondern vom Felsen Golgatha aus. Seitdem prägen viele Kirchen in mehrfach veränderter Form das Stadtbild. Nach den politischen Entwicklungen und der konfessionellen Ausdifferenzierung gehörte die Christenheit im Nahen Osten schließlich mehrheitlich zu den orthodoxen Kirchen. Diese haben in ihren Festen den intensivsten und ursprünglichsten Bezug zu Jerusalem bewahrt. Die meisten (orthodoxen) Feste sind an – als solche angese-

wehe, ach, über uns, dass wir sündigten!
Ward darob siech unser Herz,
verfinstert sind uns die Augen über dieses:
über den Zionsberg, dass er verstarrt ist, –
Füchse ergehn sich darauf.
Du, in Weltzeit wolltest du sitzen
auf deinem Thron, Geschlecht um Geschlecht, –
warum vergissest du uns in die Dauer,
verlässest uns für die Länge der Tage?
Umkehren mache, Du, uns zu dir,
dass wir heimkehren können,
erneue unsre Tage wie ureinst!
Denn verwürfest, verwürfest du uns,
du grolltest uns allzusehr.
(*Buber, Martin; Rosenzweig, Franz,* Die Schriftwerke, Gütersloh 1997. Klgl 5, 8-22.)

Pilgerin Aetheria (381–384): Beschreibung der Karfreitagsliturgie des Jahres 383 in der Auferstehungskirche, der heutigen Grabeskirche. Ein ähnlicher Ritus wird heute zum Fest der Kreuzerhöhung durchgeführt:
Am Karfreitag früh wird zur Verehrung des heiligen Kreuzes dem Bischof die Kathedra in Golgota »post crucem« aufgestellt. Ein mit Linnen bedeckter Tisch wird vor den Bischof gestellt, im Kreis um den Tisch stehen die Diakone; man bringt ein silbernes, vergoldetes Kästchen, in dem das Holz des Kreuzes liegt. Wenn es also auf den Tisch gelegt ist, erfasst der Bischof sitzend mit den Händen die Enden des heiligen Holzes; die Diakone, die im Kreise stehen, bewachen es, weil irgend einmal einer vom heiligen Holz etwas gestohlen haben soll. Und so geht das ganze Volk vorüber, jeder einzeln, alle neigen sich, berühren zuerst mit der Stirn, dann mit den Augen Kreuz und Inschrift, und das Kreuz küssend gehen sie vorbei. Bis zur sechsten Stunde zieht das ganze Volk vorüber, durch eine Tür eintretend, durch die andere hinausgehend.
(Kroll, 385. © St. Benno Buch- und Zeitschriften, Leipzig.)

Ein Karfreitag in einer Orthodoxen Kirche heute: Am Heiligen und Großen Freitag wird der Kreuzigung Jesu gedacht. Im Morgengottesdienst wird eine Zeremonie in Anlehnung an die alten Jerusalemer Stationsgottesdienste abgehalten. Nach einleitenden Gebeten zieht der anwesende Klerus nach »Golgatha«, einem in der Mitte der Kirche erhöhten Platz, auf dem ein von Kerzen umgebenes Kreuz steht. Es folgen siebenmal hintereinander Fürbittgebet, Evangelienlesung und Gesang, wobei jedes mal Priester und Gläubige erneut ihre Kerzen anzünden – eine Erinnerung an die erwähnten sieben Jerusalemer Stationsgottesdienste. Stundengebete nehmen fast den gesamten Vormittag ein. Lesungen aus den Psalmen, den Propheten, Apostelbriefen und Evangelien folgen im Wechsel mit zwölf Hymnen. Im Abendgottesdienst gedenken Priester und Gläubige der Todesstunde Jesu. Im Kirchenraum wird vor dieser Feier das Grab Christi am Hügel Golgatha nachgebildet und mit Blumen und Kerzen bestückt. Der Höhepunkt des Gottesdienstes ist der Moment, da die Priester in feierlicher Prozession die Plastschaniza, eine kostbar mit der Grablegung Christi bestickte Stoffikone, vom Altar auf das Heilige Grab tragen. Die Stoffikone bedeckt das Evangeliar, das mit dem Tuch auf dem Grab niedergelegt wird. Diese rituelle Handlung bedeutet, dass das Wort Gottes, in Jesus Fleisch geworden, zu Grabe getragen wird. Am Karfreitag ist den Gläubigen die völlige Enthaltung von Speisen und Getränken vorgeschrieben. (REMID, 59f.)

Ibn Iṣhāq, etwa 704 geboren, schrieb das erste umfassende Geschichtsbuch der islamischen Welt, woraus die Vita Mohammeds erhalten blieb. Der entnommene, gekürzte Abschnitt beschreibt die Himmelsreise Mohammeds, die dem gleichnamigen Fest zugrunde liegt:
»Nachdem ich in Jerusalem gebetet hatte, wurde mir eine Leiter gebracht, so schön, wie ich noch nie etwas gesehen hatte. Es war die Leiter, auf die die Todgeweihten ihre Augen richten, wenn das Ende naht. Gabriel ließ mich auf ihr hinaufsteigen, bis er mich zu einem der Himmelstore brachte, das man das Hütertor nennt. Es wird bewacht von einem Engel namens Isma'il, dem zwölftausend Engel unterstehen, von denen einem jeden wiederum zwölftausend Engel gehorchen. An dieser Stelle pflegte der Prophet in seinem Bericht die Worte Gottes anzuführen: Die Heerscharen deines Herrn kennt nur Er allein (Sure 74: 31). Dann fuhr er fort: Als ich durch das Tor geführt wurde, fragte der Engel: »Wer ist dies, Gabriel?« »Dies ist Muhammad«, erwiderte Gabriel. »Ist er gesandt worden?« »Ja.« Darauf erflehte er Gottes Güte für mich ...
Immer wenn mich Gabriel von einem Himmel zum nächsten brachte, fragte man ihn, als er um Einlass bat, wer ich sei. Er nannte ihnen meinen Namen, und sie fragten ihn weiter, ob ich gesandt worden sei. Als er es bejahte, riefen sie aus: »Gott schenke ihm Leben, Bruder und Freund!«
So geschah es, bis wir zum siebenten Himmel gelangten und er mich schließlich zu meinem Herrn brachte, der mir für jeden Tag fünfzig Gebete zur Pflicht machte. Als ich dann auf dem Rückweg wieder bei Moses vorbeikam – welch vortrefflicher Freund ist er euch! –, fragte er mich:
»Wie viele Gebete sind dir auferlegt worden?« »Fünfzig jeden Tag«, erwiderte ich, worauf er sprach: »Das Gebet ist eine schwere Last, und dein Volk ist schwach. Gehe zurück zu deinem Herrn und bitte Ihn, Er möge dir und deinem

henen – Originalschauplätzen entstanden und wurden dort auch als Pilgerfeste gefeiert, bis schließlich Jerusalem 638 von den Arabern eingenommen wurde. Die Feier vor Ort wurde in Liedern in die Gottesdienste und in Nachbildungen und Prozessionen in die Kirchen hineingenommen. Am bekanntesten, in allen Konfessionen verbreitet und auf der ganzen Welt begangenen ist der Kreuzweg, der den Weg Jesu zur Kreuzigung entlang der Via Dolorosa nachahmt. Bis heute reisen Christen aller Konfessionen – solange es die politischen Verhältnisse zulassen – vor allem zu Ostern oder Weihnachten nach Jerusalem und Bethlehem, und besuchen Pilgerherbergen, Klöster oder Gemeinden in Jerusalem.

Für den Islam ist Al-Quds, »Die Heilige«, so der arabische Name Jerusalems, nach Mekka und Medina die dritte Heilige Stätte. Von alters her war Jerusalem mit dem Tempel von Mekka aus al-Masjid al-Aqsa, das »Entfernteste Heiligtum«. Jerusalem wird nicht nur verbunden mit den im Islam wichtigen jüdischen Propheten und Jesus, sondern war auch Ziel der spirituellen Nachtreise Mohammeds (Sure 17), bei der er Abraham, Mose und Jesus im Himmel begegnet und mit ihnen gemeinsam betet. Als Jerusalem 638 vom Kalifen Umar eingenommen wurde, fanden die Muslime den Tempelberg als Ruine vor. Ihrem Selbstverständnis entsprechend als Diener des einen Gottes, den schon die Propheten Israels und Jesus verkündet hatten, bauten sie auf dem Tempelberg, »Haram Al-Sharif«, wieder eine Gebetsstätte, die Al-Aqsa-Moschee, dann 691 den Felsendom. Der Felsendom umschließt die Felsenspitze, auf der ein Fußabdruck Mohammeds zu sehen sein soll, den er hinerlassen hat, als er die Himmelsreise antrat. Abraham und Elia sind zwei Gebetsnischen gewidmet. Jerusalem wurde zu einer weiteren Station der Hadsch.

Damit hatten sich alle drei abrahamitischen Religionen in Jerusalem etabliert und lebten in relativ friedlicher Koexistenz. Die Herrschaft verschiedener muslimischer Dynastien wurde nur durch die überaus blutige Einnahme Jerusalems durch die Kreuzritter 1099 für 88 Jahre unterbrochen. Europäischer Imperialismus, Nationalismus bis hin zum Nationalsozialismus und Shoa brachten die politischen Verhältnisse in Bewegung und führten zur derzeit eskalierenden Nahost-Krise. Zur Zeit ist es für die Gläubigen der drei Religionen nicht möglich alle ihre im Heiligen Land und Jerusalem gelegenen Heiligen Stätten zu besuchen, geschweige denn die der anderen. Der Pilgertourismus ist fast völlig zum Erliegen gekommen. Der ursprünglich politische Konflikt wird zunehmend von religiösen Motiven und Emotionen bestimmt. Jerusalem und der Tempelberg sind dabei von herausragender Bedeutung. Die Bedeutung Jerusalems für die Feste der drei Religionen zeigt exemplarisch ihre tiefe, theologische wie emotionale Bindung zu Jerusalem auf und kann so die Dynamik des Konfliktes erhellen, aber auch Wege zu friedlicher Koexistenz aufzeigen und stärken. So wie nach islamischer Tradition Mose, Jesus und Mohammed in Jerusalem zusammen beteten, finden dort auch heute – wie weltweit an vielen Orten – gemeinsame Gebete von Juden, Christen, Muslimen und Gläubiger weiterer Religionen, z. B. Buddhisten statt.

Für Unterricht und Gemeinde bietet es sich an, Feste mit direktem Bezug zu Jerusalem durch diesen Aspekt zu erweitern, oder Jerusalem als Projekt-Thema auszubauen und auf die Feste Bezug zu nehmen. Anhand von Lexikonartikeln, Atlanten, Bildbänden und Stadtführern, CD-ROM und Internet kann sowohl das Thema Jerusalem geographisch wie theologisch erkundet werden. In höheren Schulklassen kann mit Geographie, Geschichte und Politik kooperiert werden.

Volke diese Last erleichtern!« Ich tat, wie er mich geheißen hatte, und mein Herr ließ mir zehn Gebete nach, doch als ich wieder bei Moses vorüberkam, sagte er mir nochmals das gleiche, und Gott erließ mir weitere zehn Gebete. So ging es fort, bis nur noch fünf Gebete übrig waren. Als ich dann wieder zu Moses kam und er mir erneut riet, Gott um Erleichterung zu bitten, sprach ich zu ihm: »Ich bin nun so oft zu meinem Herrn zurückgekehrt und habe Ihm diese Bitte vorgetragen, dass ich mich jetzt schäme und es nicht nochmals tun werde.« Seinen Zuhörern aber versprach der Prophet: »Jedem von euch, der diese fünf Gebete gläubig und ergeben verrichtet, werden sie wie fünfzig Gebete vergolten werden.«
(Ibn Isḥāq, 86 und 88f.)

Petri, Dieter; Thierfelder, Jörg (Hg.), Grundkurs Judentum, Bd. I und II, Calw 2002.

Software

Jerusalem. Ein interaktive Reise durch 5000 Jahre. Multimedia Cooperation Plc, München.

Jerusalem – Die Heilige Stadt. Modern Games.

Reunion des Musees Nationaux: Jerusalem, Modern Games, München.

RV-Jerusalem. Der digitale Reiseführer. BBE-Books, München.

Praxishilfen

Aus der Literaturliste: *Petri, Kochav*. Darüber hinaus:

Evangelisches Missionswerk in Deutschland (Hg.), Jerusalem, Stadt des Friedens, Jahrbuch Mission 2000, Hamburg 2000.

Krupp, Michael, Jerusalem, Heilige Stadt dreier Religionen, Gesellschaft für interreligiöse Verständigung in Israel, Jerusalem 1998.

Tsafrir, Yoram, Die Grabeskirche in Jerusalem (Bildband), Stuttgart 2000.

Jerusalem – Stadt Gottes. Jahrgangsstufe 9/10 In: Religion 2001/9.

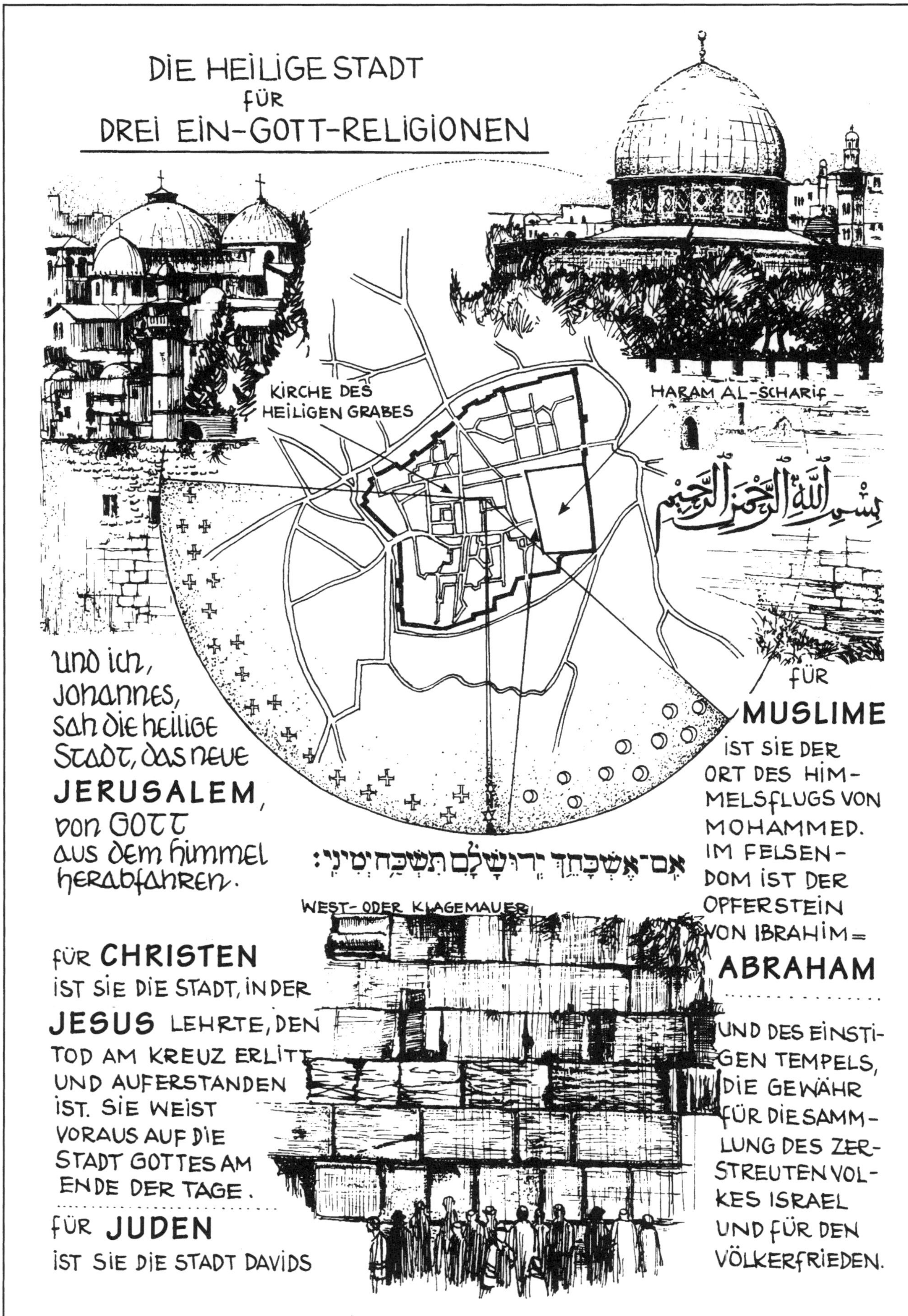
DIE HEILIGE STADT
FÜR
DREI EIN-GOTT-RELIGIONEN
KIRCHE DES
HEILIGEN GRABES
HARAM AL-SCHARIF
بسم الله الرحمن الرحيم
und ich,
Johannes,
sah die heilige
Stadt, das neue
JERUSALEM,
von Gott
aus dem Himmel
herabfahren.
אִם־אֶשְׁכָּחֵךְ יְרוּשָׁלָם תִּשְׁכַּח יְמִינִי׃
WEST- ODER KLAGEMAUER
FÜR CHRISTEN
IST SIE DIE STADT, IN DER
JESUS LEHRTE, DEN
TOD AM KREUZ ERLITT
UND AUFERSTANDEN
IST. SIE WEIST
VORAUS AUF DIE
STADT GOTTES AM
ENDE DER TAGE.
FÜR JUDEN
IST SIE DIE STADT DAVIDS
UND DES EINSTIGEN TEMPELS,
DIE GEWÄHR
FÜR DIE SAMMLUNG DES ZERSTREUTEN VOLKES ISRAEL
UND FÜR DEN
VÖLKERFRIEDEN.
FÜR
MUSLIME
IST SIE DER
ORT DES HIMMELSFLUGS VON
MOHAMMED.
IM FELSENDOM IST DER
OPFERSTEIN
VON IBRAHIM =
ABRAHAM

4 Festkreise und Freiarbeitsmaterial

Auf den Festkreisen sind die wichtigsten Feste der jeweiligen Religion in ihrer Reihenfolge im Jahreslauf durch Symbole dargestellt. Die Karten erläutern die Bedeutung der Symbole und den Anlass der Feste in einigen Grundzügen. Besonders ist dabei, dass für die islamischen Feste Symbole gefunden werden konnten, obwohl es meist um Personen geht, die nicht dargestellt werden dürfen. Die Symbole wurden auf Empfehlung der Imam Halima Krausen ausgewählt und entsprechen dem islamischen Bilderverbot, da sie keine Propheten darstellen. Die Festkreise veranschaulichen zudem die sehr schwer verständlichen Verschiebungen zwischen Sonnen- und Mondjahr.

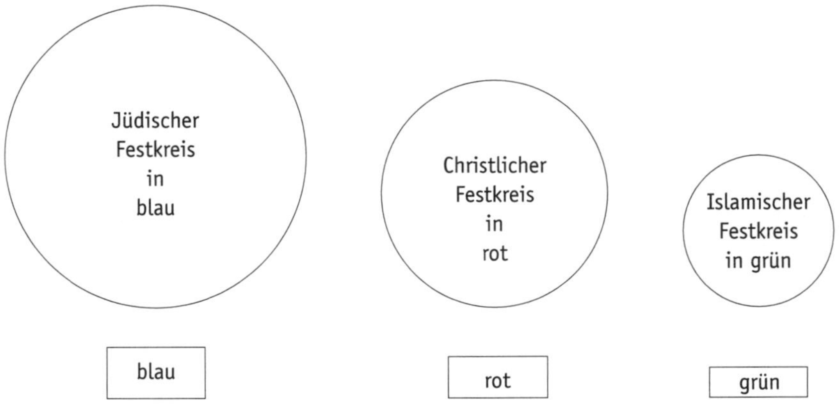

Den jüdischen Festkreis bitte mit Faktor 2,0 und den christlichen mit 1,5 vergrößern und auf buntes Papier (s. Grafik) kopieren. Alle drei Festkreise ausschneiden, auf Karton aufkleben, übereinander legen, in der Mitte mit einem Loch versehen und fest mit einer Briefklammer verbinden.

Die Lücke im grünen islamischen Festkreis markiert die 11 Tage, die das Mondjahr (grün) kürzer ist als das Sonnenjahr (rot). Um diese 11 Tage verschieben sich die islamischen Feste jedes Jahr nach vorne. Das kann anhand der Festkreise sehr anschaulich nachvollzogen werden. Durch Einstellen der Festkreise zueinander kann das aktuelle Festjahr eingestellt und die Feste der drei Religionen abgelesen werden.

So sind die Festkreise und die Freiarbeitskarten je für sich oder gemeinsam vielfältig einsetzbar:

- Für die Erwachsenenbildung und berufliche Fortbildung als schnelle und spielerische Annäherung an die Feste einer Religion. Der jeweilige Festkreis mit den dazugehörigen Karten kann ohne Voraussetzungen in eine Gruppe gegeben werden, die die Karten dann den Symbolen auf den Festkreis zuordnet. Das können Erwachsene und Jugendliche auch ohne Kenntnis der Feste, da die Symbole und Karten eines Festes durch **fettgedruckte Stichworte** miteinander verbunden sind. Durch die Zuordnungsarbeit und das dafür nötige Lesen der Karten erfolgt ein schnelles und intensives erstes Kennenlernen der Feste bzw. eine Systematisierung von bereits Bekanntem.
- Als Freiarbeitsmaterial in der Grundschule und in 5. und 6. Klassen ergänzend zum Unterricht. Ältere Kinder können sich mit einer Auswahl von Arbeitskarten (hier werden beim Kopieren die Symbole abgedeckt und nicht mitkopiert) die Bedeutung von Festen selbständig erarbeiten und es mit der Ergebniskarte überprüfen. Begleitend zum Unterricht kann mit der Zeit der gesamte Satz für Vertiefung und Wiederholung zur Verfügung gestellt werden. Das Material kann durch Geschichten, Gebetstexte, Lieder, Bilder etc. ergänzt werden. Die Symbole können als Mal- und Schreibanlass dienen.
- Als Grundlage für die großflächige Darstellung der Feste an einer Wand der Schule oder des Gemeindehauses, ergänzt durch Bilder eigener Feiern, Texte etc.

Zur Kurzerläuterung der jeweiligen Feste vgl.:

- Jüdische Feste und Trauertage, S. 10-14.
- Christliche Feste (protestantisch/ katholisch/ orthodox), S. 29-39.
- Islamische Feste, S. 67-70.

Zur Kurzerläuterung der verschiedenen Zeitrechnungen der jeweiligen Religionen vgl.: S. 96f.

Freiarbeitskarten für jüdische Feste

ROSCH HA-SCHANA – NEUJAHR
JOM KIPPUR – GROSSER VERSÖHNUNGSTAG

Symbol: Im Gottesdienst zu **Neujahr** und zu **Jom Kippur** wird das Schofar, ein Widderhorn, geblasen.

Rosch ha-Schana bedeutet »Haupt des Jahres«, **Neujahr**. Es ist ein Tag des Gerichtes, an dem Gott die Taten der Menschen bewertet. Im Gottesdienst wird auf einem **Widderhorn**, dem **Schofar** geblasen. Der schaurige Ton drückt aus, wie wichtig es ist, von bösen zu guten Taten umzukehren. In den zehn Tagen bis **Jom Kippur** werden Menschen und Gott um Vergebung gebeten. An Jom Kippur wird 24 Stunden gefastet und am Abend noch mal das **Schofar** geblasen.

CHANUKKA

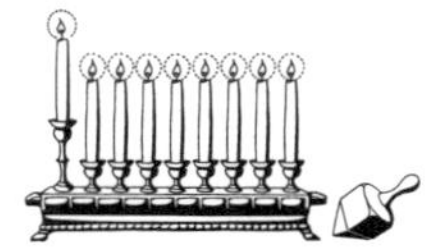

Symbol: An **Chanukka** werden abends **Lichter** auf der Chanukkia angezündet und mit dem **Trendel** gespielt.

Chanukka dauert acht Tage. Es erinnert an die Weihe des Tempels in Jerusalem im Jahre 164 v.d.Z. Der Tempel war erobert und entweiht worden. Die Juden eroberten den Tempel zurück. Aber für die Weihe des Tempels war besonderes Öl nötig. Davon war nur eine kleine Menge da, die aber auf wunderbare Weise für acht Tage reichte. Deshalb wird jeden Abend ein weiteres **Licht** auf der Chanukkia angezündet. Dabei werden Segensworte gesprochen und Lieder gesungen, mit dem **Trendel** gespielt und Geschenke gemacht.

SUKKOT – LAUBHÜTTENFEST

Symbol: Zu **Sukkot** werden **Laubhütten** gebaut. In die Synagoge werden »Die vier Arten«, **Zweige** und eine **Zitrusfrucht**, mitgebracht.

Das **Laubhüttenfest** beginnt vier Tage nach Jom Kippur. In den Gärten oder auf den Balkonen werden Hütten, auf Hebräisch **Sukkot**, aus Zweigen und Stangen gebaut und mit Früchten geschmückt. Durch das Dach muss der Himmel zu sehen sein. In der Hütte wird viel Zeit verbracht. Zum Gottesdienst werden »Die vier Arten«, ein **Strauß** von Palme, Myrte, und Weide mit einer **Zitrusfrucht**, mitgebracht.

TU BI SCHEWAT – FEST DER BÄUME

Symbol: Kinder pflanzen an **Tu bi Schewat** junge **Bäume**.

Der Name **Tu bi Schewat** ist das ausgesprochene Datum 15. Schawat. An diesem Tag zu Beginn der Obstbaumblüte pflanzen Kinder in Israel **Bäume**. Es werden Geschichten von Bäumen erzählt: Rabbi Jochanan ben Sakki lehrte: Wenn der Messias kommt, sollen die Menschen alles stehen und liegen lassen. Wer aber gerade dabei ist, einen Baum zu pflanzen, der soll noch zuerst den **Baum** pflanzen und erst danach den Messias empfangen.

SIMCHAT TORA – FEST DER GESETZESFREUDE

Symbol: An **Simchat Tora** werden die **Torarollen** in einem festlichen Umzug durch die Synagoge getragen.

Als Abschluss des Laubhüttenfestes wird an **Simchat Tora**, dem **»Fest der Gesetzesfreude«**, die Freude über die Gabe der Tora gefeiert. Im Laufe eines Jahres wird im Gottesdienst die ganze Tora durchgelesen. An Simchat Tora wird das Lesen der Tora abgeschlossen und gleich wieder mit dem ersten Abschnitt begonnen. Die **Torarollen** werden in einem festlichen Umzug durch die Synagoge getragen und fröhlich singend und tanzend gefeiert.

PURIM – LOSFEST

Symbol: Mit **Maske** und **Krone** wird an **Purim** die Geschichte von Ester gespielt.

Purim, das **»Losfest«** erzählt die Geschichte der persischen Königin Ester. Der mächtige Haman verlangte, dass alle Untertanen vor ihm niederknien sollten. Der Jude Mordechai weigert sich; aus Rache will Haman die Juden vernichten. Der Tag dafür soll durch das Los, **»Pur«**, bestimmt werden. Aber zu der Zeit ist die Jüdin Ester Königin. Sie kann den König von der Unschuld der Juden zu überzeugen und den Mord zu verhindern. Purim wird als Fasching gefeiert. Die **Masken** stellen u.a. die Königin Ester mit ihrer **Krone** dar.

PESSACH

Symbol: Zu **Pessach** wird kein normales Brot gegessen, sondern **Mazzot**. Die Brote sind ohne Sauerteig gebacken.

An **Pessach** erinnern sich die Juden an den Auszug aus Ägypten. Gott hatte sie aus der Sklaverei befreit. Als der Pharao sie nach vielen Katastrophen gehen ließ, mussten die Israeliten ganz schnell aufbrechen. Sie hatten keine Zeit, normales Brot zu backen. Darum wird zu jedem Pessach jeder Brotkrümel aus dem Haus gefegt. Dann gibt es die ganze Pessach-Woche nur **Mazzot** aus Mehl und Wasser.

SCHAWUOT – WOCHENFEST

Symbol: **Schawuot** ist ursprünglich ein Erntefest. Die **Gesetzestafeln** stehen für den Bund Gottes mit Israel.

Schawuot wird fünfzig Tage oder sieben Wochen (= Schawuot) nach Pessach gefeiert. Es ist ein **Erntefest**. Gleichzeitig wird an den Bund Gottes erinnert, der am Berg Sinai geschlossen wurde. Mose empfing von Gott zwei steinerne **Gesetzestafeln** mit den Zehn Geboten.

TISCHAB' AW – 9. AW

Symbol: **Zerbrochene Säulen** für den Tempel in Jerusalem, der am **9. Aw** zerstört wurde.

Am **9. Aw** der Jahre 586 v.d.Z. und 70 n.d.Z. wurden der erste und der zweite Tempel in Jerusalem zerstört. Später werden weitere Verfolgungen mit diesem Datum verbunden. An diesem Trauertag wird 24 Stunden gefastet. Heute erinnern nicht mal mehr **zerbrochene Säulen** an die Tempel. Es ist nur eine Mauer übrig geblieben, die Klagemauer.

Freiarbeitskarten für christliche Feste

ERSTER ADVENT

Symbol: Am **Ersten Advent** wird auf einem Kranz aus Tannengrün die erste von vier **Kerzen** angezündet.

Vom **Ersten Advent** an sind es nur noch vier Wochen bis Weihnachten. In der Adventszeit wird Weihnachten vorbereitet: Früher wurde gefastet. Heute werden vor allem Geschenke gekauft und verpackt. Es wird für Weihnachtsaufführungen geprobt, Plätzchen gebacken, Karten an Verwandte und Freunde geschickt, und Geld für Menschen in Not gesammelt. In den Gottesdiensten und in den Liedern wird daran gedacht, wie sehr Gott die Menschen liebt, dass er Jesus zu ihnen geschickt hat. Als Zeichen für die Liebe Gottes werden viele **Kerzen** angezündet.

WEIHNACHTEN

Symbol: Weil alle Herbergen in Bethlehem überfüllt waren, wurde **Jesus in einem Stall geboren.**

In Israel warteten viele Menschen auf einen Gesandten Gottes, der ihnen helfen sollte: ein Retter, ein Heiland. Von Jesus glauben die Christen, dass er dieser Heiland ist. **Jesus wurde** zur Regierungszeit des Kaisers Augustus **geboren**. Die Bibel erzählt, dass nach seiner Geburt Engel vom Himmel riefen: Euch ist heute der Heiland geboren. Diese Geschichte wird an **Weihnachten** in der Kirche vorgelesen und gespielt.

HEILIGE DREI KÖNIGE – EPIPHANIAS

Symbol: Als Jesus geboren war, leuchtete ein **Stern** über dem Stall. Er zeigte **Königen** den Weg.

Die Bibel erzählt, dass einige Zeit nach Jesu Geburt reiche, kluge Männer kamen. An einem neuen, hellen **Stern** hätten sie gesehen, dass ein König geboren sein musste. Der Stern führte sie zu dem Stall, in dem Jesus geboren war. Katholische Kinder gehen an diesem Tag als **Könige** verkleidet mit einem **Stern** von Haus zu Haus. In der Evangelischen Kirche heißt dieser Tag **Epiphanias** (d. h. sichtbar werden), weil die Bedeutung Jesu sichtbar wurde. Manche Christen feiern an diesem Tag Weihnachten.

PFINGSTEN

Symbol: Der **Heilige Geist** ist kräftig wie **Feuer** und friedlich wie eine **Taube.**

Die Bibel erzählt: Jesus war nach Ostern 40 Tage bei seinen Freundinnen und Freunden. Bevor Gott ihn zu sich in den Himmel nahm (Himmelfahrt), versprach Jesus seinen Freundinnen und Freunden: Gott wird etwas anderes von sich zu euch schicken: den **Heiligen Geist**. Dann wird es so sein, als wenn ich immer bei euch wäre, überall auf der Welt. Der Heilige Geist kam an **Pfingsten** wie eine **Feuerflamme**. Auf vielen Bildern wird er als **Taube** dargestellt.

KARFREITAG

Symbol: An einem **Freitag** wurden in Jerusalem drei Männer an **Kreuzen** hingerichtet. Einer von ihnen war Jesus.

Als Jesus lebte, gab es in Israel viele arme und verachtete Menschen. Jesus hat sich um sie gekümmert und sogar Feste mit ihnen gefeiert. Jesus hat auch gepredigt. Viele tausend Menschen hörten ihm zu. Darum hatte er bei den Armen viele Freunde, bei den Reichen und Mächtigen aber viele Feinde. Seine Feinde versuchten ihn zu töten. Schließlich wurde er an einem **Freitag gekreuzigt**, obwohl er keine Verbrechen begangen hatte. Viele Christen glauben: Weil Jesus unschuldig starb, hat er die Strafe bekommen, die alle anderen Menschen verdient hätten. Ihnen wird deshalb vergeben.

ERNTEDANK

Symbol: An **Erntedank** werden die Kirchen geschmückt. Es wird eine Krone aus **Getreideähren** aufgehängt.

Im Herbst wird die **Ernte** eingeholt. Wenn das meiste geerntet ist, danken die Menschen Gott für die Ernte. Sie denken daran, dass sie bei aller Arbeit nicht selbst für Regen und Sonnenschein sorgen können. Es wird auch z. B. für die Arbeitsstelle und für Gesundheit gedankt. Es wird dafür gebetet, dass die Menschen auch weiterhin bekommen, was sie zum Leben brauchen. Die Kirchen werden zu **Erntedank** mit allem geschmückt, was in Gärten und auf Feldern gewachsen ist. Aus **Getreideähren** wird eine Erntekrone gebunden und in die Kirche gehängt.

OSTERN

Symbol: Das **Felsengrab** war **offen und leer.**

Nachdem Jesus am Kreuz gestorben war, wurde er in ein **Felsengrab** gebracht. Die Bibel erzählt: Als seine traurigen und verzweifelten Freundinnen und Freunde nach dem Grab sehen wollten, war es **offen, leer** und ein Engel sagte: Was sucht ihr den Lebenden bei den Toten. Als sie ratlos zusammenkamen, erschien Jesus ihnen. Da wurden sie froh und glücklich. Diese Freude gehört zu **Ostern**. Christen glauben: Das Leben ist stärker als der Tod. So wie Jesus gepredigt und gelebt hat, ist es gut für die Menschen.

ALLERSEELEN EWIGKEITSSONNTAG TOTENSONNTAG

Symbol: Ende November denken Christen an die **Toten**. Die **Gräber** werden geschmückt.

Im November wird in den Gottesdiensten daran erinnert, dass unser Leben einmal zu Ende geht. Dann kommt die **Ewigkeit** bei Gott. Darauf sollen sich die Christen vorbereiten. Dabei wird auch an die **Toten** gedacht. Viele gehen auf die Friedhöfe, erinnern sich an die verstorbenen Verwandten und beten für sie. Viele glauben, dass ihre **Seelen** weiterleben. Die **Gräber** werden mit Blumen und Tannengrün geschmückt. Katholische Christen stellen **Lichter auf die Gräber**.

Freiarbeitskarten für islamische Feste

ASCHURATAG

Symbol: Hussain wurde getötet. Sein **Pferd** ist **ohne Reiter**.

Viele Muslime trauern am **Aschuratag**, weil an ihm Hussain im Kampf getötet wurde. Sein **Pferd ist ohne Reiter**. Hussain war einer der Nachfolger Mohammeds. Er war besonders wichtig für Schiiten und Aleviten. Sunniten feiern am **Aschuratag** die Landung der Arche Noah.

NACHT DER SICHTUNG

Symbol: Wenn die **Mondsichel** am Himmel **gesichtet** wird, beginnt ein neuer Monat. Zum Beginn des Ramadan ist das ein besonderes Ereignis.

Ramadan ist im Islam ein ganz besonderer Monat: Muslime fasten und nehmen sich mehr Zeit als sonst zum Beten und Koranlesen und auch für andere Menschen. Es ist eine anstrengende, aber auch sehr schöne Zeit. Darum wird in der **Nacht** vor dem Ramadan gespannt auf das Erscheinen der **Mondsichel** gewartet. Wenn sie **gesichtet** wird, beginnt der Ramadan.

MOHAMMEDS GEBURTSTAG

Symbol: Weil die Menschen **Mohammed** als Propheten lieben und achten, steht für ihn eine rote **Rose**.

Mohammed wurde im Jahre 570 unserer Zeitrechnung in Mekka geboren. Für Muslime ist Mohammed der letzte große Prophet. Mohammed wurde von Gott der Koran offenbart. Viel von dem, was Mohammed gesagt und getan hat, wurde aufgeschrieben. Davon wird an seinem **Geburtstag** in der Moschee erzählt.

RAMADAN

Symbol: Im **Ramadan** wird viel im **Koran** gelesen. Der Koran wird nicht auf den Boden, sondern auf einen **Ständer** gelegt.

Im **Ramadan** verzichten Muslime von Sonnenaufgang bis Sonnenuntergang nach Möglichkeit auf Essen und Trinken und z. B. auf Rauchen und Schimpfworte. Stattdessen sorgen sie besonders für Menschen in Not. Abends wird oft gemeinsam gegessen. Im Ramadan wird auch viel im **Koran** gelesen. Denn im Ramadan, in einer besonderen Nacht (Nacht der Bestimmung), wurde der erste Teil des Koran an Mohammed offenbart.

MOHAMMEDS HIMMELSREISE

Symbol: Die **Öllampe** erinnert an das helle **Licht** Gottes, das **Mohammed** bei seiner **Himmelsreise** gesehen hat.

Auf dem wundersamen Reittier Buraq und in Begleitung des Engel Gabriel **reist Mohammed** in nur einer Nacht von Mekka nach Jerusalem, wo Mohammed auf einer Leiter in den **Himmel** steigt und das helle **Licht** Gottes sieht.

FASTENBRECHEN – ID AL FITR

Symbol: Viele **Moscheen** werden **zum Fastenbrechen** mit **Lichterketten** geschmückt.

Wenn der Ramadan zu Ende ist, wird drei Tage gefeiert. Es ist das **Fest des Fastenbrechens**. Es beginnt mit dem Besuch der **Moschee**, die mit **Lichterketten** geschmückt ist. Dann besuchen sich Familien und Freunde gegenseitig. Es wird viel süßes Gebäck gegessen und die Kinder bekommen Geschenke. Einige bekommen auch neue Kleider und sind zum Moscheebesuch sehr schön angezogen.

OPFERFEST – ID AL ADHA

Symbol: Zum **Opferfest** wird ein **Schaf** geschlachtet.

Beim **Opferfest** wird daran erinnert, dass Ibrahim seinen Sohn Ismail opfern sollte. Aber Gott hat es im letzten Moment verhindert und ihnen gesagt, dass sie ein **Schaf opfern** sollen. Gott möchte den Dank und die Hingabe der Menschen, aber keine Menschenopfer.

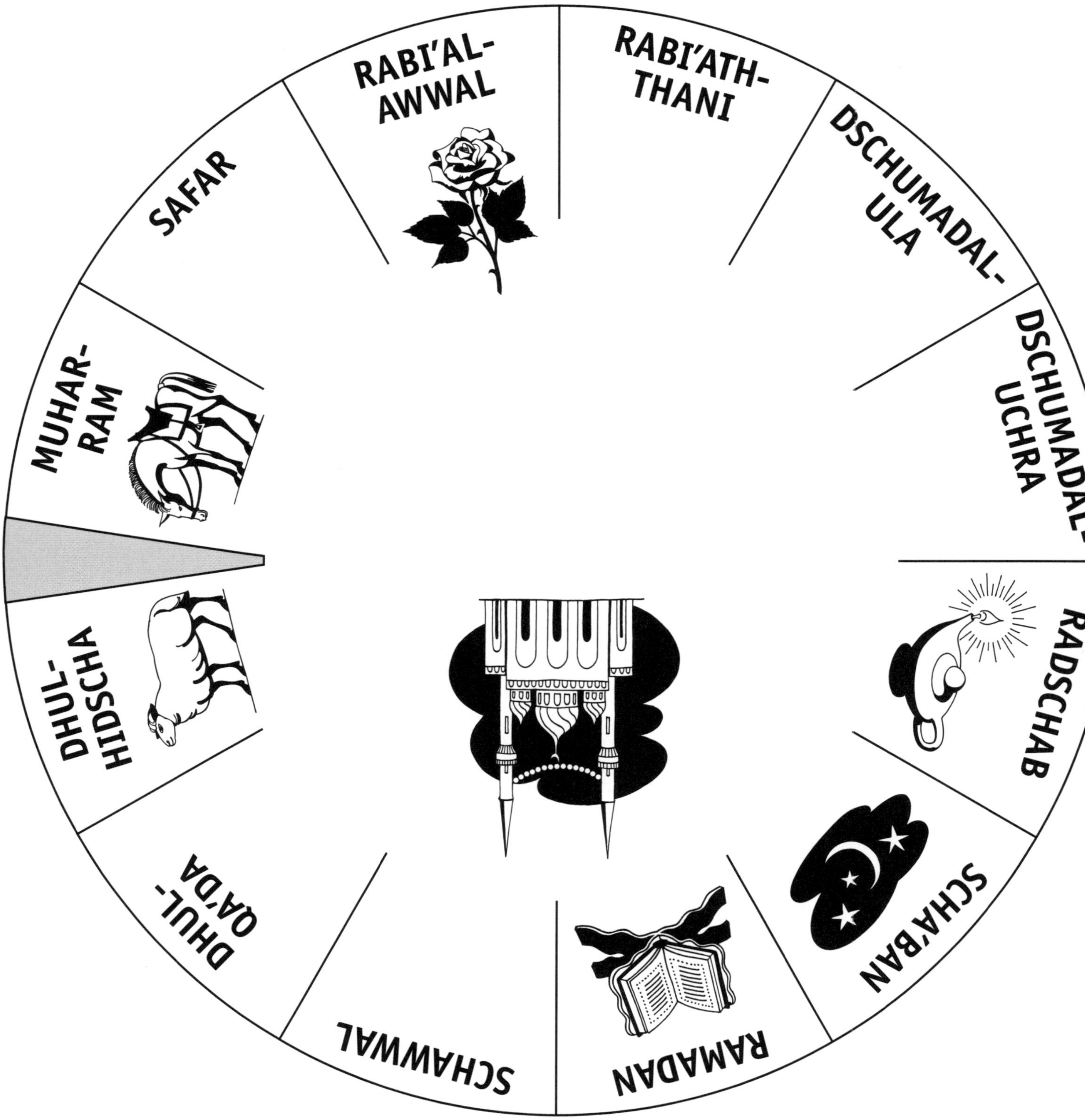
RABI'AL-
AWWAL
RABI'ATH-
THANI
DSCHUMADAL-
ULA
DSCHUMADAL-
UCHRA
RADSCHAB
SCHA'BAN
RAMADAN
SCHAWWAL
DHUL-
QA'DA
DHUL-
HIDSCHA
MUHAR-
RAM
SAFAR

Christlicher Festkreis

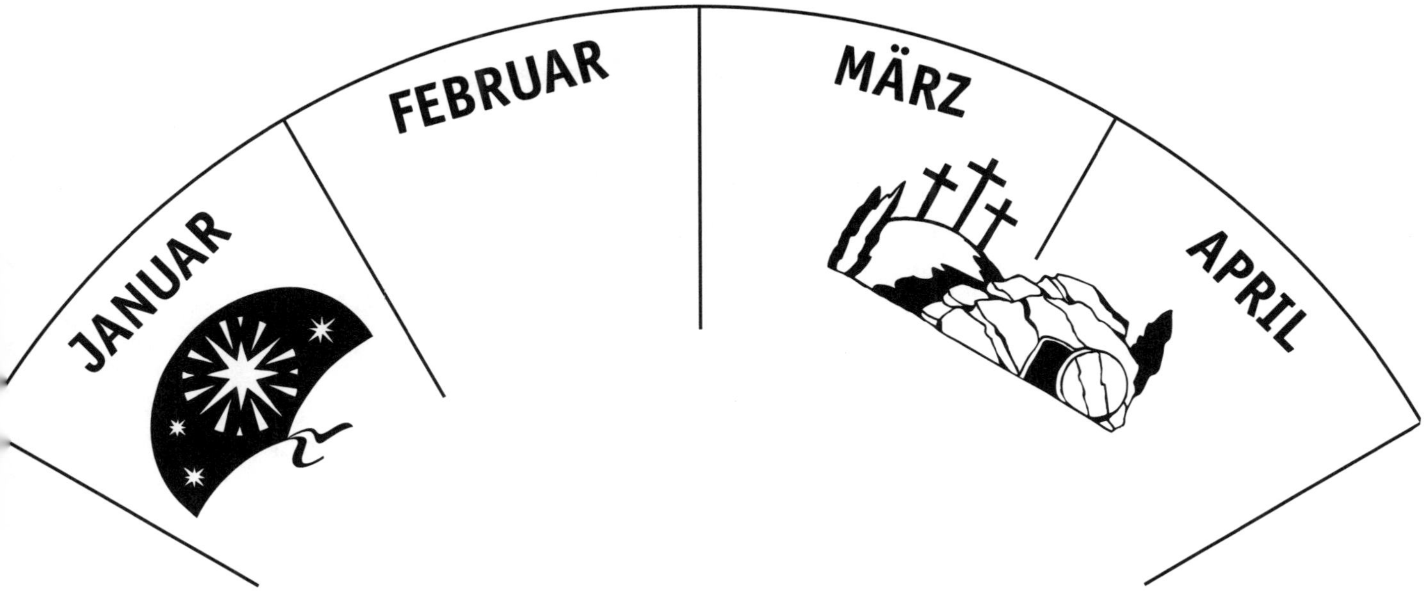

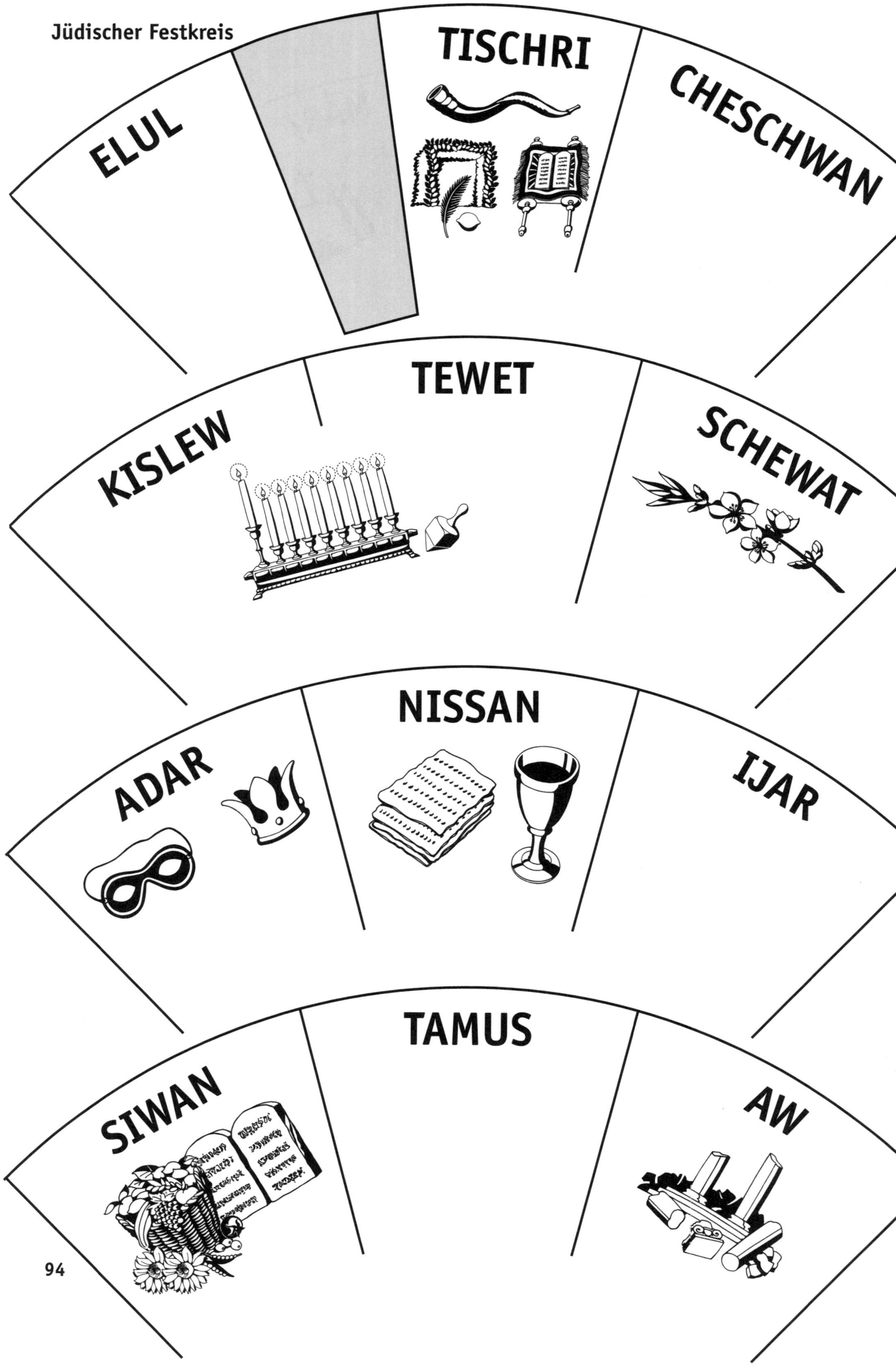
ELUL
TISCHRI
CHESCHWAN
KISLEW
TEWET
SCHEWAT
ADAR
NISSAN
IJAR
SIWAN
TAMUS
AW

5 Sonne, Mond und Sterne – Zeitrechnungen der Religionen

Die Feste der Religionen und die Zeitrechnungen hängen sehr eng miteinander zusammen. Zunächst waren es weniger praktische Gründe, die die Menschen zwangen, sich über Zeiträume zu verabreden, sondern religiöse. Jede Religion erfordert die Beachtung von Zeiten, sei es für die tägliche Frömmigkeit, regelmäßige Rituale oder Feste. Meist war dafür große Sorgfalt gefordert. Das trieb die Priester dazu, die Zeitbestimmung ständig zu vervollkommnen. Die besonderen Zeiten und Tage wurden von den Priestern bekannt gegeben. Daher stammt das Wort Kalender: von lateinisch »calare« – rufen, verkünden.

Zeiträume

Tag – Zeit, in der sich die Erde einmal um sich selbst dreht, etwas weniger als 24 Stunden. Die Einteilung des Tages in 24 Stunden mit je 60 Minuten, 60 Sekunden je Minute beruht auf der Zahl 12 und stammt vermutlich aus Babylon.

Monat – ursprünglich die Zeit zwischen zwei Neumonden. Sie dauert 29 Tage, 12 Stunden, 44 Minuten und 3 Sekunden. Ein Mond-Monat ist deshalb entweder 29 oder 30 Tage lang.

Mondjahr – Zwölf solcher Monate ergeben 354 Tage, ein Mondjahr. Diese Monate von Neumond zu Neumond waren sehr praktisch, weil man den Mondstand gut beobachten kann. So konnte man sich auch über große Entfernungen auf einen Tag einigen. Man traf sich dann z. B. am Tag nach dem ersten Vollmond im Frühling. Durch die Anpassung an das Sonnenjahr wurden die Monate verlängert auf 28, 30 und 31 Tage.

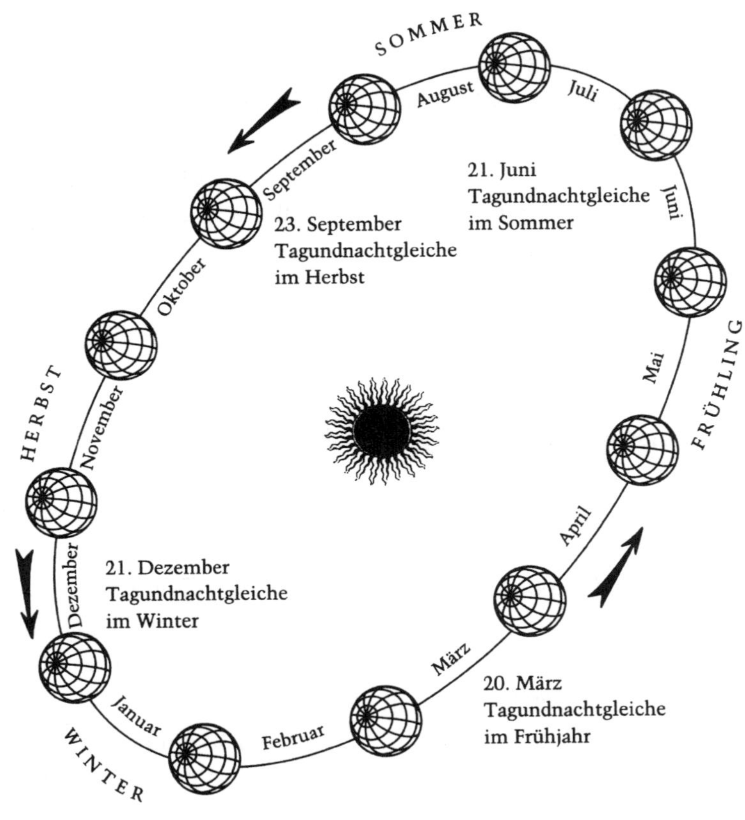

Die Jahreszeiten-Uhr

Sonnenjahr – 365 Tage, 5 Stunden, 48 Minuten, 46 Sekunden lang. Diese Zeit braucht die Erde, um sich einmal um die Sonne zu drehen. Dass sie einmal herum ist, erkennt man am Sonnenstand, wenn die Sonne entweder ihren niedrigsten (Winteranfang) oder höchsten (Sommeranfang) Stand hat oder – am leichtesten zu beobachten – Tag und Nacht genau gleich lang sind (Frühlings- und Herbstanfang).
Diese natürlichen Zeitmaße passen aber nicht zusammen. Zählt man die Monate zusammen, fehlen ein paar Tage am Sonnenjahr. Macht man aber die Monate so lang, dass sie ein Sonnenjahr ausfüllen, passen sie nicht mehr zu den Neumonden. Auch die 365 Tage füllen ein Jahr nicht ganz aus. Aus all diesen Gründen erweist sich das Kalendermachen als äußerst schwierig und komplex.

Das Sirius-Jahr

Die Ägypter hatten bereits etwa 3000 Jahre v. Chr. ein Jahr mit 365 Tagen. Dabei orientierten sie sich aber nicht am Sonnenstand, sondern am Stern Sirius. Wenn er im Osten erschien, begann ein neues Jahr. Allerdings brauchte der Sirius von Aufgang zu Aufgang etwas mehr als 365 Tage, nämlich 365 $^1/_4$ Tage. So passte nach langer Zeit der Jahresanfang nicht mehr zum Siriusaufgang, die Monate nicht mehr zu den Jahreszeiten. Doch die Ägypter blieben bei ihren 365 Tagen, obwohl sie es bald besser wussten.

Der Julianische Kalender

Die Römer richteten sich in ihrer Zeiteinteilung nach den Jahreszeiten und später nach dem Mond. Doch waren sie sich in den verschiedenen Gegenden nicht einig, sie verteilten die Monate unterschiedlich auf das Jahr. Dadurch bedingt entstand relativ große Uneinheitlichkeit im römischen Kalender, was beispielsweise bei Verabredungen zu unübersichtlichem Chaos führen konnte.
Julius Caesar beauftragte deshalb einen ägyptischen Sternkundigen, einen neuen Kalender zu erarbeiten. Er machte aus den 365 $^1/_4$ Tagen drei Jahre mit 365 Tagen und dann ein Jahr mit 366 Tagen, ein sog. Schaltjahr. Gleichzeitig verlängerte er die Monate von 29 Tagen auf 30 oder 31 Tage, der Februar hatte 28 oder 29 Tage. Dies war der Julianische Kalender, der nach und nach alle anderen Kalender im römischen Reich verdrängte.
Wenig später musste jedoch bereits der nächste römische Kaiser Augustus noch eine kleine Korrektur vornehmen: Die Römer zählten den Tag oder das Jahr, bei dem sie anfingen zu zählen, immer mit. Vergleichsweise wäre dies so, als würden wir beim »Mensch-ärgere-dich-nicht« das Feld, auf dem wir stehen, beim Weiterrücken mitzählen. Wir würden uns gewissermaßen um ein Würfelauge betrügen. So kam es, dass die Römer alle drei Jahre ein Schaltjahr einschoben und nicht alle vier Jahre, wodurch man nach 50 Jahren drei Tage überzählig hatte. Darum ließ Kaiser Augustus drei Schaltjahre ausfallen und legte das nächste Schaltjahr so fest, dass es immer auf eine durch vier teilbare Jahreszahl fällt. So ist es bis heute.

Jüdische Zeitrechnung – Mond- und Sonnenjahr

Das jüdische Jahr ist eine Kombination aus Sonnen- und Mondjahr. Die Monate werden nach dem Mond berechnet, die Jahre nach der Sonne. Da das Mondjahr kürzer ist als das Sonnenjahr, würden sich der Jahresanfang und alle Festtermine des Mondjahres im Sonnenjahr immer weiter nach vorne verschieben. Für die jüdischen Feste wäre eine solche Verschiebung ein großes Problem, weil bei den Festbräuchen auch die Natur mit berücksichtigt wird: Zu Pessach wurde ein Lamm geschlachtet; es ist außerdem der Anfang der Gerstenernte. Beim Wochenfest, sieben Wochen nach Pessach, wurden die ersten Früchte der Ernte zum Tempel gebracht. Es musste also eine Regelung gefunden werden, damit die Feste in die passende Jahreszeit fallen konnten. Darum wird »geschaltet«, nicht mit Tagen, sondern mit einem ganzen Monat. In Schaltjahren gibt es den Monat Adar zweimal: Adar und Adar II. Normale Jahre haben 354 Tage und Schaltjahre 384 Tage. Da einige Feste aber nur auf ganz bestimmte Wochentage fallen dürfen, wird mit den Tagen des Jahres noch etwas hin- und hergeschoben. So gibt es normale Jahre mit 353, 354 oder 356 Tagen und Schaltjahre mit 383, 384 oder 385 Tagen.

Christliche Zeitrechung

Als Jesus geboren wurde, gehörte Israel zur römischen Provinz Palästina. So wuchs das Christentum in den Geltungsbereich des Julianischen Kalenders hinein. Als etwa 400 Jahre nach Augustus das römische Reich zerfiel, hatte sich das Christentum so weit ausgebreitet, dass es das Erbe des römischen Reiches antrat. So verbreitete sich mit dem Christentum auch der Julianische Kalender. Im römischen Reich waren die Jahre nach den Regierungszeiten der Kaiser gezählt worden; die Kirche aber begann von der Geburt Jesu Christi an zu zählen. Deshalb werden Jahreszahlen als vor oder nach Christus – v. Chr. oder n. Chr. – angegeben. Der Julianische Kalender mit der Jahreszählung von Christi Geburt an war bis 1582 in ganz Europa gültig.

Der Gregorianische Kalender

Auch der Julianische Kalender hatte eine kleine Abweichung zum Sonnenjahr: 365 $^1/_4$ Tage sind 11 Minuten und 14 Sekunden länger als ein Sonnenjahr, das summiert sich in 128 Jahren auf einen ganzen Tag. Nach fast 1600 Jahren waren 10 überzählige Tage sehr störend. Darum verordnete Papst Gregor XIII. eine neue Kalenderreform. Auf den 4. Oktober 1582 folgte sofort der 15. Oktober 1582. Außerdem sollten bei allen auf Hundert endenden Jahren (1700, 1800, 1900) das Schaltjahr wegfallen, wenn die Jahreszahl nicht durch 400 teilbar ist. Seit dieser Reform spricht man vom »Gregorianischen Kalender«.
Lange nicht alle Kirchen ließen sich jedoch 1582 noch etwas vom Papst verordnen. Schon früh in der Kirchengeschichte hatten sich die orthodoxen Kirchen in Osteuropa und Asien von der vom Papst geleiteten römisch-katholischen Kirche getrennt. Auch in Deutschland, den Niederlanden, der Schweiz, England und ganz Nordeuropa hatten sich kurz vor der Kalenderreform die protestantischen Kirchen gegen den Papst gewendet. Sie alle wollten die Kalenderreform nicht, eben weil der Papst sie verordnet hatte. Da die Reform sich allerdings doch als sehr sinnvoll erwies, wurde sie nach und nach übernommen. Durch die Kolonisation und später durch die Wirtschaftsmacht Europas und Nordamerikas musste der Gregorianische Kalender weltweit akzeptiert werden, auch von nichtchristlich geprägten Kulturen. Daher wird häufig statt »v. Chr.« und »n. Chr.« das neutrale »n. d. Z.« für »nach der Zeitrechung« verwendet. Viele Menschen leben in zwei Kalendersystemen: Weltzeit und jüdischer Kalender oder Weltzeit und islamischer Kalender usw. Aber auch einige orthodoxe Kirchen bestimmen ihre Festtage immer noch nach dem Julianischen Kalender. Sie feiern die Feste etwa zwei Wochen später als die anderen Kirchen.

Übername des Gregorianischen Kalenders

1582	Frankreich, Italien, Luxemburg, Portugal, Spanien
1583	einige Schweizer Kantone
1584	Belgien, kath. deutsche Staaten, kath. Niederlande
1587	Ungarn
1699–1700	Dänemark, prot. deutsche Staaten, prot. Niederlande
1752	England und die amerikanischen Kolonien
1753	Schweden
1812	Schweiz
1873	Japan
1875	Ägypten
1912	China
1912–1917	Osteuropa
1917	Türkei
1918	Sowjetunion – nach einer Phase interner Kalenderreformen erneut 1940 eingeführt
1923	Griechenland
1957	Indien

(Westrheim, 63, 104f.)

Islamische Zeitrechnung – Mondjahr

Der islamische Kalender ist ein reiner Mondkalender. Die Jahre haben 354 oder 355 Tage. Sie sind also 10 bis 11 Tage kürzer als ein Sonnenjahr. Der Jahresanfang, die Monate und Festtage wandern in etwa 33 Jahren durch alle Jahreszeiten. Die Jahreszählung beginnt mit der Hidschra. Hidschra ist die Auswanderung des Propheten Mohammed von Mekka nach Medina im Jahre 622 n. Chr. Da die Mondjahre kürzer sind als die Sonnenjahre, zählen sie schneller. Nach dem islamischen Kalender vergehen 100 Jahre so schnell wie 97 Jahre des Gregorianischen Kalenders.

Hinduistische und Buddhistische Zeitrechnung

Juden, Christen und Muslime gehen davon aus, dass die Welt einen festen Anfang hatte. Gott schuf sie und wird ihr auch ein Ende setzen. Auch wenn das längst nicht mehr alle Menschen glauben, denken sie meistens doch so: Alles hat einen Anfang und ein Ende.
In asiatischen Religionen ist es anders: Die Welt hat keinen eindeutigen Anfang und kein endgültiges Ende. Dem Ende folgt immer wieder ein neuer Anfang. Die Welt und alles Leben ist wie ein großes Rad,

das sich in gewaltigen Zeiträumen dreht. Aber die Einteilung des alltäglichen und religiösen Lebens folgt wie überall den natürlichen Zeitgebern. Sonnen- und Mondjahr werden miteinander kombiniert. Im Hinduismus ist das Jahr in 12 Mondmonate mit 30 Tagen unterteilt. Die ersten 15 Tage bis zum Vollmond sind die »leuchtende Hälfte«, dann folgt die »dunkle Hälfte«. Eine große Rolle spielen die Jahreszeiten und die Sonnenwenden.

Projekt Zeit

Das hier kurz skizzierte »Projekt Zeit« wurde von DozentInnen der Lehrerfortbildung in den Fächern Mathematik, Religion, Englisch, Sport und Darstellendes Spiel entwickelt. Damit fanden Fächer zusammen, von denen man nicht vermutet, dass sie in einem Projekt kooperieren könnten. Dafür fehlten personalbedingt die Fächer Deutsch und Sachunterricht. FachlehrerInnen wird es aber nicht schwer fallen, ihren Fachbeitrag zum Projekt Zeit zu konzipieren. (Vgl. die Lernzielübersicht).
Die Lernziele und -möglichkeiten machen die Spannbreite des Themas Zeit deutlich, sowie auch Span-

Zeit hat sehr viel mit Gefühl zu tun: Zeitgefühl, Zeiterleben. Das kann man sich nur sehr schwer anlesen oder in Worte ausdrücken, aber es kann im Spiel erlebt und dargestellt werden:

- Für jeden hat das Jahr einen anderen Rhythmus: Die Spielleiterin schlägt regelmäßig wie ein Metronom eine kleine Trommel. Die SpielerInnen bewegen sich in zwei Gruppen aufeinander zu. Immer auf »eins« machen sie einen Schritt – aber eine Gruppe zählt bis »drei«, die andere bis »vier«. Beim vierten bzw. dritten Takt machen sie einen Schritt gemeinsam.
- Menschen durchleben die Zeit in unterschiedlichem Tempo. Slowmotion: Wir bewegen uns sehr langsam zu entsprechender Musik. Anschließend das Ganze sehr schnell.
- Es gibt einen natürlichen Zeitrhythmus: die Jahreszeiten. Die SpielerInnen versuchen in Gruppen Standbilder zu den Jahreszeiten zu finden, die sie nacheinander darstellen. Vielleicht können auch die Übergänge zwischen den Bildern bewegt gestaltet werden. In vielen Regionen der Welt gibt die Natur andere Rhythmen vor: Wechsel von Regenzeit und Trockenzeit; Wüste mit gelegentlichen Regengüssen ...
- Zeitempfinden drückt sich oft in Redewendungen und Sprichworten aus: Zeit zerrinnt, fließt, ist bleiern oder schwer ... Die SpielerInnen versuchen in Gruppen, sie darzustellen. Gibt es türkische, arabische, russische ... Sprichworte über Zeitempfinden?

Die Religionen haben über Jahrhunderte und Jahrtausende das Zeitempfinden der Menschen geprägt. Vielleicht kommen wir dem auf die Spur, wenn wir die Ereignisse darstellen, die die jeweilige Zeitrechnung begründen:
Versucht im Rollenspiel die Geschichten zu erfassen und mit Elementen aus den vorherigen Übungen Dynamik und Rhythmik darzustellen:

- Gott erschafft die Welt. An jedem Tag etwas. Aus Abend und Morgen wurde ein neuer Tag. Die Menschen sollen die Erde gemäß Gottes Willen bebauen und bewahren.
- Ein Kind wird geboren. Das winzige Ereignis löst immer mehr Freude aus: bei den Eltern, Hirten, Engeln, Königen ... Sie hoffen: Dieses Kind wird Frieden und Gerechtigkeit bringen.
- Eine Gruppe Menschen flieht mit Mohammed aus Mekka. Sie kommen nach Medina, werden freundlich aufgenommen, schlichten Streit und geben der Stadt eine Verfassung.

Karin Hüttenhofer und Ursula Sieg

nung und überraschende Übereinstimmungen zwischen verschiedenen Fächern, zugleich oft auch verschiedenen Weltanschauungen. Es fällt der ganz elementare Lebensbezug und eine ethische Dimension ins Auge. Beides – Lebensbezug und Konfliktpotential – sollten bei der Umsetzung des Projektes nicht ausgespart werden. Es geht nicht nur um Zeitmessung und Sachwissen über Kalendersysteme, sondern um Lebensgestaltung und Zusammenleben.

Friedrich Schweitzer bezeichnet »Zeit« als Schlüsselthema des RU. Neben Zeit als Gestaltungs- und Bildungsaufgabe beschreibt er Zeit als »Medium fächerverbindenden Arbeitens«. (Schweitzer, 164) »In all diesen Fällen geht es darum, Voraussetzungen und Konsequenzen unterschiedlicher zeitlicher Perspektiven sichtbar zu machen und kritisch zu bewerten. Der ›Streit um die Wirklichkeit‹, in den sich der Religionsunterricht einbringen soll, ist heute nicht zuletzt im Blick auf Zeit zu führen.«
Welchen Beitrag der Religionsunterricht zu einem Projekt Zeit leisten kann, zeigt folgende Lernzielübersicht:

Sachkompetenz

Einsicht in die Geschichtlichkeit, die kulturelle Gebundenheit und den religiösen Ursprung von Zeiteinteilungen.

- Verschiedene Kalender.
- Religiöse Glaubensinhalte, die die Anfänge der Zeitrechnungen setzen.
- Verschiedene Ursprünge der Tages- und Wocheneinteilung.
- Ethische Aspekte der Zeiteinteilungen und Feste (Begrenzung der Arbeit bzw. Ausbeutung von Menschen und Tieren, Feierabend).

Selbstkompetenz

Sich des eigenen Zeiterlebens bewusst werden. Einsicht gewinnen, wodurch der eigenen Tageslauf bestimmt wird; Möglichkeiten selbstbestimmten Handelns (und der Muße) erkunden und erproben.

- Zeiterfahrung machen, darstellen, ausdrücken, reflektieren.
- Tagesablauf selbsttätig gestalten, eigene Bedürfnisse wahrnehmen.
- Ein Tag ohne Fernsehen.

Sozialkompetenz

Sich des sozialen Aspektes der Zeit bewusst werden. Vorstellungen von einem verantwortlichem Umgang mit Zeit entwickeln und einüben.

- Sich und anderen Zeit lassen (Gesprächsführung, Zuhören, Kooperation).
- Schulvormittag gemeinsam planen, Verabredungen treffen und einhalten.
- Überlegen, wofür in unserer Gesellschaft wenig Zeit ist, Alternativen erarbeiten.

Methodenkompetenz

Möglichkeiten der Besinnung auf eigene Bedürfnisse, der Muße, der Entspannung und Meditation kennen lernen und erproben.

- Stilleübung.
- Gestaltung von Erholungszeiten in der Schule.

Aus diesem Buch können in das Projekt Zeit einbezogen werden:

- Sonne, Mond und Sterne – Zeitrechnungen der Religionen
- Spannendes: Jeder siebte Tag
- Festreihe: Mehr leben – Fasten
- Festreihe: Neujahrsfeste
- Wie die heilige Gabe des Festes zu den Menschen kamen
- Festreihe: Geburtstage der Religionsstifter (Jesus)
- Spannendes: Abraham (Judentum)

➢ Die Festkreise und das Freiarbeitsmaterial.

LERNZIELE

Lernziele Projekt »Zeit«

Sport

- Zeitgefühl für Zeiträume entwickeln.
- Zeiträume und Zeitstrukturen körperlich, sinnlich erfahren.
- Zeit in Relation zu Körperfunktionen erleben.
- Zeit als Strukturelement sportlicher Wettkämpfe erfahren und verändern.
- Relativierung der eigenen Stärken und Schwächen in Gruppenwettbewerben.

Englisch

- Auf Englisch geäußerte Mitteilungen über zeitliche Gegebenheiten verstehen.
- Sich auf Englisch über zeitliche Gegebenheiten verständigen.
- Das Fremde am Beispiel der Zeit als normal erleben.

Mathematik

- Lernen, Vorgänge in Bezug auf ihre Reihenfolge und ihre Dauer zu beobachten, zu messen und darzustellen.
- Zeitpunkte und Zeitspannen bestimmen können.
- Uhren und Kalender als Zeitmesser verstehen und anwenden können.
- Zeitmaße kennen und umrechnen können.
- Lernen, Pläne zu lesen und anzufertigen.

Fächerübergreifend (Mitte)

- Gemeinsam planen lernen für »Schnelle« und »Langsame«.
- Realistische Ziele zur Verbesserung der eigenen Fähigkeiten setzten.
- Eigene Möglichkeiten und Grenzen erleben und akzeptieren.
- Sich des eigenen Zeiterlebens bewusst werden.
- Eigenverantwortlichen Umgang mit Zeit entwickeln und einüben.
- Einen unterschiedlichen Umgang mit Zeit respektieren lernen.
- Lernen, anderen Menschen Zeit zuzugestehen, auch wenn dies mit dem eigenen Zeitempfinden nicht harmonisiert.
- Lernen, sich Zeit zu nehmen.
- Möglichkeiten selbstbestimmten Handelns und der Muße erkunden und erproben.
- Einsichten gewinnen, wodurch der eigene Tageslauf bestimmt wird.
- Sich bewusst werden, dass sich die eigene Person im Laufe der Zeit verändert.
- Sich der eigenen Zeit(lichkeit) bewusst werden.
- Bedeutung der Zeit für die eigene Person erfahren.
- Lernen, Zeit effektiv zu nutzen.
- Planungen, zeitliche Verabredungen einzuhalten.
- Bedeutung der Zeit für das Miteinander-Leben erkennen.

Religion

- Ethische Aspekte der Zeiteinteilung und Feste kennen lernen.
- Religiöse Glaubensinhalte, die die Anfänge der Zeitrechnungen, Tages- und Wocheneinteilung ersetzen, kennen.
- Kalender verschiedener Kulturen kennen lernen.
- Möglichkeiten der Besinnung auf eigene Bedürfnisse, der Muße, der Entspannung und Meditation kennen lernen und erproben.

Darstellendes Spiel

- Zeitabläufe als strukturierendes Moment verstehen und in der Gestaltung anwenden.
- Muße, Langsamkeit in Bewegung bewusst erleben und genießen.
- Zeit als wesentlichen Ausdrucksträger ästhetischer Ereignisse erleben und bewusst machen.
- Möglichkeit der szen., musikal. und bildn. Gestaltung kennen und anwenden.
- Rhythmus als ein Zeitstrukturmerkmal sinnlich erleben.

Zeit-Sätze

Wer nicht kommt zur rechten Zeit, der muss sehn, was übrig bleibt.

Wer zuerst kommt, mahlt zuerst.

Wer zu spät kommt, den bestraft das Leben.

Besser eine Stunde zu früh, als eine Minute zu spät.

Allzu früh kommt auch unrecht.

Den Letzten beißen die Hunde.

Einer muss der Letzte sein.

Die Ersten werden die Letzten sein.

Wer zuletzt lacht, lacht am besten.

Besser spät als nie.

Eile mit Weile.

Gut Ding will Weile haben.

Was lange währt, wird endlich gut.

Im Augenblick kann sich ergeben, was man nie gedacht im Leben.

Man muss die Feste feiern, wie sie fallen.

Wenn du die Angel ziehst zu früh, so fängst du nie.

Was du heute kannst besorgen, das verschiebe nicht auf morgen.

Morgen, morgen nur nicht heute, sagen alle faulen Leute.

Was gestern richtig war, kann morgen falsch sein.

Jeder Tag hat seine Plage.

Der Tag hat nur 24 Stunden.

Man kann nicht auf zwei Hochzeiten zugleich tanzen.

Wo einer nicht gern ist, da bleibt er nicht lange.

Man ist nur einmal jung.

Wer einen guten Tag haben will, muss ihn sich machen.

Spare in der Zeit, so hast du in der Not.

Zeit ist Geld.

Wer schafft, hat keine Langeweile.

Die Welt ist auch nicht an einem Tag erschaffen.

Es ist noch nicht aller Tage Abend.

Was nicht ist, kann noch werden.

Geduld und Zeit lindern alle Traurigkeit.

Die Zeit heilt Wunden.

Kommt Zeit, kommt Rat.

Man soll nie »Nie!« sagen

Alles hat seine Zeit.

Man soll den Tag nicht vor dem Abend loben.

1420

Christliche Zeitrechnung

Sonnenjahr

Mond-Sonnenjahr

Schöpfung

Islamische Zeitrechung

Jüdische Zeitrechnung

Auswanderung Mohammeds nach Medina

2000

Geburt Jesu

5760

Mondjahr

Was gehört zusammen? Ausschneiden und zuordnen.

Praxishilfen

In der Literaturliste: *Albertz, Schweitzer, Wendorff, Westrheim.*

Grundlegende Einführungen

Nowotny, Helga, Eigenzeit. Entstehung und Strukturierung eines Zeitgefühls, Frankfurt a. M. 1993.

Bertram, Hans, Familien leben, Neue Wege zur flexiblen Gestaltung von Lebenszeit, Arbeitszeit und Familienzeit, Gütersloh 1997.

Held, Martin; Geißler, Karlheinz (Hg.), Von Rhythmen und Eigenzeiten. Perspektiven einer Ökologie der Zeit, Stuttgart 1995.

Whitrow, Gerald James, Die Erfindung der Zeit, Hamburg 1999.

(Kinder)Klassiker

Der Papalagi. Die Reden des Südsee-Häuptlings Tuiavii aus Tiavea, Zürich 1981, S. 61-65.

Ende, Michael, Momo, Stuttgart 1973.

Saint Exupéry, Antoine de, Der kleine Prinz, Düsseldorf 1946ff., S. 20f., 35f., 56.

Sachunterricht u. a.

Bättig, Daniela u. a., Zeit. 2. Klasse; Unterrichtseinheit für den individualisierenden Unterricht, Zürich 1991.

Grimm, Helga, Zeit-Erfahrungen. Fächerverbindendes Unterrichtsmaterial zum Phänomen Zeit für das 2. bis 4. Schuljahr, Leipzig, Stuttgart, Düsseldorf 1998.

Hüttenhofer, Karin, Spiele, Themen, Werkstattarbeit, Hamburg 1999.

Mit Kindern den Weltraum entdecken. Die Grundschulzeitschrift, H. 129, 12. Jg. 11/99.

Knödler-Pasch, Margarete, Zeit – ein Geheimnis wird hinterfragt, Leipzig, Stuttgart, Düsseldorf 2001.

Marquardt-Mau, Brunhilde; Schmitt, Rudolf (Hg.), Chima baut sich eine Uhr. Dritte-Welt-Erziehung im Sachunterricht: Thema Zeit, Weinheim 1990.

Simon, Eva, Projekte »Nacht« und »Zeit«, München 1996.

Zeitmessung. Forschen, Spielen, Experimentieren, München 1997.

Religionspädagogik

Adam, Jürgen, Projekt Zeit. Projektanregungen und Materialien, Mühlheim an der Ruhr 1996.

Arbeitsgemeinschaft Evangelischer Schülerinnen- und Schülerarbeit, Von Zeit zu Zeit, Arbeitseinheiten zum Thema »Zeit« für die Arbeit mit Jugendlichen, Berlin 1999.

Bosold, Irsi und Bernhard, Meine Zeit. »Materialien und Anregungen für ein Zeit-Projekt« im Religionsunterricht (Klassen 5 und 6). In: Materialheft 4/97, Beih. zu den Katechetischen Blättern, München.

Feuervogel, 5. Jg. 2/1999 »Zeit«.

Jürgensen, Eva, Feste und Gestalten im Jahreslauf: Ernte Dank. Brotfest und Zeitfest, Lahr 1989.

Kelm, Sieglinde, Zeithaben als Schlüssel zu den Menschen. In: Lernort Gemeinde 2/95, S. 67.

Oberthür, Rainer, Kinder und die großen Fragen, München 1995.

Wegesin, Regina, Die Zeit hat keine Ufer. Sechs Bildfolien mit Bilderschließung, methodischen Hinweisen und Anregungen zum Gespräch, München 1999. Deutscher Katechetenverein, Materialbrief Folien 99/1.

Wunderlich, Reinhard, Umgang mit der Zeit. Ein Unterrichtsentwurf für die 8. Jahrgangsstufe, Erlangen 1992.

Spannendes: Jeder siebte Tag

Dass eine Woche sieben Tage hat und der siebte Tag »frei« ist, erscheint uns als das Selbstverständlichste, als sei es mit der Zeit gleich mitgegeben. Tatsächlich ist es aber ein erstaunliches kulturelles Phänomen, dessen Ursprung sich nicht mehr eindeutig klären lässt, das immer wieder umstritten ist, sich aber universell durchgesetzt hat (vgl. Westrheim, Wendorff).

Sobald Menschen irgendeine Form von Gesellschaft bildeten, brauchten sie eine Zeiteinheit, die größer als der Tag, aber kleiner als ein Monat ist. Ein Monat als Zeit zwischen zwei Vollmonden oder zwischen zwei Neumonden lässt sich leicht halbieren – von Neumond zu Vollmond – und vierteln – bis zum Halbmond. Doch die entstehenden Zeiten sind etwas länger als 14 und 7 Tage, so dass die Siebentage-Woche nicht zwangsläufig ist. Es lag näher, den 8., 15. und 23. Tag als Zäsur zu feiern. Es gab auch Einteilungen in 4 oder 10 Tage, nicht aber 7. Eine konsequent durchgehaltene genaue Sieben-Tage-Woche fällt aus dem Verlauf der Mondphasen heraus.

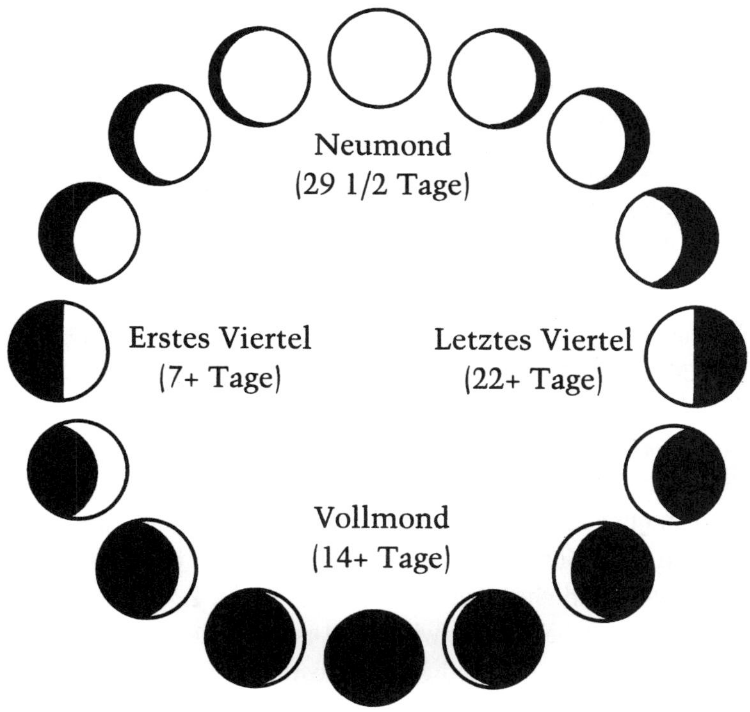

Es ist das Merkmal des biblischen Schabbats, dass er von Mondphasen und Sonnenjahr unabhängig ist. So gilt gemeinhin der Schabbat als Ursprung des Sieben-Tage-Rhythmus und als einzigartiger Beitrag des Judentums zur Weltzivilisation.

Seine universelle Bedeutung errang der Sieben-Tage-Rhythmus in der christlichen Version. Die ersten Christen beachteten den Schabbat, feierten aber am Morgen des nächsten Tages den »Tag des Herrn«, die Auferstehung Jesu. 321 n. Chr. wurde dieser Tag Feiertag. Die Muslime begehen den Tag vor dem Schabbat als »Tag der Versammlung«. Der biblische Schöpfungsbericht aus Gen 1 ist für alle drei Traditionen ein wichtiger Bezugspunkt, er findet sich unter: Neujahrsfeste.

Soll es in Unterricht und Gemeinde allein um »Jeden siebten Tag« gehen, legt es sich nahe, vom Schöpfungsbericht ausgehend, zunächst auf den Schabbat einzugehen, von dem sich Sonntag und Freitag herleiten bzw. abgrenzen, und die drei Feiertage schließlich nebeneinander zu stellen und zu vergleichen. Die SchülerInnen und Gruppenmitglieder können Ihre Gestaltungsgewohnheiten, z. B. Erlebnisse mit Gottesdienstbesuch einbringen. Zum Schabbat findet sich in der angegebenen Literatur umfangreiches Material. Für den Sonntag finden sich in RU-Reihen Unterrichtsentwürfe. In fast jedem Unterrichtsentwurf zum Islam gibt es eine Bildfolge zum täglichen Pflichtgebet, das auch für den Freitag gilt. Seltener finden sich die Gebetstexte (s. u.). Es lohnt sich, in einer benachbarten Moschee zu fragen, ob die Gruppe sich beim Freitagsgebet hinten in die Moschee setzen darf. Meist ist das kein Problem und die Zeit liegt nahe an der Unterrichtszeit. »Jeder siebte Tag« kann insgesamt sehr gut mit Synagogen-, Kirchen- und Moscheebesuchen verbunden werden. Ein fächerübergreifender Kontext ergibt sich mit dem ▷ Projekt Zeit.

8 9 זָכוֹר אֶת־יוֹם הַשַּׁבָּת לְקַדְּשׁוֹ׃ שֵׁשֶׁת יָמִים תַּעֲבֹד וְעָשִׂיתָ
י כָּל־מְלַאכְתֶּךָ׃ וְיוֹם הַשְּׁבִיעִי שַׁבָּת ׀ לַיהוָה אֱלֹהֶיךָ לֹא־
תַעֲשֶׂה כָל־מְלָאכָה אַתָּה ׀ וּבִנְךָ־וּבִתֶּךָ עַבְדְּךָ וַאֲמָתְךָ
11 וּבְהֶמְתֶּךָ וְגֵרְךָ אֲשֶׁר בִּשְׁעָרֶיךָ׃ כִּי שֵׁשֶׁת־יָמִים עָשָׂה
יְהוָה אֶת־הַשָּׁמַיִם וְאֶת־הָאָרֶץ אֶת־הַיָּם וְאֶת־כָּל־אֲשֶׁר־בָּם
וַיָּנַח בַּיּוֹם הַשְּׁבִיעִי עַל־כֵּן בֵּרַךְ יְהוָה אֶת־יוֹם הַשַּׁבָּת
וַיְקַדְּשֵׁהוּ׃ ס

[8]Erinnere dich stets an den Ruhetag, um ihn zu heiligen. [9]Sechs Tage kannst du arbeiten und all dein Geschäft verrichten. [10]Der siebte Tag aber ist ein Ruhetag, dem Ewigen deinem Gott zu Ehren. Du sollst kein Handwerk verrichten, weder du selbst noch dein Sohn oder deine Tochter, dein Sklave, deine Sklavin, auch nicht durch dein Vieh oder durch deinen Fremden, der sich in deinen Toren aufhält. [11]Denn in sechs Tagen hat der Ewige Himmel, Erde und Meer, nebst allem, was darin ist, verfertigt, und am siebten Tage geruht. Darum hat der Ewige den Tag der Ruhe gesegnet (er hat ihm wichtige Vorzüge gegeben), und ihn für heilig erklärt.

Schabbat-Gebot, Ex 20, 8-11

Schabbat

»Das vierte Gebot ist das einzige über einen rituellen Brauch im Dekalog. Im Leben des jüdischen Volkes bekam der Schabbat eine außerordentliche Wichtigkeit und hat durch seinen Einfluss auf das Christentum und den Islam sogar die Sozialgeschichte der Menschheit entscheidend beeinflusst.« (Plaut, Bd. 2, 217)
»Der Schabbat ist Israels originellster Beitrag zum internationalen Recht. Er ist eine geniale Verbindung von sozialer und kultischer Gesetzgebung, denn er bindet die Ruhe von der Arbeit in einen kultischen Rahmen ein. Auch andere antike Gesellschaften kannten Ruhetage, einige von ihnen in einer festgesetzten Anzahl und Häufigkeit, doch nirgends finden sich unveränderliche, religiös gesetzte Abstände. Statt der sonst üblichen Abhängigkeit solcher Tage von der königlichen Großzügigkeit (die auch ausbleiben konnte), gibt der Dekalog dem Schabbat eine dauerhafte göttliche Grundlage und macht seine Beachtung zu einer unabänderlichen Pflicht und zu einem unveräußerlichen Privileg.« (Plaut, Bd. 2, 220)
Historisch betrachtet wird der Ursprung des Schabbat häufig im Schapattu des antiken Babylon gesehen. Der 7., 14. und 21. Tag bestimmter Monate galten als Unglückstage mit bösem Omen, an denen Beamte ihre Tätigkeit nicht ausüben durften. Seit dem babylonischen Exil gab es eine enge Verbindung zwischen Israel und Babylon, die einen Einfluss wahrscheinlich, aber eine direkte Abhängigkeit nicht nachweisbar macht. Zudem ist der Grundcharakter des Schabbat dem Schapattu entgegengesetzt: ein gesegneter Tag der Freude und Feier. (Plaut, Bd. 2, 219)

Königin Schabbat

Der Bibel zufolge ist der Schabbat Teil der göttlichen Weisungen, die Mose erhielt, das vierte der Zehn Gebote. Der Dekalog wiederum nimmt Bezug auf die Schöpfung: Am siebten Tag ruhte der Ewige. Darum soll auch alles Handwerk der Menschen ruhen. Welche Arbeiten das konkret sind, leiteten die Rabbinen aus der Anleitung zum Bau der Stiftshütte (Ex, 35-39) ab. »Im Traktat ›Schabbat‹, Kapitel 7, zählt die Mischna 39 Haupttätigkeiten auf, die am Schabbat verboten sind. Jede einzelne dieser Arbeiten ist in Untergruppen eingeteilt, d.h., das Verbot erstreckt sich auch auf Tätigkeiten, die von diesen Hauptarbeiten hergeleitet wurden. Nach Ansicht des ›Gaon von Wilna‹ hat jede einzelne Hauptarbeit 39 Untergruppen, d.h., es gibt insgesamt 39 x 39 = 1521 Ableitungen. Zählt man zu diesen noch die 39 Hauptarbeiten selbst hinzu, erhält man insgesamt 1560 Tätigkeiten, die die Tora für den Schabbat verbietet. Hinzu kommen noch die von den Weisen verbotenen Tätigkeiten.« (Lau, 148) Orthodoxe Juden halten sich an diese differenzierten Arbeitsverbote, liberale Juden suchen »nach einer Neudefinition der Tätigkeiten, die am Schabbat erlaubt und verboten sind. Ziel ist es, den ursprünglichen Geist des Schabbatgebotes zu erhalten: Es ist ein Tag erholsamer Ruhe und geistlicher Erneuerung, der sich durch die Enthaltung von der gewöhnlichen Arbeit auszeichnet.« (Romain/Homolka, 157)

Verboten sind:

1. Gegenstände tragen
2. Auto fahren
3. Stromstecker in Steckdose stecken
4. Rauchen (es darf kein Feuer angezündet werden)
5. Feldarbeit
6. Einkaufen
7. Elektrische Geräte einschalten
8. Es ist jedoch erlaubt, elektrische Geräte durch eine Zeitschaltuhr in Betrieb zu setzen

Da die Gebote zum Leben gegeben sind, wird das Gebot der Sabbatruhe bei Leben erhaltenden Maßnahmen außer Kraft gesetzt:

9. Arbeit im Krankenhaus
10. Arbeit der Polizei
11. Arbeit der Feuerwehr
12. Landesverteidigung

Die durch die Arbeitsruhe freie Zeit wird mit festlichen Ritualen gerahmt und mit Gottesdienst, Gemeinschaft und dem zuvor bereitetem Essen verbracht:
Universale Bedeutung über jede Religionszugehörigkeit hinaus schreibt Erich Fromm in »Haben oder Sein« dem Schabbat zu: Der Schabbat ist die wichtigste Idee innerhalb der Bibel und später innerhalb des Judentums. Es ist die einzige strikte religiöse Anweisung der Zehn Gebote, ihre Einhaltung wird sogar von den im übrigen antiritualistischen Propheten gefordert; es war das am striktesten befolgte Gebot in den 2000 Jahren des Lebens in der Diaspora, obwohl gerade diese die Einhaltung erschwerte. Es ist kaum zu bezweifeln, dass der Schabbat ein Lebensquell für die in alle Winde zerstreuten, machtlosen und oft verfolgten Juden war; dass sich ihr Stolz und ihre Würde erneuerten, wenn sie wie Könige den Schabbat feierten. Ist der Schabbat nichts weiter als ein Tag der Ruhe im weltlichen Sinn der Befreiung des Menschen von der Last der Arbeit, wenigstens an einem Tag? Natürlich ist er auch das, und diese Funktion macht ihn zu einer der großen Innovationen in der Evolution des Menschen. Doch wenn dies alles wäre, hätte der Schabbat wohl kaum die zentrale Rolle gespielt, die ich eben beschrieben habe. Um diese Rolle zu verstehen, müssen wir zum Kern dieser Institution vordringen. Es handelt sich nicht um Ruhe per se in dem Sinne, dass man jegliche physische oder geistige Anstrengung meidet; es geht um Ruhe im Sinne der Wiederherstellung vollständiger Harmonie zwischen den Menschen und zwischen Mensch und Natur. Nichts darf zerstört und nichts aufgebaut werden; der Schabbat ist ein Tag des Waffenstillstandes im Kampf des Menschen mit der Natur. Sogar das Abreißen eines Grashalms wird ebenso als eine Verletzung dieser Harmonie angesehen wie das Entzünden eines Streichholzes. Auch keine gesellschaftlichen Veränderungen dürfen vorgenommen werden. Das ist der Grund, warum es verboten ist, etwas auf der Straße zu tragen, selbst wenn es so wenig wiegt wie ein Taschentuch, während es erlaubt ist, im eigenen Garten eine schwere Last zu tragen. Nicht das Tragen als solches ist verboten, sondern der Transport eines Objekts von einem privaten Grundstück zu einem anderen, da es sich bei einem solchen Transfer ursprünglich um die Veränderung von Eigentumsverhältnissen handelte. Am Schabbat lebt der Mensch, als hätte er nichts, als verfolgte er kein Ziel außer zu sein, d.h. seine essentiellen Kräfte auszuüben – beten, studieren, essen, trinken, singen, lieben.
Der Schabbat ist ein Tag der Freude, weil der Mensch an diesem Tag ganz er selbst ist. Das ist der Grund, warum der Talmud den Schabbat die Vorwegnahme der Messianischen Zeit nennt, und die Messianische Zeit den nie endenden Schabbat: der Tag, an dem Besitz und Geld ebenso tabu sind wie Kummer und Traurigkeit; ein Tag, an dem die Zeit besiegt ist und das Sein herrscht. Der historische Vorläufer, der babylonische Shapattu, war ein Tag der Trauer und der Furcht. Der moderne Sonntag ist ein Tag des Vergnügens, des Konsums und des Weglaufens von sich selbst. Man könnte fragen, ob es nicht an der Zeit wäre, den Schabbat als universellen Tag der Harmonie und des Friedens einzuführen, als den Tag des Menschen, der die Zukunft der Menschheit vorwegnimmt. (Albertz, 89f.)

Sonntag

Die Passionsberichte der synoptischen Evangelien berichten, dass Jesus am Freitag gekreuzigt wurde, starb und ins Grab gelegt wurde. Wegen der Schabbatruhe konnte sein Leichnam aber nicht mehr einbalsamiert werden. Als sich Jüngerinnen Jesu am Tag nach dem Schabbat zum Grab begaben, um die Salbung nachzuholen, begrüßt sie einen Engel mit den Worten: »Habt keine Angst! Ihr sucht Jesus von Nazareth, der ans Kreuz geschlagen wurde. Er ist nicht hier; Gott hat ihn vom Tod erweckt.« (Mk 16, 6. Übersetzung: Die Gute Nachricht)
Dem Umstand, dass der Beginn des Pessachfestes, der 15. Nissan, auf einem Freitag lag, Rüsttag und Schabbat also sozusagen Hauptrollen spielen im Passionsdrama, bewirkte, dass dem Christentum der Sieben-Tage-Rhythmus von Anfang mitgegeben war. Der Tag der Auferstehung war eben nicht nur der 17. Nissan, sondern der Tag nach Schabbat: wöchentlich neu zu feierndes Fest der Auferstehung. Der Sonntag ist das älteste Fest der Christenheit und ein wöchentliches Osterfest. Die ersten Jesus-Gläubigen hielten den Schabbat und versammelten sich am frühen Morgen des nächsten Tages zu einem Dankgebet und Abendmahl. Diese Eucharistie ist seitdem Zentrum des Gottesdienstes, wobei sich Interpretation und Praxis mit der Zeit auseinander entwickelt haben und die protestantischen Kirchen z. B. nicht an jedem Sonntag Abendmahl feiern. Der erste Tag der Woche wurde »Tag des Herrn« oder »Sonntag« – Sonnentag, da Christus wie an Ostern als »Licht der Welt« gefeiert wird. Das wiederum schafft eine Verbindung zum ersten Schöpfungstag, der Erschaffung des Lichtes (Gen 1, 3). Es gab aber auch schon früh die später dann orthodoxe Tradition, den Sonntag als achten Tag der Schöpfung, den Tag der Vollendung zu sehen.

Ohne Sonntag gibt's nur noch **Werktage.**

321 n. Chr. wurde der Sonntag zum Feiertag. Die Sonntagsruhe wurde aber erst später eingeführt. So hielten z. B. die Reformatoren die Arbeitsruhe am Sonntag für wichtig, damit jeder zum Gottesdienst gehen kann und Zeit ist für Bibelstudium und Gebet. Auch die Notwendigkeit eines Ruhetages war nicht von der Hand zu weisen. So wurde das biblische Schabbat-Gebot auf den Sonntag übertragen und die Arbeitsruhe z. T. sehr strikt durchgeführt. Der staatliche Schutz des Sonntages hat bislang noch der Säkularisierung und dem Drängen der Wirtschaft auf Ausweitung der Arbeit auf den Sonntag standgehalten. Z. Z. kämpfen Kirchen und Gewerkschaften mit dem Slogan »Ohne Sonntag gibt es nur noch Werktage« gegen die Geschäftsöffnung am Sonntag. Gemeinsamer Nenner ist die soziale Bedeutung des Sonntages.

Die Bedeutung des Sonntages spiegelt sich in zwei Texten:

Jo Krummacher: Sonntags nie!
Geläut der Glocken, Familien im Sonntagsstaat, weder Schule noch Arbeit, Ruhe auf Straßen und Plätzen, Zeit zum Frühstücken, Kirchgang, Spazieren, Lesen und Musizieren, Braten und Kuchen, Spiele und Gespräche – weit in die Kinderzeit zurück gehen die Ahnungen vom besonderen Geschmack des Sonntags und von der stetig wiederkehrenden Vorfreude auf dieses kleine Kapitel Freiheit im Buch der Zeit. Ich erinnere mich noch gut an die ersten Schuljahre: Damals gab es zwei Arten von Stundenplänen, solche für sechs und solche für sieben Tage. Ich zog die Sieben-Tage-Pläne vor. Ich freute mich an den freibleibenden Stundenkästchen des Sonntags, die ich Woche um Woche neu mit Plänen, Träumen und Wünschen füllen konnte. So verbinden sich mit den frühen Erfahrungen von Zeit, die durch Arbeit festgelegt ist, auch erste Erinnerungen an den Sonntag als geschenkten Freiraum.
(Albertz, 37)

Und in dem 1671 entstandenen Lied von Johannes Olearius:
Gott Lob, der Sonntag kommt herbei, die Woche wird nun wieder neu.
Heut hat mein Gott das Licht gemacht, mein Heil hat mir das Leben bracht. Halleluja.
Das ist der Tag, da Jesus Christ vom Tod für mich erstanden ist
Und schenkt mir die Gerechtigkeit, Trost, Leben, Heil und Seligkeit. Halleluja.
Das ist der rechte Sonnentag, da man sich nicht g'nug freuen mag,
da wir mit Gott versöhnet sind, dass nun ein Christ heißt Gottes Kind. Halleluja.
Mein Gott lass mir dein Lebenswort, führ mich zur Himmelsehrenpfort,
lass mich hier leben heiliglich und dir lobsingen ewiglich. Halleluja.
(Evangelisches Gesangbuch, 162)

Der Freitag

Im Islam ist der Freitag der besondere Tag der Woche. »Der Freitag steht symbolisch für den 6. Schöpfungstag, an dem der Mensch erschaffen wurde und auf die Erde kam. Yawm al-Jumu'ah heißt wörtlich Tag der Versammlung; gemeint ist, dass Menschen sich an diesem Tag versammeln, um sich an ihre Erschaffung und ihre Verantwortung vor Gott zu erinnern. Der 7. Schöpfungstag wäre nach dieser Symbolik der Tag des Gerichts, den wir erwarten und an dem die von Gott gewollten Werte verwirklicht werden.« (Halima Krausen) Dazu eine Hadith: Gottes Gesandter sagte: »Der beste Tag, über dem die Sonne aufgeht, ist der Freitag. An ihm wurde Adam erschaffen, an ihm wurde er ins Paradies gesetzt, an ihm wurde er daraus vertrieben, und die Letzte Stunde ist an einem Freitag.« (Muslim)

Ursprünglich war der Freitag nicht arbeitsfrei, »ruht doch auch Gott nicht am siebten Tag, sondern ist ›ständig mit etwas beschäftigt‹ (Sure 55: 29) denn seine Schöpferkraft ist unermesslich«. (Schimmel 2001, 29) Es haben sich aber regional Bräuche entwickelt, was am Freitag besonders gut zu tun, oder zu lassen ist. In einigen islamischen Ländern ist der Freitag arbeitsfrei. Historisch geht die Wahl auf den Markttag in Medina zurück, der am Freitag war, weil die große Bevölkerungsgruppe der Juden für den Schabbat einkaufte. Zum Markt waren ohnehin alle in der Stadt versammelt. Das Gebet erfolgte, als die Geschäfte erledigt waren und bevor nach Hause aufgebrochen wurde. Diese Praxis spiegelt sich in Sure 62: 9-11.(If, 6) Das Freitagsgebet ist ein verkürztes Mittagsgebet – zwei statt vier Rakat (vorgeschriebene Bewegungen beim Pflichtgebet) – mit einer Predigt. Das öffentliche, gemeinsame Gebet ist Zeichen der Gemeinschaft und Solidarität der Muslime untereinander.

Pflichtgebet
Gott ist größer.
Preis sei dir, mein Gott, und Lob sei dir!
Gebenedeit sei dein Name und erhaben sei deine Herrlichkeit! Es gibt keinen Gott außer dir.

Oder: Ich wende mein Angesicht zu dem, der die Himmel und die Erde geschaffen hat, als lauterer Gläubiger und Muslim, und ich gehöre nicht zu denen, die (Gott andere Nebengötter) beigesellen. Mein Gebet und meine Kulthandlung, mein Leben und mein Tod gehören Gott, dem Herrn der Menschen in der Welt. Er hat keinen Teilhaber. Dies ist mir befohlen worden, und ich gehöre zu den Muslimen!
(Überliefert bei Muslim)

Oder: O Gott, setze zwischen mir und meinen Sünden die Entfernung, die du zwischen Sonnenaufgang und Sonnenuntergang gesetzt hast! O Gott, reinige mich von meinen Sünden, wie man das weiße Kleid vom Schmutz reinigt! O Gott, wasche mich von meinen Sünden mit Schnee und Wasser und Hagel!
(Bei Bukhari; Muslim; Abu Dawud; Tirmidht)

Ich suche Zuflucht bei Gott vor dem gesteinigten Satan.
(Die Eröffnungssure):
Im Namen Gottes, des Erbarmers, des Barmherzigen. Lob sei Gott, dem Herrn der Welten, dem Erbarmer, dem Barmherzigen, der Verfügungsgewalt besitzt über den Tag des Gerichtes! Dir dienen wir, und Dich bitten wir um Hilfe. Führe uns den geraden Weg, den Weg derer, die Du begnadet hast, die nicht dem Zorn verfallen und nicht irregehen. (Sure 1: 1-7) Amen.

Nach freier Wahl unter anderen Versen:
Sprich: Er ist Gott, ein Einziger, Gott der Undurchdringliche. Er hat nicht gezeugt, und Er ist nicht gezeugt worden, und niemand ist Ihm ebenbürtig. (Sure 112: 1-4)

Gott, es gibt keinen Gott außer Ihm, dem Lebendigen, dem Beständigen. Nicht überkommt Ihn Schlummer und nicht Schlaf: Ihm gehört, was in den Himmeln und was auf der Erde ist. Wer ist es, der bei Ihm Fürsprache einlegen kann, es sei denn mit seiner Erlaubnis? Er weiß, was vor ihnen und was hinter ihnen liegt, während sie nichts von seinem Wissen erfassen, außer was Er will. Sein Thron umfasst die Himmel und die Erde, und es fällt Ihm nicht schwer, sie zu bewahren. Er ist der Erhabene, der Majestätische. (Sure 2: 255, Thronvers)

Gott ist das Licht der Himmel und der Erde. Sein Licht ist einer Nische vergleichbar, in der eine Lampe ist. Die Lampe ist in einem Glas. Das Glas ist, als wäre es ein funkelnder Stern. Es wird angezündet von einem gesegneten Baum, einem Ölbaum, weder östlich noch westlich, dessen Öl fast schon leuchtet, auch ohne dass das Feuer es berührt hätte. Licht über Licht. Gott führt zu seinem Licht, wen Er will, und Gott führt den Menschen die Gleichnisse an. Und Gott weiß über alle Dinge Bescheid. (Sure 24: 35, Lichtvers)

Er ist Gott, außer dem es keinen Gott gibt, der über das Unsichtbare und das Offenbare Bescheid weiß. Er ist der Erbarmer, der Barmherzige. Er ist Gott, außer dem es keinen Gott gibt, der König, der Heilige, der Inbegriff des Friedens, der Stifter der Sicherheit, der alles fest in der Hand hat, der Mächtige, der Gewaltige, der Stolze. Preis sei Gott! (Er ist erhaben) über das, was sie (Ihm) beigesellen. Er ist Gott, der Schöpfer, der Erschaffer, der Bildner. Sein sind die schönsten Namen. Ihn preist, was in den Himmeln und auf der Erde ist. Und Er ist der Mächtige, der Weise. (Sure 59: 22-24)

Gott ist größer.
Preis sei meinem Herrn, dem Majestätischen! (Vgl. Sure 69: 52) Gott erhört den, der ihn lobt. Gott, unser Herr, Lob sei dir! Gott ist größer.
Preis sei meinem Herrn, dem Höchsten!
Mein Gott, vergib mir, erbarme dich meiner, leite mich recht, bewahre mich und gib mir meinen Lebensunterhalt!

Oder: Mein Gott, vergib mir! Mein Gott, vergib mir! Gott ist größer.
Gott gehören die Ehrerweise, die Gebete und die guten Werke. Der Friede sei über dir, O Prophet, und die Barmherzigkeit Gottes und seine Segnungen!

Der Friede sei über uns und über den tugendhaften Dienern Gottes! Ich bezeuge, es gibt keinen Gott außer Gott, und ich bezeuge, Muhammad ist der Gesandte Gottes.

O Gott, sprich den Segen über Muhammad und die Angehörigen Muhammads, wie du den Segen über Abraham und die Angehörigen Abrahams gesprochen hast! Und segne Muhammad und die Angehörigen Muhammads, wie du Abraham und die Angehörigen Abrahams in der Welt gesegnet hast! Dir gebührt das Lob und die Herrlichkeit.

(Bei Bukhari; Muslim)

Gebete nach freier Wahl
O Gott, vergib mir meine früheren und meine späteren, meine geheimgehaltenen und meine offenkundigen Verfehlungen und das, worin ich übertrieben habe, und das, was du besser weißt als ich! Du bist es, der die Dinge früher, und der sie später schickt. Es gibt keinen Gott außer dir.
(Gebet Muhammads, überliefert bei Ahmad Ibn Hanbal und Muslim)

O Gott, ich bitte dich um Festigkeit im Gehorsam gegenüber deiner Verfügung und Entschlossenheit in der richtigen Lebensweise. Ich bitte dich um Dankbarkeit für deine Gnade und guten Vollzug deines Dienstes. Ich bitte dich um ein gesundes Herz und eine aufrechte Zunge. Ich bitte dich um das Gute, das du kennst, und ich suche Zuflucht bei dir vor dem Bösen, das du kennst, und ich bitte dich um Vergebung für das, was du kennst.
(Gebet Muhammads, überliefert bei Nasa't)

Abschließender Gruß: Der Friede sei über euch und die Barmherzigkeit Gottes!

(Die Texte werden in Arabisch gesprochen. Übersetzung aus: *Khoury, Adel Theodor,* Gebete des Islam. Weisheit der Religionen, Gütersloh 1995, S. 29ff. [in Auszügen]. © 1995 Gütersloher Verlagshaus, Gütersloh.)

6 Mystische Versenkung in Lied und Tanz – Alevitische Feste

Das **Alevitentum** ist eine in Anatolien, einigen benachbarten Regionen und dem Balkan beheimatete Glaubensrichtung, die bis vor wenigen Jahrzehnten sehr versteckt praktiziert wurde.
Erst durch die Liberalisierung in der Türkei und Auswanderung – schätzungsweise bis 30 % der türkischen Einwanderer nach Deutschland sind Aleviten – hat eine offene Diskussion über das Selbstverständnis des Alevitentums begonnen.
Die beiden Hauptfragen sind: Ist Alevitentum eine Religion, Philosophie oder Kultur? Ist es eine Richtung des Islam oder eigenständig? Die alevitischen Glaubensrichtungen sind zwischen dem 11. und 13. Jh. aus alten Glaubensinhalten der Turkstämme und dem schiitischem Islam, aus jüdischen, christlichen, buddhistischen und zoroastrischen Elementen entstanden. Die führende Persönlichkeit dieser Zeit war der Derwisch Hacı Bektaş Veli, Begründer des Bektaschi-Ordens. Im Zentrum steht die ethische Entwicklung des Menschen. Gottesglaube findet in der Liebe zum Mitmenschen ihren Ausdruck. Die Quellen der alevitischen Lehre sind das Buyruk (Das Gebot), Legenden über Haci Bektas Veli und die alevitische Dichtung. Die »fünf Säulen des Islam« werden nicht praktiziert. Das Buyruk beinhaltet Gebote und Verbote für die Gläubigen sowie Inhalt und Ablauf der Gottesdienste. Es erklärt u.a. die »Vier Tore« und die damit verbundenen Regeln: das islamische Gesetz, der mystische Pfad, die Erkenntnis und die Wahrheit. Der vollkommene Mensch wird durch Ali, dem ersten der rechtgeleiteten Imame, repräsentiert. Sein Bild steht im Gottesdienst, dem Cem-Gebet, im Zentrum. Der Dede, Leiter des Cem und der Gemeinschaft sowie Bewahrer der Tradition, muss aus einer Familie stammen, die sich auf einen der zwölf rechtgeleiteten Imame zurückführen kann. Einen wichtigen Bestandteil des Gottesdienstes bilden Lieder.
Vor dem Höhepunkt, dem Schemah-Tanz und der gemeinsamen Mahlzeit, müssen Konflikte in der Gemeinschaft benannt und beigelegt werden.

AABF – Föderation der Alevitischen Gemeinden in Deutschland e.V.

Im Mittelpunkt der alevitischen Feste stehen die rechtgeleiteten Imame, besonders Ali und Hussain. Da beide ein gewaltsames Ende gefunden haben, sind viele Feste von Trauer und Mitleiden geprägt. In Alis Vorbild und Martyrium vertieft man sich mystisch in Liedern und Tanz. Darüber hinaus prägen das Festjahr wichtige historische Persönlichkeiten wie Hacı-Bektaş-Veli oder die Schutzpatrone Hizir und Elias. Die islamischen Feste spielen eine untergeordnete Rolle, Ramadan und das Fest des Fastenbrechens werden nicht gefeiert.

Neujahrsfest, Geburtstag Alis, 21. März ▷ Feste des Islam
Mit diesem Neujahrsdatum folgen die Aleviten der vorislamischen Tradition der Altiranischen Völker. Am gleichen Tag wird Alis Geburtstag gefeiert. ▷ Newroz, Opferfest ⌒ Neujahrsfeste.

Hidirellez, 6. Mai
Dies Fest gilt Hizir und seinem Bruder Elias, die sich an diesem Tag im Himmel treffen. Um das mitzuerleben, wird die Nacht draußen verbracht (s. u.).

Muharram Fasten, 10. Muharram
20 Tage nach dem Opferfest (am 10. Muharram) wird zwölf Tage lang zum Andenken an den Tod von Hussain und 72 seiner Gefährten in der Schlacht bei Kerbela 680 gefastet.

Aschuratag ▷ Feste des Islam
Nach zwölf Fastentagen wird Aschure gekocht und an Nachbarn und Freunde verteilt. Aschure ist eine süße Suppe aus zwölf verschiedenen Zutaten (z. B. Weizen, Bohnen Kichererbsen, Kastanien, Sultaninen, Feigen, Aprikosen), welche die zwölf Imame symbolisieren sollen.

Hizir-Fasten, zweite Februarwoche
Hizir ist der Schutzpatron der Landbevölkerung. In der Hizir-Woche wird vom Dienstag an drei Tage lang gefastet, am letzten Tag die Wohnung gereinigt und gebadet. Vorbereitete Speisen werden an den heiligen Gedenkstätten mit allen Familienmitgliedern verzehrt. Am Freitagabend werden auf Friedhöfen Kerzen angesteckt und den Kindern die Geschichten von Hizir erzählt.

Hacı-Bektaş-Veli-Andacht, 16. – 18. August
Mit diesem Fest wird dem Begründer des Bektaschi-Alevitentums gedacht. Hacı Bektaş wird wegen seiner Weisheit, Menschenliebe, Toleranz und Wunderkraft verehrt.

Neben diesen althergebrachten Festen begehen Aleviten in jüngster Zeit den 12./13. März als Trauertag für das Massaker von Istanbul 1995, sowie den 2. Juli als Gedenktag des Massakers von Sivas, 1993, bei dem zahlreiche alevitische Dichter bei einem Hotelbrand umgekommen sind.

Die Hidirellez-Legende

Es ist die Nacht, die den fünften und sechsten Mai verbindet. In dieser Nacht werden sich Elias, der Schutzheilige der Meere, und Hizir, der Schutzheilige des Landes, treffen. Seit Anbeginn aller Zeiten ist es immer so gewesen in dieser Nacht, einmal im Jahr. Sollte es ihnen einmal misslingen, wären Meere nicht mehr Meere und das Land nicht Land. Die Meere wären ohne Wellen, ohne Licht, ohne Fische, ohne Farben und würden austrocknen. Auf dem Land würden keine Blumen blühen, keine Vögel und Bienen würden mehr fliegen, der Weizen würde nicht sprießen, die Bäche nicht mehr fließen, Regen nicht fallen, und Frauen, Stuten, Wölfinnen, Insekten, alles, was da fleucht und kreucht, Vögel, alle Geschöpfe würden unfruchtbar. Wenn sie sich nicht treffen, die beiden … dann werden Hizir und Elias zu Vorboten des Jüngsten Gerichts.
Jedes Jahr treffen sich Hizir und Elias in einem anderen Teil der Welt. Wo sie sich treffen, bricht der Frühling in jenem Jahr mit nie gekanntem Glanz hervor. Die Blüten sind noch üppiger, noch reicher, um vieles größer als in anderen Jahren. Die Bienen sind fetter, leuchtender. Die Milch der Kühe und Schafe fließt reichlicher und nahrhafter. Der Himmel ist klarer, von einem ganz anderen Blau. Die Sterne funkeln heller. Die Halme können kaum das Korn tragen, die Bäume beugen sich unter der Last der Blüten und Früchte. Die Menschen sind in diesem Jahr gesünder, sie werden nicht krank. Niemand stirbt in diesem Jahr, niemand, nicht einmal ein Vogel, eine Ameise, eine Biene, ein Schmetterling.
In diesem Augenblick, wo Hizir und Elias aufeinander zugehen, tauchen zwei Sterne auf, einer im Morgenland, der andere im Abendland, und gleiten auf den Treffpunkt zu. Und wenn Hizir und Elias sich die Hand reichen, vereinigen sie sich und werden zu einem einzigen Stern. Er gießt sein Licht über die zwei Heiligen. Genau in dem Augenblick, wo Hizir und Elias sich die Hand reichen und die zwei Sterne verschmelzen, steht die Welt still. Die fließenden Ströme erstarren, als ob sie eingefroren wären. Die Winde hören zu wehen auf, die Meere sind spiegelglatt, kein Blatt rührt sich. Das Blut in den Adern stockt. Es fliegen keine Vögel, und die Flügel der Bienen beben nicht mehr. Alles steht still. Nichts regt sich, gar nichts. Es fallen keine Sternschnuppen, und das Licht fließt nicht mehr. Die Welt stirbt für einen Augenblick. Dann erwacht alles aufs Neue, herrlicher als zuvor.
Aus diesem Grunde bleiben die Menschen in dieser Nacht bis zum Morgen wach. Sie versammeln sich an hochgelegenen Orten, auf Dächern, Minaretten, Hügelkuppen oder Berggipfeln, um auf diese Weise einen Blick auf die zwei sich vereinigenden Sterne zu werfen. Andere ziehen es vor, neben einer Quelle, einem Brunnen, einem Bach zu warten. Die ganze Nacht hindurch halten sie ihren Blick auf das Wasser gerichtet. Denn wer die Vereinigung der Sterne sieht, dem wird erfüllt, was er sich in diesem Augenblick wünscht, was immer es ist.

(Kemal, 37. © RAA Berlin.)

Newroz – Das altiranische Neujahrsfest

»Newroz« – auch »Nowruz« – ist zusammengesetzt aus »new« für neu und »roz« für Tag. (Moradi; Schimmel 2001, 138-142; Wagemann, 123) Es bezeichnet das größte nationale Fest der altiranischen Völker: Perser, Kurden, Aserbeidschaner, Belutschen, Afghanen, Tadjiken u.a. Es wird jedes Jahr vom 21. März an 13 Tage lang gefeiert. Für die Ahnen der altiranischen Völker gab es nur zwei Jahreszeiten. Die gut fünfmonatige kalte Zeit der Ruhe und des Verbrauchs der Vorräte und die siebenmonatige warme Zeit der Arbeit und Ernte. Am Anfang dieser Zeiten stand jeweils ein Fest: das Mehregan-Fest zu Beginn der kalten Jahreszeit und das Newroz-Fest zu Beginn der warmen Jahreszeit. Beide Feste waren gleich wichtig. Um beide Feste ranken sich alte Mythen: Hormozd (Gott) trifft am Newroz-Tag mit der Helligkeit und am Megredan-Tag mit der Dunkelheit eine Vereinbarung, in der sie sich zum Wohlverhalten verpflichten.

Das traditionelle Entzünden von Feuern vor dem Newroz wird verbunden mit dem Sieg von Kawa dem Schmied über den Tyrannen Zahak. Von etwa 1500 v. Chr. an verbanden sich die altiranischen Völker mit der Lehre Zoroasters, dessen Erscheinungstag auf den 21. März gelegt wurde. Damit wurde das Entzünden der Feuer zum Symbol für das Streben nach Reinheit. Nach dem zoroastischen Sonnenkalender, der dem ägyptischen Sonnenkalender entsprach, verschob sich das Newroz-Fest in vier Jahren um einen Tag, was gelegentlich ausgeglichen wurde. Die Jahre werden von der Eroberung Ninives durch die Meder 612 v. Chr. an gezählt. Neujahrsfeste.

> Der Schmied Kawa bezwang in alter Zeit den grausamen König Ajedahak. Dieser König betete zwei Schlangen an. Jeden Tag mussten sie mit dem Gehirn zweier Kinder gefüttert werden. Gerade am Newroz war das letzte von neun Kindern des Schmieds an der Reihe. Kawa überlegte, dass der König mit seinem Hofstaat am Abend des Festes betrunken sein müsste. Mutig ergriff er die Gelegenheit, rief Leute zusammen, erstürmte mit ihnen den Palast und zertrümmerte den Kopf des Tyrannen mit einem Hammerschlag. Die frohe Nachricht von der Befreiung wurde durch unzählige Feuer auf allen Bergen von Tal zu Tal verbreitet.
>
> Wagemann, S. 126.

Mit dem Newroz – und dem Mehregan – haben sich immer lange, ausgiebige Feiern verbunden, zeitweise bis zu 30 Tagen lang. Die Herrscher luden in Gruppen alle Beamten bis hin zum Volk ein. An Newroz machten sie Geschenke und ließen sich beschenken. Die Geschenke an die Herrscher entwickelten sich zu einer wichtigen Steuer. Dieser Steuer und dem Umstand, dass Ali, der erste Iman, an diesem Tag Kalif wurde, ist es wohl zu verdanken, dass das Newroz-Fest auch nach der Eroberung durch die Araber und der Einführung des Islam weitergefeiert werden konnte. Heute verbindet sich mit Newroz die Hoffnung auf Freiheit und Selbstbestimmung von Völkern, die sie z. Zt. nicht verwirklicht sehen. So z. B. bei den Kurden, deren wichtigstes religiös-nationales Fest auch in Deutschland Newroz ist.

Im Iran beginnt das Neujahrsfest schon am letzten Mittwoch des alten Jahres. Alt und Jung zieht verhüllt, mit Schüsseln und Löffeln lärmend durch die Straßen, bis man ihnen die Schüsseln mit Süßigkeiten und Nüssen füllt. Feuerwerkskörper knallen und Feuer werden entzündet, durch die die Menschen springen und rufen: Du nimmst mein Gelb, ich nehme dein Rot. Du nimmst meine Kälte, ich nehme deine Wärme. Mit dem Beginn des neuen Jahres versammelt sich die Familie um einen festlich gedeckten Tisch. Darauf finden sich sieben Speisen, die mit »s« beginnen, ein Spiegel, der das Innere des Menschen widerspiegelt, eine Wasserschale mit einem Goldfisch als Symbol für die Quelle des Lebens, Salz, Brot und gekochte und bemalte Eier. In muslimischen Familien liest der Vater aus dem Koran. Dann wünschen sich alle ein gutes neues Jahr, und die Jüngeren werden von den Älteren beschenkt. Für im Ausland lebende Iraner ist Newroz das wichtigste Fest. Frühlingsfeste mit Ei und Feuer.

Festreihe: Die Neujahrsfeste der Religionen

Newroz ist das einzige Fest, anlässlich dessen Kurden und auch Aleviten in Europa öffentlichkeitswirksam auftreten. Der Frühlingsanfang ist auch in unseren Breiten ein wichtiges Datum, sozusagen das »gefühlte Neujahr«. In vielen Kulturen war es zeitweise auch das offizielle Neujahr. Darum sei hier die Festreihe der Neujahresfeste angefügt.

Die Jahresanfänge sind meist säkularen Ursprungs – wobei sie aber aus Zeiten stammen, in denen es eine Trennung von säkular und religiös nicht gab. Sie überdauerten die Religionswechsel eines Volkes oder konnten auch von einer Kultur in eine andere übernommen werden. Doch werden sie immer – alte Bräuche aufnehmend – von den Religionen begleitet und durchdrungen. Die Religionen geben Hilfestellung, den Übergang zu gestalten, Altes zu bedenken und zu verabschieden, sich auf das Neue vorzubereiten. So verbindet sich mit dem meist fröhlich ausgelassenen Jahreswechsel eine Zeit der Ruhe und Besinnung, der Buße und des Fastens. In Deutschland hat diese Funktion die »Zeit zwischen den Jahren«, die auch ohne religiösen Bezug genutzt wird für öffentliche Rückblicke und Bilanzen, Gespräche über das vergangene und das kommende Jahr, Kontakte zu Freunden, die man selten sieht. Auch Aufräumen, Jahresabschlüsse etc. gehören dazu.

Die Neujahrstage und -zeiten der Religionen und Kulturen ziehen sich durch ein Schuljahr hindurch: Vom jüdischen Rosch ha-Schana, über den 1. Advent als Beginn des Kirchenjahres, über Silvester und Neujahr, dem buddhistischen Neujahrsfest, hin zum Newroz am 21. März, und dem muslimischen Neujahr. Ein religionspädagogischer Inhalt zu den Neujahrsfesten, der viele Gestaltungsmöglichkeiten bietet, sind die Erzählungen zu den Anfängen der Zeitrechnungen: Schöpfung im Judentum, Jesu Geburt im Christentum, die Auswanderung Mohammeds aus Mekka im Islam. Projekt Zeit.

1. Januar

Die römische Zeitrechung ist für die gesamte westliche Welt prägend geworden. Die Römer zählten ihre Jahre »ab urbe condita«, von der Gründung Roms an, für die später das Datum 21. April 753 v.Chr. festgelegt wurde. Als dann die Caesaren in Rom herrschten, wurden die Jahre nach deren Regierungsantritt gezählt. Die Gründung Roms erfolgte wahrscheinlich im 6. Jh. v. Chr. durch Zusammenlegung zweier Siedlungen. Das Datum wurde später aus der berühmten Sage von Romulus und Remus abgeleitet:

Romulus und Remus

Proca zeugte Numitor und Amulius. Weil Numitor der älteste seiner Nachkommen war, vermachte Proca ihm die Königswürde der Silvierfamilie. Amulius [aber] verjagte seinen Bruder und übte die Herrschaft aus. [Er] beseitigte [auch] die männliche Nachkommenschaft seines Bruders; die Tochter seines Bruders, Rea Silvia, wählte er – angeblich, um ihr eine Ehre zu erweisen – zur Vestalin und nahm ihr durch die Verpflichtung zu lebenslanger Jungfräulichkeit die Aussicht auf Nachkommenschaft. [Doch der] Vestalin wurde Gewalt angetan und als sie Zwillinge zur Welt gebracht hatte, gab sie Mars als den Vater ihrer zweifelhaften Nachkommenschaft an. Aber weder Götter noch Menschen retteten sie selbst und ihre Nachkommenschaft vor der Grausamkeit des Königs. Die Priesterin wurde gefesselt und in Haft genommen; die Knaben befahl der König in fließendes Wasser zu schaffen. Durch göttliche Fügung war der Tiber über die Ufer getreten, auf den überschwemmten Flächen bewegte sich das Wasser kaum von der Stelle. Die Männer, die die Kinder brachten, setzten sie in der nächsten Lache aus. Es hält sich die Sage, eine durstige Wölfin aus den umliegenden Bergen [habe] auf das Wimmern der Kinder hin ihren Weg geändert [und] haben den Kindern ihre Zitzen gereicht. [Der] Aufseher der königlichen Herden fand [sie] und [gab sie] seiner Frau Larentia zum Aufziehen. So gezeugt und so erzogen blieben [Romulus und Remus], als sie älter wurden, nicht tatenlos in den Stallungen und bei den Herden, sondern durchstreiften jagend Berg und Tal. Romulus und Remus [ergriff] das Verlangen, in der Gegend, wo sie ausgesetzt und erzogen worden waren, eine Stadt zu gründen. Gestört wurden diese Vorstellungen dann von dem Erbübel, der Herrschsucht, und es entwickelte sich daraus ein hässlicher Streit, der aus einem ziemlich harmlosen Anlass hervorging. Weil sie Zwillinge waren und die Rücksicht auf das Recht des Älteren die Entscheidung nicht herbeiführen konnte, sollten die Götter durch Zeichen beim Vogelflug bestimmen, wer der neuen Stadt den Namen und wer sie nach ihrer Gründung regieren sollte; daher nahm Romulus das Palatium, Remus den Aventin als Beobachtungspunkt, um den Vogelflug zu befragen. Zuerst soll Remus ein Zeichen erhalten

Aprilscherz

Der Brauch, Freunde und Nachbarn am 1. April an der Nase herumzuführend scheint vor über 400 Jahren in Frankreich aufgekommen zu sein. Vor 1564 begann nach dem alten in Europa üblichen Kalender das neue Jahr mit dem 1. April. Zur Feier des Neujahrs war es Brauch, Geschenke auszutauschen und sich gegenseitig zu besuchen. Im Jahr 1564 übernahm dann König Karl IX. von Frankreich den reformierten Kalender und bestimmte, das neue Jahr solle mit dem 1. Januar anfangen. Etliche seiner Untertanen lehnten diese Änderung ab und feierten hartnäckig weiterhin den 1. April als Neujahrstag. Daher trieb man mit ihnen Scherze und Späße. Ihre Freunde und Nachbarn brachten ihnen Scheingeschenke, luden sie zu angeblichen Festen ein und führten sie auf alle mögliche Weise an der Nase herum: Sie nannten sie Aprilnarren, weil sie immer noch am 1. April Neujahr feierten.
Die Franzosen nennen die Opfer ihrer Späße »poissons s'avril«, »Aprilfische«. Nach altem Brauch zeichnen die Kinder Fische auf Papier, schneiden sie aus und versuchen sie dann unbemerkt ihren Freunden auf den Rücken zu pappen. Gelingt ihnen das, verspotten sie sie laut als »poissons s'avril«.
(Westrheim, 102f. © Celebrate! Margo Westrheim, One world Publications, 1999, Oxford, England.)

haben, sechs Geier; das Zeichen war bereits gemeldet, da hatte sich dem Romulus die doppelte Anzahl gezeigt. Darüber gerieten sie in Streit. Remus, um sich über seinen Bruder lustig zu machen, [sprang] über die neuen Mauern, daraufhin [erschlug] ihn Romulus in seinem Zorn und [verhöhnte] ihn mit den Worten: »So soll es künftig jedem ergehen, der über meine Mauern springt.« So gewann Romulus allein die Herrschaft; die neugegründete Stadt wurde nach ihrem Gründer genannt. (Hillen, 17-23, gekürzt)

Dem römischen Kalender verdanken wir auch unsere Monatsnamen. Das Jahr beginnt mit Januar, benannt nach dem Gott Janus, dem Gott des Anfangs. Janus ist für jeden Neubeginn zuständig: den Anfang des neuen Jahres, des neuen Monats, der neuen Wochen und des neuen Tages, aber auch für die räumlichen Anfänge: Tore und Türen. Da bei Durchgängen die Gefahr von beiden Seiten droht, besitzt Janus praktischerweise zwei Köpfe und einen Schlüssel, mit dem er des Morgens den Himmel aufschließt. Sogar die Gründung der gesamten Zivilisation und des Goldenen Zeitalters wird ihm zugeschrieben.
Zu Beginn jeder wichtigen Unternehmung wurde Janus angerufen. Bei allen Gebeten wurde als erster genannt, er erhielt die ersten Opfer und die »Erstlinge«. Vor allem der Jahresbeginn war ihm geweiht. Am ersten Januar brachte man ihm Wein, Früchte und aus Mehl, Milch und Honig hergestellte Kuchen dar. (Bandini, Art.: Janus)

Der römische Kalender wurde von der katholischen Kirche weitergeführt und auf die Geburt Jesu Christi bezogen:
Lk 2, 1-14 (Lutherbibel):
Es begab sich aber zu der Zeit, dass ein Gebot von dem Kaiser Augustus ausging, dass alle Welt geschätzt würde. Und diese Schätzung war die allererste und geschah zur Zeit, da Quirinius Statthalter in Syrien war. Und jedermann ging, dass er sich schätzen ließe, ein jeder in seine Stadt. Da machte sich auf auch Josef aus Galiläa, aus der Stadt Nazareth, in das jüdische Land zur Stadt Davids, die da heißt Bethlehem, weil er aus dem Hause und Geschlechte Davids war, damit er sich schätzen ließe mit Maria, seinem vertrauten Weibe; die war schwanger. Und als sie dort waren, kam die Zeit, dass sie gebären sollte. Und sie gebar ihren ersten Sohn und wickelte ihn in Windeln und legte ihn in eine Krippe; denn sie hatten sonst keinen Raum in der Herberge. Und es waren Hirten in derselben Gegend auf dem Felde bei den Hürden, die hüteten des Nachts ihre Herde. Und der Engel des Herrn trat zu ihnen, und die Klarheit des Herrn leuchtete um sie; und sie fürchteten sich sehr. Und der Engel sprach zu ihnen: Fürchtet euch nicht! Siehe, ich verkündige euch große Freude, die allem Volk widerfahren wird; denn euch ist heute der Heiland geboren, welcher ist Christus, der Herr, in der Stadt Davids. Und das habt zum Zeichen: ihr werdet finden das Kind in Windeln gewickelt und in einer Krippe liegen. Und alsbald war da bei dem Engel die Menge der himmlischen Heerscharen, die lobten Gott und sprachen: Ehre sei Gott in der Höhe und Friede auf Erden bei den Menschen seines Wohlgefallens.

Januar/Februar: Buddhistisches Neujahr: Lossar
Der Buddhismus ist aus dem Hinduismus hervorgegangen und hat seine Zeitvorstellungen übernommen. Die Zeitrechung beginnt jedoch mit dem Tod Buddhas, der als »Parinibbana«, als »Vollkommenes Verlöschen« verstanden wird: das vollendete Nirwana, dem Kreislauf der Wiedergeburten entnommen und mit dem menschlichen Denken nicht mehr zu fassen. Dies Ereignis wird auf 544 v. Chr. datiert. (Notz)

Verlöschen Buddhas

Als Buddha 80 Jahre war, dachte er: »Ich habe alles getan, um anderen zu helfen. Ich habe sie gelehrt, wie sie in Liebe leben und ihre Angst überwinden können. Nun ist die Zeit gekommen, ihnen zu zeigen, wie man diese Welt ohne Angst verlassen kann«. Er rief daher seinen treuen Gefährten Ananda zu sich und sagte zu ihm: »Es ist an der Zeit, ein letztes Mal nach Kapilavastu zu gehen. Ich möchte in der Stadt sterben, in der ich groß geworden bin.« Ananda war vor Schmerz wie gelähmt. »O Buddha«, sagte er unter Tränen, »bitte verlass uns nicht. So viele Jahre hast Du uns geleitet. Was sollen wir denn ohne Dich tun?« Und er begann bitterlich zu weinen. Buddha sprach zu ihm: »Weine nicht, lieber Ananda. Ich habe euch stets gelehrt, dass der Tod ein natürlicher Teil des Lebens ist. Es gibt keinen Grund zur Furcht. Verstehe das doch! Und wenn ich dich verlasse, so sind die Lehren dein Begleiter. Wenn du sie mit dem Herzen verstanden hast, dann brauchst du mich nicht mehr. Komm, lass uns gehen.«
Und so zogen Buddha und seine Schüler gen Norden. Unweit von Kapilavastu kamen sie durch das Dorf Kushinagar. Buddha bat, dass man dort anhielte und eine Rast einlege. Dann sagte er zu Ananda: »An diesem Orte werde ich euch verlassen«. Obwohl es der letzte Tag seines Lebens war hörte Buddha nicht auf, anderen zu helfen. Ein alter Mann aus dem Dorf bat, ihn aufsuchen zu dürfen, und Buddha willigte ein. Er ließ sich die Kümmernisse des Mannes erzählen und gab ihm freundlich Rat. Der Mann fühlte sich von seinen Sorgen befreit und wurde wieder frohen Mutes.
Dann ging Buddha in den Garten hinaus und legte sich unter zwei Bäumen zur Ruhe. Seine Anhänger sammelten sich in einem Kreis um ihn. Einige weinten, aber andere, deren Geist zu vollkommener Ruhe gelangt war, schauten schweigend auf ihn. Und nun sprach Buddha zum letzten Male: »Vergesst nicht, was ich euch gelehrt habe. Begierde und Verlangen sind Ursache allen Leids. Alles unterliegt dem Wandel, daher hängt euer Herz an nichts. Setzt alles daran, euren Geist von Unreinheit zu befreien und das wahre, das dauernde Glück zu finden.« Dann drehte Buddha sich zur rechten Seite und legte die rechte Hand unter seinen Kopf. Er schloss die Augen und verließ die Welt in vollkommenem Frieden. Es war der Tag des vollen Mondes im vierten Monat.
Nachdem einige Zeit vergangen war, nahmen die Schüler den Leichnam und legten ihn auf einen großen Scheiterhaufen. Sie wollten ihn verbrennen, wie es der Brauch war, aber es gelang ihnen nicht, ein Feuer zu entfachen. Da kehrte Buddhas erster Schüler von einer Reise zurück. Er war nicht da gewesen, als Buddha starb, und er war nach Kushinagar geeilt, sobald er erfahren hatte, dass Buddha diese Welt verlassen werde. Und als er jetzt Buddha die letzten Ehren erwiesen hatte, fing das Holz von allein an zu brennen. Lange brannte es, bis nichts mehr übrig war, außer ein wenig Asche.

Die Könige, die zu jener Zeit in Nordindien regierten, wollten alle Buddhas Asche in ihren Besitz bringen. Jeder dachte: »Ich werde diesem großen Lehrer ein Denkmal errichten und seine Asche darin bewahren. Das wird mir und meinem Reich große Ehren bringen«. Weil aber ein jeder von ihnen die Asche haben wollte, begannen sie zu streiten. »Mir gehört sie«, sagte der eine. »Nein, sie gehört mir«, ein anderer. Bis schließlich ein Weiser sprach: »Buddha hat sein ganzes Leben der Aufgabe gewidmet, uns zu lehren, wie wir einander lieben können. Jetzt, da er uns verlassen hat, fangen törichte Menschen an, sich wegen seiner Asche zu zanken. Ein solcher Streit steht in Widerspruch zu allem, was er uns gelehrt hat. Wir wollen die Asche gleichmäßig verteilen. Dann mag ihm jeder in seinem Königreich ein Denkmal errichten.«
Die Könige erkannten die Wahrheit dieser Worte und beendeten ihren Streit. Sie teilten die Asche untereinander und kehrten in ihre Reiche zurück. Dort errichteten sie Denkmäler zu Erinnerung an jenen, der den Weg zu Frieden und Wahrheit gelebt und gelehrt hat.

(Landaw, 137-141. © 1999 Diamant Verlag, München.)

21. März, Newroz

Die sogenannten altiranischen Völker zählen ihre Sonnenjahre von der Eroberung Ninives durch die Meder bzw. Perser. Das persische Reich ging eine Verbindung mit der Lehre Zoroasters ein. Unter der Regierung des Sassaniden Ardaschir 224 bis 240 n. Chr. wurde der Zoroastrismus Staatsreligion. Auch nach der Islamisierung behielt der Iran das Sonnenjahr bei, zählt aber von der Hidschra an. So finden sich auch bei den alevitischen Festen Daten nach dem (persisch-zoroastischen) Sonnenjahr und dem islamischen Mondjahr. Die Neujahrsfeier am 21. März geht auf die vorislamischen Traditionen zurück. ▷ Das Newroz-Fest der altiranischen Völker. 💡 Frühlingsfeste mit Ei und Feuer.

Siegesstele des Asarhaddon (Regierungszeit 681–669 v. Chr.). Links ist der prächtig gekleidete assyrische König zu sehen. In einer Hand hält er eine Keule, das Zeichen seiner Macht. An zwei Seiten hält er seine bezwungenen Feinde, einen ägyptischen Prinzen und einen syrischen Fürsten.

September: Rosch ha-Schana

Die jüdische Zeitrechnung bezieht sich auf das aus verschiedenen Zeitangaben der Bibel errechnete Datum der Schöpfung. Danach bewegen wir uns jetzt im sechsten Jahrtausend. Am Neujahrstag erinnern sich die Menschen an ihre Erschaffung – Geburtstag der Menschheit – mitsamt des Auftrages, den die Menschheit erhalten hat:

»Die Rabbinen lehren, dass Gott wie ein Baumeister einen bereits vorhandenen Bauplan für die Schöpfung benutzt habe. Dieser Bauplan ist die Tora. Sie sorgte dafür, dass die Welt nicht nur zum bloßen Dasein geschaffen wurde, sondern zu einem moralischen Zweck, der sich in der Erschaffung des Menschen bündelte. Der Mensch erscheint auf der Bühne der Schöpfung, nachdem alles andere bereits gestaltet ist. Er wird als der Höhepunkt aller Werke Gottes beschrieben. Als Vorwegnahme wird der Erzählverlauf des Textes langsamer. Auf die Worte ›Gott sprach‹ (Gen 1, 27) folgt nicht, wie vorher, der direkte Schöpfungsakt, sondern eine Beschlussfassung, ihrem Wesen nach fast besinnlich: ›Nun wollen wir einen Menschen machen‹. Die Schöpfung, die ›Mensch‹ genannt wird, wird nach Gottes Bild gestaltet, Gott ähnlich. Diese Worte spiegeln das anhaltende Erstaunen der Tora über den besonderen Stellenwert des Menschen in der Schöpfung wider, über seine einzigartigen geistigen Fähigkeiten, die die Spuren des Schöpfers tragen. Erstaunt über die Macht des Menschen hält ihn die Bibel für ›wenig niedriger als das Göttliche‹ (Ps 8, 2).

Diese Ähnlichkeit beschreibt auch die moralischen Möglichkeiten des Menschen. Das Wesen des Menschen ist von Gott grundsätzlich verschieden, aber der Mensch ist fähig, in seinen Taten Gott nahe zu kommen: Gottes Liebe, seiner Barmherzigkeit und seiner Gerechtigkeit. Ein Mensch wird wirklich menschlich, wenn er versucht, göttliche Dinge zu tun.

Die Ähnlichkeit des Menschen mit Gott hat eine dritte Bedeutung, und diese ist die wichtigste: Sie betont die wesentliche Heiligkeit und die sich daraus ergebende Würde aller Menschen, ohne Unterschied ... Sechsmal sagt die Bibel, dass Gott seine Schöpfung ›gut‹ fand. Nach der Erschaffung des Menschen fand er sie ›sehr gut‹: Das Sein ist besser als das Nichts, Ordnung ist wertvoller als das Chaos und das Dasein des Menschen, mit all seinen Schwierigkeiten, ein Segen. Doch an keiner Stelle wird die Schöpfung als ›vollkommen‹ bezeichnet. Es wird die Aufgabe des Menschen sein, dem Schöpfer in der Vervollkommnung seiner Schöpfung zu helfen, denn der Mensch ist bestimmt, Gottes Mitarbeiter zu sein.« (Plaut, Bd. 1, 75)

Die Schöpfungsgeschichte der Bibel nach Gen 1,1–2,4

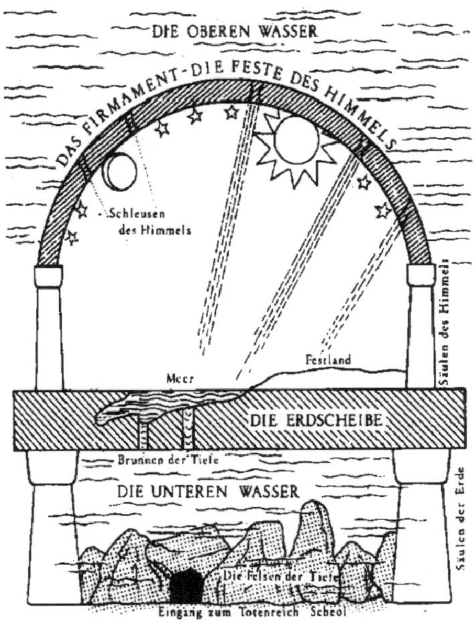

Das Weltbild der Bibel

Im Anfang erschuf Gott die Himmel und die Erde. Die Erde aber war unförmlich und vermischt, Finsternis auf der Fläche des Abgrundes, und der göttliche Geist wehend auf den Wassern. Da sprach Gott: »Es werde Licht.« So ward Licht. Gott sah das Licht, dass es gut war, und unterschied zwischen dem Licht und der Finsternis. Gott nannte das Licht Tag, und die Finsternis nannte er Nacht. Da ward Abend und ward Morgen, ein Tag.

Gott sprach: »Es werde eine Ausdehnung mitten im Wasser, damit eine Abscheidung sei, zwischen Wasser und Wasser.« Also machte Gott die Ausdehnung und schied zwischen den Wassern unter der Ausdehnung und den Wassern über der Ausdehnung, und es geschah so. Gott nannte die Ausdehnung »Himmel«. So ward Abend und ward Morgen: der zweite Tag.

Gott sprach ferner: »Es sollen sich sammeln die Wasser unter dem Himmel an einen Ort, damit das Trockene sichtbar werde.« Es ward so. Gott nannte das Trockene »Erde«, und die Sammlung der Wasser nannte er »Meere«. Da sah Gott, dass es gut war. Gott sprach: »Es lasse die Erde sprießen allerlei Sprossen, Kraut, das Samen bringt, den Fruchtbaum, der Frucht trägt nach seiner Art, worin der Samen ist auf der Erde«, und es geschah so. Die Erde brachte allerlei Sprossen hervor, Kraut, das Samen bringt, nach seiner Art, und den Baum, der Frucht trägt, in welcher der Samen liegt nach seiner Art. Da sah Gott, dass es gut war. Da ward Abend und ward Morgen: der dritte Tag.

Gott sprach: »Es seien Lichter in der Ausdehnung des Himmels, zu unterscheiden zwischen Tag und Nacht, damit sie Zeichen seien für Zeiten, Tage und Jahre. Und es seien auch Lichter in der Ausdehnung des Himmels, zu leuchten auf der Erde.« Und es geschah so. Also machte Gott die zwei großen Lichter, das größere Licht zur Regierung des Tages, das kleinere Licht zur Regierung der Nacht und die Sterne. Gott setzte sie in die Ausdehnung des Himmels, um auf der Erde zu leuchten. Auch zu regieren tags und nachts und zu unterscheiden zwischen Licht und Finsternis. Da sah Gott, dass es gut war. So ward Abend und ward Morgen: der vierte Tag.

Gott sprach: »Es errege das Wasser reges, beseeltes Tier, und das Geflügel fliege über der Erde an der Ausdehnung des Himmels.« Gott schuf die großen Meerungeheuer und alles kriechende beseelte Tier, welches die Wasser erregt, jedes nach seiner Art, und alles Geflügel nach seiner Art, und Gott sah, dass es gut war. Da segnete sie Gott und sprach: »Seid fruchtbar, mehret euch, und füllet das Wasser in den Meeren, und das Geflügel mehre sich auf der Erde«. Also ward Abend und ward Morgen: der fünfte Tag.

Gott sprach: »Die Erde bringe hervor beseeltes Tier allerlei Art, Vieh, Gewürm und Wild des Landes allerlei Art.« Und es geschah so. Gott machte Wild des Landes allerlei Art, Vieh allerlei Art, und Gewürm allerlei Art, und Gott sah, dass es gut war. Gott sprach: »Nun wollen wir einen Menschen machen, in unserem Ebenbilde, in Ähnlichkeit mit uns, dass sie regieren über die Fische des Meeres, über das Geflügel des Himmels, über das Vieh, und über die ganze Erde, sowie über alles Gewürm, das auf der Erde kriecht.« Da erschuf Gott den Mensch in seinem Ebenbilde, in dem Ebenbilde Gottes erschuf er ihn, männlich und weiblich erschuf er sie. Er segnete sie und sprach zu ihnen: »Seid fruchtbar, mehret euch, füllet die Erde, und bezwingt sie, herrscht über die Fische des Meeres, über das Geflügel des Himmels und über jedes lebendige Tier, das auf Erden kriecht.« Gott sprach: »Da übergebe ich euch alles Kraut, das Samen führet auf der ganzen Erde, und jeden Baum, woran Frucht ist, welche Samen führet, diese sollen für euch sein zur Speise. Allen Tieren des Landes aber und allem Geflügel des Himmels, und allem Kriechenden auf der Erde, worin lebendige Seele ist, übergebe ich alles grüne Kräuterwerk zur Speise.« Und so geschah es auch. Gott sah alles, was er gemacht hatte, und fand es sehr gut. So ward Abend und ward Morgen, der sechste Tag.

Da wurden vollendet die Himmel, die Erde, und ihr ganzes Heer. So hatte Gott am siebenten Tage sein Werk vollendet, das er gemacht; er ruhte am siebenten Tage von allem seinem Werk, das er gemacht. Er segnete den siebenten Tag und heiligte ihn. Denn an demselben ruhte Gott von allem Werk, das er erschaffen und gemacht hatte.

(Tora-Übersetzung von Moses Mendelssohn. In: Plaut, Bd. 1, 74-78. © 2001 Chr. Kaiser/Gütersloher Verlagshaus GmbH, Gütersloh.)

Hinduistisches Neujahr

Der Hinduismus hat ein zyklisches Zeitverständnis. Die Zeit hat keinen Anfang. Aus einem Universum entsteht das nächste. Die jetzige Zeitrechnung erfolgt vom Beginn des letzten Zeitalters Kaliyuga, ein mythisches Datum, das nicht fassbar ist. Die kosmischen Abläufe werden eingeteilt in Weltzeitalter (*yuga*), von denen es vier gibt: *Krtayuga, Detayuga, Dvaparayuga, Kaliyuga*. Die Lebensbedingungen werden mit jedem Zeitalter schlechter, z. B. wird die individuelle Lebenszeit kürzer. Unsere Gegenwart gehört zum Kaliyuga. Der Ablauf der vier Zeitalter bildet eine Weltperiode, jeweils tausend Wiederholungen von vier Weltzeitaltern einen Großzyklus. Die menschliche Zeit wiederum ist eingebettet in unendliche Wiederholung. Am Ende des gegenwärtigen Zeitalters wird Vishnu (Hauptgottheit im Hinduismus) erscheinen und mit der Vernichtung des Bösen ein neues goldenes Zeitalter eröffnen. (Schneider, 58 ff.; Tworuschka, 24)

Vishnu, der Erhalter des Universums und die Verkörperung von Güte und Barmherzigkeit (Bronze, Pakistan, 7. Jh. n. Chr.)

Christus Pantokrator, Bibel von Sankt-Kastor in Koblenz, 11. Jh.

Ende November/Anfang Dezember:
1. Advent – Christus als Mitte der Zeit

Im Jahre 525 verwendete Dionysius Exiguus erstmals eine Zählung »nach Christus«. Die Menschwerdung Christi rückte in den Mittelpunkt und verdrängte die Erinnerung an die römischen Kaiser. Das war eine Wegmarke: Die zunächst in der Erwartung der baldigen Wiederkunft Jesu Christi sich nur als Gast auf Erden verstehende Kirche etablierte sich in Zeit und Geschichte. Es dauerte dann aber noch einige Jahrhunderte, bis die neue Zeitrechnung die anderen – jüdisch und römisch – verdrängte: »Das ganze Mittelalter hindurch und bis weit in die Neuzeit hinein blieb freilich der größere Horizont einer biblischen, Altes und Neues Testament umfassenden Zeit- und Geschichtsbetrachtung bestehen. Hier hatte man den Weltverlauf mit seiner ganzen Ausdehnung von der Schöpfung bis zum Gericht im Auge; hier waren jüdische und christliche Vorstellungen über den Anfang der Zeit noch lange

eins.« (Meier, 35) Erst ab dem 17. Jh. wurde die Zeit seit der Schöpfung überall in Europa mit »vor Christus« datiert.
Theologisch war diese christliche Durchdringung der Zeitrechnung längst vorgebildet: »Die Erhöhung Christi ›über alle‹, seine Herrschaft über Himmel und Erde (Phil 2, 9-11), die Gestalt des Kyrios Christus, ›durch den alles ist und wir durch ihn‹ (1. Kor 8, 6), das Bild des Sohnes Gottes als ›Erben des Alls‹ (Hebr 1, 2-5) ... Von hier eröffnete sich die Möglichkeit, die gesamte Weltgeschichte in eine christozentrische Ordnung zu bringen ... Die Rede von der Königsherrschaft Christi war geeignet, den Absolutheitsanspruch irdischer Reiche zu relativieren. Sie befreite die Christen vom Druck tagespolitischer Abhängigkeiten. So konnte Christus als ewiger König den vergänglichen irdischen Herrschern gegenübergestellt werden. Das musste auf längere Frist zu Konsequenzen auch im Zeitverständnis der Christen führen.« (Ebd., 16) Dieses kommt zum Ausdruck in der Darstellung Christi als Pantokrator – als Weltenherrscher. Der Glaube an die Weltherrschaft Christi prägt auch den Anfang des Kirchenjahres: Advent heißt Ankunft. Es ist die Zeit der Vorbereitung auf das Kommen des Weltenherrschers als Kind, als gegenwärtiger Herr und als Weltenrichter am Ende der Zeit. ⌒ Geburtstage der Religionsstifter.

Muharram – Islamisches Neujahr
»Als der Kalif 'Umar, das zweite politische Oberhaupt der Muslime nach dem Tode des Propheten Muhammad (634–644), die Notwendigkeit gegeben sah, für seine Korrespondenz eine spezifisch muslimische Datierung einzuführen, entschied er sich – nach Beratung mit seiner Umgebung – für die Übersiedlung Muhammads von Mekka nach Medina *(hiǧra)* als Epochendatum. Diese Festlegung scheint seinerzeit kaum kontrovers gewesen zu sein ... Muhammad habe damals ›das Territorium des Polytheismus hinter sich gelassen‹, oder auch: ›seine Auswanderung habe die (endgültige) Scheidung von (im weitesten Sinne) Richtig und Falsch bedeutet‹; beide Begründungen, die nicht zeitgenössisch sein müssen, besagen, dass mit der Hiǧra etwas grundlegend Neues begann, ein Epochendatum im wahrsten Sinne des Wortes ... Bis zur Auswanderung nach Medina waren Muhammad und seine Anhänger Objekt – aus muslimischer Sicht auch: Opfer – eines historischen Kontextes gewesen, den sie zwar verändern wollten, aber nicht konnten, mit der Hiǧra begannen sie zum bestimmenden Subjekt in historischen Entwicklungen zu werden, die zunächst in ihrer näheren und weiteren Umgebung gänzlich neue Maßstäbe setzten und schließlich welthistorische Dimensionen annehmen sollten.« (*Haarmann, Ulrich* (Hg.), Geschichte der arabischen Welt. © 2001 Verlag C. H. Beck, München.)

Die Hiǧra Muhammads von Mekka nach Medina

Muhammads Ankunft in Medina nach Ibn Ishaq:
Muhammad blieb bei den Banu 'Amr von Montag bis Donnerstag und legte den Grundstein für die Moschee dort. Am Freitag ließ Gott ihn sie verlassen, und zum Freitagsgebet war er bei den Banu Salim. Er verrichtete es in der Moschee am Grunde des Wadi Ramuna. Es war dies sein erstes Freitagsgebet in Medina. Dann, als er weiterzog, hielten ihn immer wieder die Vertreter der verschiedenen Sippen an und baten ihn, bei ihnen zu bleiben, ihren Besitz mit ihnen zu teilen und ihren Schutz zu genießen, doch er forderte sie jedes Mal auf, seinem Kamel den Weg freizugeben, da es unter Gottes Befehl stehe. So zog das Tier von einem Gehöft zum anderen, bis es zu der Sippe Malik vom Stamm Nadjjar kam und dort beim Tor der Moschee niederkniete, damals noch ein Platz zum Trocknen der Datteln, der zwei Waisen des Stammes gehörte, die unter dem Schutz des Mu'adh ibn 'Afrā` standen. Da der Prophet nicht abstieg, erhob sich das Kamel wieder und schritt ein Stück weiter, wobei ihm der Prophet den Zügel frei ließ und es nicht leitete. Es drehte jedoch wieder um, kehrte an die erste Stelle zurück, kniete erneut nieder, blieb erschöpft liegen und legte seinen Hals auf die Erde. Der Prophet stieg ab, Abu Ayyub trug das Gepäck in sein Haus, und der Prophet bezog bei ihm Quartier.
»Wem gehört dieser Dattelplatz?« fragte er dann den Mu'adh, und dieser antwortete ihm: »Zwei Waisen, die unter meinem Schutz stehen. Ich werde sie zu ihrer Zufriedenheit dafür entschädigen, so dass du ihn als Moschee nehmen kannst.« Der Prophet befahl, dort eine Moschee zu errichten, und blieb so lange bei Abu Ayyub wohnen, bis die Moschee und seine Wohnräume fertiggestellt waren. Er selbst nahm an den Bauarbeiten teil, um die Muslime dafür zu begeistern, und sowohl die Auswanderer aus Mekka als auch die Helfer aus Medina arbeiteten unermüdlich. Einer von ihnen reimte:
Wenn wir uns setzen, während der Prophet sich müht, dann sagt man, dass vor uns die Arbeit flieht.
(Ibn Ishāq, Das Leben des Propheten, 107f. © Spohr Verlag, Kandern 1999.)

Inzwischen hatten einige Leute aus der Stadt Yathrib Allahs Botschaft gehört und waren Muslime geworden. Als die Götzendiener in Mekka übermütiger wurden, luden sie Muhammad ein, zu ihnen nach Yathrib zu kommen, und sie versprachen, zu ihm zu halten und alle Not und Gefahr mit ihm zu teilen. Während seine Feinde in Mekka Mordpläne schmiedeten und sogar schon sein Haus umstellt hatten, verließ Allahs Gesandter die Stadt und fand Zuflucht in einer Höhle in der Wüste. Als die Götzendiener in das Haus eindrangen, fanden sie dort nur Ali und mussten enttäuscht umkehren. Sie erfuhren bald, dass Muhammad nicht länger in Mekka war, und machten sich sogleich auf die Suche. Einige von ihnen kamen sogar in die Nähe der Höhle, und Abu Bakr, der den Propheten begleitete, wurde unruhig. Aber Allahs Gesandter sprach zu ihm: »Hab' keine Angst. Allah ist mit uns.« Tatsächlich hatte Allah einer Spinne befohlen, ihr Netz vor dem Höhleneingang zu bauen, so dass die Verfolger glauben mussten, hier könnte schon seit Jahren keine Menschenseele mehr gewesen sein, und die Suche aufgaben.
Mit großen Ehren wurde Allahs Gesandter in Yathrib empfangen. Auch die anderen Muslime, die in der nächsten Zeit unter großen Gefahren Mekka verließen, wurden wie Brüder und Schwestern aufgenommen. Seit dieser Zeit heißt die Stadt nur noch »Madinat-un-Nabi«, das heißt »Stadt des Propheten«, und meistens sagt man kurz »Medina«. Die Muslime fingen sogleich an, in ihrer neuen Heimat eine Moschee zu bauen, und Allahs Gesandter half selbst mit und schleppte eigenhändig schwere Steine.
(Krausen, 173f.)

Spannendes: Frühlingsfeste mit Ei und Feuer

Der Frühling ist das gefühlte Neujahr. Auch in Europa gab es Zeiten, in denen Tag- und Nachtgleiche am Frühlingsbeginn auch jeweils der offizielle Neujahrstag war. Um den Frühlingsanfang herum werden neben den direkten Neujahrsfesten Feste gefeiert, die das Erwachen der Natur thematisieren, so z. B. an Ostern und Pfingsten. Interessant ist, dass in ihnen die Symbole Feuer oder Ei eine Rolle spielen, oder auch beide. Überraschende Übereinstimmungen von Bräuchen und die Verwendung der gleichen Symbole verbindet auch Religionen, die inhaltlich nichts miteinander zu tun haben, weit voneinander entfernt entstanden sind und uns sehr fremd vorkommen. Doch möglicherweise besteht zwischen Europa, Iran und Indien – bei denen Ei oder Feuer gerade auch bei Frühlingsfesten auftauchen – eine alte Verbindung: der indo-germanische Ursprung aus dem 3. Jahrtausend v. Chr. Das trifft aber wohl eher für das Feuer als für das Ei zu. Weil Eier zu Ostern erst seit etwa 1900 in Nordeuropa verbreitet sind, sieht Rias-Bucher dies als Beweis dafür an, dass es kein germanischer Brauch sein kann, sondern ein genuin christlicher. Auch das Ei auf dem Sederteller des jüdischen Pessachfestes ist sicher weder germanischen noch christlichen Ursprungs. Insgesamt ist es dementsprechend naheliegend, im Ei das neu aufkeimende Leben im Frühling symbolisiert zu sehen, so dass davon ausgegangen werden darf, dass Eierbräuche in verschiedenen Kulturen eigenständig entstanden sein können. Auch mit einem Feuer den Winter zu vertreiben, ist ein naheliegender Gedanke. So ist auch nicht zu entscheiden, ob das im 19. Jh. entstandene Biike-Brennen am 21. Februar in Nordfriesland eine alte Tradition aufnimmt. Die Frühlingsfeste der Religionen und ihre Ei- und Feuerbräuche können Kindern, denen sie vertaut sind, eine eigene Perspektive auf Ostern ermöglichen, ähnlich wie die Islamische Weihnacht auf Weihnachten. Die beiden Symbole können aber auch Ausgangspunkt für eine Erkundung der Feste sein. Bei den Erläuterungen der Feste finden sich weitere Informationen und Verweise auf Material in diesem Buch. Mit den folgenden Texten und der Skizze kann an der Wand ein Schaubild entstehen, das mit den Arbeiten der SchülerInnen ergänzt wird.

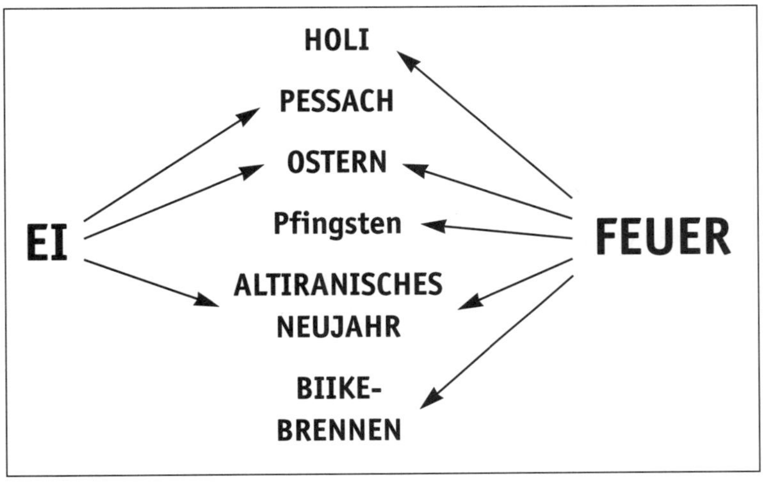

Holi
Beim hinduistischen Holi-Fest werden Feuer entzündet und rote Farbe verspritzt.

Pessach
Auf den Seder-Teller gehört ein gekochtes Ei, das an das Festopfer im Tempel erinnert.

Ostereier
»In Europa gehören Eier und Frühling zusammen. Dabei spielten immer praktische Erwägungen eine Rolle: Als ›Fleisch in flüssiger Form‹ waren Eier während der Fastenzeit verboten. So hatte sich eine ganze Menge davon angesammelt, die man zu Ostern verbrauchte. Vor einigen Jahrhunderten bezahlten Bauern ihrem Grundeigentümer die Pacht nicht mit Geld, sondern mit Lebensmitteln, z. B. mit Eiern. Bäuerinnen, die Eier und Milchprodukte in der Stadt verkauften, konnten vor Ostern eine ›Eier-Maut‹ entrichten und ihre Waren das ganze Jahr über zollfrei zum Markt bringen. Traditionell war der Erlös aus dem Eierverkauf Taschengeld der Bäuerin. Nicht nur Eier nahm man als Zahlungsmittel, sondern auch Eiergebäck – deshalb ist der goldgelbe Hefeteigfladen zum typischen Osterbrot geworden. Grundeigentümer – Adlige, Klöster, Kirchenfürsten –, die auf diese Weise Pacht, Zoll und Spenden einnahmen,

verwendeten die Eier wiederum als Zahlungsmittel, entlohnten damit Personal und unterstützten Bedürftige. Zu Ostern waren diese Gaben gefärbt, geweiht und deshalb besonders geschätzt. Die Geschichte des Ostereies ist rein christlich: ... ein normales Ei (wird) nur zum ›Osterei‹, wenn der Priester es geweiht hat. Diese Weihe, die andere wichtige Lebensmittel wie Schinken oder Lammfleisch, Brot, Salz, Milch und Butter einschließt, wurde vermutlich erst im 9. Jh. eingeführt.« »Seit dem 5. Jh. gilt das Ei im Christentum als Sinnbild der Auferstehung. Christus hat das Grab gesprengt wie das Küken die Eierschale. Oder: Die Schale des Eis bedeutet den Leib, das Eiweiß die Seele und der Dotter die göttliche Natur des auferstandenen Heilands.«

Osterfeuer
»Das Osterfeuer kann man vor allem in katholischen Gebieten miterleben. Es soll das neue Licht symbolisieren, das mit Christus in die Welt gekommen ist. Der meterhohe Stoß aus Reisig, Stroh und Holzscheiten wird in der Osternacht geweiht und lodert stundenlang höchst effektvoll – in Hamburg beispielsweise vor mehreren Kirchen entlang der Elbe. Die Asche hebt man in katholischen Kirchen für das Aschenkreuz am Aschermittwoch des folgenden Jahres auf.« In einigen Gegenden Deutschlands ist es üblich, dass junge Leute über die Feuer springen. (Rias-Bucher, 92/94 und 98f.)

Pfingsten
Neben der Taube ist das Feuer Symbol für den Heiligen Geist. Beim ersten Pfingsten kam er wie Feuerzungen über die Jüngerinnen und Jünger. Wer vom Geist getrieben wird, dem brennt das Herz. Auf vielen Pfingstbildern wird dieses äußere oder innere Feuer dargestellt. An manchen Orten wird am Pfingstsamstag ein Pfingstfeuer entfacht und dazu – im Freien – Gottesdienst gefeiert.

Altiranischen Neujahr
Beim ▷ Altiranischen Neujahrsfest spielt das Feuer eine zentrale Rolle. Sieben Haufen aus Dorngestrüpp werden errichtet und in Brand gesteckt. Jung und Alt springen über das Feuer, um die winterlichen Krankheiten dem Feuer zu übergeben: »Du nimmst mein Gelb, ich nehme dein Rot. Du nimmst meine Kälte, ich nehme deine Wärme.« Alles Schlechte und Kranke (gelb) soll im Feuer verbrennen, der Mensch möchte durch das Feuer gesund (rot) und gut werden. (Schimmel, 140) So auch beim kurdischen Newroz in Hamburg: »Das ›richtige Fest‹ im Schanzenpark feiern die Kurden am 21. März, unter freiem Himmel ... Trockene Holzscheite liegen auf der Wiese, denn ein Feuer ist wesentlicher Bestandteil der Newroz-Tradition. Nach Sonnenuntergang wird das Feuer entzündet. Kaum lodern die ersten Flammen, nehmen die jungen Männer Anlauf auf das Feuer: Nach und nach springen sie über die brennenden Scheite hinweg, umjubelt von ihren Zuschauern. Im Hintergrund blinkt der Fernsehturm, während gegen halb sieben ein paar Männer den Tanz eröffnen. Sie bilden eine Reihe, die Frauen kommen hinzu. Özden führt sie an, ihren Schal in der rechten Hand wirbelnd. Volks- und Liebeslieder, kurdischer und türkischer Pop schallen über den Platz – die Reihe der Tänzer bewegt sich im Takt der Musik um das prasselnde Feuer herum. ›Dies ist ein Stück Kurdistan in Hamburg‹, flüstert jemand, während die Funken in Richtung Wasserturm stieben. Nur noch der Mond, die Sterne und der Schein des Feuers erhellen das Fest im Schanzenpark. ›Wow, was ist denn hier los?‹, wundert sich ein Mann, der aus dem V-Bahnhof Sternschanze kommt und unvorhergesehen auf das Fest trifft. So lebendig wie am 21. März geht es auf dem Gelände nur selten zu: Noch um neun bewegen sich die kurdischen Tänzer um das Feuer herum, Hand in Hand in einem großem Kreis, Männer, Frauen, Kinder.«
(Gottberg/Cordes, 36f.)

Im Iran sind für den Festtagstisch neben sieben Dingen mit »s« und einem Glas mit Goldfischen die gefärbten Eier besonders wichtig: sie sind rot – in der Farbe des Blutes und des Lebens –, grün – in der Farbe des Propheten Mohammed – oder himmelblau. (Wagemann, 122f.)

Biike-Brennen
In Nordfriesland wird der Winter mit riesigen Feuern vertrieben.

Praxishilfen

Evangelisches Missionwerk (Hg.): Vom Turm zur Taube. Pfingsten hier und anderswo, Hamburg (o.J.).

Fährmann, Willi; König, Paul, Wie aus dem Ei das Osterei wurde, Würzburg 1990.

Jürgensen, Eva (Hg.), Feste und Gestalten im Jahreslauf: Ostern, Lahr 1998.

Jürgensen, Eva (Hg.), Feste und Gestalten im Jahreslauf: Pfingsten, Lahr 1992.

Walter, Gisela (1996): Feuer. Die Elemente im Kindergartenalltag, Freiburg 1996.

7 Gutes Karma sammeln: Buddhistische Fest- und Feiertage

Im Anfang und im Zentrum des **Buddhismus** steht die Lehre des Buddha. Durch Erleuchtung gewann Buddha die Einsicht der »Vier edlen Wahrheiten«: dass das Leben unter dem Einfluss der Unwissenheit Leiden ist, dass Leid durch Gier, Hass und Unwissenheit entsteht und dass das Leiden aufgehoben werden kann, wenn man diese Leidenschaften überwindet. Zu dieser Überwindung führt der Weg des Buddhismus, der »Achtfache Pfad«; wer ihn vollendet, entgeht einer erneuten unfreiwilligen Geburt in die leidvolle Welt. Die Lehre Buddhas wird auch »Rad der Lehre« genannt, das sich dem »Rad der Wiedergeburten« entgegendreht. Der Buddhismus ist in seiner über zweitausendjährigen Geschichte sehr vielgestaltig geworden. In Deutschland sind verschiedene Richtungen des Buddhismus vertreten. Seit dem 18. Jh. hat der Theravada-Buddhismus, eine der beiden großen Hauptrichtungen, in Deutschland Eingang gefunden, ab etwa 1950 die Zen-Meditation und seit etwa 1980 u.a. der Tibetische Buddhismus, die beide zu der anderen Hauptrichtung, dem Mahayana-Buddhismus gehören. Die Feste sind vor allem für Menschen wichtig, die aus buddhistisch geprägten Ländern kommen. Aus Deutschland stammende Buddhisten feiern oft weiterhin Weihnachten und Ostern.

Deutsche Buddhistische Union
www.dharma.de

Nach buddhistischer Überzeugung haben an Feiertagen die Taten eines Menschen eine besonders starke Wirkung auf sein Karma, d.h. die durch gute oder schlechte Taten und Gedanken angesammelten Bedingungen für die Wiedergeburt. Darum ist es wichtig, an Festen möglichst viel Gutes zu tun und viele heilsame Handlungen anzusammeln. Es werden Kerzenzeremonien begangen, indem z.B. Kerzen von Teilnehmer zu Teilnehmer gereicht werden als Symbol für die Erleuchtung. Den Mönchen wird Essen gereicht und auch die Teilnehmer speisen gemeinsam. Es wird gesungen, aus den Lehren des Buddha rezitiert, Mönche halten Lehrpredigten.

Es gibt im Buddhismus große Feste, die alle Richtungen begehen, auch wenn sich ihre jeweiligen Termine unterscheiden. Meist erinnern sie an Ereignisse aus dem Leben des Buddha-Shakymuni. Zudem haben die vielen Schulrichtungen des Buddhismus jeweils eigene Festanlässe. Auch weltliche Anlässe wurden vom Buddhismus durchdrungen. Die Festdaten beziehen sich in der Regel auf den Tibetischen Kalender.

Tibetisches Neujahr – Losar, 1. Tag des 1. Monats

Der Neujahrstag ist für die Menschen in buddhistisch geprägten Ländern ein sehr wichtiges Fest. Sie feiern zugleich Geburtstag. Das eigentliche Geburtsdatum spielt keine Rolle. An diesem Tag dürfen selbst die Mönche ausgelassen feiern, jeder bekommt von einem besonderen Gebäck so viel wie er tragen kann. Die Menschen kleiden sich festlich, sind sehr freigiebig und bringen Opfergaben und Lichter in die Klöster und Tempel. Zum Neujahrsfest gibt es vielfältige Bräuche. So wird z.B. als Symbol für Reinheit weißes Mehl in die Luft geworfen und dazu werden Wünsche für das neue Jahr ausgesprochen. An den ersten 15 Tagen des Jahres wird die Zeit gefeiert, in der Buddha jeden Tag ein Wunder vollbrachte. Den Abschluss bildet der Tag der Opfergaben – Tschonga Tschöpa.

Vesakh, 14. Tag des 3. Monats

Das Vesakh-Fest kann als das bedeutendste buddhistische Fest bezeichnet werden. Nach der Datierung des westlichen Buddhismus wird Vesakh am ersten Vollmondtag im Mai gefeiert und ist gerahmt von einem ganzen Festmonat, dem Monat Vesakh. Beim Vesakh-Fest werden drei Ereignisse aus dem Leben des Buddha gefeiert: seine Geburt, sein Erwachen zum Buddha und sein Parinirvana, sein Eingehen in das Nirvana. Vesakh ist ein Anlass zum Schenken; es kann aber auch als ein Lichter- oder Fahnenfest begangen werden.

Geburtstag des Dalai Lama, 6. Juli

Der XIV. Dalai Lama wurde am 6. Juli 1935 geboren. Er ist das geistliche und weltliche Oberhaupt Tibets. Durch seinen friedlichen Kampf für die Unabhängigkeit Tibets und die Freiheit der Ausübung des tibetischen Buddhismus hat der XIV. Dalai Lama spätestens mit der Verleihung des Friedensnobelpreises 1989 internationale Bekanntheit und Anerkennung erlangt.

Tag des Rades der Lehre – Tschökor Dütschen, 4. Tag des 6. Monats
An diesem Tag drehte Buddha Shakyamuni das erste Rad der Lehre. Damit ist die erste Lehrrede gemeint, als er im Hirschpark in Sarnath über die »Vier edlen Wahrheiten« sprach und damit seine ersten Anhänger gewann. In anderen buddhistischen Traditionen wird dieses Fest »Asala« genannt und einige Wochen früher gefeiert.

Herabstieg des Buddhas vom Götterhimmel – Lhabab Dütschen, 22. Tag des 9. Monats
Buddha Shakyamunis Mutter wurde im »Himmel der Dreiunddreißig«, einer Götterwelt, wiedergeboren. Um die Güte seiner Mutter zu erwidern und zum Wohle der Götter lehrte der Buddha dort drei Monate lang.

Buddhistisches Neujahrsfest in Hamburg
Im vietnamesisch-buddhistischen »Sozial- und Kulturzentrum Bao-Quang« sind wir eingeladen, den Beginn des Drachenjahres mitzuerleben. Das unscheinbare Einfamilienhaus am Schiffbeker Weg in Hamburg-Öjendorf ist Anlaufstelle für rund 5000 in Hamburg und Umgebung lebende Vietnamesen. Hier versammeln sich am Sonntagvormittag rund 70 Männer, Frauen und Kinder zu einer Friedensfeier. Die »Ehrwürdige Nonne« Thich Nu Dieu-Tarn, die das Zentrum im Jahr 1988 gründete, leitet die Neujahrszeremonie. Das »Jahr des Drachens« ist ein besonderes Jahr, denn der Drache gilt als bedeutendstes Tierkreiszeichen. Das Fabeltier steht in der fernöstlichen Mythologie für Langlebigkeit, Würde, Geschick, Reichtum und Ruhm. Ihm folgen – nach chinesischem Mondkalender – profanere Tiere wie Schlange, Pferd, Schaf, Affe, Hahn, Hund, Schwein, Maus, Büffel, Tiger und Hase. Auf einem Holzaltar an der Stirnwand des Andachtsraumes steht ein goldgewandeter, lächelnder Buddha, von Strahlen umkränzt. Die »Hauptbuddha«-Statue in der Mitte verkörpert den erleuchteten Religionsgründer, während schlichtere Buddha-Figuren daneben auf seine geistige Entwicklung verweisen.
Van Cong, zweiter Vorsitzender der Gemeinde und zuständig für deren »Außenangelegenheiten«, erklärt die Buddha-Figuren und zeigt auf zwei Instrumente vor dem Hauptaltar: »Die hölzerne Glocke kommt aus Vietnam. Diesen Gong hier haben wir aus Japan. Er kann einen Ton fünfzehn Minuten lang schwingen lassen.« Auf dem Opfertisch haben die Vietnamesen Kuchen, Früchte, Reis und Tee ausgebreitet und ein Tablett voller Kerzen aufgestellt.

Vietnamesisch-buddhistische Friedensfeier

Während die ersten Gäste eintreffen, arrangieren Frauen Bündel frischer Orchideen, Tulpen und Margeriten in Vasen, die sie auf drei Altäre im Raum verteilen. Eine Nonne in gelbem Gewand entzündet ein Räucherstäbchen. Die Atmosphäre ist locker und freundlich. Immer mehr Männer und Frauen ziehen ihre Schuhe aus, hüllen sich in ein graues Laienkleid und nehmen den Meditationssitz auf dem Boden ein.
Pünktlich eröffnen drei Nonnen die Friedenszeremonie, ihre Gesichter dem Hauptaltar zugewandt: Ein trockener Glockenschlag, dann setzt rhythmischer, einstimmiger Gemeindegesang ein, in kurzen Intervallen beantwortet vom Sprechgesang einer der drei Ordensschwestern. Zur Stimmverstärkung nutzen die Frauen abwechselnd ein Mikrophon.
Nach einer Weile erhält jedermann ein orangefarbenes Blatt Papier mit der Aufschrift: »In allen zehn Himmelsrichtungen ist Buddha.« Gemeint sind die zehn Himmelsrichtungen Nord, Nordost, Ost, Südost, Süd, Südwest, West, Nordwest, oben und unten. Das Blatt legen sich die Gläubigen auf ihre Köpfe, bevor die Zeremonie weitergeht: beten und singen, unterstützt nur von den beiden Instrumenten, dem hellen

Ton der Glocke und dem warmen Klang des Gongs, die die Nonnen anschlagen. Das Papier in der Balance zu halten, ist nicht leicht. So manchem rutscht das Blatt vom Haar. Macht nichts, eine ältere Vietnamesin greift zu einem Trick: Sie klemmt den Zettel einfach unter ihren Haarreif. Van Cong hilft seinen beiden kleinen Kindern Bao-Thi und Bao, indem er ihnen das Papier zwischen Nacken und Kragen steckt. Nach etwa zwei Stunden endet die meditative Feier zum neuen Jahr; der Gesang verstummt, die Gläubigen erheben sich.

Das neue Jahr ist da. Genau genommen liegt das Neujahrsdatum sogar schon 15 Tage zurück. Aber erst heute, bei Vollmond, enden die Neujahrsfeiern in China, Taiwan und Vietnam mit dem Laternenfest. Die Friedensfeier im Schiffbeker Weg knüpft an diese fern-östliche Tradition an.

»Wenn man singt, soll man innere Ruhe haben«, sagt Van Cong, »wenn man Probleme hat und den Gong hört, werden sie still.« Die Nonne Thich Nu Dieu-Tarn verschenkt Tütchen, die einen Glückspfennig und ein Horoskop enthalten. Van Cong übersetzt die vietnamesische Neujahrsbotschaft, als wir uns verabschieden: »Glück liegt in der inneren Ruhe. Das Denken bringt nur Sorgen. Unternimm keine weite Reise.« Wozu auch? Die weite Welt ist schon hier, zu entdecken mitten in Hamburg.

(Gottberg/Cordes, 121-123. © 2001 Sabine Groenewald Verlage, Hamburg.)

Hinduistische Feste

Der **Hinduismus** ist keine Einzelreligion, sondern beinhaltet viele religiösen Traditionen. Es werden buchstäblich unzählige Götter verehrt, die z. T. für einzelne Orte Bedeutung haben oder in der 3500jährigen Geschichte Bedeutung hatten. Die heute wichtigsten sind die göttliche Dreiheit von Brahma, Vishnu und Shiva, sowie Krishna und Shakti. Hinter den Göttern steht aber die Einheit von Brahman und Atman, dem Absoluten und der Seele. In Meditation und Askese kann diese Einheit erkannt und erlebt werden. Auch durch Verehrung und Liebe zu den Göttern kann sie erreicht und so den Wiedergeburten im Samsara entronnen werden. Dieser Gottesdienst bestimmt den gesamten Alltag, Lebens- und Jahreslauf. Im deutschsprachigen Raum steigt die Zahl der Hindus.

Deutsch-Indische Gesellschaft, www.dig-darmstadt.de

Es gibt im Hinduismus mehr Feste als das Jahr Tage hat. Über 1000 sind bekannt. Sie gelten einzelnen Göttinnen und Göttern. An diesen Tagen kommt ihnen noch mehr Verehrung zu, als im Alltag ohnehin. An Festen teilzunehmen gilt als verdienstvoll. Es gibt drei Gruppen von Festen: Tempelfeste, bei denen die Bilder der Tempelgottheiten in Prozessionen gefeiert werden, so z. B. Shivaratri und Ratha Yatra. Des weiteren werden Geburtstage von göttlichen Inkarnationen gefeiert, z. B. Krishnas Jayanti die Geburt Krishnas. Und es gibt Puranische Feste, die Legenden und Ereignisse zum Inhalt haben, die ein moralisches Beispiel geben, so z. B. den Sieg der Gerechtigkeit.

Shivaratri, Februar/März

Bei dem Fest zu Ehren Shivas ist das Blatt des Bel-Baumes wichtig. Nach einer Legende hatte sich ein Jäger verirrt und die Nacht in einem Bel-Baum, unter dem sich das Heiligtum Shivas befand, verbracht. Durch seine Bewegungen fielen Tautropfen auf das Heiligtum. Über diese Verehrung soll sich Shiva sehr gefreut haben, obwohl sie nur zufällig war. Demnach soll schon ein wenig Frömmigkeit die Götter erfreuen. (Westrheim, 66)

Holi, Februar/März

Das Frühlingsfest ist Krishna und der Liebe geweiht. Bei diesem Fest, das an Karneval und Jahrmarkt erinnert, gelten die strengen Sitten des Alltag nicht. Anzügliche Lieder und wilde Spiele gehören dazu, es wird über Feuer gesprungen und rote Farbe verspritzt. 💡 Feuer und Ei.

Diwali – Fest der Lichter und Neujahrsfest, Oktober

»Diwali ist das Lichterfest zu Ehren von Vishnu und Laksmi, das den Jahreslauf beschließt. Die prunkvolle Feier beginnt am Abend einer Neumondnacht (Okt./ Nov.). In der Dunkelheit leuchten Tausende von kleinen Öllämpchen auf ... Berge und Seen, Bäume und Bildstöcke sind wunderbar beleuchtet. Zauberhaft wird das Fest an den Flüssen begangen. Da setzt man die Lichter auf kleine Flöße und

Holzstämme, die langsam flussabwärts treiben. Man schaut ihnen nach, bis sie endlich im Dunkel verlöschen. Die kleinen Lampen sollen die Dämonen vertreiben.«
(Trutwin, Hinduismus, 88)

Makara Sankrat
Wichtige Feste sind die Sommer- und Wintersonnenwende, wozu möglichst ein Bad im Ganges genommen wird, oder in einem Fluss in der Nähe.

Indische Weihnacht

Geburtstage der Religionsstifter, Neujahrsfeste der Religionen.

Gopalji rüstet für das Fest der Geburt seines Herrn und Gottes: Es war der siebte Krischnapakscha des Monats Schravana im Jahre zweitausendundeinundzwanzig Vikram. Gopalji war vierundsiebzig Jahre alt – er hatte des Leben hinter sich. Seine Frau war schon vor vielen Jahren gestorben, die Kinder seiner Söhne waren bereits erwachsen. Er hatte keine Wünsche mehr, stellte keine Ansprüche an das Leben. Dieses Fest blieb der Höhepunkt im Ablauf des Jahres; seit er hierher gekommen war in die Stadt, in der vor vielen tausend Jahren sein Gott und Herr als Mensch geboren wurde, gehörte all seine Liebe ihm und dem Andenken an seine glorreiche Geburt. Den ganzen Tag über hatte er gefastet. Kein Körnchen Reis, kein Tropfen Wasser war über seine Lippen gekommen. Es war heiß und schwül – der Monsun hatte eingesetzt. Die Felder waren schon grün, das Laub der Bäume war dicht und dunkel. Mensch und Tier würden wieder Nahrung haben und Wasser, das lebenspendende Wasser. Es war alles die Gnade des Herrn – mit seinem Kommen blühte die Welt auf, mit seiner Ankunft kam der Segen des Himmels auf die Erde. Die Pfauen in den Bäumen stießen ihre langgezogenen klagenden Schreie aus – sie kündeten Regen an. Blauschwarze Wolken türmten sich am Himmel auf.
»Wie schön der Herr ist«, kam es Gopalji in den Sinn, als er die kleine metallene Figur des göttlichen Kindes wusch und bekleidete. Mit großer Liebe legte er ihm die festliche Robe aus gelber Seide um. Die kunstvolle silberne Wiege polierte er mit feuchter Erde und weichen Tüchern. Dann legte er das Kind auf seidene Kissen. Er steckte die Weihrauchstäbchen in den Halter und ordnete die vielen kleinen Schüsselchen und Geräte, die für die Puja, den Gottesdienst, nötig sind. Es begann zu dunkeln. Blitze durchzuckten den Abendhimmel. Einer nach dem andern kamen die Freunde, die täglich mit ihm zusammen das Lob Gottes sangen. Sie ließen ihre Sandalen vor dem Eingang stehen, warfen sich vor dem Bild des Herrn zu Boden und berührten dann zum Zeichen der Ehrfurcht die Füße Gopaljis. Mit untergeschlagenen Beinen setzten sie sich auf den Teppich vor dem Schrein. Leise intonierte Gopalji den ersten Bhajan: »Gopala gokula vallavi priya gopa gosuta vallabham ...« Die meisten begannen mit einem rhythmischen Klatschen der Hände, einer markierte mit einer Dhol-Trommel den Takt, mehrere ließen die Zimbeln erklingen, der Gesang blieb verhalten. Doch nach einer halben Stunde schon hatte die Begeisterung die kleine Gemeinde erfasst. Der Gesang wurde laut, die begleitenden Instrumente dröhnten und klangen, hier rief plötzlich einer ein lautes »Jai Krischna«, »Heil!«, »Sieg Ihm!« aus, ein anderer stand auf und begann zu tanzen, setzte sich wieder, ein dritter schlug einen scharfen Schlag mit den Zimbeln.
Es war fast Mitternacht. Gopalji nahm das heilige Buch zur Hand, aus dem er täglich las und in dem er alle Weisheit und Frömmigkeit, Philosophie und Lebensregeln fand. »Als nun die Gnadenstunde der Menschwerdung Vishnus gekommen war, die glückbringende Zeit mit günstigen Sternen, da klärten die Himmel sich auf, das Firmament strahlte, erleuchtet von zahllosen Sternen: Die ganze Erde, die Städte und die Dörfer im Festschmuck, die Flüsse voll von klarem Wasser, die Lotosblumen in den Teichen in prangender Schönheit, die Bäume des Waldes in Blüten, überall der süße Sang der Vögel und das Summen der Bienen. Ein sanfter Wind brachte süßen Duft. Die heiligen Feuer flammten auf. Die Gemüter der Guten, so lange bedrückt von den bösen Geistern und Dämonen, wurden froh. Als der ungeborene Herr als Mensch geboren ward, da dröhnten Pauken im Himmel, die himmlischen Chöre sangen und spielten, die Elfen und Nymphen tanzten frohlockend. In freudigem Schauer taumelten die himmlischen Blütenblätter herab, die Wolken rollten leise wie die Wellen des Meeres. Als es Mitternacht ward, in undurchdringlicher Dunkelheit, da offenbarte sich der in allen Herzen wohnende Herr in seiner vollen Natur durch Devaki, die Mutter Krishnas, die einer Himmlischen glich, wie der Vollmond am östlichen Himmel. Das neugeborene Kind erleuchtete mit seinem Glanz den Raum. So war Vasudeva, der (Pflege-) Vater Krishnas, gewiss, dass es Vishnu selbst war. Und er schickte sich an, ihn mit reinem Sinn und gefalteten Händen tief gebeugt zu preisen: ›Du,

Herr, hast dich mir sinnenhaft gezeigt, der du der Höchste bist, jenseits alles Stofflichen, voll Seligkeit und einzig, Alleserkenner. Obwohl in den Dingen, kannst du doch nicht mit ihnen erkannt werden. In dir ist kein Innen und kein Außen. Du bist in allem, und alles ist in dir. In dir ist Anfang, Bestand und Ende dieser Schöpfung. In der Absicht, diese Welt zu beschützen, O Herr und Herrscher aller, stiegst du herab in mein Haus.‹«

(Klaus Klostermaier)

Festreihe: Grundlegende Heilsereignisse

In den Religionen sind die höchsten Feste die, an denen das entscheidende Ereignis, die herausragende Tat gefeiert wird, die den Menschen den Weg zum Heil – sei es Freiheit, Erlösung, exemplarischerer Glaube oder Erleuchtung – eröffnen. Trotz der unterschiedlichen Traditionszusammenhänge gibt es doch einige Entsprechungen: Es sind allesamt Krisengeschichten, es geht um alles oder nichts. Wenn Gottes Zusagen, seine Hilfe, seine Barmherzigkeit nicht 100%ig, ganz und gar verlässlich sind, gibt es nur den Tod. Aber im Vorhinein gibt es keine Garantien, es muss auf Vertrauen und Hoffnung hin gehandelt werden. Das tut Ibrahim – er wird von Gott ohne Opferung seines Sohnes als ein Gott Hingegebener anerkannt, die Israeliten tun es – sie werden gerettet und befreit, Jesus tut es – er wird aus dem Tod zum Leben erweckt. Der Schärfe der Krise, der Größe des Wagnisses entspricht die Unverbrüchlichkeit der Hoffnung, die durch diese Erfahrungen begründet wird. Diese unverbrüchliche Hoffnung können sich diejenigen zu eignen machen, die an diese vor langer Zeit gemachten Erfahrungen glauben können und sie sich immer wieder vergegenwärtigen.
Ganz außerhalb dieser abrahamitischen Festtraditionen liegt das buddhistische Vesakh, an dem die Erleuchtung Siddhartas zum Buddha gefeiert wird. Der grundlegende Unterschied zu Judentum und Christentum ist, dass nicht befreiendes und erlösendes Handeln Gottes das Heil begründet, sondern ein Mensch durch Disziplin und Meditation den Weg aus dem Kreislauf der Wiedergeburten findet, auf dem ihm andere folgen können. Doch auch das Ereignis der Erleuchtung ist krisenhaft: die Annahme einer Speise scheint den Weg zu gefährden, die fünf Gefährten verlassen Siddhartha enttäuscht, Mara versucht ihn in die Verzweiflung zu treiben. Doch Siddhartha lässt sich nicht abbringen, wird erleuchtet und erkennt die Wahrheit über das Wesen der Welt, erlangt die Buddhaschaft.

Die Feste, die diese heilbringend überstandenen Krisen thematisieren, sind ▷ Pessach, ▷ Karfreitag und ▷ Ostern, ▷ Opferfest und ▷ Vesakh. Das Opferfest wandert derzeit auf den Jahresanfang zu, Pessach und Ostern liegen nahe beieinander in März oder April, Vesakh ist im Mai. Die Festreihe eignet sich für Klassen ab dem 4. Schuljahr, wenn biblische Geschichten und grundlegende Zusammenhänge einzelner Religionen bekannt sind. Zwischen Weihnachten und dem Ende des Schuljahres bieten sie geballte Theologie. Im Nebeneinander werden die Zusammenhänge und Unterschiede erkennbar, die Eigenart des jeweiligen Heilsweges deutlich.

Pessach

Pessach erinnert an den Auszug der Israeliten aus Ägypten. Dies Ereignis ist in Geschichte wie Gegenwart grundlegend für die Existenz des Judentums sowohl als Religion wie als Nation. Hier gibt sich der Gott Abrahams, Isaaks und Jakobs als geschichtsmächtig zu erkennen. Das Volk Israel seinerseits erwies außerordentliches Vertrauen: Sie wagten unvorbereitet den Sprung in eine unsichere, gefährliche Zukunft. Für dieses Wagnis stehen die Matzen: »Indem wir es vermeiden, mit Gesäuertem in Berührung zu kommen und auch nichts Gesäuertes essen, sondern Matzen, erinnern wir uns an die Größe des Herrn und an das große Vertrauen und die Unerschütterlichkeit und das Fehlen jeden Zögerns, das unsere Vorfahren in der damaligen Generation auszeichnete.« (Lau, 244)
»Ursprünglich war es ein Erntefest, an dem die judäischen Bauern zum Tempel nach Jerusalem pilgerten und ein Gersteopfer darbrachten. Dies diente zum Unterhalt des Tempels und seiner Angestellten sowie zur Unterstützung von Armen und Notleidenden. Da es ein Frühlingsfest war, erinnerte man zu

dieser Zeit auch an jenen Frühling, in dem die Israeliten aus der Versklavung in Ägypten befreit worden waren, und opferte deshalb außerdem ein *Pessach-Lamm* im Tempel, eine Erinnerung an jenes Lamm, das die Israeliten kurz vor dem Auszug geopfert hatten. Ein Teil dieses Lammes wurde verbrannt, der Rest geröstet und am ersten Abend des *Pessach-Festes* zusammen mit Bitterkraut und ungesäuertem Brot verzehrt. Dabei saß man gemütlich in den Familien zusammen und redete.« Als der Tempel zerstört war, änderte sich der Charakter des Festes: »Juden versammelten sich in ihren Häusern und ganz selbstverständlich rückte die Botschaft von der Freiheit in den Mittelpunkt. Man erinnerte sich an die historische Versklavung in Ägypten und an die auf sie folgende Befreiung. Die Bedeutung dieser Geschichte für die zeitgenössische Situation und die Hoffnung, die daraus für eine zukünftige Befreiung genährt wurde, rückten nun zwangsläufig ins Zentrum – und dies prägt die Feier des Festes bis heute: In jeder Generation soll jeder Mensch sich so betrachten, als sei er selbst aus Ägypten ausgezogen, denn es steht geschrieben: ›Und du sollst deinem Kind an jenem Tag folgendes erzählen: Dies geschieht wegen der Taten, die der Ewige mir getan hat, als ich aus Ägypten ausgezogen bin.‹ Nicht nur unsere Vorfahren hat Gott – Gottes Heiligkeit sei gepriesen! – erlöst, sondern mit ihnen erlöst Gott auch uns, denn es steht geschrieben: ›Euch habe ich von dort herausgeführt, um euch in das Land zu bringen, das ich euren Vorfahren versprochen habe zu geben‹.

Das Fest lehrt uns, dass wir als Juden in vorderster Reihe mit denen kämpfen sollen, die sich der Tyrannei widersetzen, dass wir die Rechte aller Menschen verteidigen müssen, um die größtmögliche Freiheit unabhängig von ›Rasse‹, Farbe, Nationalität oder Glaube zu gewährleisten. Wir müssen lernen, ›den Fremden zu lieben, denn wir selbst waren Fremde im Land Ägypten‹. Das Fest regt an, danach zu streben, uns von jenen Versklavungen zu befreien, die das Denken und Fühlen des Menschen prägen: engherzige Frömmigkeit, Vorurteile, Neid, Gier und dergleichen.« (Beide Zitate: Romain/Homolka, 166 f.)

Das Pessachfest hängt eng mit ▷ Schawuot als Fest des nach dem Exodus erfolgten Bundesschlusses am Sinai zusammen. Beide zusammen sind das umfassende Heilsereignis.

💡 Schawuot und Pfingsten – Lydia; Baum.

Die dem Pessachfest zugrunde liegenden Erzählungen finden sich in der Bibel in Ex 1-15: Neben dem Auszug und der Einsetzung des Pessach auch die wunderbare Geschichte der Geburt und Rettung des Mose und des Durchzugs durchs Rote Meer. Diese biblische Geschichte sollte bekannt sein, wenn Pessach thematisiert wird, oder sie muss sehr gerafft erzählt werden. Das Pessach-Fest selbst lädt zu handlungsorientierter Gestaltung ein. Ich habe einen Pessach-Unterricht bei einer angehenden Rabbinerin erlebt, die uns zunächst mit Tellern mit Bitterkraut und Charosset und Bechern mit Traubensaft versorgte, sowie mit einer stark vereinfachten Haggada. Einige bekamen Abschnitte zum Lesen zugewiesen. Die Pessach-Demonstration, wie sie es nannte, begann damit, dass wir alle aufstehen und unsere Stühle umdrehen mussten. Pessach bewirkt Wandel und Umkehr, auch wir sollten die Richtung ändern. Dann verlasen wir miteinander die Haggada, und aßen, tranken und sangen dazu. (Tagung im Hedwig-Dransfeld-Haus in Bendorf/Rhein 2000)

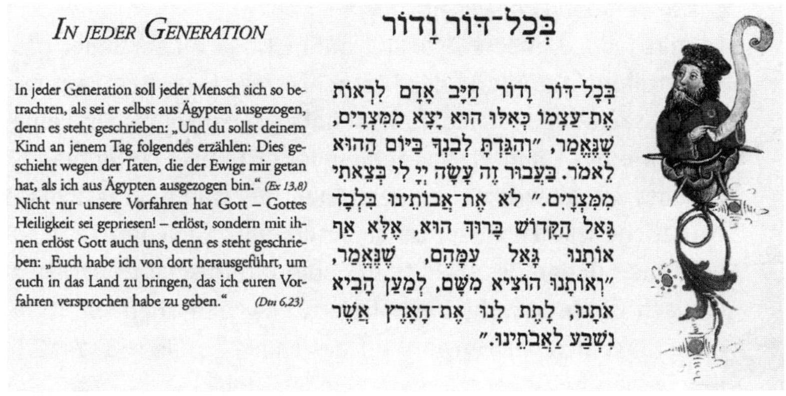
IN JEDER GENERATION

In jeder Generation soll jeder Mensch sich so betrachten, als sei er selbst aus Ägypten ausgezogen, denn es steht geschrieben: „Und du sollst deinem Kind an jenem Tag folgendes erzählen: Dies geschieht wegen der Taten, die der Ewige mir getan hat, als ich aus Ägypten ausgezogen bin." *(Ex 13,8)* Nicht nur unsere Vorfahren hat Gott – Gottes Heiligkeit sei gepriesen! – erlöst, sondern mit ihnen erlöst Gott auch uns, denn es steht geschrieben: „Euch habe ich von dort herausgeführt, um euch in das Land zu bringen, das ich euren Vorfahren versprochen habe zu geben." *(Dtn 6,23)*

בְּכָל־דּוֹר וָדוֹר

בְּכָל־דּוֹר וָדוֹר חַיָּב אָדָם לִרְאוֹת אֶת־עַצְמוֹ כְּאִלּוּ הוּא יָצָא מִמִּצְרָיִם, שֶׁנֶּאֱמַר, "וְהִגַּדְתָּ לְבִנְךָ בַּיּוֹם הַהוּא לֵאמֹר. בַּעֲבוּר זֶה עָשָׂה יְיָ לִי בְּצֵאתִי מִמִּצְרָיִם." לֹא אֶת־אֲבוֹתֵינוּ בִּלְבָד גָּאַל הַקָּדוֹשׁ בָּרוּךְ הוּא, אֶלָּא אַף אוֹתָנוּ גָּאַל עִמָּהֶם, שֶׁנֶּאֱמַר, "וְאוֹתָנוּ הוֹצִיא מִשָּׁם, לְמַעַן הָבִיא אֹתָנוּ, לָתֶת לָנוּ אֶת־הָאָרֶץ אֲשֶׁר נִשְׁבַּע לַאֲבֹתֵינוּ."

Solch ein Nachvollzug des Pessach ist derzeit religionspädagogisch umstritten. Petri und Thierfelder schreiben in ihrem »Grundkurs Judentum«, der umfangreiches Material bietet einschließlich einer vereinfachten Haggada als Kopiervorlage: »Wir empfehlen dieses Vorgehen ... nicht. Riten einer anderen Religion dürfen nicht ›nachgespielt‹ werden. Sinnvoll ist es dagegen, von der Feier mit Hilfe von Bildern zu erzählen und dabei Passagen aus der Pessach-Haggada vorzulesen.« (Bd. 1, 36) Ich habe die Lektion damals nicht als Nachspielen empfunden. Die Riten des Festes haben eine so große Kraft, dass sie unweigerlich in den Ernst und das Anliegen des Festes hineinnehmen und eine Verbindung schaffen zu der großen biblischen Tradition, die dahintersteht. Das geschieht aber sicher auch, wenn Pessach etwas abstrakter eingebracht wird. Es muss auf jeden Fall die Grenze zum Feiern gewahrt bleiben und klar sein, dass dieses Fest »anderen gehört«. »Heute feiern wir Pessach!« geht in einem christlichen Religionsunterricht oder Kindergottesdienst nicht! Ich selbst habe in einer multikulturellen dritten Klasse auf Pappe gezeichnete Symbole des Seder-Tellers in die Mitte des Stuhlkreises gelegt. Mit dem Brief von Dan (Freudenberg) und der Erzählung der ersten Kapitel aus Exodus hatten wir uns vorbereitet. Nun begann ich die weitere Erzählung mit den Worten: Wenn eine Familie Pessach feiert, erzählt der Vater die Auszugsgeschichte ... Zur Geschichte passend habe ich die Symbole gezeigt und erklärt. Ich war erstaunt, zu welcher Aufmerksamkeit diese einfache Form die SchülerInnen befähigte – es war schön wie bei einem Fest.

Pessach in der christlichen Tradition
In den meisten westlichen Sprachen werden die Erinnerungsfeiern an den Tod Jesu bis heute mit Ableitungen des hebräischen Begriffs »Pessach« bezeichnet (Das deutsche »Ostern« bildet zusammen mit dem Englischen »*Easter*« eine Ausnahme. Vgl. dagegen spanisch: *Pascua;* italienisch: *Pasqua;* französisch: *Pâques;* niederländisch: *Pasen;* etc.). Die christliche Bibel lässt das Ende des Lebens Jesu in die Zeit des Pessachfestes in Jerusalem fallen. Jesus kam in die Stadt, um das Fest zu feiern und man sagt, seine Hinrichtung habe am Feiertag selbst stattgefunden. Sein letztes Mahl war vermutlich eine Sederfeier, die sich in den Elementen der Abendmahlsfeier mit ihrem Wein und der Matze-ähnlichen Oblate erhalten hat.*
Dieser Zusammenhang legt sich aus den Abschnitten in Mt 26, 17-30 nahe: Das Mahl wurde am Abend gehalten, innerhalb der Tore Jerusalems, wie es von der jüdischen Tradition für ein Pessach-Mahl vorgeschrieben ist; man trank Wein, sang die Lobspalmen (Hallel) und die Feier wurde durch die Deutungen belebt. Im Unterschied zur späteren Abendmahlspraxis ist in Lk 22 von zwei Kelchen die Rede: einem vor dem Mahl (V. 17) und einem nach dem Mahl (V. 20). Dies könnten zwei der vier Becher des Sederabends gewesen sein.
Es gibt jedoch andere Aspekte, die nicht zu einem Seder passen. In Joh 18, 26 und 19, 14 fand Jesu Verurteilung am Abend des Pessachfestes statt. Das Mahl muss dann zu einem früheren Zeitpunkt als der Pessach-Seder stattgefunden haben. Ebenso werden keine bitteren Kräuter erwähnt, auch nicht der Verzehr eines Lammes. Das Fehlen der bitteren Kräuter mag ohne Bedeutung sein, doch das Fehlen des Lammes ist schwieriger zu verstehen, vor allem angesichts des hohen symbolischen Wertes, den die christliche Tradition dem Lamm zuschreibt. Nach Joh 1, 29 war Jesus, der an Pessach starb, das Lamm, »das die Sünden der Welt trägt«. Die lateinischen Kirchenväter identifizierten das »Lamm« mit dem Pessach-Opfer, obwohl dieses Opfer in der jüdischen Tradition nicht mit Sünde verbunden ist (dies legt nahe, dass sich der Hinweis auf das Lamm auf Jes 53, 7-12 bezieht, wo es von dem leidenden Knecht des Ewigen heißt, er trüge die Sünden vieler).
Die Wissenschaftler sind geteilter Meinung darüber, ob man aus der Darstellung schließen könne, Jesus habe sich selbst als das Pessachlamm angesehen. Doch die spätere christliche Deutung hat ihn so verstanden. Wie im Judentum zu dieser Jahreszeit aller Sauerteig aus dem Haus entfernt werden muss, so ist dies die Zeit, in der ein Christ den »alten Sauerteig« aus seinem Leben entfernt, d.h. die Neigung zum Bösen: »Zu Unrecht rühmt ihr euch. Wisst ihr nicht, dass ein wenig Sauerteig den ganzen Teig durchsäuert? Schafft den alten Sauerteig weg, damit ihr neuer Teig seid. Ihr seid ja schon ungesäuertes Brot; denn als unser Paschalamm ist Christus geopfert worden. Lasst uns also das Fest nicht mit dem alten Sauerteig feiern, nicht mit dem Sauerteig der Bosheit und Schlechtigkeit, sondern mit den ungesäuerten Broten der Aufrichtigkeit und Wahrheit« (1. Kor 5, 6-8).
Die offensichtlichste Verbindung zwischen dem christlichen Pessach-Ostern und seiner jüdischen Quelle ist die Datierung. Anders als die meisten christlichen Feste wird es zum Teil vom Mondzyklus her festgelegt, wie alle jüdischen Feiertage. Der 15. Nisan, also der 1. Tag Pessach, fällt mit dem Vollmond

zusammen. Ostern wurde schließlich festgelegt auf den ersten Sonntag nach dem ersten Vollmond nach der Frühlings-Tag-und-Nacht-Gleiche. Diese Festlegung stellte einen Kompromiss dar zwischen jenen Christen, die die Verbindung zum Judentum bewahren wollten, und denen, die sie ablehnten.

* Der historische Hintergrund des Todes Jesu, wie er in den Evangelien dargestellt wird, kann an dieser Stelle nicht ausführlich diskutiert werden. Zu diesem Thema liegt eine Fülle von Literatur vor, die in dieses Gebiet einführen kann, – und die vor allem die Ereignisse, wie sie in den christlichen Schriften berichtet werden, in den Zusammenhang des jüdischen Rechts und in die Gebräuche jener Zeit stellt. (Art. Jesus. In Encyclopedia Judaica Bd. 10, Kol 10ff.)

Karfreitag und Ostern

Karfreitag und Ostern erinnert an Leiden, Tod und Auferstehen Jesu. Kreuz und Auferstehung Jesu Christi sind die Grundlage der Erlösung für jeden Christen in allen Konfessionen, und zugleich theologisch vieldeutig. Ostern war das erste Fest der Christenheit (💡 Jeder siebte Tag). Grundzug der Theologie ist, dass die Menschen aufgrund ihrer Gottesferne und Sünde den Tod verdienen, den aber Jesus Christus an ihrer Stelle erleidet. In Anerkennung der eigenen Schuld und im Glauben an die Versöhnung mit Gott durch Jesus Christus wird dem Menschen vergeben und das Leben geschenkt, das durch den leiblichen Tod hindurch ewig ist, weil Jesus Christus mit der Auferstehung den Tod besiegt hat. Das ist die Quelle unverbrüchlicher Hoffnung gegen alles Lebensfeindliche und angesichts des Todes. In dieses Heilshandeln Gottes in Jesus Christus wird ein Mensch hineingenommen durch Glaube, Heiligen Geist, die Sakramente, den Gottesdienst – durch alles, was die Kirchen und die Christen in ihrer Frömmigkeit tun.

Der Tod Jesu war zunächst für die Jüngerinnen und Jünger eine Katastrophe, Ende ihrer Hoffnung und theologisch völlig unverständlich. Die Auferstehungsbotschaft der Frauen (💡 Jeder siebte Tag) hat zunächst die Verwirrung komplett gemacht. Doch dann hat ein Interpretationsprozess eingesetzt, der sich im Neuen Testament niederschlägt. Christliche Theologie ist eigentlich nichts weiter als der – immer unzulängliche – Versuch, den Kreuzestod Jesu und die Auferstehungsbotschaft zu begreifen, verständlich zu machen und daraus Konsequenzen zu ziehen. Die Erklärungsversuche haben natürlich – es waren ja Juden – auf die jüdischen Schriften, Theologie und Praxis zurückgegriffen: Pessach, Sühneopfer, Sündenbock, Priester ... alles wurde und wird bis heute auf Jesus bezogen (💡 Abraham). – Die Zerstörung des Tempels tat ein übriges (💡 Jerusalem). Schließlich wurden auch Deutungen aus den das Judentum umgebenden Religionen und Kulturen herangezogen: Lösegeld, Rechtfertigung, Erhöhung. So erscheint der Glaube an Kreuz und Auferstehung Jesu als Bündelung des jüdischen Heilsweges und seine Übersetzung in die heidnische Welt. Schon im Neuen Testament entwickeln sich die Deutungen auseinander und werden später zu verschiedenen Kirchen. Die neutestamentlichten Autoren sind sich bewusst, dass die Botschaft von Erlösung durch Kreuzestod und Auferstehung schwierig und äußerst anfechtbar ist. Das ist bis heute so geblieben. Einerseits erscheint es vielen unzumutbar, dass jemand sie in ihrer Schuld vertreten soll und dass Gott zum Vergeben ein Menschenopfer nötig habe, andererseits gilt die Auferstehung als unhistorisch und irrational. Diese aufgeklärten Einwände ähneln interessanterweise denen

Jesus Christus, unser Heiland, der den Tod überwand

Der ohn Sünden war geboren, / trug für uns Gottes Zorn, / hat uns versöhnet, / daß Gott uns sein Huld gönnet. / Kyrie eleison.

Tod, Sünd, Leben und auch Gnad, / alls in Händen er hat; / er kann erretten / alle, die zu ihm treten. / Kyrie eleison.

Text: Martin Luther 1524

islamischer Theologie. Sie sind nicht ausräumbar. Letztlich fußt der Glaube auch nicht auf Plausibilität oder Historizität, sondern auf der Erfahrung der oben erwähnten unverbrüchlichen Hoffnung, die Christen immer wieder aus Kreuz und Auferstehung schöpfen, wie auch immer sie es interpretieren. Unterrichtsentwürfe, die von dieser Hoffnung ausgeht, finden sich bei Jürgensen.

Heute stehen andere Interpretationen des Kreuzes im Vordergrund als zu biblischen Zeiten oder in der klassischen Theologie: das Kreuz als Lebensbaum (Baum) symbolisiert zugleich Auferstehung und Leben. Leiden und Kreuz Jesu stehen dafür, dass Gott auf der Seite der Leidenden und Unterdrückten ist, dass Gott mitleiden kann mit seelischem Schmerz und körperlicher Krankheit, dass Gott mitten drin ist in der Welt. Ein ergreifender, interessanter und schöner Ausdruck für diese Theologie sind die Hungertücher, die alljährlich von Künstlerinnen und Künstlern aus der ganzen Welt gestaltet werden.
Passion und Ostern ist fester Bestandteil eines jeden Religionsunterrichtes und natürlich aller Arbeit in der Gemeinde. Entsprechende Entwürfe finden sich in allen gängigen Unterrichtshilfen. Für eine Beschäftigung in enger Anlehnung an die Gestaltung der Feste kann von Liedern oder einem Hungertuch ausgegangen werden. Hungertücher verdecken die Fastenzeit über die Altarbilder katholischer Kirchen. Die Passions- und Osterlieder, sowie auch Passionen bekannter Komponisten, sind besonders prägend und die kürzest mögliche Zusammenfassung von Kreuzes- und Auferstehungsglauben. Zudem spiegeln sie die Entwicklung von klassischer zu heutiger Interpretation wieder (vgl. Evangelisches Gesangbuch, Nr. 99–118). Die Texte können als Gedicht gelesen, interpretiert und diskutiert werden.

Holz auf Jesu Schulter, von der Welt verflucht, ward zum Baum des Lebens und bringt gute Frucht.
Kyrie eleison, sieh, wohin wir gehn. Ruf uns aus den Toten, lass uns auferstehn.
Wollen wir Gott bitten, dass auf unsrer Fahrt, Friede unsre Herzen, und die Welt bewahrt.
Kyrie eleison, sieh, wohin wir gehn. Ruf uns aus den Toten, lass uns auferstehn.
Denn die Erde klagt uns an bei Tag und Nacht. Doch der Himmel sagt uns: Alles ist vollbracht!
Kyrie eleison, sieh, wohin wir gehn. Ruf uns aus den Toten, lass uns auferstehn.
Wollen wir Gott loben, leben aus dem Licht. Streng ist seine Güte, gnädig sein Gericht.
Kyrie eleison, sieh, wohin wir gehn. Ruf uns aus den Toten, lass uns auferstehn.
Denn die Erde jagt uns auf den Abgrund zu. Doch der Himmel fragt uns: Warum zweifelst du?
Kyrie eleison, sieh, wohin wir gehn. Ruf uns aus den Toten, lass uns auferstehn.
Hart auf deiner Schulter lag das Kreuz, o Herr, ward zum Baum des Lebens, ist von Früchten schwer.
Kyrie eleison, sieh, wohin wir gehn. Ruf uns aus den Toten, lass uns auferstehn.
(Jürgen Henkys, 1977, EG Nr. 97)

In multikulturellen Klassen wird auch die islamische Interpretation thematisiert werden: Nach traditioneller Auffassung ist Jesus nicht am Kreuz gestorben, sondern aufgrund einer Verwechslung wurde Judas gekreuzigt. Jesus wurde zu Gott in den Himmel aufgenommen. Demnach ist er auch nicht auferstanden. Bei genauerem Hinsehen lässt der Korantext es offen (Sure 4: 155-159), er sagt den Adressaten, dass *sie* Jesus nicht getötet haben. Wie auch immer – dem Tod Jesu wird keine Heilswirkung zugeschrieben, da der Mensch aus eigener Kraft nach Gottes Willen leben kann. Christliche und islamische Auffassung sollten nebeneinander stehen gelassen werden, so wie das auch faktisch in unserer Gesellschaft geschieht. Seit den Anfängen des Christentums ist es so gewesen: wer die Erlösung durch Kreuz und Auferstehung glauben kann und will, muss es trotz der Bestreitung durch andere tun. Bei einer Diskussion kann eingebracht werden, was Kreuz und Auferstehung für Christen bedeutet. Das muss von jedem respektiert, aber von niemanden übernommen werden. Gleiches gilt für die jüdische Interpretation, die Jesus insgesamt keine (Heils-)Bedeutung zuschreibt. Im Hinblick auf das Judentum ist wichtig, dass der alte Fehler der Schuldzuschreibung am Tod Jesu unterbleibt. Alte Texte müssen daraufhin durchgesehen und entweder weggelassen oder problematisiert werden. Hilfestellung dazu findet sich in Petri/Thierfelder I, 211 und II, 49f. Gründonnerstag und Karfreitag können auch auf dem Hintergrund des Pessach thematisiert werden: Petri/Thierfelder I, 35; Hagemann/Hirsch, 93ff.

Opferfest

Das ▷ Opferfest ist unter den islamischen Hauptfesten das »Große Fest«. Es erinnert daran, dass Gott Abraham aufforderte, seinen Sohn zu opfern. Es wird in den Familien und Nachbarschaften gefeiert und verbindet die Daheimgebliebenen mit den Pilgern in Mekka. Es wird ein Schaf, eine Ziege oder, bei einer großen Zahl Feiernder, auch ein Rind rituell geschlachtet (schächten).

Im Kapitel »Spannendes: Abraham« (vgl. S. 78-82) wurden bereits Hadsch, Opferfest, die Bedeutung Abrahams im Islam angesprochen und einige Hinweise für den Unterricht gegeben. Hier nun die theologische Bedeutung des Opferfestes. Halima Krausen schreibt dazu: »Im Unterschied zur biblischen Darstellung nennt die islamische Überlieferung meist Ismail als den Sohn, um den es hier geht. Die Tatsache, dass der diesbezügliche Qur'antext (Sure 37: 99-113) keineswegs eindeutig ist, veranlasst viele Kommentatoren zu der Schlussfolgerung, dass hier kein Grund zum Streit gesucht werden dürfe. Die zentrale Bedeutung der Geschichte liegt vielmehr in der existenziellen Erfahrung, der sich Vater und Sohn ausgesetzt sehen und die dementsprechend auf verschiedenen Ebenen auch Thema der Festtagspredigten ist.

Eine erste Verständnisebene ist historisch. Abraham lebte im Umfeld heidnischer Kulte, bei denen es als normal galt, den Gottheiten Opfer zu bringen, durchaus auch Menschenopfer. Es erscheint ihm und seinem Sohn, den er in der quranischen Geschichte nach seiner Meinung fragt, daher zunächst nicht außergewöhnlich, sich im Traum zu einem solchen Opfer aufgefordert zu sehen. Im weiteren Verlauf der Geschichte wird allerdings deutlich, dass Gott, anders als von Menschen gemachte Götzen, menschliche Opferbereitschaft zwar prüft, aber deutlich zu verstehen gibt, dass Er Menschenopfer nicht will, sondern Freigebigkeit und innere Läuterung. Diese Erfahrung ist ein befreiender Einschnitt im religiösen Bewusstsein der Menschheit.

Auf einer zweiten Ebene steht die Prüfung des Gehorsams im Vordergrund, auch wenn dieser unmittelbaren eigenen Interessen zuwiderläuft. Ein wichtiger Aspekt des religiösen Weges ist ja der, Eigennutz zu überwinden, mit anderen zu teilen, sich für andere einzusetzen und persönliche Vorteile im Vertrauen auf Gott loslassen zu lernen. Abgesehen davon, dass Kinder persönliche Erfüllung und Zukunftserwartung sind, steht der Sohn hier für die Verheißung, Abraham ›zu einem großen Volk‹ werden zu lassen. Im Qur'an kommt ein zusätzlicher Blickwinkel dadurch hinzu, dass der Sohn als eigenständige Person nach seiner Stellungnahme gefragt wird und selbst seine Bereitschaft ausdrückt: beide sind also im Begriff, ihre Zukunft ›für Gottes Sache‹ aufzugeben. Während dies nun auf den ersten Blick als ein hohes Ideal der Selbstlosigkeit angesehen werden mag, ist es nicht das, was Gott verlangt: der letztendlich sinnlose Akt der Selbstaufgabe wird ersetzt durch das Opfer eines Schafes, dessen Fleisch anderen Menschen zugute kommt. Somit wird das Gleichgewicht zwischen der Verbindung mit Gott und der Verbindung mit den Menschen wiederhergestellt – als Orientierung für spätere Generationen, die der ›Haltung Abrahams‹ folgen.

Die dritte Ebene ist die Ebene der Liebe, die vor allem bei mystischen Autoren wie Ibn Arabi und Rumi im Zentrum steht. In der Prüfung erweist sich, dass Abraham, den die Mystik auf der Ebene des menschlichen Herzens sieht, Gott mehr liebt als sich selber, verkörpert in seinem Sohn. Dies ist an dieser Stelle hochproblematisch, vor allem in einem Stadium, in dem der Liebende jenseits aller Vernunft bereit ist, alles zu geben, und verletzt ist, wenn es nicht angenommen wird. In dieser Erfahrung wird Abraham (und seinem Sohn) deutlich, dass Liebe nicht verlangt, die eigene Existenz für den Geliebten aufzugeben, sondern für Ihn und mit Ihm zu leben: ›und Gott nahm sich Abraham zum Freund‹. In der Tat ist

Praxishilfen

Huhn, Edith, Pessach. Kirche und Judentum Arbeitshilfen 9, Hannover 1997.

Hagemann, Waltraut; Hirsch, Elke, Stärker als der Tod ist das Leben, Passion und Ostern, Klasse 1–6, Düsseldorf 2002.

Jürgensen, Eva (Hg.), Feste und Gestalten in Jahreslauf: Ostern, Lahr 1998.

Petri, Dieter; Thierfelder, Jörg (Hg.), Grundkurs Judentum. Materialien und Kopiervorlagen für Schule und Gemeinde, Teil 1 und 2, Stuttgart 2002.

Gouders, Klaus, Wege kreuzen sich. Zugänge zum Bensberger Misereor-Kreuzweg von Sieger Köder, Aachen 1998.

Hungertücher und dazugehöriges Unterrichtsmaterial können bestellt werden bei: Bischöfliches Hilfswerk Misereor e.V. Mozartstraße 9, 52064 Aachen.
Tel.: 0241/442–130; Fax: 0241/442188

das Opferfest und seine Hintergrundgeschichte also eine Auseinandersetzung mit dem Begriff ›Islam‹, Hingabe an Gott, die unter verschiedenen Gesichtspunkten und auf unterschiedlichen Ebenen im Zusammenhang mit dem Fest erlebt wird und, wenn sie bewusst geführt wird, einen Beitrag zur Transformation des gläubigen Menschen leisten kann – in Richtung auf Hingabe, Versöhnung und Frieden mit sich selbst, den Mitmenschen und Gott.

Buddhas Erleuchtung

Buddha ist ein Ehrentitel und bedeutet »Erleuchteter«. Durch die Erleuchtung gewann Buddha-Shakyamuni die Einsicht der »vier edlen Wahrheiten«: dass das Leben unter dem Einfluss der Unwissenheit Leiden ist, dass Leid durch Gier, Hass und Unwissenheit entsteht, dass das Leiden aufgehoben werden kann, wenn man diese Leidenschaften überwindet. Die folgende Erzählung beschreibt den krisenhaften Weg zur Erleuchtung und entfaltet die aus ihr entsprungene Lehre. Der Erleuchtung Buddhas wird an Vesakh gedacht zugleich mit seiner Geburt. Geburtstage der Religionsstifter. Baum.

Das, worauf die ganze Welt gewartet hatte, stand nun unmittelbar bevor. Siddhartha, der auf ein Königreich verzichtet hatte, um die Wahrheit zu finden, ging auf den Baum zu. Auf dem Wege begegnete er einem Mann, der frisch geschnittenes Gras trug, und er bat ihn um ein kleines Büschel. Daraus wollte er sich einen Sitz machen. Je näher er dem Baum kam, desto stiller wurde es. Es war, als hielte die ganze Welt den Atem an, voller Spannung, was jetzt geschehen würde. Die Zweige des Baumes neigten sich ihm zu, als wollten sie ihn willkommen heißen, sich in ihrem Schatten niederzulassen.
Siddhartha ordnete das Gras behutsam zu einem kleinen Kissen und setzte sich nieder; das Gesicht nach Osten gewendet. Er kreuzte die Beine, um eine feste Meditationshaltung zu haben, und ließ die Hände in seinem Schoß ruhen. Daraufhin gelobte er mit kühner Entschlossenheit: »Aus dieser Stellung werde ich mich nicht erheben, bis ich mein Ziel erreicht habe, und sollte ich auch hier sitzend sterben.« Und alle Geistwesen, die dieses hörten, waren voller Freude über dieses Gelöbnis. Es war der Vollmondtag des vierten Monats, und die Sonne war gerade im Untergehen.
Aber es wird uns auch berichtet, dass nicht alle Wesen sich in diesem Augenblick freuten. Es gab da eine Kraft mit Namen Mara, die in furchtbaren Zorn geriet. Mara, so nannten im alten Indien die Menschen jene bösen Kräfte, die uns den inneren Frieden rauben. Mara bedeutet Hass, Gier, Unwissenheit, Eifersucht und Zweifel und all die anderen Kräfte, die den Menschen mit Unglück und Sorge vergiften. Als daher Mara Siddhartha unter dem Baum der Erleuchtung sitzen sah, war er außer sich vor Zorn. Er rief seine Söhne und Töchter herbei und schrie: »Schaut alle her! Dort sitzt Prinz Siddhartha und meditiert. Wenn er Erfolg hat und den Weg entdeckt, der allem Leiden ein Ende setzt, was wird dann aus uns werden? Begreift ihr nicht, dass wir dann all unsere Macht verlieren? Wir können den Menschen keinen Schaden mehr zufügen, wenn er sie die Wahrheit lehrt. Wir müssen ihn aus seiner Meditation aufstören; tun wir es nicht, ist das für uns der sichere Untergang«.
So versuchten Mara und die ihm hörigen bösen Kräfte alles, um Siddhartha aus seiner Ruhe aufzuschrecken. Sie ließen einen furchtbaren Sturm rasen und schleuderten grelle Blitze auf ihn nieder. Einen solchen Orkan entfesselten sie, dass rings um Siddhartha alles zusammenzustürzen drohte. Aber unter dem Geäst des Baumes blieb alles ruhig, die Kraft, die von seiner Meditation ausging, gab Siddhartha Schutz. Als Mara sah, dass der Sturm ohne Wirkung blieb, wandte er sich zu seinen Dienern und rief: »Auf zum Angriff!« Und jetzt raste eine Horde böser Geister, Dämonen und Spukgestalten auf Siddhartha los. Voller Wildheit drangen sie auf ihn ein und stießen dabei blutrünstige Schreie aus. Pfeile des Hasses schleuderten sie auf ihn. Aber indem diese Pfeile auf Siddhartha zuflogen, verwandelten sie sich in Lotusblüten und fielen, ohne Schaden zu stiften, zu seinen Füßen nieder. Nichts vermochte den Frieden seiner Meditation zu stören.
»Wenn diese Waffen und diese Schreckgestalten ihn nicht verwirren können«, dachte Mara, »dann wird dieses vielleicht der Anblick der Schönheit zuwege bringen«. Und flugs verwandelten sich die furchterregenden Dämonen in betörend schöne Frauen, die Siddhartha in zauberischem Reigen umtanzten, aber auch ihnen schenkte er keine Beachtung. Erinnerungen an die Paläste der Freuden, an seine Frau und seinen Sohn, himmlische Musik, köstliche Speisen – nichts konnte den unerschütterlichen Wahrheitssucher beirren.
Mara fühlte, dass er besiegt war, einen Plan aber hatte er noch. Er schickte seine Dienerschaft fort und erschien allein vor dem Prinzen. Voller Spott sprach er ihn an: »Du also bist der große Prinz Siddhartha und glaubst, ein großer Meister der Meditation zu sein. So vielen ist es nicht geglückt, die Wahrheit zu finden, du aber bildest dir ein, dir werde es gelingen? Wie töricht du bist! Weißt du denn nicht, dass es unzähliger Vorbereitungen bedarf, wenn man die Wahrheit finden will? Was hast du voll-

bracht, dass du dieses Erfolges würdig zu sein glaubst? Neunundzwanzig Jahre lang hast du dich verzärteln und verwöhnen lassen, sechs weitere Jahre hast du dann mit Hungern vertan. Nun sitzt du hier und hoffst, dass dir Weisheit und Wahrheit einfach so geschenkt werden. Wie töricht! Hör auf zu meditieren, oder lass mich zumindest einen Bürgen sehen, der mir dafür einsteht, dass du eines Erfolges würdig bist, da, wo alle anderen versagen«.
Diese verächtlichen Worte ließen den Prinzen jedoch ungerührt. Schweigend nahm er die rechte Hand aus dem Schoß, streckte den Arm aus und berührte die Erde. Ja, die Erde selbst bürgte für Siddhartha! Ungezählte Male war er in verschiedener Gestalt auf dieser Erde gewesen. Er hatte sich in Großzügigkeit und in Geduld geübt, er hatte liebevoll gehandelt und anderen keinen Schaden zugefügt, und er hatte über die Wahrheit meditiert. Dies alles hatte er getan – manchmal als Mann, manchmal als Frau, reich manchmal und manchmal arm – immer und immer wieder. All dieses hatte er getan, um jenen Weg zu finden, der unwiderruflich allem Leiden ein Ende setzt. Und die Erde war sein Zeuge.
Nun erkannte Mara endgültig, dass er unterlegen war und entschwand wie ein schlechter Traum. Siddhartha blieb zurück, war ganz allein. Das Sturmgewölk brach auf, und der Mond schien hell am Himmel. Ein süßer Duft erfüllte die Luft, Tau glitzerte auf den Spitzen des Grases. Alles schien zu warten. Siddharthas Geist war ruhig und entspannt. Immer tiefer wurde seine Sammlung, und immer klarer sein Wissen. In diesem friedvollen und hellen Zustand des Geistes begann er, die innerste Natur des Lebens zu untersuchen. »Was ist die Ursache des Leidens?«, fragte er sich, »Und welches ist der Weg zum ewigen Frieden?«
Mit dem Auge des Geistes schaute er weit über sein Land und über diese Welt hinaus. Bald erschienen ihm die Sonne, die Planeten, die Sterne im Weltraum und die fernen Milchstraßen des Weltalls. Er sah, wie alles, vom kleinsten Staubkörnchen bis zum größten Stern, in einem sich ständig verändernden Muster miteinander verbunden war, wachsend, sterbend und wieder wachsend. Alles stand in Verbindung miteinander. Nichts geschah ohne Ursache, und jede Ursache hatte eine Wirkung auf alles andere.
Er sah, wie alles auf diese Weise miteinander verbunden war, und noch tiefere Wahrheiten offenbarten sich seinem Geist. Er schaute tief in sich hinein und erkannte, dass sein Leben als Prinz Siddhartha nur das letzte in einer ganzen Reihe von Leben ohne Anfang war, und das Gleiche galt für alle anderen Wesen. Wir werden geboren, leben und sterben, nicht nur einmal, sondern immer wieder. Er sah, dass der Tod nur die Trennung des Geistes von seinem jetzigen Körper bedeutet. Nach dem Tod findet der Geist einen neuen Körper, in der Weise, wie ein Reisender ein Rasthaus verlässt und weiterzieht in das nächste. Wenn das eine Leben aufhört, beginnt ein neues – und auf diese Art dreht sich das Rad des Lebens und des Todes ohne Stillstand.
Er sah auch, wie wir uns auf unserer Reise von einem Leben zum nächsten unaufhörlich verändern und aufeinander einwirken. Wir wechseln die Rollen, wie Schauspieler in verschiedenen Stücken wechselnde Rollen spielen. Bisweilen sind wir reich und führen ein angenehmes Leben, meist aber haben wir viele Nöte. Und Siddhartha sah, dass sich mit unseren Zuständen auch unsere Beziehungen zueinander verändern: Alle waren wir einander Freund und Feind, Mutter und Vater, Sohn und Tochter – und das Tausende von Malen in der Vergangenheit.
Dann betrachtete er das Leiden in der Welt. Er sah, wie alle, vom kleinsten Insekt bis zum größten König, immer auf der Jagd nach dem Glück sind, und doch stehen alle am Ende mit leeren Händen da. Wenn wir das, was wir suchen, nicht finden, fühlen wir uns schlecht, und selbst dann, wenn wir die Freuden erleben, nach denen wir verlangen, so vergehen diese schnell, und wir müssen uns nach anderen umsehen. Er sah, wie die Lebewesen ihr eigenes Elend schaffen. Sie verschließen die Augen vor der Wahrheit, dass sich alles ständig ändert; sie lügen, stehlen und töten sogar, um die Dinge zu erlangen, die sie begehren, obwohl ihnen diese Dinge niemals das dauerhafte Glück bringen können, nach dem sie verlangen. Und je mehr sie von Gier und Hass erfüllt sind, desto mehr Schaden fügen sie einander zu – den anderen und sich selbst. Und jede böse Handlung bringt ihnen weiteres Unglück. Sie suchen den Frieden, finden aber immer nur Leid.
Und dann endlich fand er den Weg, der allem Leiden ein Ende setzt. Wenn es einem Menschen gelänge, so wie ihm in dieser Nacht, die Wahrheit klar zu erkennen, dann hätte all dieses verworrene Jagen nach Glück und das Fliehen vor dem Leid ein Ende. Und ohne Gier und Hass würden wir keinem Wesen mehr Schaden zufügen. Und wenn wir die Selbstsucht überwinden, zerstören wir die Grundlage allen Leidens vollständig. Wenn wir den Hass besiegt haben, dann fließt unser Herz über vor Liebe, und diese Liebe bringt uns Frieden und Glück in unvergleichlichem Maße.
Als Siddhartha all dieses sah, schwand auch das letzte Stäubchen Unklarheit aus seinem Geist. Klares, strahlendes Licht erfüllte ihn. Er war nicht mehr ein Mensch wie die gewöhnlichen Sterblichen. Er war zur vollkommenen Wahrheit erwacht. Er war nun ein Buddha, ein völlig Erwachter. Er hatte sein Ziel erreicht. Er erhob sich mit einem ruhigen und friedvollen Lächeln. Es war früher Morgen, und im Osten war die Sonne im Aufgehen.
(Landaw, 92 ff. © 1999 Diamant Verlag, München.)

Spannendes: Baum

Mit dem Thema »Symbol Baum in den Religionen« ließe sich problemlos ein sehr dickes Buch füllen. Auch »Baum in den Festen der Religionen« ist ein weit verzweigtes Thema, so dass hier nur einzelne Aspekte angerissen werden können. Durch die Brille der Feste bekommt der Baum als Symbol eine Gewichtung. Er steht vor allem als Lebensbaum im Zentrum von Festen: im Judentum ist die Tora der Lebensbaum, im Christentum ist es das Kreuz, im Buddhismus findet die Erleuchtung, das zentrale Heilsgeschehen, unter einem heiligen Baum statt (⌒ Grundlegende Heilsereignisse). Im Buddhismus steht der Baum im Zusammenhang mit Meditation und Lehre. Bis heute spielt der Hain zum Lehren und Meditieren eine besondere Rolle und in buddhistischen Zentren ist der Garten nicht nur Zierde. Im Islam spielt der Baum bei Festen keine Rolle. Dass Baum und Heil im Judentum und Christentum nahezu verschmelzen, verdankt sich der Schöpfungs- und Paradiesgeschichte, nach der im Garten Eden ein Lebensbaum steht, der durch die Vertreibung aus dem Paradies nicht mehr zugänglich ist.

Torakronen (»Rimunim«)

Baum in jüdischen Festen

Nach Erwählung und Errettung aus Ägypten verbürgt die Gabe Gottes, die Tora, das Leben. Die Aufschrift der Grußkarten zu ▷ Tu bi Schewat lautet: Baum des Lebens ...denn sie ist ein Baum des Lebens für die, die daran festhalten (oder ähnlich). Hier ist die Tora mit dem »Geburtstag der Bäume« verbunden. Sie hat aber auch ihr eigene Fest: Simchat Tora, das die Gabe der Tora ausgelassen feiert. Auch zu ▷ Schawuot, der Feier des Bundesschlusses am Sinai geht es um die Tora. Die Tora-Rollen sind reich verziert und tragen eine Krone. Die oben abgebildeten Torakronen (»Rimunim«) sind mit reichem Blattmuster verziert: eine Lebens-Baum-Krone.

Zu Tu bi Schewat wird folgende Geschichte erzählt:

Honi und der Apfelbaum

Es war einmal ein einfacher Mann, der hatte einen Garten, in dem wuchs ein Apfelbaum. Der Apfelbaum war groß und stark mit schönen grünen Blättern, aber Jahr um Jahr verging, und er trug keine Früchte. Die Frau des einfachen Mannes war auch groß und stark, doch Jahr um Jahr verging, und sie bekam keine Kinder.
Einmal, im Frühling, als der Mann und seine Frau schon alt waren, bekam die Frau ein kleines Mädchen. Sie nannten es »Chaya«, das heißt Leben. An dem Tag, als das Mädchen geboren wurde, erschienen plötzlich Früchte an dem Apfelbaum im Garten. Der einfache Mann und seine Frau trugen das Baby in den Garten. Der Apfelbaum war voll von Früchten. Vögel schwirrten um ihn herum, und Esel naschten von den Äpfeln, die auf den Boden gefallen waren. »Chaya«, sagte das Ehepaar zu seinem Baby, »schau, wie Gott für alle Wesen sorgt!« Am nächsten Tag nahm der Mann Apfelkerne und steckte sie in die Erde, um einen Baum zu pflanzen. Gerade in diesem Moment kam Honi, ein berühmter Rabbiner, vorbei. Honi war lang und dünn und so schnell wie ein fliegender Pfeil. »Alter Mann«, sagte Honi, »warum vergeudest du deine Zeit, indem du einen Baum pflanzt, dessen Früchte du niemals ernten wirst? Weißt du nicht, dass es siebzig Jahre dauert, bis er Früchte trägt?« »Ich habe Bäume vorgefunden, als ich auf diese Welt kam«, sagte der einfache Mann, »sie haben mir und meiner Familie Essen gegeben. Nun pflanze

ich einen Baum, so dass meine Kinder und Kindeskinder die Früchte essen können!« »Das ist ja verrückt!« sagte Honi. Lachend ging er weg.
Nach einer Weile wurde Honi sehr, sehr müde. Er setzte sich unter eine Weide, um auszuruhen. Dort fiel er in einen tiefen Schlaf. Er schlief und schlief. Er schlief Tage und Wochen und Monate. Er schlief, während Jahre vergingen. Und die Zweige der Weide deckten ihn zu. Honi schlief weiter. Sein Bart wurde lang und weiß und war ganz mit dem Gras verwachsen. Eines Morgens, ganz plötzlich, wachte er auf. »Ich habe wohl lange geschlafen«, sagte er und versuchte aufzustehen. Dann sah er, dass er einen ganz langen Bart bekommen hatte, der bis zum Boden ging. »Was ist bloß mit mir passiert?«, rätselte er, »Ich muss schnell nach Hause!« Er drückte die Zweige der Weide auseinander und zupfte das Gras aus seinem Bart, dann trat er hinaus in die Welt. Alles sah so fremd, so anders aus. »Ich bin ein Fremder in meiner eigenen Welt«, seufzte er. Gerade da kam er an einem kleinen Garten vorbei. »Ich erinnere mich an diesen Garten«, sagte er. Aber in dem Garten, in dem er einen Apfelbaum gesehen hatte, waren nun zwei Apfelbäume, und beide waren voller Äpfel. Eine alte Frau sammelte Äpfel vom Boden auf. Honi erinnerte sich an den Mann, den er vor langer Zeit getroffen hatte. »Weißt du, wer diesen Apfelbaum gepflanzt hat?«, fragte er die alte Frau.
»Mein Vater hat diesen Baum vor siebzig Jahren gepflanzt, in dem Jahr, als ich geboren wurde«, antwortete sie. »Siebzig Jahre sind vergangen wie ein Traum«, dachte Honi. Und dann verstand er, warum Gott ihn hatte siebzig Jahre schlafen lassen. Er wollte ihm eine Lektion erteilen. Honi nahm einen Apfel von der alten Frau. Am nächsten Tag, im Garten seines alten Hauses, – wo nun seine Enkelkinder spielten – pflanzte er einen neuen Baum. Eines der Kinder sagte zu ihm: »Großvater, warum pflanzt du einen Apfelbaum? Seine Früchte wirst du niemals essen!« Honi antwortete: »Ich möchte dir und deinen Kindern und deinen Kindeskindern etwas Gutes hinterlassen. Sie werden die Früchte essen.« Jedes Jahr danach feierte Honi Tu Bischwat, das Neujahr der Bäume, mit besonderer Freude. Und Honis Enkel und deren Kinder feierten später immer unter dem Apfelbaum.

Überliefert (Tworuschka, 174)

Eine wichtige Rolle spielen Bäume auch zu Sukkot. Nicht nur als Baumaterial für die Laubhütten, sondern auch als Symbol für die Einheit Israels. Zum Gottesdienst wird ein Strauß aus Palmenzweig – Lulaw, aus Myrte – Hadassim, aus Weide – Arawot, und einer Zitrusfrucht – Etrog mitgebracht und in die vier Himmelsrichtungen und nach oben und unten geschüttelt. Diese »Vier Arten« symbolisieren verschiede Typen von Menschen und Gläubigen, die gegenseitig füreinander einstehen.

Die folgende Geschichte erläutert die Symbolik:
Einen Palmzweig schwenkend betritt Ruben die Laubhütte. Der Tisch ist schon gedeckt, und wenn die Gäste da sind, können sie mit dem Essen beginnen. Ohne Gäste ist das Laubhüttenfest nicht richtig. Ruben kommt mit seiner Familie aus der Synagoge. Dort haben sie gesungen: »Danket dem Herrn, denn er ist freundlich und seine Güte währet ewiglich.« Und dabei haben sie ihre Palmzweige geschwenkt. Nach Osten, nach Westen, nach Norden und nach Süden, als ob sie die Gnade des Ewigen bis an alle Enden der Welt ausbreiten wollten. Danach haben sie gesagt: »Von dir – für dich. Und wie hier so überall auf der Welt.« Das Laubhüttenfest ist das letzte Erntefest. Die ganze Ernte ist nun eingeholt, und dafür haben sie in der Synagoge gedankt. »Von Dir« – denn alles, was sie bekommen haben, haben sie von dem Ewigen empfangen. »Für Dich« – denn alles, was sie bekommen haben, gebrauchen sie zur Ehre des Ewigen. Und so ist es mit allem in der Welt. Als sie am Tisch sitzen, fragt Ruben den Rabbi, ihren Gast: »Warum wedeln wir eigentlich mit einem Palmzweig? Palmzweige sind doch gar nicht geerntet worden?« »Schau ihn dir doch einmal ganz genau an«, sagt der Rabbi. »Was alles gehört zu dem Lulaw, dem Palmstrauß?« »Ein Palmzweig natürlich«, sagt Ruben. »Und da sind noch drei Myrtenzweige und hier noch zwei Weidenzweige. Aber die haben wir doch auch nicht geerntet.« »Rieche mal daran, und beiß auch einmal hinein.« Ruben riecht an dem Palmzweig. »Ich rieche nichts.« Dann beißt er mit Widerwillen hinein. »Hm, das schmeckt sogar. Ein bisschen süß und ein bisschen bitter. Aber Süßholz schmeckt besser.« Bei der Myrte muss er mit seiner Nase gar nicht erst nahe herangehen, der Duft kommt ihm schon entgegen. Aber die Myrte hat keinen Geschmack. Zum Schluss der Weidenzweig. Ruben riecht nichts, und er schmeckt auch nichts. Fragend schaut Ruben den Rabbi an: »Und jetzt?«
»Da waren einmal«, fängt der Rabbi an, »drei jüdische Menschen. Einer von ihnen war sehr gelehrt. Er kannte unser Gesetz, die Tora, ganz und gar auswendig. Er steckte immer mit dem Kopf in den Büchern und studierte. Und vielleicht war das die Ursache dafür, dass er keine guten Taten tat. Er

hatte dazu einfach keine Zeit. Der Mann war wie der Palmzweig, er hatte zwar Geschmack, aber kein Duft ging von ihm aus. Der zweite hatte in seinem ganzen Leben noch nicht einen Buchstaben der Tora gelesen. Vielleicht konnte er nicht einmal lesen. Aber er tat sehr wohl gute Taten. Der Mann ist wie die Myrte: Einen feinen Duft verströmt sie, aber sie hat keinen Geschmack. Und der Weidenzweig? Der dritte wusste nichts von der Tora. Und gute Taten tat er auch nicht. Vielleicht war das jemand, der ständig schwer arbeiten musste, nur um ein kleines Stück Brot zwischen die Zähne zu bekommen, und darum hatte er keine Zeit zum Studieren und zum Tun der guten Taten. Er ist wie der Weidenzweig: kein Geschmack und kein Duft. Aber die drei Männer wurden Freunde und von da an waren sie ganz oft zusammen. Der eine gab den anderen beiden Geschmack und der zweite gab ihnen Duft. Der dritte hatte nichts zu geben, aber das war nicht schlimm. Er bekam etwas von den anderen beiden. So wurden die schlechten Eigenschaften von dem einen durch die guten Eigenschaften des anderen aufgehoben. Weißt du, der Lulaw, der Palmstrauß, das sind wir selbst. Mit jedem Menschen ist wohl etwas nicht in Ordnung, aber wenn wir zusammen sind, dann ist das nicht schlimm. Und dann haben wir da natürlich noch den Etrog«, fährt der Rabbi fort. Er nimmt eine Frucht vom Tisch. Sie sieht einer Zitrone etwas ähnlich, aber es ist keine Zitrone. »Rieche und schmecke das mal.« Ruben riecht und probiert: »Lecker!« »Der Etrog«, erzählt der Rabbi, »ist wie jene Juden, die die Tora kennen, und auch gute Taten tun, soviel sie können. Die legen wir ein Stück abseits, denn der Etrog hat die anderen nicht nötig.« Dann kommt das Essen auf den Tisch, und das Fest in der Laubhütte geht weiter.

(G. F. Cashmann, 209; aus: Ein Licht auf unserem Weg. © Rhein. Verband für Kindergottesdienst, Düsseldorf.)

Sündenfall und Erlösung: dieser Holzschnitt des 15. Jh. zeigt auf der linken Seite Adam und Eva, auf der rechten Christus mit dem Kreuznimbus; dazwischen steht der Paradiesbaum, um dessen Stamm sich die Schlange windet, und vor ihr liegt ein angebissener Apfel, der nach mittelalterlichem Sündenverständnis als Zeichen der Erbsünde zu verstehen ist. Liturgisch treffen die beiden Welten am 24. und 25. Dezember, dem Adam-und-Eva-Tag und dem Fest der Geburt Christi zusammen. So ergibt sich eine sinnvolle Verbindung von Paradies- und Kreuzesbaum im Weihnachtsbaum.
Graphische Sammlung Albertina Wien (Moser, 111)

Baum in christlichen Festen

»Wenn wir uns der christlichen Überlieferung zuwenden, so stoßen wir auf alte Legenden, die von einem geheimnisvollen Heilsplan, einer gottgewollten Verbindung zwischen dem Paradies und dem zweiten Adam, Christus, zwischen Lebensbaum im Paradies und dem Kreuz Christi erzählen.« (Vossen, 41) Hier eine kleine Zusammenfassung aus dem 12./13. Jh.: »Kurz vor seinem Tode sendet der schwerkranke Adam seinen dritten Sohn Seth ins Paradies, damit er dort vom Baum des Lebens das Öl der Barmherzigkeit hole, das ihn heilen sollte. Der Erzengel Michael hindert ihn jedoch daran, so dass Adam, 930 Jahre alt, sterben muss. Seth konnte jedoch vom Lebensbaum einen Zweig mitbringen, der später zu einem großen Baum heranwächst, der zuletzt das Holz zum Kreuz Christi liefert.« (Ebd., 43)
Im germanischen Kontext bekam der Lebensbaum noch mehr Gewicht, durch den in ganz Nordeuropa verbreiteten zentralen Mythos vom Weltenbaum. In der Edda wird er Yggdrasil genannt. »Yggdrasil überspannte und überschattete die Erde; auf ihrer Krone ruhte das Himmelsgewölbe. Hirsche ästen an ihren Knospen. Das Eichhörnchen Nagezahn (Ratatoskr) kletterte an der Weltesche auf und ab und vermittelte zwischen den feindlichen Mächten, dem Adler im Wipfel des Baumes und dem an den Wurzeln nagenden Drachen Nidhögg. Am Fuß des Weltenbaumes, dem größten und schönsten aller Bäume, hielten die Götter, nach der jüngeren Edda (um 1200), jeden Tag Gericht.« (Vossen, 38) Am Weltenbaum soll Odin sich

für sich selbst geopfert haben. Die Ähnlichkeit des Selbstopfers an einem Baum zwischen Odin und Christus habe den germanischen Völkern die Annahme des Christentums wesentlich erleichtert. (Ebd., 39)

So ist auch der Weihnachtsbaum ursprünglich ein deutscher Brauch. Bei den germanischen Völkern galt: wer keine grünen Zweige hat, dem fehlt Schutz und Glück. Er kann »auf keinen grünen Zweig kommen«. Grün ist die Farbe der Hoffnung. Dörfer, Städte und Zünfte hatten geschmückte Gemeinschaftsbäume, um die gefeiert und getanzt wurde. Als die Kleinfamilie zum Lebenszentrum wurde, wanderte der Tannenbaum vom Marktplatz in die Wohnzimmer. Bei seiner Ausbreitung verband er sich um 1700 mit Bräuchen des Nordens, für die immer Licht, Feuer und Sonne wichtig waren. So wurde der Tannenbaum in protestantischen Gebieten zum Lichterbaum. Lange Zeit hatten sich die Kirchen gegen diese heidnische Bräuche gewandt, bis im 19. Jh. eine christliche Umdeutung erfolgte und Lichterbäume als Zeichen christlicher Hoffnung in die Kirchen einzogen. 💡 Weihnukka, Islamische Weihnachten (Palme).

Yggdrasil, Weltesche

Für den Sonntag ▷ Palmarum werden Palmwedel oder alle verfügbaren Zweige genommen, um den Jubel zum königlichen Einzug Jesu nach Jerusalem (💡 Jerusalem) zu symbolisieren, aber der »richtige Palmbusch besteht in manchen Gegenden aus je dreierlei Desselben: drei Buchszweige, drei blühende Palmkätzchen, drei Stechpalmenzweige, drei lange blühende Haselruten, drei Zweige Immergrün, drei Wacholderzweige, drei Eschenzweige mit dem roten Laub vom Vorjahr …
Die einfachsten Palmbuschen sind Handsträußlein, die einfachsten Palmstecken bestehen aus einem Stab, an dessen Spitze ein Palmstrauß mit einem Kreuz, einem Ei oder einem anderen Wachstums- oder christlichen Symbol gebunden wird … die Kinder tragen die Palmbuschen zur Kirche, wo sie geweiht werden, es folgt die Palm- oder Palmsonntagsprozession, und dann tragen die Kinder die Palmbuschen … nach Hause.« (Schönfeld, 98)

Armenisches Lebensbaum-Kreuz

In der armenischen Kirche, der ältesten Kirche der Kaukasusländer, ist das Kreuz zentraler Kultgegenstand. Es ist ein Lebensbaum mit einer rankenartigen Doppelwurzel, mit sich zweigartig spaltenden Querbalken und einer Doppelkrone. Bei manchen Kreuzen wachsen aus den Enden Knospen, reife Trauben, Granatäpfel. Das Symbol des Lebensbaum-Kreuzes verbindet so ▷ Karfreitag und ▷ Ostern. Die Hoffnung auf den Sieg des Lebens in Leid und Tod wird daran anschaulich. Das Kreuz mit sprießenden Zweigen und Blättern findet sich vielfach auch in neuen Darstellungen: als Kirchenfenster, auf Tauf- und Osterkerzen, Grußkarten etc. Er lässt sich sehr leicht mit verschiedenen Materialien selbst gestalten.
💡 Jerusalem. ⌒ Grundlegende Heilsereignisse.

Jesus, der Lebensbaum

Jesus hält Zwiesprache mit seinen Jüngern: »Meister, du sagst: Ich bin der Weg, die Wahrheit und das Leben. Bist du auch der Baum des Lebens?« – »Ja, ich bin es.« – »Sollen wir dich mit der immergrünen festen Zeder des Libanon vergleichen?« – »Nein – sie ist zu stark, um sich zu beugen und zu neigen.« – »Bist du ein Schattenbaum an heiliger Stätte, unter dem die Menschen ruhen und Erkenntnis suchen?« – »Nein – Erkenntnis ist nur eine Frucht; das volle Leben aber ist mehr.« »Die hohe Palme in der Wüste hat Weitsicht und spendet Lebensfrüchte.« »Nein – sie ist zu hoch für die Schwachen und kann die Kleinen nicht umarmen.« – »Es gibt den Ölbaum noch; unzählbar sind seine Jahre, und zugleich schenkt er den Menschen Nahrung.« – »Nein – hohes Alter ist das Leben nicht, sondern was ewig bleibt an guter Frucht.« – »Meister, wie sollen wir dich denn verstehen? Du sagst Worte und tust Dinge, die sonst kein Mensch vermag. Bist du der Baum, der die guten Eigenschaften aller anderen Bäume trägt?« – »Nein – ich bin nicht die Fülle aller Bäume. Ich bin der Weinstock. Schaut ihn an: Sein Stamm ist dünn, seine Höhe niedrig; er wird beschnitten und gestutzt. Den stolzen Menschen, die nur ihren eigenen Willen kennen, gefällt er nicht. Ich sage euch: Meine Zeit ist bemessen. Meine Feinde werden Hand an mich legen und als toten Baum hinstellen; aber dadurch werde ich ganz Baum des Lebens sein.« – »Herr, wie kann ein toter Baum noch Leben spenden?« – »Was ihr nicht seht, dadurch bleibt das Leben. Meine Wurzeln reichen in die andere Welt, dorthin, wo mein Vater ist, der mich gesandt hat. Niemand kann mich von meinem Vater trennen. Wird der Stamm auch abgehauen, so werden die Wurzeln umso mehr Saft des Lebens spenden. Ein neuer Stamm wird wachsen und unaufhörlich sprießen.« – »Herr, werden wir dich einmal als herrlichen Lebensbaum sehen?« – »Nein, ich bin und bleibe für mich selbst nur ein dürrer Stamm, ihr seid mein Kleid und meine Frucht. Ist euer Glaube tot, dann bin ich wie der Weinstock zur Zeit der Winterkälte. Wollt ihr wie die Reben am Weinstock an mir bleiben und Frucht bringen?« – »Ja, Herr, aber unsere Früchte sind oft klein und kümmerlich. Wie stehen wir da, wenn wir uns mit dir vergleichen?« – »Nicht immer ist Zeit der Ernte, und die verborgenen Früchte sind oft die schönsten und besten. Solange die Erde steht, werden Menschen an mich glauben und aus meiner Kraft Frucht tragen.«
(Hermann Rathjens, »Leben wie ein Baum«. In: Tworuschka (Symbole), 157. © Verlag am Birnbach GmbH, Birnbach.)

Baum im buddhistischen Festen
Im Leben des Buddha spielten Bäume eine besondere Rolle: Seine Geburt (⌒ Geburtstage der Religionsstifter), seine Erleuchtung (⌒ Grundlegende Heilsereignisse), und sein Tod (⌒ Neujahr) ereignen sich unter einem Baum. Besonders herausragend ist der Bo-Baum, ein wohl auch schon vorher heiliger Baum, unter dem sich Siddhartha niederlässt, um bis zu Erleuchtung zu meditieren. Dies Ereignis wird an ▷ Vesakh gefeiert. Der Baum – inzwischen ist es ein Ableger des alten Baumes – wird noch in Bodhgaya verehrt:

Wer heutzutage die genaue Stelle sehen will, wo vor 2500 Jahren Prinz Siddhartha endlich die Wahrheit fand, nach der er so lange und unter so schmerzlichen Mühen gesucht hatte, der braucht nur zu der Stadt Bodhgaya in Bihar zu gehen und von dort sechs oder sieben Meilen einer Landstraße zu folgen, die mehr oder weniger dem Laufe eines breiten versandeten Stromes entlang führt, der jetzt der Fluss Phalguas heißt, aber in jenen alten Zeiten Neranjara genannt wurde. Wenn er seinem Wanderziel näher kommt, dann wird er über den benachbarten ebenen Feldern auf einer kleinen Anhöhe einen hohen festen Bau aus dunklen Steinen sich erheben sehen mit einigen Terrassen, die um seinen rechteckigen Körper herumführen, der sich immer mehr verjüngt bis zum Oberteil, wo eine kleine offene Plattform ist, die eine steinerne Spitze von jener festen indischen Bauart trägt. Das ganze Bauwerk ist mit einer Fülle von Bildhauerarbeiten aller Art geschmückt. Das ist das berühmte Denkmal von Bodhgaya.
In dem Schatten dieses großen Denkmals, umgeben von einem niederen Steinwall, kann der Besucher noch heute den Baum sehen, unter dessen Zweigen dem Prinzen Siddhartha endlich das Licht der Wahr-

heit aufging, das er suchte. Denn zu diesem Baum hatte er eines Abends seine Schritte gelenkt, entschlossen, in einem letzten mächtigen Anlauf des Geistes und des Willens das tiefste Geheimnis des Lebens und aller Existenz zu durchdringen. Dieser Baum wird zum Andenken an Siddharthas große Entdeckung Bodhi-Baum oder Baum der Erwachung genannt. (Silacara. [gekürzt] In: Tworuschka, 148. © 1996, Verlag Ernst Kaufmann, Lahr.)

Für die Gestaltung in Unterricht und Gruppe legt sich vom Buddhismus, aber auch vom Christentum her ein meditativer Zugang nahe. Zunächst sollte »Baum« erlebt und in seiner symbolischen Bedeutung erkundet werden. Dafür sind die Bücher von Joseph Cornell zu empfehlen. Sie beschreiben Methoden für einen erlebnisorientierten und meditativen Zugang. Die Zusammenarbeit mit Sachunterricht, mit Darstellendem Spiel und Bildnerischem Gestalten, sowie Deutsch bzw. Sprache (Märchen, Gedichte) liegt nahe. Zu lernen und zu erleben, wie ein Baum »funktioniert«, welchen Beitrag er der Natur und dem Menschen leistet und welche Artenvielfalt er beherbergt, macht verständlich, warum »Baum« ein Symbol für das Leben ist. Und die kleine Übung: »Such dir einen schönen Platz unter einem Baum und schreibe auf – als Gedicht – was du siehst oder fühlst, oder male dazu ein Bild«, lässt erahnen, dass Baum und Erleuchtung zusammenhängen. Von da aus können die Konkretisierungen in den Festen der Religionen in den Blick kommen. Neben den Texten und Bildern, Binden von Sträußen und Verzieren einer Osterkerze legen sich Baummeditation (Cornell) und Baummandalas nahe. Die Feste Tu bi Schewat, Ostern und Vesakh erstrecken sich von Februar bis Mai und können eine Projektzeit »Baum« rahmen und begleiten.

Praxishilfen

In der Literaturliste: *Bruce-Mitford, M. und U. Tworuschka, Vossen.*

Berg, Horst Klaus; Weber, Ulrike, Symbole erleben – Symbole verstehen, Calw, München 2000.

Berg, Sigrid, Biblische Bilder und Symbole erfahren, Stuttgart 1996.

Bihler, Elsbeth, Symbolkreis »Baum/Kreuz«. Arbeitsblätter für die Grundschule, Lahn 2000.

Calwer Materialien, Der Baum – Angebot für einen offenen Unterricht im Fach Religion, Stuttgart 2000.

Cornell, Joseph, Mit Kindern Natur erleben, Mühlheim 1979.

Cornell, Joseph, Mit Freude die Natur erleben. Naturerfahrungsspiele für alle, Mühlheim 1991.

Freudenberg, Hans; Pfeifer, Anke (Hg.), Biblische Symbole erschließen mit Religionsunterricht praktisch, Göttingen 2000.

Halbfas, Hubertus, Religionsunterricht in der Grundschule. Schulbuch, Lehrerhandbuch und Arbeitsheft Klasse 4, Düsseldorf 1991.

Lehrmittelverlag des Kantons Zürich, Gott hat viele Gesichter, Zürich 1994, Bd. 2, 179–195.

Mix, Margarete; Rödding, Gerhard, Symbole im Kindergarten verstehen und gestalten, Gütersloh 1997.

Steinwede, Dietrich (Hg.), Symbole spielen und erzählen, Gütersloh 1998.

8 Wie die heilige Gabe des Festes zu den Menschen kam

Es war einmal eine Zeit, da die Menschen keine Freude kannten. Ihr ganzes Leben bestand aus Arbeit, Essen, Verdauung und Schlaf. Ein Tag verging ihnen wie der andere. Sie schliefen nach ihren Mühen ein, nur um zu neuer Anstrengung zu erwachen. Und ihr Sinn verzehrte sich in Einförmigkeit.

In diesen Zeiten lebte ein Mann mit seiner Frau einsam in einem Dorf, nicht weit vom Meere entfernt. Sie hatten drei Söhne, tüchtige Knaben, die gerne ebenso große Jäger werden wollten wie ihr Vater. Sie trieben allerhand Leibesübungen, die sie stark und ausdauernd machten, noch ehe sie erwachsen waren. Und Vater und Mutter waren stolz auf sie; denn sie sollten ihre Stütze im Alter werden und ihnen Nahrung verschaffen, wenn sie selbst es nicht mehr vermochten.

Aber da geschah es, dass zuerst der älteste Sohn auf der Jagd verschwand und dann der zweitälteste. Sie kamen nicht zurück, und sie hinterließen keine Spur. Niemand konnte nach ihnen suchen. Vater und Mutter trauerten tief über ihren Verlust und achteten nun ängstlich auf den jüngsten Knaben, der schon so groß war, dass er mit seinem Vater auf die Jagd gehen konnte. Der Sohn, er hieß Teriaq (Hermelin), jagte am liebsten das wilde Rentier, während der Vater am liebsten auf Seetierfang ging. Da Jäger nicht ihr ganzes Leben in Angst verbringen können, durfte der Knabe gehen, wohin er Lust hatte, tief ins Land hinein, während der Vater in seinem Kajak auf das Meer hinaus ruderte.

Eines Tages war Teriaq wie gewöhnlich auf Rentierjagd. Da erblickte er einen gewaltigen Adler, einen großen, jungen Adler, der über ihm kreiste. Teriaq nahm hurtig seine Pfeile hervor. Da senkte sich der Adler herab und setzte sich ein wenig von ihm entfernt auf die Erde. Er streifte seine Kapuze vom Kopf und wurde zum Menschen. Und er sprach zum Rentierjäger und sagte: »Ich bin es, der deine beiden Brüder getötet hat. Ich werde auch dich töten, wenn du mir nicht versprichst, Gesangfeste zu feiern, sobald du nach Hause kommst. Willst du, oder willst du nicht?«

»Ich will es gerne, aber ich begreife nicht, was du sagst. Was ist Gesang? Was ist Fest?«

»Willst du, oder willst du nicht?«

Ich will gern, aber ich weiß nicht, was es ist«.

»Wenn du mir folgst, wird meine Mutter dich lehren, was du nicht verstehst. Deine beiden Brüder verschmähten die Gabe des Gesanges und des Festes; sie wollten nicht lernen, darum tötete ich sie. Nun kannst du mir folgen, und sobald du gelernt hast, Worte zu einem Gesang zusammenzusetzen und diesen zu singen, und sobald du gelernt hast, vor Freude zu tanzen, wird es dir frei gestattet sein, in dein Dorf heimzukehren.« »Ich komme mit«, antwortete Teriaq.

Dann brachen sie auf. Der Adler war kein Vogel mehr, sondern ein großer und kräftiger Mann in schimmerndem Gewand aus Adlerfedern. Sie gingen und gingen weit, weit über das Land hin, durch Schluchten und Täler, bis zu einem hohen Berge, den sie zu besteigen begannen. »Hoch oben auf dem Gipfel dieses Berges liegt unser Haus«, sagte der junge Adler.

Und sie stiegen den Berg hinan, kamen höher und höher hinauf und hatten eine weite Aussicht über die Ebenen, wo die Menschen Rentiere zu jagen pflegen. Aber als sie sich dem Berggipfel näherten, hörten sie plötzlich einen pochenden Laut, der stärker und immer stärker wurde, je näher sie dem Gipfel kamen. Es hörte sich an wie der Schlag von gewaltigen Hämmern, und so stark war das Dröhnen, dass Teriaq die Ohren sausten.

»Kannst du etwas hören?« fragte der Adler.

»Ja, einen seltsamen, ohrenbetäubenden Laut, den ich niemals je zuvor gehört habe!«

»Es ist meiner Mutter Herz, das klopft«, antwortete der Adler.

Dann kamen sie zum Hause des Adlers, das ganz oben auf dem höchsten Gipfel erbaut war. »Warte hier, bis ich zurückkomme, ich muss meine Mutter vorbereiten«, sagte der Adler und ging hinein. Nach einem Augenblick kehrte er zurück und holte Teriaq. Sie gingen in einen großen Raum, der in gleicher Weise gebaut war wie die Häuser der Menschen; drinnen auf der Schlafbank saß ganz allein die Mutter des Adlers, alt, hinfällig und betrübt. Nun ergriff der Sohn das Wort und sagte:

»Hier ist ein Mann, der versprochen hat, ein Gesangfest zu halten, wenn er nach Hause kommt. Aber er sagt, dass die Menschen nicht verstehen, Worte zu einem Gesang zusammenzusetzen, und sie verstehen auch nicht, die Trommel zu schlagen und vor Freude zu tanzen. Mutter, die Menschen verstehen nicht, ein Fest zu feiern, und nun ist dieser junge Mann gekommen, um es zu lernen!«

Diese Worte brachten großes Leben in die alte, hinfällige Adlermutter, und ihre müden Augen leuchteten plötzlich auf, während sie sagte: »Zu-

erst müsst ihr ein Festhaus bauen, in dem sich viele Menschen versammeln können.«
Nun bauten die beiden jungen Männer das Festhaus, das »Qagsse« genannt wird und das größer und schöner ist als gewöhnliche Häuser. Und als es fertig war, lehrte sie die Adlermutter, Worte zu einem Gesang zusammenzusetzen und die Töne zusammenzufügen, so dass sie zu Melodien wurden. Sie fertigte eine Trommel an und lehrte sie, die Trommel im Takt zu den Liedern zu schlagen, und sie zeigte ihnen, wie man zu den Gesängen tanzen muss. Als Teriaq all das gelernt hatte, sagte sie:
»Vor jedem Fest sollt ihr viel Fleisch sammeln und dann viele Menschen einladen. Dies sollt ihr tun, wenn ihr euch ein Festhaus gebaut und eure Lieder gedichtet habt; denn der Menschen Beisammensein in der Freude erfordert große Festgelage!«
»Aber wir wissen von keinen anderen Menschen als von uns selbst«, antwortete Teriaq.
»Die Menschen sind einsam, weil sie noch nicht die Gabe des Festes erhalten haben«, sagte die Adlermutter. »Trefft nun eure Vorbereitungen, so wie ich euch gesagt habe. Wenn alles bereit ist, sollst du hinausgehen, um nach Menschen zu suchen. Du wirst sie zu zweien treffen. Du sollst sie versammeln, bis es ihrer viele sind, und sie einladen. Und dann sollt ihr ein Gesangfest feiern.«
So sprach die alte Adlermutter; und als sie Teriaq genau eingeprägt hatte, was er tun sollte, sagte sie schließlich: »Wohl bin ich ein Adler, aber doch auch eine alte Frau, welche die gleichen Freuden hat wie andere Frauen. Ein Geschenk verlangt ein Gegengeschenk, und es wäre angebracht, wenn du mir zum Abschied ein wenig Sehnenschnur geben wolltest. Unbedeutend bleibt zwar deine Wiedervergeltung, aber sie würde mich doch erfreuen.«
Teriaq war zuerst unglücklich; denn woher sollte er sich hier, so weit weg von seinem Dorf, Sehnenschnur verschaffen? Aber dann dachte er an die Sorrunge für seine Pfeilspitzen, und er wickelte sie ab und gab sie dem Adler. So unbedeutend war sein Gegengeschenk für alles, was er bekommen hatte.
Darauf zog der junge Adler sein schimmerndes Gewand wieder an und bat seinen Gast, sich auf seinen Rücken zu legen und die Arme um seinen Hals zu schlingen. Dann flog er hastig den Berg hinunter. Ein starkes Sausen entstand ringsum, und Teriaq glaubte, es wäre vorbei mit ihm. Doch das Ganze dauerte nur einen Augenblick, dann hielt der Adler an und bat ihn, die Augen zu öffnen. Da waren sie schon an jener Stelle, wo sie sich getroffen hatten. Sie verabschiedeten sich herzlich voneinander; sie waren Freunde geworden und trennten sich nun. Teriaq aber eilte nach Hause zu seinen Eltern und erzählte ihnen alles, was er erlebt hatte. Und mit diesen Worten schloss er seinen Bericht:
»Die Menschen sind einsam und leben ohne Freude, weil sie kein Fest zu feiern verstehen. Nun haben mir die Adler das heilige Geschenk des Festes gegeben, und ich habe gelobt, alle Menschen an der Gabe teilnehmen zu lassen.« Vater und Mutter lauschten verwundert den Worten des Sohnes und schüttelten ungläubig das Haupt; denn wer niemals sein Blut heiß werden und nie sein Herz in Erregung schlagen fühlte, kann des Adlers Geschenk mit seinen Gedanken nicht erfassen. Aber die Alten durften nicht widersprechen; denn schon zwei ihrer Söhne hatten die Adler genommen, und sie verstanden, dass das Gebot befolgt werden musste, wenn sie den letzten Sohn behalten wollten. Darum taten sie alles, was die Adler verlangt hatten. Ein Festhaus gleich dem des Adlers wurde gebaut, und die Fleischständer wurden mit Fleisch der See- und Rentiere gefüllt.
Vater und Sohn setzten fröhliche Worte zusammen, schilderten liebe und ernste Erinnerungen im Gesang, den sie zu Melodien stimmten. Sie machten sich Trommeln, lärmende Holztrommeln aus runden Holzrahmen mit ausgespannten Rentierfellen, und im Takt mit den Schlägen der Trommeln bewegten sie Arme und Beine zu den Liedern in ausgelassenen Sprüngen, in mutwilligen Krümmungen des Körpers. Und sowohl der Körper als auch die Gedanken wurden heiß, sie begannen alles ringsum in vollkommen neuer Weise zu fühlen und zu sehen. Es konnte vorkommen, dass sie manch einen Abend spaßten und lachten, schwatzhaft und übermütig, zu einer Zeit, wo sie sonst aus Langeweile über einen endlosen Abend geschnarcht hätten.
Sobald alle Vorbereitungen getroffen waren, ging Teriaq hinaus, um die Leute zum Fest einzuladen, das sie feiern sollten. Zu seinem großen Erstaunen entdeckte er nun, dass er und seine Eltern nicht mehr einsam waren, wie sie es stets zuvor gewesen. Frohe Menschen erhalten Gesellschaft. Er traf plötzlich überall Menschen, aber nur zu zweit, seltsame Menschen, einige in Wolfspelze gekleidet, andere in Felle von Vielfraß, Luchs, Rotfuchs, Silberfuchs, Kreuzfuchs, ja in Pelze von allen Tierarten. Teriaq lud sie zum Gastmahl in ihrem neuen Festhaus ein, und sie folgten ihm alle mit Freuden.
Dann hielten sie das Gesangfest ab – ein jeder brachte seine eigenen Lieder vor. Man lachte, erzählte und lärmte; und die Menschen waren sorgenfrei und froh, wie sie nie zuvor gewesen waren. Gastmähler wurden abgehalten, Fleischgaben ausgetauscht, Freundschaften geschlossen, und es gab auch einige, die sich Geschenke von kostbarem Pelzwerk machten. Die Nacht verging, und erst als das Morgenlicht ins Festhaus schien, nahmen die Gäste Abschied. Aber während sie in wildem Getümmel aus dem Hausgang stürzten, fielen sie alle vornüber auf ihre Hände und sprangen fort auf allen Vieren. Jetzt waren sie keine Menschen mehr, sondern verwandelten sich in Wölfe, Vielfraße,

Luchse, Silberfüchse, Kreuzfüchse, ja in alle Tiere des Waldes. Das waren Gäste, die der alte Adler geschickt hatte, damit Vater und Sohn nicht vergebens bitten sollten. So gewaltig war die Macht des Festes, dass selbst Tiere zu Menschen wurden. Und die Tiere, die immer einen leichteren Sinn hatten als die Menschen, wurden der Menschen erste Gäste in einem Festhaus. Kurz darauf geschah es, dass Teriaq wieder draußen war, um zu jagen, und wieder traf er den Adler. Dieser schlug sofort seine Kapuze zurück und wurde zum Menschen, und sie gingen zusammen zur Adlerwohnung hinauf, denn die alte Adlermutter wollte noch einmal den Mann sehen, der das erste Fest der Menschen gefeiert hatte. Aber schon ehe sie sich dem Gipfel genähert hatten, kam ihnen die Adlermutter entgegen, um zu danken, und siehe: Die alte, hinfällige Adlerin war wieder jung geworden. Denn wenn die Menschen Feste feiern, werden alle alten Adler jung.
(Rassmussen, Knud: Die Gabe des Adlers, Eskimomythen aus Alaska, 3. Aufl., Berlin 1996. © Clemens Zerling Verlag, Bad Reichenhall.)

Die Bedeutung der Feste im Alltag – Religion und interreligiöse Begegnung

Fest als »Hochzeit« der Gefühle und Beziehungen

Gefühle und Beziehungen, Glaube und Überzeugungen, aber auch Ästhetik und Körperkraft können und dürfen im Alltag oft nicht ausgedrückt und betätigt werden, sollen ihn aber doch durchdringen und leiten. Damit sie nicht ersterben, sondern ihre Kraft behalten oder überhaupt erst geweckt werden, brauchen sie besondere Zeiten und Formen. So zeichnen sich Feste durch das aus, was im Alltag keinen Platz hat: Muße und Meditation, Musik und Tanz, Farbe und Glanz, Spiel und Wettkampf, gutes Essen und Fasten, viele Worte als Gespräch und Witz, Tischrede und Ansprache, Gedicht und Lesung, Wünsche und Gebete. In den verschiedenen Religionen und Kulturen sind diese Elemente ganz unterschiedlich stark ausgeprägt.

Feste als »Kompensatoren« der Alltagslasten

Diesen Effekt haben in der heutigen säkularen Gesellschaft der *Feier*abend, das Wochenende und der Urlaub und das, was man in ihnen tut und erlebt. In allen dreien ist noch der Ursprung aus der Festkultur zu erkennen: Es ist »erlaubt« (Urlaub), sich von der Arbeit zu entfernen, von der Arbeit zu »feiern«. Das Wochenende ist der ausgedehnte Sonntag, die christliche Version des jüdischen Ruhetages Schabbat, das wöchentliche Fest. Die jüdischen Feste hatten von Anfang an Erholungscharakter. Die Ruhe ist Bekenntnis zu einem Gott, der aus der Sklaverei erlöst. Die Wallfahrtsfeste sind das Urbild des Urlaubs: nach der Ernte die Arbeit liegen lassen und an einen schönen, heilsamen Ort verreisen. Und der Inhalt der Feste verleiht der danach neu aufzunehmenden Arbeit wieder Kraft, vergewissern sie doch des Sinns der Arbeit: des Wertes des eigenen Lebens, der Familie und Gemeinschaft, der Einbettung in einen großen Zusammenhang.

Feste als »Rhythmusgeber«

Feste strukturieren das Leben, teilen den unendlichen Fluss der Zeit in Abschnitte mit Anfang und Ende, überschaubar und planbar. Immer schon boten die Jahreszeiten, Neumond und Vollmond die Möglichkeit, Zeit zu strukturieren. Diese natürlichen Anfänge und Endpunkte wurden mit Festen, Gebeten, besonderen Riten verbunden: Frühlingsfest und Sonnenwendfeier, Fastentag und Gebete zu Neu- und Vollmond. Die natürliche Zeitstruktur wird durch die Feste erkennbarer und begehbar. Eine besondere Zeitstruktur ist der Sieben-Tage-Rhythmus. Seine Besonderheit liegt darin, dass er keine natürliche Zeitstruktur aufnimmt und trotzdem inzwischen weltweit gültig ist. Er stellt eine Rationalisierung dar – es wird gezählt und nicht beobachtet – und passt zu der weitreichenden Unabhängigkeit des heutigen Lebens von der Natur.

Feste als »Krisenhelfer«

Die Zeiträume, die zwischen den Festen entstehen, können von entscheidender Bedeutung für das Leben sein. Sie sind jeweils Übergänge zu Phasen, von denen etwas abhängt, die krisenhaft sein können: Gelingen oder Misserfolg, gute Ernte oder Missernte und Hunger etc. Sie können besondere Arbeitsleistung und Konzentration erfordern, besonderen Zusammenhalt und Solidarität der Gemeinschaft. In den Festen versichern sich die Menschen darum vorher und nachher der Hilfe Gottes und der Verlässlichkeit der zwischenmenschlichen Beziehungen. Durch Buße entsteht emotionaler Freiraum für die Arbeit. Von der erlebten Festfreude und -gemeinschaft kann während des durch Arbeit bedingten Verzichts gezehrt werden. Diese Funktion haben vor allem Feste zum Ende und Beginn eines Jahres sowie auch Erntefeste. Aber auch bei Festen mit anderem Inhalt, z. B. Ostern, schwingt die Bedeutung als Frühlingsfest zur Stärkung vor dem Erntejahr noch mit.

Feste als »Anspruch«

Feste öffentlich und mit Arbeitspause zu begehen, ist Ausdruck für den Anspruch auf Religionsfreiheit und gesellschaftliche Anerkennung. Die Religion und die Menschen, die ihr angehören, demonstrieren ihre Daseinsberechtigung und ihren Stellenwert. Zu beobachten ist dies am Islam in Deutschland. Seine Feste waren anfangs völlig unbekannt. Die Kinder fehlten unentschuldigt in der Schule und bekamen Ärger. Die Entschuldigung »Seker Bayram« war unverständlich und wirkungslos. Aber gerade das löste Auseinandersetzungen und Lernprozesse aus. Inzwischen steht muslimischen SchülerInnen an den beiden großen Festen ein freier Tag zu, in Schulen und Stadtteilen wird gefeiert, der Ramadan hat seinen Platz in den Medien.

Feste als »Indikator« von Vielfalt und Veränderung

Durch die öffentliche Wahrnehmbarkeit der Feste wird auch die Pluralität der Gesellschaft wahrnehmbar. Die Menschen, die sonst in Fabriken, Büros und Krankenhäuser zum Arbeiten verschwinden und sich in ihre Wohnungen zurückziehen, die in der Menschenmenge der Einkaufsstraßen keiner Gruppe zuzuordnen sind, werden bei ihren gemeinsamen Festen erkennbar als Menschen aus Thailand und Buddhisten, als Pakistani und Muslime, als Aussiedler aus der Ukraine und orthodoxe Christen. Die Menschenmenge strukturiert sich und die Unterschiede werden sichtbar, machen die Veränderung der Gesellschaft deutlich.

Feste als »Katechismus«

Die Inhalte der Feste fassen zusammen, was eine Religion ausmacht. Die Feste thematisieren die jeweils wichtigsten Glaubensinhalte, erzählen die Gründungsgeschichten. Die Länge und der Reichtum der Ausgestaltung kennzeichnen die Rangordnung der Feste und der theologischen Inhalte: Die »höchsten Feste« feiern die wichtigsten Glaubensinhalte.

Dass die Feste wie ein Katechismus seien, wird häufig vom Judentum gesagt. Ich möchte es aber am Beispiel des Islam ausführen: Von außen betrachtet wird meist Mohammed im Vordergrund gesehen. Offensichtlichstes Kennzeichen: Lange Zeit war die Bezeichnung »Mohammedaner« gebräuchlich und kommt immer noch vor. Wirft man jedoch einen systematischen Blick auf die Feste, korrigiert sich dieses Bild: Die höchsten Feste sind Ramadan und Opferfest. Sie thematisieren nicht Mohammed, sondern die Hinwendung zu Gott und seiner Offenbarung durch Fasten und Koranlektüre (Ramadan) bzw. auf den Spuren des Vorbildes im Glauben Abraham (Opferfest und Hadsch). Das entspricht der innerislamischen theologischen Gewichtung: Dreh- und Angelpunkt ist Tawhid – der Glaube an und das Bekenntnis zu dem einen Gott. So bezeichnen sich die Gläubigen des Islam selbst auch als Muslime – »die Gott Hingegebenen«. Nur weil Mohammed als Empfänger der Offenbarung dazu den Weg geebnet hat und ihn vorbildhaft gegangen ist, ist auch er wichtig und wird in Festen geehrt. Das Beispiel macht deutlich, dass einzelne Feste, wie vor allem der gesamte Festkreis einer Religion Einstieg und Wegweiser in die Theologie und Lebenspraxis einer ganzen Religion sein können.

Feste als »Aushängeschild«

Die Feste sind oftmals das einzige, was von einer Religion wahrgenommen wird. In den Festen überschreiten die Religionen die Schwellen der Gemeindehäuser und »stillen Kämmerlein« und werden öffentlich wahrnehmbar. Viele kennen vom Christentum nur Weihnachten, vom Islam nur Ramadan. Die

Festlicher Iftar

Wahrnehmung der Feste bestimmt die Wahrnehmung der Religion: Das Christentum erscheint dem Konsum verfallen, der Islam als streng und anstrengend. Auf der anderen Seite sind die Feste Chance zur Selbstdarstellung. So laden die Kirchen öffentliche Repräsentanten zum Adventsempfang ein, die Muslime tun das zum Iftar, dem abendlichen Fastenbrechen im Ramadan. Grußbotschaften werden gehalten, Interviews gegeben.

Feste als »Empfangshalle«
Die Feste bieten die Möglichkeit der Annäherung und eines kurzzeitigen, gastweisen Aufenthalts in einer Religion. Sie sind schön und machen Außenstehende neugierig. Anders als die umfangreichen theologischen Systeme sind sie griffig, anschaulich, überschaubar: ein Raum in einem gewaltigen Haus. Nur ein erster Eindruck, aber mit Türen überall hin. Der Eintritt verpflichtet zu nichts, der Weg hinaus ist kurz. Von innen betrachtet sind Feste der Raum, in den man Fremde unbedenklich einladen kann. Sie bieten die vorzeigbare Seite der Religion, die intime Seite bleibt geschützt. Oft ist das Einladen von Gästen, auch von Andersgläubigen, empfohlen oder gar konstitutiv für ein Fest.

Feste als »Katalysator« für Begegnungen
In Hamburg haben im Dezember 2000 die ev.-luth. Bischöfin und der Vorsitzende des muslimischen Dachverbandes SCHURA ihre Gemeinden aufgerufen, sich gegenseitig zu Adventsfeiern und Iftarfeiern einzuladen. Die Jahrtausendwende wurde dadurch gekrönt, dass beide vierwöchigen Festzeiten gleichzeitig waren: eine »doppelt gesegnete Zeit«. In diesen Festzeiten ist nicht nur die »Empfangshalle« schön herausgeputzt und geschmückt, sondern es liegen auch unkompliziert interessante Gesprächsthemen bereit, die von Smalltalk bis zum theologischen Gespräch alles ermöglichen: Riten wie das Fastenbrechen mit einer Dattel und einem Glas Wasser oder der Adventskranz, besondere Speisen und Schmuck mit symbolischer Bedeutung können abendfüllend erklärt werden, ohne dass es langweilig wird.
Wie Advent und Ramadan erleichtern viele Feste die Begegnung und das Kennenlernen, indem sie Themen und Riten vorgeben und so von vielen schwierigen Entscheidungen entlasten. Auf diese Weise können sie den Einstieg zum Dialog erleichtern, aber ebenso dauerhafte Beziehungen gestalten helfen.

Das Schreiben des Schura-Vorsitzenden an die Moscheevorstände

Liebe Geschwister!
Wie Ihr wisst, liegt dieses Jahr der gesegnete Monat Ramadan zu großen Teilen im Dezember und überschneidet sich daher mit der Adventszeit der Christen. Wie Ihr vielleicht nicht wisst, ist die christliche Adventszeit eine Zeit der Besinnung und ursprünglich sogar Fastenzeit. Um dies zu fördern, gibt es die christliche Aktion »Der andere Advent«. Die christlichen Gemeinden bemühen sich, die Adventszeit als Zeit der Einkehr zu gestalten und alte Adventsbräuche zu pflegen.
Es wäre gewiss eine gute Sache, wenn Ihr Euch entschließen würdet, mit einer christlichen Gemeinde in Euer Nachbarschaft in dieser doppelt gesegneten Zeit Kontakt aufzunehmen und sie z. B. zum Fastenbrechen (Iftar) einzuladen. Gewiss liegt ein Segen darauf, mit den ahl-ul-kitab (Leute des Buches) eine gute Nachbarschaft zu pflegen.
Bei der Kontaktaufnahme sind wir euch gerne behilflich. Dieses Schreiben geht auch an die christlichen Gemeinden, und – so Gott will – kommen Rückmeldungen gleich von Gemeinden in Eurer Nähe.

In Hamburg treffen sich VertreterInnen der Religionen im Interreligösen Forum Hamburg. Dort werden solche Initiativen verabredet.

Aus dem Schreiben der Bischöfin an die nordelbischen Kirchengemeinden des Sprengels Hamburg

Liebe Schwestern und Brüder!
Der islamische Fastenmonat Ramadan und unsere Adventszeit fallen in diesem Jahr zusammen. Eine besondere Möglichkeit zu gegenseitigen Besuchen und zum gegenseitigen Kennenlernen ist damit gegeben. Ich möchte Sie einladen und ermutigen, sich daran zu beteiligen. Übrigens findet das jüdische Chanukka-Fest in der Zeit vom 21.–29. Dezember 2000 statt.
Eine Einladung von Musliminnen und Muslimen zu einer ihrer Adventsfeiern kann – wie auch ein Besuch beim Iftar, dem abendlichen Fastenbrechen im Ramadan – dazu beitragen, sich besser kennenzulernen und die Religion der jeweils anderen besser zu verstehen, vielleicht auch die eigenen Glaubenstraditionen und -aussagen neu zu begreifen.
Neben allen Unterschieden zwischen christlichen und islamischen Bräuchen können wir in diesen Begegnungen eine Gemeinsamkeit wieder neu entdecken: die Tradition des Fastens. Denn auch die Adventszeit ist nach alter kirchlicher Tradition Fastenzeit, wie es die liturgische Farbe violett und die Texte der Sonntage deutlich zeigen.

Dieses Schreiben erreicht auch Ihre muslimischen Nachbarinnen und Nachbarn.

Feste der Religionen in Schule und Gemeinde

Grundüberlegungen, wie mit Festen der Religionen in Schule und Gemeinde umgegangen werden kann, haben sich im vorangehenden Kapitel schon abgezeichnet, vor allem in Bezug auf das Gemeindeleben. Hier soll nun zunächst ausführlich auf die Schule eingegangen und einige didaktische Grundzüge aufgezeigt werden für den Umgang mit »Festen der jeweils anderen« und gemeinsamen Feiern von Angehörigen verschiedener Religionen.

Feste der Religionen in der Schule

Miteinander Feste zu feiern gehört unumstritten zu Leben und Kultur in einer Schule, und je jünger die Schülerinnen und Schüler sind, desto mehr. Den Rhythmus des Jahres bestimmen die Jahreszeiten und die christlich, d. h. bei uns katholisch und evangelisch geprägten Feste. Inzwischen setzt sich aber die Praxis durch, dass alle Feste der Religionen gefeiert werden, zu denen die Schülerinnen und Schüler gehören. So gehören an vielen Schulen die muslimischen Feste Id al-Fitr und Id al-Ada selbstverständlich in den Jahresrhythmus mit hinein und die Besonderheiten der orthodoxen Kirchen werden wahrgenommen. Das hat gute pädagogische Gründe:

Es ist für jedes Kind wichtig, dass die Höhepunkte seines Lebens im Lebensraum ›Schule‹ Beachtung finden. Wir kennen es aus eigener Erfahrung: Bei großen Festen erlebt ein Kind Vorfreude, Geselligkeit, Verwandtenbesuch, Freude über Geschenke, beeindruckende Festformen, Hochstimmung, aber auch Hektik, wenig Schlaf, vielleicht Familienstreit. Dies beschäftigt aber z. B. ein muslimisches Kind zu einer Zeit, wenn ein an Jahreszeiten und christlichen Festen orientierter Rhythmus einer Schule dem Einbringen und Verarbeiten solcher Erlebnisse gerade keinen Raum gibt. Zu Hause ist Feststimmung, in der Schule normaler Alltag. Dadurch erlebt das Kind sein Herkunftsmilieu und den Lebens- und Lernort Schule als getrennt. Kann es sich mit seiner Festfreude, mit den Besonderheiten seiner Kultur nicht einbringen, wird es sich auch mit seinen Stärken und Schwächen nur schwer in den Unterricht einbringen können und die Unterrichtsinhalte als von sich getrennt wahrnehmen. Umgekehrt kann die Einbeziehung der Feste eines jeden Kindes Brücken schlagen zu der von der Schule repräsentierten Kultur.

Werfen Sie nun als LehrerIn mit dem Wissen um die Religionszugehörigkeit der Schülerinnen und Schüler einen Blick auf die Feste der Religionen, stellt sich Ihnen wahrscheinlich ganz schnell ein Problem: Wie mit dieser Fülle umgehen? Bei jeder Religion begegnet ein anderer Jahresrhythmus. Anlässe ähneln sich und werden doch ganz unterschiedlich begangen. Die Kraft der Gestaltungsmittel und die Tiefe der in den Festen zum Ausdruck gebrachten Geschichte von Religionen und Völkern fesseln. Wie auswählen? Wie einen neuen Rhythmus finden?

Kindern Raum zum Erzählen geben

Die Feste der Religionen und christlichen Konfessionen sind im Klassengeschehen zunächst nicht an sich wichtig, sondern soweit sie von den Kindern der Klasse auch gefeiert werden. In der ersten und zweiten Klasse geht es daher vor allem darum, mit den Kindern – und Eltern – ins Gespräch zu kommen, um voneinander zu erfahren, welcher Religion sie angehören und welche Feste dieser Religion in Familie und Gemeinde gefeiert werden. Dazu müssen die Festdaten der Religionen und Konfessionen bekannt sein, im Kalender stehen oder an einer Pinnwand schnell einzusehen sein. Von da aus kann die Klassenlehrerin versuchen, im Gespräch mit den Kindern die individuelle Bedeutung der Feste zu erfragen und den Kindern Gelegenheit zu geben, davon in der Klasse zu erzählen:

Dabei ist einerseits wichtig, dass die Erlebnisse des Kindes nicht infrage gestellt oder bewertet werden, auch wenn sie den Informationen der Lehrerin oder des Lehrers nicht entsprechen sollten. Die jeweiligen Traditionen sind so umfangreich und nach Herkunftsländern verschieden ausgeprägt, dass es *die* gültige Beschreibung eines Festes nicht geben kann.

Andererseits kann der Schilderung der Kinder nicht Allgemeingültigkeit beigelegt werden. Die unterschiedlichen Erzählungen der Kinder zu einem Fest sind oft die erste Gelegenheit, in der eigenen Religion Vielfalt wahrzunehmen und eigene Erlebnisse zu relativieren. Das ist ein wichtiger Schritt, um dann auch die Vielfalt der Religionen und Weltanschauungen zu akzeptieren. Die Erfahrungen der Kinder sollten daher in ihrer Vielfalt und Einzigartigkeit gewürdigt und die Unterschiede erklärt werden oder stehen bleiben und als Teil des großen Reichtums der jeweiligen Religion positiv bewertet werden.

Soll ein Festanlass im Unterricht größeren Raum einnehmen, darf die Informationslast nicht allein bei den Schülerinnen und Schülern liegen. Sie könnten überfordert werden und zu sehr einen Sonderstatus einnehmen. Das Merkmal »Christ«, »Muslim« oder »Alevit« würde in der Wahrnehmung der KlassenkameradInnen dominant und könnte zu Ausgrenzung Anlass geben. Wird ein Fest in der Klasse bearbeitet oder gefeiert, ist es auch Thema oder Fest der ganzen Klasse. Die Schilderungen der Kinder sollten dann durch Informationen, kurze Texte, Lieder oder Backrezepte usw. ergänzt werden. Als Ausgangsmaterial können einzelne Karten des Freiarbeitsmaterials genutzt werden.

Thematische Festkreise

Die schülerorientierte Herangehensweise kann ab der 2. Klasse durch eine inhaltlich orientierte Auswahl ergänzt werden. Obwohl die Inhalte der Feste verschieden sind, haben sie doch in Charakter und Ausgestaltung oft große Ähnlichkeiten. So gibt es in jeder Religion ein Fest, dass am volkstümlichsten und beliebtestes ist, ein anderes, dass eher ernst ist und die zentrale Glaubensaussage thematisiert. Die Neujahrsanfänge werden gefeiert und oft die Geburtstage der Religionsstifter. So kann ein Schuljahr lang ein ähnlicher Festanlass aus mehreren Religionen aufgegriffen werden. Die parallele Verwendung des Freiarbeitsmaterials und der Festkreise hilft, den Zusammenhang der Feste innerhalb einer Religion zu wahren. Folgende Festreihen sind in diesem Buch mit Unterrichtsanregungen ausgeführt:

Festreihe: Kinder feiern ihre Feste
Festreihe: Geburtstage der Religionsstifter
Festreihe: Mehr leben – Fasten
Festreihe: Neujahrsfeste der Religionen
Festreihe: Grundlegende Heilsereignisse

Dieser Zugang eignet sich auch für Klassen, in denen die religiöse Vielfalt unser Gesellschaft nicht durch die Klassenzusammensetzung repräsentiert wird. Dort ist es zudem auch möglich, in jedem Schuljahr den Schwerpunkt auf die Feste *einer* Religion zu legen, am besten in Anlehnung an die Themen des Religionsunterrichtes.

Jüdische Feste

Die Feste des Judentums werden durch die schülerorientierte Herangehensweise nicht erfasst, da wir nach 1945 kaum noch jüdische Kinder in den Schulen haben. Sie werden aber durch die Festreihen erfasst und sollten auf jeden Fall einbezogen werden. Sie sollten fraglos und selbstverständlich dazugehören. Mehrere Gründe machen das erforderlich:

Christentum und Islam beziehen sich auf das Judentum und sind z. T. ohne Kenntnisse des Judentums, insbesondere seiner Feste nicht verständlich. Auch der kulturelle Einfluss des Judentums ist in Europa immens.

In Deutschland besteht nach wie vor eine historische Verantwortung dem Judentum gegenüber, an der die Schulen teilhaben. Diese erschöpft sich nicht darin, das Geschichtswissen über den Holocaust weiterzugeben und eine Auseinandersetzung zu ermöglichen, sondern muss eine positive und zutreffende Bekanntschaft mit dem Judentum einschließen. Vor allem darf nicht der Holocaust die erste (und womöglich) einzige Begegnung mit dem Judentum sein. Die jüdischen Feste ermöglichen eine frühe, unkomplizierte und sehr schöne erste Begegnung, auf die alles weitere aufbauen kann.

Eine fraglos selbstverständliche Einbeziehung der jüdischen Feste begegnet allem noch vorhandenem oder neu aufkeimenden Antisemitismus von Grund auf. Das ist gesamtgesellschaftlich wichtig und darüber hinaus im christlich-jüdischen Verhältnis wie – besonders auf dem Hintergrund des israelisch-palästinensischen Konfliktes – auch im islamisch-jüdischen. Auf der Grundlage der Kenntnis und Akzeptanz des Judentums – wo es der Fall ist natürlich auch des Islam jüdischerseits – kann später die politische Auseinandersetzung geführt werden.

Zur Zeit steigt die Zahl der jüdischen Deutschen deutlich an. Jüdische MitschülerInnen, jüdische Nachbarn und jüdische Gemeinden werden wieder selbstverständlich sein. Dann gelten alle anderen didaktischen Überlegungen, dem darf gerne schon vorgegriffen werden.

Zu Gast sein

Sobald ein Fest in der Klasse gestaltet werden soll, nimmt es die ganze Klasse in Anspruch. Es gibt auch Feste, die nehmen an sich schon so viel Raum ein, dass jeder mit muss: z. B. Weihnachten. Trotzdem ist es nicht das Fest *aller* SchülerInnen:

Was sich ganz von selbst ergibt, wenn z. B. eine muslimische Familie oder Gemeinde eine christliche Familie oder Gemeinde zum Fastenbrechen einlädt, muss man sich in einer Schulklasse erst bewusst machen: es gibt verschiedene Rollen. Es gibt Gastgeber und Gäste. Die einen feiern, die anderen feiern mit. Das muss beim Feiern nicht immer bewusst bleiben, sollte aber in der Vorbereitung bewusst gemacht und eingeübt werden.

Das Einnehmen der Rollen kann auch Gestaltungselement sein: Die muslimischen Kinder bereiten mit Hilfe der Lehrerin und der Eltern das Fest vor. Die anderen Kinder bereiten Geschenke vor, überlegen, was sie zur Begrüßung wünschen können, ob es Regeln zu beachten gibt. Anregungen dazu finden sich in der Festreihe: Kinder feiern ihre Feste.

Bei Weihnachten können Kinder, die »mit müssen«, vor Vereinnahmung bewahrt werden, indem ihnen ein eigener Zugang zu dem Fest eröffnet wird: Die islamische Weihnachtstradition kann einbezogen werden und das jüdische Lichterfest Chanukka. So können alle gemeinsam feiern, aber in jeweils ihrer Ausprägung. Eine Einführung und Material findet sich unter Spannendes: Weihnukka – Symbol Licht, Islamische Weihnachten, Nikolaus von Demre.

Nach den gleichen didaktischen Grundüberlegungen können die Feste auch in der Klassenstufe oder in der ganzen Schule gefeiert werden. Auch Schulgottesdienste oder -andachten lassen sich einbeziehen, wenn vorab die Rollen geklärt werden: z. B. was man mitmacht oder nicht, wenn man als Gast an einem Gottesdienst oder einem muslimischen Festgebet teilnimmt. So sollten Kinder, die einer Religion nicht angehören, bei Gebeten nur still dabei sitzen. Lieder können Bekenntnischarakter haben und sollten dann auch nicht mitgesungen werden. Es ist gut, wenn die Texte der Lieder vorab bekannt sind und die Kinder – u. U. mit Hilfestellung – für sich entscheiden können, ob sie mitsingen wollen.

Diese Festgestaltung legt die Kooperation mit den Gemeinden in der Umgebung der Schule nahe. Die gottesdienstlichen Teile der Feste können in der Kirche oder Moschee unter Leitung der dortigen Geistlichen gefeiert werden. Es ist keinem Gläubigen einer Religion verboten, das Gotteshaus oder den Tempel einer anderen Religion zu betreten, bei Feiern dabei zu sein und still Anteil zu nehmen. Dennoch kommt es hier häufig zu Konflikten. Daher ist es wichtig, dass die Eltern informiert sind oder in die Vorbereitung einbezogen werden und teilnehmen können. Die Rollen sollten klar sein. Es darf kein offener oder subtiler Druck ausgeübt werden etwas mitzumachen. »Wenn Menschen christlichen und islamischen Glaubens miteinander feiern und beten, dann können sie das nur als Angehörige ihres je eigenen Glaubens tun. Sie sprechen Gebete aus einem bestimmten Grundverständnis heraus, das nicht identisch ist. Aber sie können dies tun im respektvollen Dabeisein des jeweils anderen.« (Kuhn, 42) Das legt der Gestaltungsfreiheit u.U. Grenzen auf.

Die Gemeinden können auch aktiv werden, indem sie die jeweilige SchülerInnengruppe bei der Vorbereitung einer Feier in der Schule inhaltlich, personell oder durch Bereitstellen von Material, Räumen, der Küche u.ä. unterstützen.

Projekte
Das Thema »Feste« legt es nahe, sie entlang der Festkreise übers Jahr zu thematisieren. Einige Feste haben aber so engen Bezug zu lebensweltlichen oder unterrichtlichen Themen, dass sie auch Teil von Projekten werden können:

So können Fastenzeiten z.B. Anlass für ein Ernährungsprojekt sein, genauso aber auch für ein Eine-Welt-Projekt oder ein Umweltprojekt. Siehe in diesem Buch die Festreihe: Mehr-Leben – Fasten. Auch »Die lesende Maria« fordert zu einer Projektgestaltung heraus.

Für die Neujahrsanfänge bietet sich die Verbindung mit dem Thema »Zeit« an. Reichhaltiges Material findet sich in der Festreihe: Neujahrsfeste und den Kapiteln: Sonne, Mond und Sterne – Zeitrechnungen der Religionen, Projekt Zeit, Spannendes: Jeder siebte Tag.

In vielen Festen werden Symbole verwendet: Wasser, Licht oder Baum. Das Symbol kann das Verbindende sein, das alle SchülerInnen miteinander erarbeiten und gestalten, und das sich in den verschiedenen Festen unterschiedlich konkretisiert. Anregungen dazu bieten in diesem Buch die Kapitel Spannendes: Weihnukka – Symbol Licht, Frühlingsfeste mit Ei und Feuer, Baum.

Die Feste einer Religion oder mehrerer verwandter Religionen können auch für sich ein Projektthema sein, bei dem – ausgehend von den Festkreisen und dem Freiarbeitsmaterial – eine Ausstellung oder eine »Festwand« in der Schule entsteht.

Es kann auch eine Ausstellung oder Erlebnisreise durch das Festjahr einer Religion entwickelt werden mit Tänzen, Liedern, Bildern, Filmausschnitten, Gegenständen, Spielszenen und Pantomime, die als »Multimediashow« vorgeführt wird, oder die Betrachter selbst hineinnehmen.

Feste als Einstieg
In höheren Klassen, in denen die jahreszeitlichen und religiösen Feste kaum gefeiert werden, können sie als Einstieg in die Beschäftigung mit einer Religion dienen. Die Feste bieten eine grundlegende Systematik, die sich leicht erarbeiten lässt und eine Orientierungshilfe für die weitere Arbeit bietet.

Die Festkreise können bei Jugendlichen und Erwachsenen eingesetzt werden, indem Kreis und Karten einer Religion in Kleingruppen (3–8 Personen) gegeben werden mit dem Auftrag, Karten und Symbole einander zuzuordnen. Da die Karten untereinander mit Stichworten verbunden sind, ist es möglich, diese Aufgabe ohne Vorwissen in etwa 15 Minuten zu lösen. Alle haben dann das gleiche Vorwissen, sowie Beobachtungen und weiterführende Fragen, von denen aus weitergearbeitet werden kann.

In den Festen konkretisieren sich auch die »spannenden« Verbindungen zwischen den Religionen und erschließen sie für das Unterrichtsgespräch. Besonders die Kapitel Spannendes: Schawuot und Pfingsten – Lydia, Abraham, Jerusalem, Jeder siebte Tag, eigenen sich auch für höhere Klassen.

Didaktisches Grundprinzip

Den voranstehenden didaktischen Hinweisen liegt eine Überlegung zugrunde, die ich hier um der Klarheit willen noch einmal skizzieren möchte:

Wenn SchülerInnen verschiedener Religions- und Weltanschauungszugehörigkeit gemeinsam Religion lernen, haben sie jeweils verschiedene Positionen und Perspektiven auf ein Thema. Es ist »ihre« Religion oder Weltanschauung, »ihr Fest«, oder es ist »das der anderen«. Etwas ist vertraut oder fremd, wird u. U. bejaht oder abgelehnt. Diese verschieden Positionen müssen im Unterricht respektiert werden und Raum haben. Es ist eine Abbildung der Pluralität in unserer Gesellschaft, und ein gemeinsamer Unterricht zu Religion kann den selbstverständlichen Umgang mit Pluralität einüben. Binnendifferenzierung stellt die methodischen Möglichkeiten, die verschiedenen Positionen ebenso einzubinden, wie ihnen Raum zu geben. Die Grundbewegung ist: Pendeln zwischen Gemeinsamem und Eigenem, zwischen Plenum und Differenzierung. (Sieg, 1997 und 2001)

So kann ein Thema aus verschiedenen Perspektiven in den Blick genommen werden. Wichtig ist, dass die Perspektiven den SchülerInnen nicht zugewiesen oder aufgedrängt werden, sondern sie wählen können und ein Klärungsprozess stattfindet.

Diese Überlegungen sind ursprünglich auf dem Hintergrund der Hamburger Praxis, SchülerInnen aller Religionen und Weltanschauungen in einem RU zu unterrichten, erfolgt. Aber auch dort, wo RU nach Konfessionen und Religionen getrennt erteilt wird, ergeben sich oft Lernsituationen, in denen sich alle zusammen mit einem religiösen Thema befassen. Solche Gelegenheit sind die Feste selbst, Projekte, fächerübergreifendes Arbeiten sowie Schulen, an denen eine konfessionelle Trennung nicht realisierbar ist. »Je stärker sich eine Schule insgesamt für den Gedanken des Lernens an Projekten öffnet und Projekttage oder Projektwochen einrichtet, umso natürlicher ergeben sich auch Formen ökumenischen, interkulturellen und interreligiösen Lernens.« (EKD 1995, 69; Sieg 2000) Das Pendeln zwischen Eigenem und Gemeinsamen konkretisiert das Leitmodell der EKD-Denkschrift: »Die Schülerinnen und Schüler sollen in der Schule die möglichen Gemeinsamkeiten zwischen Konfessionen, Religionen und Weltanschauungen im Spannungsfeld klar erkennbarer Unterschiede und Gegensätze kennen lernen. Die unterschiedlichen Aufgaben bewegen sich zwischen Identität und Verständigung. Was dies meint, ist bisher hinsichtlich der Beziehungen zwischen dem evangelischen und katholischen Religionsunterricht theologisch wie pädagogisch entfaltet worden, gilt aber über die christliche ökumenische Lernaufgabe hinaus abgewandelt auch für das sogenannte interreligiöse Lernen und die ethische Urteilsbildung in weltanschaulich pluralen Gesellschaften.« (Ebd., 73) Anders als der katholische RU, der an der Konfessionalität von Inhalt, LehrerIn und SchülerInnen festhält, macht der evangelische RU »die Zugehörigkeit der Schülerinnen und Schüler zur evangelischen Kirche nicht zur Teilnahmebedingung.« (EKD 1997) Deshalb finden sich im evangelischen RU häufig die SchülerInnen muslimischen Glaubens und ohne weltanschauliche Bindung ein. Die LehrerInnen stehen dann vor den gleichen Herausforderungen, wie die KollegInnen in Hamburg. Zudem sind Feste Teil des Schullebens und interkulturellen Lernens. So werden sich Unterrichtseinheiten und Projekte zu den Festen oft in interkulturellem Kontext und in der Verantwortung der Klassenlehrerin oder des Lehrerteams wiederfinden.

In diesem Kontext kann sich auch der katholische Religionsunterricht, der »zu ökumenischer Offenheit verpflichtet ist« (Argumente, 6), in interreligiösen Lernsituationen wiederfinden: Der evangelische Kooperationspartner bringt sozusagen Angehörige anderer Religionen und Weltanschauungen mit; Projekte einer ganze Klasse, Schulstufe oder Schule integrieren den katholischen RU in ihren interkulturellen und interreligiösen Kontext. Dennoch vermeldet Norbert Mette »Fehlanzeige« in bezug auf »dialogorientierte katholische Konzeptionen für den Religionsunterricht« (vgl. Weiße, 153ff.) im deutschsprachigen Raum. »Was vorliegt, sind Diskussionsbeiträge zu einer entsprechenden konzeptionellen Entwicklung.« (Ebd., 153) Ein solcher Diskussionsbeitrag ist z. B. das Plädoyer des Deutschen Katechetenvereins »Religionsunterricht in der Schule« von 1992, (Ebd., 157) nach dem der RU dazu beitragen soll, »nichtchristliche Religionen besser zu verstehen und aus ihren Traditionen zu lernen«. Ziel ist es, »den anderen in seinem Andersein so zu versehen, wie er sich selbst versteht.« (Ebd., 158) Mette selbst sieht das Verhältnis von Bildung und Religion in der Ausgangssituation, »dass ein gemeinsames Leben auf Zukunft in verantwortlicher Gestaltung aller Beteiligten alles andere als gesichert ist.« (Ebd., 163) Daher sieht er Dialog als zentrale Aufgabe der ganzen Schule, über Fachgrenzen hinweg und zwischen verschiedenen Kulturen und Religionen. (Ebd., 165) Darin wäre also der katholische RU – und jeder andere RU – einbezogen.

Pendeln zwischen Gemeinsamem Gesamtunterricht	Eigenem Binnendifferenzierung
Gemeinsame Feier.	Gastgeber und Gäste.
Symbole: Gemeinsam werden Erfahrungen gemacht und das Symbol erarbeitet, z. B. Baum, Licht.	Konkretion des Symbols in der jeweiligen Religion bzw. Weltanschauung in Gruppen oder Freiarbeit, meditative Elemente.
Wichtige religiöse Traditionen und Manifestationen: Gemeinsames zusammen erarbeiten, das jeweils Andere wahrnehmen. ➢ Motivation, Exkursion ➢ Grundinformationen ➢ Arbeitsergebnisse präsentieren ➢ Diskussion, Vergleiche.	In Gruppen- oder Freiarbeit eine Tradition intensiv kennen lernen, auseinandersetzen, evtl. einüben, Präsentation vorbereiten, Spezialisten, Exkursionsführer werden z. B. Abraham, Jerusalem.
Der lebensweltliche Bezug einer Tradition oder Praxis wird allgemein thematisiert, gemeinsame Erfahrungen werden ermöglicht.	Von der gemeinsam gemachten Erfahrung aus werden verschiedene Traditionen erschlossen, z. B. Fasten, Siebter Tag.
Die gleiche Sache	**verschiedene Perspektiven**

Feste der Religionen in der Gemeinde

Die didaktischen Überlegungen gelten in vieler Hinsicht auch für die Gemeinde. Doch ein Unterschied zur Schule ist ganz wesentlich: Während die Schule allen Kindern der Gesellschaft Ort des Lernens ist und ihnen gerecht werden soll, ist die Gemeinde Ort für die ihr zugehörigen Gläubigen und widmet sich der ihr zugrundeliegenden Religion. Primäre Aufgabe ist es ihren eigenen Glauben zu feiern, zu lehren und zu praktizieren. Doch auch in der Konzentration auf das Eigene lebt eine Gemeinde inmitten einer pluralen Gesellschaft.
Zu jeder Religion gehört auch die Gestaltung des Verhältnisses mit der Umgebung. Um bei sich selbst zu bleiben, muss sich eine Gemeinde mit ihrem pluralen Kontext auseinandersetzen. Auch nach innen hin muss die Theologie so formuliert werden, dass sie anschluss- und dialogfähig ist und zu respektvollem und interessiertem Umgang mit anderen Religionen und Weltanschauungen anleitet. Aus christlicher Perspektive kann das z. B. bedeuten:

- ➢ Der Kindergottesdienst konzentriert sich auf Lernen und Feiern biblischer Geschichten und christlicher Feste, stellt aber immer wieder Bezüge zu jüdischen und auch islamischen Traditionen her.
- ➢ Der KU thematisiert nicht den Islam – was vorkommt –, aber das Thema Begegnung, indem die Konfirmandengruppe eine islamische Jugendgruppe oder einen Koranklasse zu einem Fest einlädt und dieses vorbereitet – inkl. der Erläuterung des eigenen Festinhaltes, Überlegungen zu Speisevorschriften der Gäste etc.
- ➢ Eine Frauengruppe der Kirchengemeinde lädt eine Frauengruppe der islamischen Gemeinde z. B. zum Thema »Maria« ein.

Warum sollte eine Kirchengemeinde – und von ihren jeweiligen eigenen Begründungen her andere Gemeinden – die Nachbarschaft anderer Religionen in ihre Theologie und Arbeit einbeziehen?

- ➢ »Ist's möglich, soviel an Euch liegt, so habt mit allen Menschen Frieden.« (Röm 12, 18.) Gegenseitiges Kennen und Verstehen ist eine notwendige Voraussetzung für gesellschaftlichen Frieden.

Praxishilfen
Zum christlich-islamischen Dialog:
Arbeitsgemeinschaft christlicher Kirchen in Bayern (Hg.), Einander begegnen in Kultur und Religion, München 1994.
Bezug: Arbeitsgemeinschaft christlicher Kirchen in Bayern, Prälat-Zistl-Straße 8, 80331 München
Tel.: 089/263603, Fax: 089/265537

Arbeitskreis Christen und Muslime, Mission und Dialog in der Begegnung mit Muslimen, Düsseldorf 2001.
Christen und Muslime vor dem einen Gott. Zur Frage des gemeinsamen Betens – eine Orientierungshilfe, Düsseldorf 1998.
Bezug für beide: Landeskirchenamt der Evangelischen Kirche im Rheinland. Abteilung III: Ökumene-Mission-Religionen
Postfach 320340, 40418 Düsseldorf
Tel.: 0211/4562-218, Fax: 0211/4562561

Beratungsstelle für christlich-islamische Begegnung (Hg.), Erste Schritte wagen. Eine Orientierungshilfe für die Begegnung von Kirchengemeinden mit ihren muslimischen Nachbarn, 2001.
Bezug: Beratungsstelle für christlich-islamische Begegnung der EkiR und der EkvW
Rudolfstr. 131, 42285 Wuppertal
Tel.: 0202/82736, Fax: 0202/86297
E-Mail: begegnung@web.de

Lemmen, Thomas; Miehl, Melanie, Miteinander leben. Christen und Muslime im Gespräch, Gütersloh 2001.

Rat der Evangelischen Kirche in Deutschland, Zusammenleben mit Muslimen in Deutschland. Eine Handreichung, Gütersloh 2000.

Rheinischer Verband evangelischer Tageseinrichtungen für Kinder (Hg.), Muslimische Kinder in evangelischen Tageseinrichtungen für Kinder, Düsseldorf 2000.
Bezug: Rheinischer Verband evangelischer Tageseinrichtungen für Kinder
Lenaustr. 41, 40470 Düsseldorf
Tel.: 0211/6398295, Fax: 0211/6398299

Schwartländer, Johannes; Bielefeldt, Heiner, Christen und Muslime vor der Herausforderung der Menschenrechte, Bonn 1992.
Bezug: Zentralstelle Weltkirche der Deutschen Bischofskonferenz
Kaiserstr. 163, 53113 Bonn
Tel.: 0228/103288, Fax: 0228/103330

Siedler, Dirk; Nollmann, Holger (Hg.), Wahrhaftig sein in der Liebe. Christliche und islamische Perspektiven zum interreligiösen Dialog, Berlin 2002.

Yardim, Nigar; Faust, Hauke, Aufeinander zugehen – miteinander leben. Pilotstudie zum christlich-islamischen Dialog in Duisburg, Duisburg 1999.

- Protestantische Kirchen verstehen sich häufig als »Kirche für andere«, Diakonie ist konstitutiver Bestandteil christlichen Lebens. Er richtet sich an alle Menschen. Oft ist Kirche so auch Kirche für Muslime, Aleviten etc.
- Die meisten Religionen stehen sich ethisch sehr nahe und finden leicht eine Grundlage für gemeinsame Problemlösung und Zukunftsgestaltung.
- Viele Jugendliche und Erwachsene sind an anderen Religionen sehr interessiert und wollen das Verhältnis des Christentums zu ihnen für sich klären.
- Angehörige anderer Religionen sind – im Unterschied zu säkularen Umgebung – oft sehr am Christentum interessiert.
- Im Gespräch mit Angehörigen anderer Religionen wird das Profil des eigenen Glaubens klarer und seine Darstellung herausgefordert.
- Oft gehen die theologischen Gemeinsamkeiten so weit, dass gemeinsames Gebet möglich erscheint.

Sehr kurzgefasst finden sich solche Begründungen unter: »Erklärungen und Stellungnahmen zu Schule, Bildung und Religionsunterricht« in Doedens/Weiße S. 11ff.

Um aus christlicher Überzeugung in einen Dialog mit den Religionen zu treten, braucht es aber auch theologische Begründungen. Da wird es kompliziert. Die »Theologie der Religionen« versucht die Religionen in ein übergreifendes Konzept einzuordnen. Das ist sehr interessant, aber m. E. weder nötig, noch letztlich möglich, denn wir bleiben an unsere christliche Perspektive gebunden. Auch ein übergreifendes Konzept ist ein christliches – oder ein philosophisches etc. Keines aus allen Perspektiven zugleich, nicht allen gemeinsam. Jede Religion kann den interreligiösen Dialog immer nur aus ihrer Theologie heraus begründen. Diese Begründungen werden sich überschneiden und so eine gemeinsame Plattform ergeben.
Ich möchte hier nur sehr kurz darstellen, wie ich mein Engagement im interreligiösen Dialog begründe. Tragend wurde für mich Mt 13, 33: »Das Himmelreich ist gleich einem Sauerteig, den eine Frau nahm und mengte ihn unter einen halben Zentner Mehl, bis dass er ganz durchsäuert war.« Das Reich Gottes hat keine Berührungsängste, es ist in seiner Wirkung auf das Untermischen angewiesen. Was letztlich dabei herauskommt ist Brot, Lebensmöglichkeit – Ziel ist nicht, dass alles Sauerteig wird! Aber man darf es nicht alles verbacken. Etwas muss Sauerteig bleiben, muss abgegrenzt und sorgsam gehütet werden, aber nur, um erneut untergemischt zu werden. Wenn es nicht geschieht, stirbt der Sauerteig. Was hier beschreiben wird, ist ein dynamischer Wechsel zwischen Offenheit und Aufnahmefähigkeit, Auseinandersetzung und Durchdringung

einerseits und Konzentration, Rückzug, Stärkung des Eigenen, Erholung andererseits. Für den Religionsunterricht habe ich dafür das Bild des Pendelns aufgegriffen (s.o.). M.E. zieht sich durch die ganze Bibel das Ringen um ein Miteinander dieser beiden Pole. So geht es z.B. in der Bergpredigt um Konzentration auf das Vertrauen auf Gott und um ethische Konsequenzen daraus, aber nicht nur: Licht und Salz sind Bilder des Verströmens, des Aufgehens, des Allen-Nützens. Diese Bewegung vollzieht sich in aller Außenwirkung, in Diakonie, im Eingehen auf die Situation in der Religionspädagogik, in jedem gesellschaftlichen Engagement und im Dialog.

Bedeutet das Selbstaufgabe des Christentums? Der Arbeitskreis Christen und Muslime der Rheinischen Kirche setzt Dialog in Beziehung zur Mission und stellt genau diese Frage: »Bedeutet ...selbstlose Hilfe den Verzicht auf Mission? Oder ist es gar angezeigt, das eigene christliche Profil so weit aufzugeben, dass kein Andersgläubiger mehr Anstoß nehmen kann? Solche Einstellungen haben aus der Sicht des christlichen Glaubens keinen Bestand, denn der ›Auftrag zum Zeugnis und die Bereitschaft zum Dialog dürfen nicht gegenseitig ausgespielt werden ... Mission als Sendung steht im Dienst des Menschen‹ (Zusammenleben mit Muslimen in Deutschland. Handreichung des Rates der EKD, Seite 36).« (Siedler/Nollmann, 21) Der Arbeitskreis kommt schließlich zu dem Schluss: »Christen und Muslime in Deutschland sind Teil einer Lebensgemeinschaft in einer kulturell und religiös sehr vielfältigen Gesellschaft. Um über ein bloßes Nebeneinander hinauszukommen und zu einem wirklichen Miteinander zu gelangen, braucht es jedoch den Dialog zwischen ihnen. Er ist ebenso unerlässlich wie verheißungsvoll. Er ist darüber hinaus auch grundlegender Bestandteil von christlichem Zeugnis und Dienst in und an dieser Gesellschaft. Dialog und Mission schließen einander nicht aus. Dialog ist aber auch kein Ersatz für Zeugnis und Mission. Er ist nicht Selbstzweck, sondern dient dem friedlichen Zusammenleben von Menschen unterschiedlicher religiöser und kultureller Herkunft. Im Dialog geht es nicht um Vermischung oder gar um Vereinigung der Religionen, sondern darum, den Partner in seinem religiösen Anderssein anzunehmen und ihm mit Respekt zu begegnen. Im Ergebnis werden dann Christen gelernt haben, die Muslime besser zu verstehen, und sie werden erkennen, dass sie selber von den Muslimen besser verstanden werden.« (Ebd., 25f.) Dies ist im Blick auf die Hauptdialogpartner in Deutschland – Christen und Muslime – formuliert, gilt aber auch darüber hinaus.

Besonderer Art ist das Verhältnis der Christen zu Juden. Einerseits teilen beide Religionen eine lange, auch positive Geschichte und viele Themen der Theologie, andererseits ist das Verhältnis durch christlichen Antisemitismus und durch den Holocaust aufs Äußerste belastet. Doch seit 1945 unternehmen die Kirchen große Anstrengungen, den Antisemitismus bei sich auszumerzen und das Verhältnis zum Juden-

Bezug: Evangelisches Familienbildungswerk Duisburger Gemeinden
Hinter der Kirche 34, 47058 Duisburg
Tel.: 0203/305280, Fax: 0203/3052848

Zum jüdisch-christlichen Dialog:
Evangelische Kirche in Deutschland(Hg.), Christen und Juden III. Die Studien der Evangelischen Kirche in Deutschland 1975–2000, Gütersloh 2002.

Gemeinsame christlich-jüdische Gottesdienste? Analysen, Beispiele, Vorschläge.
»Lobe mit Abrahams Samen«. Israel im evangelischen Gottesdienst.
Zu beziehen bei: Der Materialdienst des Evangelischer Arbeitskreises Kirche und Israel in Hessen und Nassau, Theodor-Storm Str. 10, 64646 Heppenheim

Adressen:
Institut für jüdisch-christliche Forschung – Institute for Jewish-Christian Research an der Universität Luzern, Kasernenplatz 3,
CH-6003 Luzern, Switzerland.
Tel.: 0041-41-2285535, Fax: 0041-41-2404216
E-Mail: ijcf@unilu.ch

Institut Kirche und Judentum Berlin-Institute Church and Judaism
Berliner Dom am Lustgarten, 10178 Berlin
Tel.: 030/20269153, Fax: 030/20269154

Konferenz Landeskirchlicher Arbeitskreise »Christen und Juden«-Geschäftsstelle –
Ricklef Münnich, Barfüßerstraße 22,
99817 Eisenach Tel.: 03691/73409-8,
Fax: 089/244342157,
E-Mail: post@klak-christen-und-juden.de

Jewish-Christian Relations – Insights and Issues in the ongoing Jewish-Christian Dialogue
http://www.jcrelations.net/index.htm

Zum interreligiösen Dialog:
Dannowski, Hans Werner u.a.(Hg.), Fremde Nachbarn. Religionen in der Stadt, Hamburg 1997.

Goßmann, Hans-Christoph; Ritter, Andre (Hg.), Interreligiöse Begegnungen. Ein Lernbuch für Schule und Gemeinde, Hamburg 2000.

Kirste, Reinhard u.a. (Hg.), Vision 2001. Die größere Ökumene, Köln 1999.

tum – in Anerkennung der Mitschuld am Holocaust – auf eine neue Grundlage zu stellen. In vielen Diskussionsprozessen und Beschlüssen betonen die evangelischen Kirchen die bleibende Verbundenheit mit dem jüdischen Volk, die bleibende Erwählung Israels und die Absage an die Judenmission. (EKD 2000, 117-121) Damit werden sich Christen, die den Dialog mit Juden suchen, immer wieder auseinandersetzen. Zu beachten ist auch die geringe Zahl an Gemeinden und ihre derzeit hohe Beanspruchung durch die Integration jüdischer Zuwanderer aus Osteuropa. Dies alles muss berücksichtigt werden, wenn Dialogkontakte aufgenommen werden, was dennoch möglich und fruchtbar ist.

In jedem Fall sollten alle Begegnungen gründlich, vielleicht auch anhand von Literatur, vorbereitet werden. Wichtig ist es, die Begegnung auch aus der Perspektive der anderen zu planen, um unnötige Belastungen der Beziehung zu vermeiden.

Auf diesem Hintergrund bieten die Feste der Religionen folgende Möglichkeiten:

- Die Feste sind eine gute Gelegenheit für einen ersten Kontakt. Vor allem die Themen unter »Spannendes« können dabei entfaltet werden.
- Feste mit Gemeinsamkeiten laden ein, auch gemeinsam zu feiern.
- Veranstaltungen, die sich z. B. an ein ganzes Dorf, einen ganzen Stadtteil wenden, können in diesem Buch bearbeitete Themen aufgreifen, z. B. eine interreligiöse Kinderwoche.

Literatur

Albertz, Heinrich (Hg.), Die Zehn Gebote. 4 – Gedenke des Sabbattages, dass du ihn heiligest ..., Stuttgart 1986.

Bandini, Ditte und Giovanni, Who's who im Himmel. Die Götterwelt von A-Z, München 2002.

Baumann, Christoph Peter, Begegnung mit dem Islam, Hamburg 1993.

Bechmann, Ulrike; Raheb, Mitri, Verwurzelt im Heiligen Land. Einführung in das palästinensische Christentum, Frankfurt 1995.

Berger, Hartwig; Großhennig, Ruthild; Schirmer, Dietrich, Von Rammadan bis Aschermittwoch. Religionen im interkulturellen Unterricht, Weinheim 1989. (Berger, 1989)

Berger, Klaus; Nord, Christiane, Das Neue Testament und frühchristliche Schriften, Übersetzung und Kommentar. Insel Verlag. Frankfurt a. M. 1999, S. 1281-1284 (Auszüge). (Berger/Nord)

Bittner, Wolfgang, Felix, Kemal und der Nikolaus. Ill. von Ursula Kirchberg, Hamburg 1996.

Bruce-Mitford, Miranda, Zeichen und Symbole. Die verborgene Botschaft der Bilder, Zürich 1997.

Brum, Alexa, Heuberger, Rachel u. a. (Hg.), KinderWelten – ein jüdisches Lesebuch, Eichenau 1996.

Carandini, Andrea, Die Geburt Roms, Düsseldorf 2002.

Chagall, Bella, Brennende Kerzen, Reinbek 1998.

Daiber, Karl-Fritz, Religiöse Feste. In: REMID (Hg.): Religionen feiern. Feste und Feiertage religiöser Gemeinschaften in Deutschland, Marburg 1997, S. 13-21.

Demirel, Metin, Zuckerfest. In: Die Grundschulzeitschrift, Heft 90/95, 1990.

Deutsche Bischofskonferenz und Evangelische Kirche in Deutschland (EKD), Zur Kooperation von Evangelischem und Katholischen Religionsunterricht, Hannover/Würzburg 1998. (Kooperation)

Deutsche Bischofskonferenz, Argumente. Religion in der Schule: Die Freiheit zu glauben – Das Recht zu Wissen. Für den Religionsunterricht an öffentlichen Schulen, Bonn, o. J. (Argumente)

Die fünf Bücher der Weisungen. Verdeutscht von Martin Buber gemeinsam mit Franz Rosenzweig, Stuttgart 1992, S. 57-60.

Doedens, Folkert; Weiße, Wolfram (Hg.), Religionsunterricht für alle. Hamburger Perspektiven zur Religionsdidaktik, Hamburg 1997. (Doedens/Weiße)

Evangelische Kirche in Deutschland (Hg.), Christen und Juden III. Die Studien der Evangelischen Kirche in Deutschland 1975–2000, Gütersloh 2002. (EKD 2000)

Evangelische Kirche in Deutschland (Hg.), Identität und Verständigung. Standort und Perspektiven des Religionsunterrichts in der Pluralität. Eine Denkschrift, Gütersloh 1995. (EKD 1995)

Evangelische Kirche in Deutschland, Religiöse Bildung in der Schule, Hannover 1997. In: Fischer, Dietlind (Hg.), Religion lernen in der Grundschule. Ein Lesebuch, Münster 2001. (EKD, Bildung)

Evangelische Kirche in Deutschland, Stellungnahme des Rates der Evangelischen Kirche in Deutschland: Religion in der Grundschule, 2000. In: Fischer, Dietlind (Hg.), Religion lernen in der Grundschule. Ein Lesebuch, Münster 2001, S. 13-23. (EKD, Religion)

Evangelische Kirche in Deutschland, Zusammenleben mit Muslimen in Deutschland. Gestaltung der christlichen Begegnung mit Muslimen. Eine Handreichung, Gütersloh 2000. (EKD, Muslime)

Fischer, Dietlind (Hg.), Religion lernen in der Grundschule. Ein Lesebuch, Münster 2001.

Freudenberg, Hans (Hg.), Religionsunterricht praktisch, Göttingen 1991.

Gabrieli, Francesco, Mohammed in Europa, Augsburg 1997.

Gesellschaft für Orthodoxe Medien e. V., Orthodoxer Liturgischer Kalender 2003, Wuppertal.

Gottberg, Ariane; Cordes, Gesche, Feste der Welt in Hamburg, Hamburg 2001.

Haarmann, Maria (Hg.), Der Islam. Ein Lesebuch, München 2002.

Haarmann, Ulrich (Hg.), Geschichte der arabischen Welt. Verlag C. H. Beck, München 2001.

Herder-Lexikon der Symbole, Freiburg 1994.

Hillen, H.J. (Hg.), Livius, Römische Geschichte, Düsseldorf 1994.
Hilton, Michael, »Wie es sich christelt, so jüdelt es sich.« Zweitausend Jahre christlicher Einfluss auf das jüdische Leben, Berlin 2000.
Institut für Lehrerfortbildung (IfL), Islamische Feste und Feiertage, Hamburg 1985.
Ishāq, Ibn, Das Leben des Propheten. Aus dem Arabischen von Gernot Rotter, Kandern 1999.
Jürgensen, Eva (Hg.), Feste und Gestalten im Jahreslauf: Pfingsten, Lahr 1992. (Jürgensen, Pfingsten)
Jürgensen, Eva (Hg.), Feste und Gestalten im Jahreslauf: Jesus und Mohammed, Lahr 1993. (Jürgensen, Jesus)
Jürgensen, Eva (Hg.), Feste und Gestalten im Jahreslauf: Maria, Lahr 1994. (Jürgensen, Maria)
Jürgensen, Eva (Hg.), Feste und Gestalten im Jahreslauf: Ostern, Lahr 1998. (Jürgensen, Ostern)
Kirste, Reinhardt; Schulze, Herbert; Tworuschka, Udo, Die Feste der Religonen, Gütersloh 1995.
Kappert, Petra; Niemeyer, Rolf; Somer-Hunderlage, Ümran, Islamische Feste und Feiertage, Hamburg 1985.
Kemal, Yasa, Das Lied der tausend Stiere. In: Regionale Arbeitstelle für Ausländerfragen (Hg.): Interkulturelle Beiträge 6. Feste der Weltreligionen Geschichte, Tradition, Gegenwart, Berlin 1971/2000, S. 37.
Kochav, Sarah, Israel. Das Heilige Land, Erlangen, o.J.
Khoury, Adel Theodor (Hg.), Gebete des Islam. Weisheit der Religionen, Gütersloh 1995.
Krausen, Halima, Geschichten der Propheten im Qur 'an, Hamburg 1982.
Krech, Volkhard, Orthodoxe Kirchen. In: REMID (Hg.): Religionen feiern. Feste und Feiertage religiöser Gemeinschaften in Deutschland, Marburg 1997, S. 56-65.
Kroll, Gerhard, Auf den Spuren Jesu, Leipzig 1988.
Kuhn, Elke (Hg.), Gott in vielen Namen feiern. Interreligiöse Schulfeiern mit christlichen und islamischen Schülerinnen und Schülern, Gütersloh 1998.
Kuschel, Karl-Josef, Streit um Abraham. Was Juden, Christen und Muslime trennt und was sie eint, Düsseldorf ^{3}2003.
Landaw, Jonathan; Brooke, Janet, Prinz Siddhartha. Das Leben des Buddha, München 1999.
Lapide, Ruth, Weihnukka? Nein danke! In: Publik-Forum, Zeitung kritischer Christen, Oberursel, Ausgabe Nr. 24/2001, S. 29.
Lau, M. Israel, Wie Juden leben. Glaube – Alltag – Feste, Gütersloh 1997.
Lehrmittelverlag des Kantons Zürich (Hg.), Gott hat viele Gesichter, Bd. 2, Lehrerkommentar, Zürich 1996.
Leipolt, Johannes; Grundmann, Walter, Umwelt des Christentums, Berlin 1982.
Magonet, Jonathan (Hg.), Seder ha Tefillot. Das jüdische Gebetbuch. Gebete für Schabbat und Wochentage, Knesebeck Verlag, Berlin 2001.
Maier, Hans, Die christliche Zeitrechnung, Freiburg i. Br. 1997.
Mensing, Roman, Nikolaus von Myra, Düsseldorf 2001.
Mette, Norbert, Dialogorientierte katholische Konzeptionen für den Religionsunterricht. In: Weiße, Wolfram (Hg.), Wahrheit und Dialog. Theologische Grundlagen und Impulse gegenwärtiger Religionspädagogik, Münster 2002.
Moorcroft, Christine, Religionen kennen lernen: Hinduismus, Mülheim 1998.
Moradi, Golmorad, Mythologie und Geschichte des Newroz-Festes. In: Informationsbulletin Kurdistan 53/54, 1994.
Morgenroth, Matthias, Verkitscht, verzaubert, verweihnachtet? In: Publik-Forum 24/2001.
Moser, Dietz-Rüdiger, Bräuche und Feste im christlichen Jahreslauf, Graz 1993.
Nikolaus Stiftung, Unser Landsmann Sankt Nikolaus. Mit Bildern von Esma Civcir, Antalya 2000.
Notz, Klaus-Josef (Hg.), Lexikon des Buddhismus. Grundbegriffe, Traditionen, Praxis. Digitale Bibliothek, Freiburg 2001.
Onasch, Konrad, Liturgie und Kunst der Ostkirche, Berlin/München 1993.
Osman, Nabil (Hg.), Kleines Lexikon deutscher Wörter arabischer Herkunft, München 1997
Petri, Dieter; Thierfelder, Jörg (Hg.), Grundkurs Judentum. Materialien und Kopiervorlagen für Schule und Gemeinde, Bd. I und II, Stuttgart 2002.
Plaut, W. Gunther (Hg.), Die Tora in jüdischer Auslegung, Bd. 1–3, Gütersloh 2001.
Quadflieg, Josef, Nikolaus von Myra. Ill. von Renate Fuhrmann, Düsseldorf 2001.
Radday, Yehuda; Schultz, Magdalena (Hg.), Auf den Spuren der Parascha: ein Stück Tora. Zum Lernen des Wochenabschnitts. Bd.6, Berlin 1997.
Rasmussen, Knud, Die Gabe des Adlers, Eskimomythen aus Alaska, Berlin ^{3}1995.
Religionswissenschaftlicher Medien- und Informationsdienst, Religionen feiern. Feste und Feiertage religiöser Gemeinschaften in Deutschland, Marburg 1997.

Regionale Arbeitstelle für Ausländerfragen (Hg.): Interkulturelle Beiträge 6. Feste der Weltreligionen Geschichte, Tradition, Gegenwart, Berlin, 2., überarb. Aufl. 2000.
REMID (Hg.), Religionen feiern. Feste und Feiertage religiöser Gemeinschaften in Deutschland, Marburg 1997.
Rheinischer Verband für Kindergottesdienst (Hg.), Ein Licht auf unserem Weg. Geschichten zu jüdischen Festtagen, Düsseldorf 1995.
Rheinischer Verband für Kindergottesdienst (Hg.), Du schenkst uns einen Inseltag. Spurensuche in der jüdisch-christlichen Tradition. Kinderbibelwoche zum Schabbat, Düsseldorf 1998.
Rias-Bucher, Barbara, Feste und Bräuche. Eine Einladung zum Feiern, München 1999.
Riggenmann, Konrad, Marijam unter der Palme. Ein Weihnachtspiel nach der 19. Sure des Koran, Planegg: Impuls-Theater-Verlag, o.J.
Romain, Jonathan A.; Homolka, Walter, Progressives Judentum. Leben und Lehre, München 1999.
Sattler, Dietrich (Hg.), Der Advent und seine Geschichte, Hamburg 1997.
Schaube, Werner, Vom guten Geschmack des Verzichtens, Freiburg 1990.
Schoeps, Julius H. (Hg.), Neues Lexikon des Judentums, Gütersloh 1998.
Schimmel, Annemarie, Im Namen Allahs, Düsseldorf 1996. (Schimmel, Namen)
Schimmel, Annemarie, Das islamische Jahr. Zeiten und Feste, München 2001. (Schimmel, Jahr)
Schweitzer, Friedrich, Zeit. Ein neues Schlüsselthema für Religionsunterricht und Religionspädagogik?. In: Biehl, P. u.a., Jahrbuch der Religionspädagogik Bd. 11, Neukirchen 1994.
Schönfeld, Sybill Gräfin, Das große Ravensburger Buch der Feste und Bräuche. Durch das Jahr und Lebenslauf, Ravensburg 1980.
Shire, Michael (Hg.), Die Pessach-Haggada, Berlin 2001.
Siedler, Dirk; Nollmann, Holger (Hg.), »Wahrhaftig sein in der Liebe!«, Christliche und islamische Perspektiven zum interreligiösen Dialog, Berlin 2002. (Siedler, Nollmann)
Sieg, Ursula, Die gleiche Sache aus verschiedenen Perspektiven – Interreligiöses Lernen in der Grundschule. In: Doedens, Folkert; Weiße, Wolfram (Hg.), Religionsunterricht für alle. Hamburger Perspektiven zur Religionsdidaktik, Münster 1997, S. 130-135. (Sieg 1997)
Sieg, Ursula, Hochseetauglich! Religion in den stürmischen Wellen der Grundschulreform. In: ru 1/2000/, S. 10-13. (Sieg 2000)
Sieg, Ursula, Es geht gemeinsam! Diskussionsbeitrag zu K.E. Nipkow: Religionsunterricht für alle? Stellungnahme zum Hamburger Modell. In: Zeitschrift für Pädagogik und Theologie 1/2001/, S. 75-83. (Sieg 2001)
Stedman, Henry, Palestine with Jerusalem. The Bradt Travel Guide, Chalfont St. Peter 2000.
Stern, Marc, Gelebte jüdische Feste. Erinnern-Feiern-Erzählen, GVH, Gütersloh 1999.
Stutschinsky, Abrascha, Die Bibel für Kinder erzählt: nach der Heiligen Schrift und der Agada, Köln 1993.
Taylor, Sydney, Neues von der Mädchenfamilie, München 1982.
Trutwin, Werner, Judentum, Düsseldorf 1997. (Trutwin, Judentum)
Trutwin, Werner, Hinduismus, Düsseldorf 1998. (Trutwin, Hinduismus)
Trutwin, Werner, Islam, Düsseldorf 1998. (Trutwin, Islam)
Trutwin, Werner, Christentum, Düsseldorf 1999. (Trutwin, Christentum)
Tworuschka, Monika und Udo (Hg.), Symbole in den Religionen der Welt. Ein Vorlesebuch für Kinder von 8–14 Jahren, Lahr 1996. (Tworuschka, Symbole)
Tworuschka, Udo, Zeitvorstellungen in den Religionen. In: feuervogel 2/99, S. 23-27. (Tworuschka, Zeitvorstellungen)
Vogt, Bernhold, Artikel Jerusalem. In: Schoeps, Julius (Hg.), Neues Lexikon des Judentums, Gütersloh 1998, S. 395-399.
Volp, Rainer, Die Kunst, Gott zu feiern. Liturgik Bd.1, Gütersloh 1992.
Vossen, Rüdiger und Gabriele; Röder, Alexander, Das Kreuz. Lebensbaum oder Marterpfahl?, Bonn 1997.
Wagemann, Gertrud, Feste der Religionen – Begegnung der Kulturen, München 1996.
Weiße, Wolfram (Hg.), Wahrheit und Dialog. Theologische Grundlagen und Impulse gegenwärtiger Religionspädagogik, Münster 2002.
Wendorff, Rudolf, Tag und Woche – Monat und Jahr. Eine Kulturgeschichte des Kalenders, Opladen 1993.
Westrheim, Margo, Kalender der Welt. Eine Reise durch Zeiten und Kulturen, Freiburg 1999.

Yayinevi, Damla (Hg.) (1998-1999): Nasreddin Hodja. Ein Unterrichtsentwurf mit Anleitung zum Schattenspiel und deutschtürkischen Text bei: Emmendörfer-Brößler, Claudia: Nasreddin Hodscha – ein türkischer Schalk. In: Stadt Frankfurt am Main. Amt für multikulturelle Angelegenheiten (Hg.) (2000): Feste der Völker. Ein pädagogischer Leitfaden, Frankfurt a. M., S. 146-160 (Auszüge).

Bildnachweis

S. 11: Kinderbild einer Sukka; Brum, Alexa (Hg.), KinderWelten – ein jüdisches Lesebuch, Eichenau 1996, S. 148. © 1996 Roman Kovar Verlag, Egling a. d. Paar.

S. 13: Die vier Fragen der Kinder beim Pessach; Shire, Michael (Hg.), Die Pessach-Haggada, Berlin 2001, S. 14.

S. 13: Jüdischer Festkreis; Brum, Alexa (Hg.), KinderWelten – ein jüdisches Lesebuch, Eichenau 1996, S. 120. © 1996 Roman Kovar Verlag, Egling a. d. Paar.

S. 15: Festgebet zu Id-al-Fidr. © Gesche M. Cordes.

S. 16: Spielanleitung Trendel; Brum, Alexa (Hg.), KinderWelten – ein jüdisches Lesebuch, Eichenau 1996, S. 153. © 1996 Roman Kovar Verlag, Egling a. d. Paar

S. 17: Vorbereitungen zum Dreidelspiel. © Gesche M. Cordes.

S. 17: Chag Purim. © Rheinischer Verband für Kindergottesdienst (Hg.), Ein Licht auf unserem Weg. Geschichten zu jüdischen Festtagen, Düsseldorf 1995, S. 85.

S. 19: Gott der Welt! Brum, Alexa (Hg.), KinderWelten – ein jüdisches Lesebuch, Eichenau 1996, S. 120. © 1996 Roman Kovar Verlag, Egling a. d. Paar.

S. 21: Chanukkah-Leuchter. © zefa visual media GmbH.

S. 23: Adventskranz; Sattler, Dietrich (Hg.), Der Advent und seine Geschichte, Hamburg 1997, S. 11. © 1997 Archiv des Rauhen Hauses in Hamburg.

S. 25: Schawuot, Die Gabe der Tora, Holzschnitt, Amsterdam um 1700.

S. 25: Ausgießung des Heiligen Geistes, Miniatur im Perikopenbuch Heinrichs II., Reichenau 1002/14, clm 4452 fol. 135v. Aus: Lexikon der christlichen Ikonographie. © Verlag Herder, Freiburg.

S. 26: »Was uns treibt«, Farbaquaintardaradierung. © Hartmut R. Berlinicke, Werkverzeichnis 1982-2000, Wildeshausen.

S. 42: Abraham. © Scriba-Verlag, Köln.

S. 44: Meister Franke: Anbetung der Könige (Thomas-Altar, 1424-1436), Kunsthalle Hamburg.

S. 47: Mohammeds Geburt, Miniatur im Museum des Topkapi Serails.

S. 49: Siddhartas Geburt; Landaw, Jonathan; Brooke, Janet, Prinz Siddharta. Das Leben des Buddha, München 1999, S. 6. © 1999 Diamant Verlag, München.

S. 51: Lorenzo Costa: Maria der Verkündigung. © Gemäldegalerie Alte Meiser. Staatliche Kunstsammlung Dresden.

S. 58: Marjam unter der Palme. © Ursula Sieg.

S. 65: Orange, Dattelpalme, Safran; Gabrieli, Francesco,Mohammed in Europa. 1300 Jahre Geschichte, Kunst, Kultur. Augsburg 1997, S. 178f.

S. 66: Nikolaus von Demre. © KNA-Bild.

S. 68: Kalenderblatt des Monats Murharram. © Islamisches Zentrum Hamburg e. V.

S. 69: Karagöz und Hacivat; Kappert, Petra; Niemeyer, Rolf, Somer-Hunderlage, Ümran, Islamische Feste und Feiertage. Eine Informationsschrift für Lehrer. IfL – Schriftenreihe H. 1/1985, S. 20. © 1985 IfL – Institut für Lehrerfortbildung, Hamburg.

S. 77: Andrea Mantegna: Die Opferung Isaaks (1490/95). © Kunsthistorisches Museum Wien, Gemäldegalerie.

S. 86: Die Heilige Stadt für drei Ein-Gott-Religionen. © Hans-Peter Winkler; Hans-Ulrich Nübel.

S. 88-94: Dieter Gelsheimer. © Patmos Verlag, Düsseldorf.

S. 95: Jahreszeiten-Uhr; Westrheim, Margo, Kalender der Welt. Eine Reise durch Zeiten und Kulturen, Freiburg i. Br. 1999, S. 15. © Celebrate!, Margo Westrheim, Oneworld Publications, 1999, Oxford, England.

S. 105: Himmelskalender; Westrheim, Margo, Kalender der Welt. Eine Reise durch Zeiten und Kulturen, Freiburg i. Br. 1999, S. 22. © Celebrate!, Margo Westrheim, Oneworld Publications, 1999, Oxford, England.

S. 106: Ephraim Moses Lilien: Schabbat (1990); Plaut, W. Gunther (Hg.), Die Tora in jüdischer Auslegung, Bd. 1, S. 217.

S. 107: Am Schabbat verbotene Tätigkeiten; Petri, Dieter, Thierfelder, Jörg (Hg.), Grundkurs Judentum: Materialien und Kopiervorlagen für Schule und Gemeinde. Bd. 1, Stuttgart 2002, S. 37. © 2002 Calwer Verlag.

S. 116: Januskopf; Privat.

S. 117: Buddhas Tod; Landaw, Jonathan; Brooke, Janet, Prinz Siddharta. Das Leben des Buddha, München 1999, S. 139. © 1999 Diamant Verlag, München.

S. 118: Siegesstele des assyrischen Königs Asarhaddon; Feller, Barbara »An den Ufern von Babylon. Mesopotamien und die Bibel«, Berlin 2000, S. 29. © Staatliche Museen zu Berlin, Vorderasiatisches Museum, Bildarchiv Preußischer Kulturbesitz; Foto: Jürgen Liepe.

S. 119: Das Weltbild der Bibel; Plaut, Gunther W. (Hg.), Die Tora. In jüdischer Auslegung, Bd. 1, Gütersloh 2001, S. 74. © Chr. Kaiser/Gütersloher Verlagshaus GmbH, Gütersloh.

S. 120: Gott Vishnu. © Bildarchiv Preußischer Kulturbesitz, Berlin.

S. 120: Christus Pantokrator; Maier, Hans, Die christliche Zeitrechnung, Freiburg i. Br. 1997, S. 27.

S. 121: Miniatur der Hidschra; Gabrieli, Francesco,Mohammed in Europa. 1300 Jahre Geschichte, Kunst, Kultur. Augsburg 1997, S. 9.

S. 124: Newroz-Feier in Hamburg. © Gesche M. Cordes.

S. 127: Vietnamesisch-buddhistische Friedensfeier in Hamburg. © Foto: Gesche M. Cordes.

S. 131: Zum Pessach-Fest; Shire, Michael (Hg.), Die Pessach-Haggada, Jüdische Verlagsanstalt Berlin, Berlin, 2. Aufl. 2001, S. 14. © Neukirchener Verlag.

S. 138: Torakronen; Privat.

S. 140: Paradiesbaum, Holzschnitt (15. Jh.), Graphische Sammlung Albertina Wien.

S. 141: Yggdrasil, Weltesche; Bruce-Mitford, Miranda Zeichen und Symbole. Die verborgene Botschaft der Bilder, Zürich 1997, S. 45.

S. 141: Armenisches Lebensbaum-Kreuz; Vossen, Rüdiger und Gabriele, Röder, Alexander, Das Kreuz. Lebensbaum oder Marterpfahl?, Bonn 1997, S. 93.

S. 148: Iftar – Empfang im Islamischen Zentrum Hamburg. © Gesche M. Cordes.

Lernen kreativ – Primarstufe und Sekundarstufe I

Die neuartigen Materialbände bieten mit jeweils vier bis sechs Unterrichtszusammenhängen umfassende Praxishilfen für den Religionsunterricht in den Klassen 1–6. Auch schwierige biblische Texte werden durch neue kreative Arbeitsweisen erschlossen.
Die Vorschläge für den Unterricht können leicht anders kombiniert und dem Lernstand der Kinder angepasst werden. Auch die Perspektiven von Judentum und Islam werden berücksichtigt.
Hinzu kommen neue Lernmethoden wie altersstufengerechte Gedenkstättenarbeit oder fächerverbindende Projekte zur Lokalgeschichte.
Zu den Unterrichtsvorschlägen gehören auch ausführliche Anregungen zur Gestaltung der Kontaktstunden sowie zu gottesdienstlichen Feiern.

Waltraud Hagemann / Elke Hirsch
Lernen kreativ
Primarstufe und Sekundarstufe
Jeweils 120 S., Kopiervorlagen,
4 Farbfolien, DIN A4, Broschur

Leben mit der Zukunft im Rücken
Juden und Christen erinnern sich
ISBN 3-491-73442-8

Unter dem Segen des Einen Gottes
Abraham und seine Familie
ISBN 3-491-73441-X

Stärker als der Tod ist das Leben
Passion und Ostern
ISBN 3-491-73440-1

Patmos

Rätselbücher

Brigitte E. Kochenburger
Religion –
80 Rätsel für die Grundschule
180 S., A4, Broschur
ISBN 3-491-73451-7

Brigitte E. Kochenburger
Das große Rätselbuch Religion
3. Aufl. 2002
192 S., DIN A4, Broschur
ISBN 3-491-75707-X

In ihren beiden großen Rätselbüchern bietet die Autorin Brigitte E. Kochenburger (selbst auch als Grundschullehrerin tätig) zu vielfältigen Themengebieten des Religionsunterrichts die unterschiedlichsten Rätseltypen (Kreuzwort-, Silben-, Gitterrätsel etc.).
Den einzelnen Kapiteln, die etwa die Schöpfung, Noachs Bund mit Gott, Jesus und seine Freunde oder den Weihnachtsfestkreis zum Inhalt haben, ist jeweils eine kurze Einleitung vorangestellt, die genauer auf die Einsatzmöglichkeiten eingeht sowie eine Altersempfehlung und Arbeitszeitangabe gibt.
Die Rätsel sind so vorbereitet und abwechslungsreich gestaltet, dass sie je nach Schwierigkeitsgrad zur Einführung in ein Thema, zur Wissensüberprüfung oder in Vertretungsstunden im Religionsunterricht verwendet werden können. Die einzelnen Seiten können dazu direkt als Kopiervorlagen dienen.

Patmos

Die Weltreligionen

Werner Trutwin
Die Weltreligionen
Wege zum Licht
464 S. mit 400 farbigen und s/w Abb. Gebunden
ISBN 3-491-72361-2

Wer die heutige Welt verstehen will, muss die Religionen unserer Welt verstehen. Werner Trutwin, der sich als kath. Theologe und Religionswissenschaftler jahrzehntelang mit den großen Religionen befasst hat, geht in diesem Buch den drei großen monotheistischen Religionen Judentum, Christentum und Islam sowie den beiden ostasiatischen Religionen des Hinduismus und Buddhismus nach. Aus der fast unüberschaubaren Fülle der Thematiken hat er dabei für jede dieser Religionen eine Auswahl aktueller Schwerpunkte getroffen, die von »Ursprung bzw. ›Stifter‹ der Religion« über »Richtungen und Spaltungen« bis hin zu »Beziehung zum Christentum« reichen.
Dabei werden nicht nur die Lehren, sondern auch Brauchtum und mystische Strömungen, heilige Personen und bedeutende Philosophen berücksichtigt. Texte und Bilder aus den Religionen ermöglichen einen authentischen und anschaulichen Zugang.

Patmos